Zwischen Euphrat und Indus

Deutsches Archäologisches Institut
Abteilung Baghdad

Zwischen Euphrat und Indus

Aktuelle Forschungsprobleme
in der Vorderasiatischen Archäologie

Herausgegeben von
Karin Bartl, Reinhard Bernbeck und Marlies Heinz

1995
Georg Olms Verlag
Hildesheim · Zürich · New York

Die Deutsche Bibliothek – CIP-Einheitsaufnahme

Zwischen Euphrat und Indus : aktuelle Forschungsprobleme in
der Vorderasiatischen Archäologie / Deutsches Archäologisches
Institut, Abteilung Baghdad. Hrsg. von Karin Bartl ... –
Hildesheim ; Zürich ; New York : Olms, 1995
ISBN 3-487-10043-6
NE: Bartl, Karin [Hrsg.]; Deutsches Archäologisches Institut <Berlin>
/ Abteilung <Baghdad>

© Georg Olms Verlag AG, Hildesheim 1995
Alle Rechte vorbehalten
Printed in Germany
Gedruckt auf säurefreiem und alterungsbeständigem Papier
Umschlaggestaltung: Barbara Gutjahr, Hamburg
Herstellung: Druckerei Lokay, Reinheim
ISBN 3-487-10043-6

Inhaltsverzeichnis

VI

Vorwort

Die Abteilung Baghdad des Deutschen Archäologischen Instituts wurde 1956 gegründet. Drei Direktoren standen ihr im Laufe der Zeit vor: Heinrich Jacob Lenzen (1956 - 1967), Jürgen Schmidt (1968 - 1978) und Rainer Michael Boehmer (1979 - 1995). Jetzt, nach 40 Jahren, hört die Abteilung am 31. Dezember 1995 auf zu bestehen, um am 1. Januar 1996 als Station Baghdad in der neuen Orientabteilung des DAI mit den Stationen Damaskus und Sana'a aufzugehen.

Neben ihren anderen Aufgaben war Nachwuchsförderung ein besonderes Anliegen der Abteilung Baghdad. Davon zeugen die verschiedenen unten aufgeführten Magister-, Doktor- und Habilitationsarbeiten, die in originaler, verkürzter oder erweiterter Form von ihr zum Druck angenommen wurden. Daher ist es der Abteilung Baghdad eine besondere Freude, im letzten Jahr ihres Bestehens diesen Band herauszubringen. Er stellt eine Sammlung von Aufsätzen junger Wissenschaftler der Freien Universität Berlin zusammen, die ihn in Eigeninitiative vorbereitet haben.

Mit dieser Herausgabe verbindet sich der Wunsch für die jüngeren Kollegen, sich zeitlebens weiterhin als Diener der Sache zu verstehen.[1] Dienen ist heute in der Welt der "Selbstverwirklichung" immer unbekannter geworden, doch stellt es einen bleibenden, allzeit gültigen Wert menschlichen Lebens dar. Nur wer Persönliches zurück- und sich ganz unter die Sache zu stellen weiß, wird zu der Freiheit gelangen, die vorurteilsloses Forschen ermöglicht. Diese Freiheit befähigt auch, im wissenschaftlichen Gegner keinen persönlichen Feind, sondern immer den Menschen zu sehen. Der Blick auf den Menschen führt aber zum Leben, und das Leben ist mehr als die Wissenschaft, die jenem zu dienen hat.

Berlin, 8. Juni 1995   Rainer Michael Boehmer

Magisterarbeiten

1. Assaf, Ali Abou   Freie Universität Berlin
    Die Ikonographie des altbabylonischen Wettergottes.   BaM 14, 1983, 43 ff

---

[1] Vgl. Max Weber, Wissenschaft als Beruf (Vortrag, 1917 in München gehalten), Reclam 9388 (1995) 15 "'Persönlichkeit' auf wissenschaftlichem Gebiet hat nur der, der *rein der Sache* dient. Und nicht nur auf wissenschaftlichem Gebiet ist es so."

Dissertationen

1. Seidl, Ursula   Freie Universität Berlin
    Die babylonischen Kudurru-Reliefs.   BaM 4, 1968, 7 ff.

2. Finkbeiner, Uwe   Universität Saarbrücken
    Untersuchungen zur Stratigraphie
    des Obeliskentempels in Byblos.   BaM 12, 1981, 13 ff.

3. Kröger, Jens   Freie Universität Berlin
    Sasanidischer Stuckdekor.   BaF 5, 1982

4. Fadhil, Abdulillah   Universität Heidelberg
    Studien zur Topographie und Prosographie
    der Provinzstädte des Königreichs Araphe.   BaF 6, 1983

5. Karg, Norbert   Universität München
    Untersuchungen zur älteren frühdynastischen Glyptik Babyloniens.   BaF 8, 1984

6. Becker, Andrea   Universität München
    Neusumerische Renaissance ? - Wissenschaftsgeschichtliche
    Untersuchungen zur Philologie und Archäologie.   BaM 16, 1985, 229 ff.

7. Magen, Ursula   Universität Frankfurt
    Assyrische Königsdarstellungen - Aspekte der Herrschaft.   BaF 9, 1986

8. Green, Anthony   University of Manchester
    The Lion-Demon in the Art of Mesopotamia
    and Neighbouring Regions.   BaM 17, 1986, 141 ff.

9. Watanabe, Kazuko   Universität Heidelberg
    Die adê-Vereidigung anläßlich
    der Thronfolgeregelung Assarhaddons.   BaM Beiheft 3, 1987

10. Gehlken, Erlend   Universität Heidelberg
    Uruk. Spätbabylonische Texte aus dem Eanna-Archiv.   AUWE 5, 1990

11. Salje, Beate   Freie Universität Berlin
    Der "Common Style" der Mitanni-Glyptik
    und die Glyptik der Levante und Zyperns in der Späten Bronzezeit.   BaF 11, 1990

Einleitung

Karin Bartl, Reinhard Bernbeck und Marlies Heinz

Die "Orchideenfächer" an den Universitäten sind heutzutage bedroht. Der Grund hierfür ist nicht nur in den äußeren Bedingungen zu suchen, die sich tatsächlich mit der wirtschaftlichen Krise der 80-er Jahre erheblich verschlechtert haben. Vielmehr zeigen sich nach einer längeren Periode kontinuierlicher Forschung in einer Reihe der kleinen akademischen Disziplinen fachinterne Probleme. Solange der universitäre Bestand, ja sogar der personelle Ausbau eines Fachs wie der vorderasiatischen Archäologie gesichert schien, konnte man Diskussionen über Sinn und Ziel dieser Wissenschaft weitgehend ausweichen. Mit der Verschlechterung der äußeren Bedingungen jedoch wurde auch die interne Krise akut. Als Herausgeberinnen und Herausgeber dieses Bandes, die mit Forschung und akademischer Lehre beschäftigt sind, wollen wir einen Versuch unternehmen, uns dieser Situation zu stellen. Die Frage nach Sinn und Ziel einer vorderasiatischen Archäologie betrifft zwei Problemkreise, die in engem Zusammenhang miteinander stehen. Diese sind das Selbstverständnis des Faches und seine Außenwirkungen.

Der Zugang zu solchen Themen erfordert ein kurzes Eingehen auf wichtige Aspekte der Geschichte der Vorderasiatischen Altertumskunde. Als für das Fach "Vorderasiatische Archäologie" im Jahr 1941 an der Friedrich-Wilhelms-Universität (der späteren Humboldt-Universität) in Deutschland ein Lehrstuhl eingerichtet wurde, wurde dieser mit Anton Moortgat besetzt, einem in klassischer Archäologie ausgebildeten Wissenschaftler.[1] Klassische Archäologie legt seit ihren Entstehungszeiten einen starken Akzent auf kunstgeschichtliche Fragen, mittels derer eine spezielle archäologische Hermeneutik, ein Verstehen der antiken Geisteswelt über das Geschriebene hinaus, erreicht werden soll. Diese Vorstellungen wurden weitgehend auf die Vorderasiatische Archäologie, so wie sie in Deutschland gelehrt wurde, übertragen. Kunstgeschichtliche Fragen bilden daher bis heute einen der Schwerpunkte des Fachs.

Die Assoziation mit einem weiteren Fach, der Assyriologie, wirkte für die Vorderasiatische Archäologie identitätsbildend. Denn ohne die Zuhilfenahme von Textquellen sind viele alte Kunstwerke nur schwer zu interpretieren. In Heidelberg, später auch in Berlin und München entstand ein enger Zusammenhang zwischen Assyriologie und Vor-

---

[1] Schon in den 20-er und 30-er Jahren hatten E. Herzfeld und E. Unger das Fach vertreten. Kontinuierliche Lehre konnten sie jedoch aufgrund anderweitiger Tätigkeiten nicht gewährleisten. Hinzu kam, daß Herzfeld 1935 von den Nazis in den zwangsweisen Ruhestand versetzt wurde (s. Renger 1979: 186-187).

derasiatischer Archäologie, der jedoch seit den Anfängen an einem Mangel leidet. Die Methoden der beiden Fächer sind grundverschieden, und sie treffen sich erst dort, wo das jeweilige Material schon vollständig verarbeitet ist: bei der Erstellung historischer Synthesen. Gelungene Arbeiten dieser Art sind noch sehr selten.

Seit der Fachgründung hat sich die wissenschaftliche Landschaft erheblich verändert, was auch an der Vorderasiatischen Altertumskunde nicht spurlos vorüberging. Das Fach, zunächst definiert durch die Kulturen, in denen Keilschrift benutzt wurde, wurde sowohl in seinem geographischen als auch in seinem zeitlichen Rahmen erweitert. Es schließt die Gebiete zwischen Bosporus und Sinai-Halbinsel im Westen sowie dem Indus-Tal im Osten ein. Der Yemen gehört ebenso dazu wie der Kaukasus. Zeitlich sind die Grenzen nicht genau definierbar, jedoch kann etwa das 12. Jt. v. Chr. als Anfang und als Ende die Eroberung des Sasanidenreichs durch die Araber (Mitte 7. Jh. n. Chr.) genannt werden.

Auch im Bereich der Methoden haben sich die Perspektiven erheblich erweitert. Es steht beispielsweise ein ganzes Arsenal naturwissenschaftlicher Untersuchungsmethoden zur Verfügung, mittels derer die Nahrungsmittelerzeugung in der Antike untersucht werden kann. Chemische Untersuchungen an Keramik und anderen Materialien führen zu immer besseren Ortungsmöglichkeiten für die Herkunft von Rohstoffen und geben damit wichtige Hinweise auf Handelswege. Datierungen mit Hilfe statistischer Methoden und der C14-Analyse erlauben eine immer höhere Genauigkeit der zeitlichen Gliederung.

Die Vorderasiatische Archäologie schloß zwar diese neuen Möglichkeiten mit in ihre Arbeiten ein. Gedanken über die Ziele des Faches, das von assyriologischer wie kunstgeschichtlicher Seite aus die historische Perspektive übernahm, wurden jedoch selten geäußert. So ist es auch heute wohl allgemeiner fachlicher Konsens, daß man es mit einer "Erfahrungswissenschaft" zu tun hat. Es werden Daten und Fakten gesammelt, deren Herkunft jeweils kritisch geprüft werden muß, bis sich schließlich aus den einzelnen Teilen ein Gesamtbild ergibt. Am Anfang jeder neuen Forschungsarbeit stehen daher nicht so sehr inhaltliche Fragen als vielmehr Wissenslücken, die ältere Forschungen hinterlassen haben. Dieses wissenschaftliche Vorgehen hat Vor-, aber auch Nachteile. Der größte Vorteil liegt darin, daß die kritische Haltung daran hindert, falsche Interpretationen der geschichtlichen Daten vorzunehmen. Die Nachteile überwiegen jedoch. Erstens ist der jeweilige Forschungsstand nur von einem Problem geprägt, nämlich dem, daß man bestimmte Dinge *nicht weiß*. Das heißt, Forschung wird vom Drang getrieben, neue Daten den alten, nicht verarbeiteten hinzuzufügen. Die historische Synthese wird verschoben, bis eine Datendichte erreicht ist, die für die Geschichtsschreibung als hinreichend angesehen wird. Es scheint aber so, als ob dieser Zeitpunkt nie erreicht werden könne. Untersuchungen erschöpfen sich daher vielfach in der räumlichen und zeitlichen Einordnung des neu ergrabenen Materials. Wir wollen hier nicht der Einstellung von Grabungstätigkeit das Wort reden, jedoch sehen wir ein Ungleichgewicht in der Zeit, die für Grabungen sowie deren Dokumentation aufgewandt wird, und der Zeit, die für die Erstellung eines zusammenhängenden Bildes der Vorgeschichte und Geschichte eingesetzt wird. Zweitens kommt bei einem solchen Vorgehen keine wissenschaftliche Auseinandersetzung auf, da das Hauptproblem, das die Forschung leitet, wie gesagt aus mangelnden Daten besteht. Über etwas, was man nicht weiß, läßt sich bekanntermaßen nur in Grenzen diskutieren.

Für die Lehre, aber auch für die Außenwirkung des Faches hat der derzeitige Zustand erhebliche Folgen. Synthesen zur Vorderasiatischen Archäologie sind vorwiegend historisch-kunstgeschichtlich ausgerichtet. Den nicht mit dem Fach vertrauten Lesern und Leserinnen, besonders aber Studienanfängern, wird in solchen in der Regel ausführlich illustrierten Werken[2] meist das Wissen vermittelt, das relativ abgesichert ist. Es ist verständlich, daß in solchen Werken gerade die umstrittenen Fragen nicht zur Sprache kommen. Im vorliegenden Band soll mehr der Bereich der Forschung behandelt werden, in dem bei weitem noch nicht alle Problematiken beantwortet sind.

Über die Chronologie hinausreichende, sinnvolle Fragen können im wissenschaftlichen Bereich aber nur gestellt werden, wenn aus der Datenmenge, die für jeden historisch-räumlichen Bereich zur Verfügung steht, eine Auswahl der für die Fragestellung wichtigen Daten getroffen wird. Das führt zur Formulierung von Thesen, die zunächst als Artikel oder auch Bücher ein wissenschaftliches und später größeres Publikum erreichen. Solche Thesen sind in der Regel umstritten, und genau das ist ihr Wert. Sie sind nicht bewußt einseitig bis zur Verfälschung, sondern es werden bestimmte Merkmale oder (prä-)historische Begebenheiten auf Kosten anderer betont. Der Widerspruch, den solche Thesen in Wissenschaftlerkreisen meist hervorrufen, kommt dadurch zustande, daß von anderen Wissenschaftlern die Wertung von historischen Begebenheiten anders eingeschätzt wird. Daraus ergeben sich Projekte, deren Ziel die Prüfung der Richtigkeit solcher Thesen ist.

Im vorliegenden Buch wurde der Schwerpunkt nicht auf die Darstellung der Materialfülle einzelner Perioden und Gebiete gelegt. Es geht uns vielmehr darum, ganz im obigen Sinne einen Ausschnitt der von Archäologen und Archäologinnen gestellten Fragen und formulierten Thesen aufzuzeigen. Solche Fragen betreffen oft ganz bestimmte, gesellschaftlich und historisch eingeschränkte Entwicklungsstadien und damit auch zeitlich und räumlich begrenzte kulturelle Einheiten. Es war daher nicht sinnvoll, einen lückenlosen, alle Zeiten und Regionen des "Vorderen Orients" umfassenden Abriß der Archäologie anzustreben, sondern sich auf die wichtigsten Perioden zu konzentrieren. Die Problemübersicht ist unser primäres Anliegen, in das die historische gewissermaßen eingebunden werden soll.

Fragen, die die Forschung stellt, sind immer in einem bestimmten Maß von heutigen Verhältnissen abhängig. Auch dies schlägt sich in dem vorliegenden Band nieder. In vielen Ländern des Vorderen Orients ist derzeit archäologisches Arbeiten nur unter erschwerten Bedingungen möglich. Auseinandersetzungen ethnischer Gruppen oder Autonomiebewegungen im Jemen, im Libanon oder der Osttürkei machen kontinu-

---

2 Wichtige Beispiele hierfür sind etwa Strommenger und Hirmer 1962, Orthmann 1975, Moortgat 1982 sowie Hrouda 1991.

ierliche Feldforschung oft unmöglich. Im Irak ist seit dem Golfkrieg, im Iran seit der islamischen Revolution und in Afghanistan seit der Besetzung durch die ehemalige Sowjetarmee jede vom Ausland initiierte archäologische Ausgrabung zum Stillstand gekommen. All dies spiegelt sich in dieser Aufsatzsammlung wieder. Denn Regionen und Länder wie Iran und Afghanistan, die der internationalen Forschung seit mehr als 10 Jahren verschlossen sind, sind kaum repräsentiert.

Grundzüge einer stärker Problemen zugewandten Archäologie können natürlich nicht ohne die Nennung wichtiger Grundlagen, etwa die Aufzählung archäologischer Ausgrabungen und die Beschreibung von essentiellen Funden auskommen. Von den Autorinnen und Autoren wurde jedoch bewußt eine Auswahl getroffen, wobei diese unterschiedlich streng angelegt werden mußte. Um aufzuzeigen, welche Rolle ideologische Aspekte neuassyrischer Reliefs im Rahmen des neuassyrischen Reiches haben (Kap. 16), konnte mit weniger, da in seiner Aussagekraft sehr deutlichem Material gearbeitet werden als im Falle etwa des Problems der Handelsverbindungen im persischen Golf (Kap. 10), die erst mit einer größeren Materialsammlung einigermaßen deutlich werden.

Oft gehen archäologische Fragestellungen auch von Textquellen aus, wie die nach altassyrischem Handel (Kap. 11) oder nach den internationalen Beziehungen im 2. Jt. v. Chr. (Kap. 13). Diese vermitteln ein feineres Detailwissen, und oft bleiben unerklärliche Widersprüche zwischen Schriftquellen und Archäologie bestehen. Wie etwa die Probleme mit den Nomaden um Mari zeigen, ist es nicht in jedem Falle ausgemacht, daß die Texte zuverlässigere Zeugnisse der Vergangenheit sind als die - hier zugegebenermaßen minimalen - archäologischen Materialien (Kap. 9).

Heute drängende Fragen in der Vorderasiatischen Archäologie sind nicht allein auf die Vergangenheitsrekonstruktion beschränkt. Wie die Kapitel über die Uruk-Zeit (Kap. 4) und über die palästinische Archäologie (Kap. 18) zeigen, spielt auch das Verhältnis zwischen den Geschichte Schreibenden und ihren Subjekten eine wichtige Rolle in der Forschung. Vorderasiatische Archäologie ist noch eine junge Wissenschaft, weshalb es nicht weiter verwunderlich ist, daß solche Reflexionen über das Verhältnis zwischen heute und damals bisher erst an wenigen Stellen von Bedeutung sind. Der Hintergrund dafür, daß sich gerade bei diesen zwei Themen das Interesse auch um solche Fragen dreht, dürfte darin zu suchen sein, daß sie in Deutschland eine sehr lange Forschungstradition aufzuweisen haben.

Die Länge der einzelnen Beiträge wurde von den Herausgebern von vorne herein so eingeschränkt, daß der Übersichtscharakter jeweils gewahrt blieb. Es war nicht immer einfach, die Autorinnen und Autoren davon zu überzeugen, sich kurz zu fassen. Denn damit verstößt man gegen ein traditionell als eminent wissenschaftlich angesehenes Prinzip: aufgestellte Behauptungen sollen durch alle verfügbaren Belege abgesichert werden. Ein solches Vorgehen hätte den Umfang des vorliegenden Buches allerdings auf ein vielfaches anschwellen lassen und seine Lesbarkeit, ein wichtiges Kriterium für eine allgemeinverständliche Problemübersicht, erheblich erschwert.

Wir hoffen, mit diesem Band zweierlei zu erreichen. Erstens wollen wir einen - wenn auch vielleicht bescheidenen - Beitrag zu offenen Fragen des Faches leisten; nicht durch ihre Beantwortung, sondern eher durch ihre Formulierung. Uns liegt daran, zu zeigen, daß die Vorderasiatische Altertumskunde nicht nur eine idiosynkratische Geschichtswissenschaft ist, sondern daß die dort behandelten Themen auch in größeren Zusammenhängen relevant sind. So ist etwa die Diskussion um ideelle Prozesse, die den Übergang vom Wildbeutertum zu Ackerbaugesellschaften begleiteten (Kap. 1), auch für das Verständnis unserer eigenen Gesellschaft noch von Belang. Von besonderer Aktualität ist die Frage nach den Verbindungen zwischen Hegemonialreichen und nach den Ursachen für deren Zerfall (Kap. 13 und 14). Archäologie ist unserer Ansicht nach nicht nur eine Wissenschaft des Vergangenen, zu dem eine "gute Methode" Distanz zu wahren hat; dies käme einer falschen Objektivität gleich. Interessenlose Geschichtsschreibung kann es nicht geben. Die Fragen, die die Geschichte und Archäologie des Vorderen Orients für uns heute relevant erscheinen lassen, sind im Gegenteil geprägt von den heutigen Verhältnissen.

Das zweite Ziel dieser Aufsatzsammlung ist mit dem ersten eng verbunden. Eine auf den ersten Blick so nutzlose Wissenschaft wie die Vorderasiatische Altertumskunde kann nur dann Bestand haben, wenn sie eine Wirkung entwickelt, die über das Fachpublikum hinausgeht. Mit den modernen Massenmedien ist die Zeit, in der "Bildung" ein Wert an sich war, in der also auch archäologische Ergebnisse auf ein selbstverständlich vorhandenes Interesse für ihre Ergebnisse bauen konnte, wohl endgültig vorbei. Grösseres Interesse an archäologischen Forschungen ist nur dann zu erwarten, wenn sie - vom sensationellen Zufallsfund abgesehen - sich mit Ideen beschäftigen, die in weiten Teilen der Gesellschaft reflektiert werden. Wir wollen damit nicht einer opportunistischen Gesellschaftswissenschaft das Wort reden. Sondern wir wünschen uns, daß die Vorderasiatische Archäologie nach und nach ihre Außenwirkung verstärkt und daß gegenwärtige, in allgemeinerem Rahmen geführte Diskussionen Ergebnisse fachinterner Auseinandersetzungen mitberücksichtigen.

Archäologische und moderne Orte werden so geschrieben, wie es in der Literatur üblich ist. Auf eine einheitliche Umschrift wurde also verzichtet. Die einzigen Sonderzeichen, die verwandt wurden, sind ğ, ḫ und š. Die Kapitel sind durchnummeriert, um das Auffinden der entsprechenden Abbildungen und Tafeln im Anhang zu erleichtern. Abbildungen sind mit arabischen Ziffern hinter der Kapitelnummer bezeichnet, Tafeln mit römischen Ziffern.

Danksagungen

Dieser Band wäre ohne die tätige Mithilfe und Unterstützung vieler wohlmeinender Mitmenschen nicht zustande gekommen. All diejenigen aufzuzählen, die uns ermunterten, die manchmal mühselige editorische Arbeit fertigzustellen, würde zu weit führen.

Moralischer Zuspruch allein ist für solch ein Unterfangen jedoch nicht ausreichend. Ohne die außerordentliche Hilfsbereitschaft und institutionelle wie auch finanzielle Unterstützung durch Herrn Prof. Dr. R.M. Boehmer, der die Aufnahme des

Bandes in die Publikationen des Deutschen Archäologischen Instituts, Abteilung Baghdad erlaubte, wäre das vorliegende Buch nicht zustande gekommen. Prof. Dr. H.J.
Nissen danken wir für die Bereitstellung von Arbeitshilfen aller Arten am Institut für
Vorderasiatische Altertumskunde der Freien Universität Berlin. Formatierungsarbeiten,
Montage der Abbildungen und einige Reinzeichnungen von Karten konnten nur durch
den selbstlosen Einsatz von Bernd Müller-Neuhof und Jens Neuberger in so kurzer Zeit
abgeschlossen werden. Hans-Georg Gebel stellte uns großzügig Zeichengerät zur Ver-
fügung. Für zeitaufwendiges Korrekturlesen danken wir Jens Neuberger und Wolfgang
Ribbe. Bei der Erstellung des Registers waren freundlicherweise Nicole Brisch und
Susan Pollock behilflich.

Berlin / Freiburg, im Juni 1995

Karin Bartl, Reinhard Bernbeck, Marlies Heinz

Bibliographie

Hrouda, B. (Hrsg.)
1991   *Der alte Orient.* Gütersloh: Bertelsmann-Verlag.
Moortgat, A.
1982   *Die Kunst des alten Mesopotamien, Band I und II.* 2. Auflage. Köln: DuMont Buchverlag.
Orthmann, W. (Hrsg.)
1975   *Der alte Orient.* Propyläen Kunstgeschichte Band 14. Berlin: Propyläen Verlag.
Renger, J.
1979   "Die Geschichte der Altorientalistik und der vorderasiatischen Archäologie in Berlin von 1875 bis
         1945". In W. Arenhövel und C. Schreiber, Hrsg.: *Berlin und die Antike*, S. 151-192. Berlin:
         Wasmuth KG.
Strommenger, E. und M. Hirmer
1962   *Fünf Jahrtausende Mesopotamien.* München: Hirmer Verlag.

Die Neolithisierung im Vorderen Orient - Neue Fragen an ein altes Thema

Sabine Reinhold und Monika Steinhof

Am Ende der letzten Eiszeit bahnte sich in verschiedenen Gebieten der Erde, so auch in den gebirgigen Zonen des östlichen Mittelmeerraumes (Abb. 1.1), der Übergang von der paläolithischen, d.h. nicht-seßhaften und wildbeuterischen Lebensweise zu seßhaften, Nahrungsmittel produzierenden, neolithischen Lebensformen an.[1]

Ab etwa 10.000 v. Chr. wurden nach und nach die ökonomischen und kulturellen Mechanismen entwickelt, die noch heute die wichtigsten Grundlagen unserer Zivilisation darstellen: Produktion von Nahrungsmitteln (Ackerbau und Viehhaltung), Seßhaftigkeit und komplexe Sozialstrukturen. Über zahlreiche Stufen lassen sich die zunehmende Dauerhaftigkeit der Wohnplätze, die intensivierte Ausbeutung, später der Anbau und die Kultivierung von Hülsenfrüchten und Getreiden und - als letzter Schritt der Neolithisierung - die Zähmung und Haltung von Haustieren verfolgen. Damit einher gingen Veränderungen der materiellen Kultur, der Anlage und Nutzung von Siedlungsplätzen sowie des allgemeinen Verhältnisses zur Umwelt. Ebenfalls müssen kulturelle Veränderungen angenommen werden, die die veränderten ökonomischen Strukturen reflektierten bzw. zu diesem Wandel führten.

Das Neolithikum als Epoche neuer Wirtschaftsformen und Kulturentwicklungen

War nun dieser Prozeß tatsächlich eine "Neolithische Revolution" (Childe 1936) oder eher ein allmählicher Entwicklungsprozeß, der sich aus den ökologischen Umwälzungen am Ende der Eiszeit ergab ? Mit dieser Frage beschäftigen sich die verschiedensten Forschungsrichtungen bis heute. Childe stellte als erster die Ökonomie ins Zentrum seiner Definition des Neolithikums.[2] Diese an der Wirtschaftsform orientierte Sichtweise neolithischer Kulturen gilt, unabhängig von dem damit verbundenen Prozeß, noch immer als

---

[1] Ähnliche Prozesse sind nur wenig später auch in anderen Regionen der Erde zu beobachten, wenn z.B. in Amerika oder Ostasien eigenständige neolithische Kulturen entstehen.

[2] Frühere Neolithikumsdefinitionen (s. Smolla 1960: 9-19) gingen, basierend auf dem mitteleuropäischen Fundmaterial, ausschließlich von der materiellen Kultur, d.h. geschliffenen Steingeräten und / oder Keramik aus.

Grundlage der Erforschung dieser Epoche der Menschheitsgeschichte (Flannery 1972; Binford 1984). Die heute im deutschen Sprachraum verwendete Neolithikumsdefinition stammt von H.P. Uerpmann (1979). Seine Begriffsbestimmung setzt als hauptsächliches Kriterium die Ernährungsstrategie einer Gesellschaft an.

Im Gegensatz zu dieser primär ökonomisch determinierten Sichtweise gewinnt zunehmend ein stärker kulturanthropologisch orientierter Forschungsansatz an Bedeutung (Smolla 1960; Bender 1978; Hodder 1990; Watkins 1990; Byrd 1994; Cauvin 1994). Diese Forschungsrichtung stellt die kulturellen und sozialen Veränderungen, die den ökonomischen Prozeß begleitet haben, in den Mittelpunkt. Neolithische Kulturerscheinungen werden nicht mehr nur auf der materiellen Ebene untersucht - auch Pflanzenreste und Tierknochen sind schließlich nichts anderes als "Scherben" - sondern man bemüht sich, die ideellen Ebenen zu erfassen, die dem Prozeß der Neolithisierung vorausgingen und / oder ihn begleiteten.

Im Sinne des vorliegenden Bandes wollen auch wir versuchen, neue Fragen an dieses alte Thema zu stellen. Wir wollen die Überlegungen zum Neolithisierungsprozeß aus ihrer Objektbezogenheit lösen und einen Entwurf vorstellen, der die sozialgeschichtliche Dimension dieser Epoche zu erfassen sucht. Da es sich hierbei um einen Übergang zwischen zwei kulturhistorisch extrem unterschiedlichen Stadien handelt, wählen wir bewußt einen evolutionären Ansatz. Wir sind uns darüber im klaren, daß die benutzten kulturanthropologischen Modelle Idealvorstellungen sind, die so in Wirklichkeit nie existiert haben. Dennoch ist ein Rückgriff auf solche Modelle notwendig, will man die rein empirische Ebene der traditionellen Forschung verlassen.

Soziale Strukturen innerhalb einer Gesellschaft orientieren sich an ihrer ökonomischen Situation, d.h. an der Ressourcennutzung (Vivelo 1981: 59-62). Im Falle des Neolithikums scheint sicher zu sein, daß am Anfang eine aneignende Ökonomie gestanden hat, die sich zum Ende hin in eine produzierende gewandelt hatte. Aus Untersuchungen rezenter Wildbeuter und nichtindustrialisierter Ackerbaukulturen läßt sich klar ableiten, daß diese aufgrund unterschiedlicher ökonomischer Situationen auch unterschiedliche soziale Strukturen haben. Ackerbaukulturen sind tendenziell komplexer organisiert und weisen meist durch unterschiedlichen Zugang zu den Ressourcen eine soziale Stratifikation auf (Abb. 1.2; Vivelo 1981: 181). Verschiedentlich wurde zwar auch auf hierarchische Jäger- und Sammler(innen)-Gesellschaften hingewiesen (Testart 1982; Bargatzky 1986: 42), doch haben diese zumeist eine Wirtschaftsweise, die Vorratshaltung und eine gewisse Seßhaftigkeit einschließt (Testart 1982: 529-531). Aus diesem Grund kann man sie eigentlich bereits einer Vorstufe des Neolithikums zuweisen (s.a. Bender 1978).

Der logische Schluß aus diesen kulturanthropologischen Erkenntnissen muß daher konsequenterweise sein, daß der Neolithisierungsprozeß neben der ökonomischen Dimension auch die soziale Evolution mit eingeschlossen hat. Am Ende dieses Prozesses standen im Vorderen Orient stark hierarchisierte Gesellschaften, die sich nicht nur in ihrem kulturökologischen Verhalten, sondern auch in ihrer gesamten sozialen Organisation vollkommen von ihren wildbeuterischen Vorfahren unterschieden haben müssen.

Die Entwicklung des Neolithikums in der Levante nach dem archäologischen Fundmaterial

Das Gebiet der Levante, auf dessen Betrachtung wir uns hier beschränken, bildet als Teil des Fruchtbaren Halbmondes[3] einen etwa 1300 km langen und 350 km breiten Streifen zwischen dem mittleren Euphrat und dem Taurusgebiet im Norden und dem Sinai im Süden. Die geographische Situation dieser Region ist geprägt von der Ambivalenz zwischen den flachen Küsten- bzw. Flußebenen und den nord-süd-gelagerten Gebirgszonen der Levante. Die ökologische Situation ist charakterisiert durch den Übergang mediterraner Habitate zu semiariden und ariden Wüstenzonen. Zum Ende des Paläolithikums scheint das Klima im Vorderen Orient verhältnismäßig kühl und trocken gewesen zu sein. Im Verlauf des Neolithikums zeichnet sich trotz häufiger Schwankungen eine Tendenz zu feuchterem und wärmerem Klima ab, das ideale Voraussetzungen für eine Vegetation bot, in der das Pflanzenspektrum, das die Grundlage der heutigen Getreide und Hülsenfrüchte bildet, reichlich vorhanden war (Bottema und Van Zeist 1981).

Aus den in den letzten Jahrzehnten gewonnenen archäologischen Erkenntnissen lassen sich grob die Entwicklungsstadien der sich "neolithisierenden" Gesellschaften ablesen (Abb. 1.3). Ab etwa 12.000 v. Chr. mehren sich an verschiedenen Fundorten der Levante Hinweise auf zunehmende Seßhaftigkeit der bis dahin nomadisch-wildbeuterisch lebenden Menschengruppen, verbunden mit Vorratshaltung und Anzeichen einer intensivierten Nutzung tierischer und pflanzlicher Ressourcen. Im Natufien treten neben Siedlungen, die bis zu 50 Hütten (Mallaha) umfaßten und zahlreiche Vorratsgruben sowie Geräte für die Verarbeitung größerer Mengen von Pflanzennahrung (Wildgetreide ?) aufweisen, auch in zunehmender Zahl Bestattungen auf. Diese zeigen ein gewandeltes Verhältnis zu den toten Mitgliedern der Gruppe im Vergleich zum vorhergehenden, ebenfalls dem Epipaläolithikum zugerechneten Kebarien (s.u.; Byrd 1989).

Das folgende akeramische Neolithikum[4] wurde von K. Kenyon (1957) nach ihren Grabungen in Jericho definiert und in die Stufen A und B unterteilt. Primär über die Entwicklung der Architektur unterschieden (PPNA: Rundbauten; PPNB: Rechteckbauten), wurden für beide Stufen später die Charakteristika ihrer Artefaktspektren und ihre Wirtschaftsform als Definitionskriterien hinzugezogen (PPNA: Kultivierung von Pflanzen; PPNB: Domestikation von Tieren; Moore 1982; Gopher 1994).

Ab dem PPNA lassen Größe und Struktur der Siedlungen auf dauerhafte Seßhaftigkeit größerer Teile der Bevölkerung schließen. Größer als vorhergehende Orte des Natufien, müssen die Siedlungen auch komplexer organisiert gewesen sein (Flannery 1972). Massive Bauwerke - z.B. der 8,25 m hohe Rundturm mit "Geheimgang" in Jericho - legen erste Formen einer möglicherweise öffentlichen, gemeinsam genutzten

---

[3] Der Fruchtbare Halbmond umfaßt die Zone von der Levante bis zum iranischen Zagrosgebirge. Dieses Gebiet bot aufgrund seiner geographischen und klimatischen Bedingungen u.a. die ökologische Grundlage für die Wildformen der zur Domestizierung geeigneten Pflanzen- und Tierarten.

[4] Im englischen Sprachraum wird das akeramische Neolithikum als 'pre-pottery neolithic' bezeichet, abgekürzt PPN.

Architektur nahe (Bar-Yosef 1986). Morphologisch und genetisch veränderte Getreide-
arten und Hülsenfrüchte liefern erste Nachweise von Ackerbau, d.h. für eine gezielte
Produktion von Nahrungsmitteln. Weiterhin läßt sich anhand des Knochenspektrums
eine intensive Gazellenjagd belegen, die offenbar den Großteil der fleischlichen Nahrung
lieferte. Bestattungen in den Häusern und separate Schädelbestattungen implizieren einen
weiteren Schritt zu einem komplexeren Umgang mit dem Tod.

Mit dem anschließenden PPNB, das offenbar in den nördlichen Zonen der Levante früher einsetzte (Bar-Yosef und Belfer-Cohen 1989; Rollefson 1989), nehmen die
Siedlungsgrößen noch einmal zu. Erste größere Dörfer mit rechteckigen Gebäuden und
einer geplanten Struktur entstehen (s.u.). Aus den zunehmenden Kleinfunden wird deutlich, daß mit den verschiedensten Materialien experimentiert wurde, u.a. mit ungebrannten Tonwaren, um Gefäße für die Vorratshaltung herzustellen. Neben dem Pflanzenanbau
werden im Verlauf des PPNB nach und nach Ziege, Schaf, Rind und Schwein domesti-
ziert (Clutton-Brock 1981).

Auf intensive Jagdexpeditionen zur Gewinnung von Fleischnahrung weisen erstmals große Treibjagdstationen, sog. 'desert kites' hin, die zu Hunderten in der Steppenzone des ostjordanischen Berglandes gefunden wurden (Helms und Betts 1987; s.a.
Kap. 5). Es handelt sich hierbei um Steinsetzungen von mehreren hundert Metern Länge,
die in zentralen Sammelplätzen zusammenlaufen. Ihre Funktion wird aus Parallelen zu
späteren Darstellungen (Helms und Betts 1987: 62), ethnographischen Vergleichen und
Hinweisen aus antiken Überlieferungen erschlossen. Daneben tauchen im Fundgut dieser
Zeit zunehmend Materialien auf, die nicht lokalen Ursprungs sind - z.B. Obsidian aus
Anatolien (Gratuze et al. 1993) oder Muscheln aus dem Roten Meer - und die auf Aus-
tauschbeziehungen über weite Regionen hindeuten.

Die Toten wurden weiterhin in den Häusern begraben. Die Schädelbestattungen
erhielten jedoch eine neue Qualität, indem einigen von ihnen durch plastische Modellierung 'individuelle' Züge verliehen wurden.

Am Ende des PPNB beginnen sich einige Entwicklungen abzuzeichnen, die zum
anschließenden keramischen Neolithikum überleiten. So verändern sich z.B. die Siedlungsstrukturen und die Bestattungssitten. Diese Phase, die als PPNC bezeichnet wird
(Gebel 1987; Rollefson 1993; Rollefson und Köhler-Rollefson 1993), ist bisher allerdings nur an wenigen Fundorten der südlichen Levante belegt ('Ain Ghazal, Atlil, jordanische Wüste [Gebel 1987]). Im nördlichen Bereich ist sie bisher nicht bekannt. Mit dem
Übergang zum keramischen Neolithikum stabilisieren sich die wirtschaftlichen Mechanismen - Ackerbau und Viehhaltung - und erfahren gleichzeitig eine erneute Wandlung. Das
Aufkommen gebrannter Keramik verändert allerdings grundlegend die archäologischen
Kriterien, nach denen die neolithischen Gruppen definiert werden. Orientiert an Keramik-
formen, -verzierungen und -waren werden nun regionale Unterschiede sehr viel stärker
hervorgehoben (s.a. Kap. 2).

Allgemein läßt sich anhand von Siedlungsbefunden und Resten des Ernährungs-
spektrums eine Entwicklung verfolgen, die zunehmend auf einer lokalen Trennung von
Ackerbau und Weidewirtschaft beruht. In der südlichen Levante scheint ein fast vollstän-

diger Übergang zum Nomadismus stattgefunden zu haben (Köhler-Rollefson 1988), während im nördlichen Bereich kleine Siedlungen neu entstanden, von denen aus Ackerbau und saisonale Weidewirtschaft betrieben wurden (Akkermans 1993; Kafafi 1993).

Die letzte Phase der Neolithisierung stellt die sog. 'secondary products revolution' (Sherratt 1981) dar, in der mit erweiterten landwirtschaftlichen Techniken und neuen Strategien der Landnutzung der Neolithisierungsprozeß ein vorläufiges Ende findet. Die aufkommenden Bewässerungstechniken führten zu einer gewaltigen Ausdehnung landwirtschaftlich nutzbarer Regionen. Diese Entwicklung, gekoppelt mit der sekundären Nutzung von Tieren (Milch, Wolle, Zugkraft), der Domestikation neuer Arten (Onager / Esel, Pferd, Kamel) und der Kultivierung von Obst- und Ölpflanzen resultierten in weitreichenden Veränderungen im sozialen Gefüge der vorderorientalischen Gesellschaften. Die Zonen kultureller Innovationen verlagern sich von den "hilly flanks" des Fruchtbaren Halbmonds in die Flußebenen Mesopotamiens und Ägyptens.

Dieser kurze Überblick über die archäologischen Daten soll hier genügen. Für detailliertere Darstellungen verweisen wir auf neuere Arbeiten zum akeramischen Neolithikum Cauvins (1994), zur Vorgeschichte der südlichen Levante auf Weipperts Synthese (1988) und zur Entwicklung in der nördlichen Levante auf die entsprechenden Partien der etwas veralteten Zusammenstellung Mellaarts (1975).

Sozialgeschichtlicher Hintergrund des Neolithisierungsprozesses

Hodder propagiert in seinem Buch "The Domestication of Europe" (1990), die Neolithisierung als eine Domestikation der Gesellschaft, einen Diskurs zwischen 'Wildheit' und 'Kultur' anzusehen. Er sieht Domestikation nicht ausschließlich als den normalerweise darunter verstandenen Vorgang der Nutzbarmachung verschiedener Pflanzen- und Tierarten, sondern als einen Prozeß der zunehmenden kulturellen Kontrolle über die "unsocial 'wildness', which threatens to 'be the death' of society" (Hodder 1990: 30). Den Willen zur Seßhaftigkeit und Veränderung der ökonomischen Lebensgrundlagen sieht er als einen bewußten Akt zur Kontrolle der 'Wildheit' und deren Transformation in beherrschbare 'Kultur', der aus den existenziellen Ängsten der 'ungezähmten Wilden' geboren wird. Diesen spricht er damit allerdings jegliche kulturelle und soziale Fähigkeit ab und degradiert ihr Dasein zu einem unsicheren, weil undomestizierten Dahinvegetieren (Hodder 1990: 41).

Wir vertreten im bewußten Gegensatz zu diesem stark eurozentristischen Zivilisationsverständnis die These, daß die lange vor dem Neolithikum vorhandenen sozialen Grundkonstellationen im Laufe einer kontinuierlichen Entwicklung lediglich Qualitätsunterschiede erfuhren, die allerdings im Endergebnis zu vollkommen unterschiedlichen Sozialstrukturen führten. Die Frage, ob es sich dabei um einen bewußten Akt oder um eine Anpassung an die sich verändernde Umwelt handelte, wollen wir an dieser Stelle nicht klären. Vielmehr wollen wir die Entwicklungslinien untersuchen, die von den paläolithischen Wurzeln zu den späteren komplexen Strukturen geführt haben.

Grundlegende menschliche Organisationsformen sind, unabhängig von der Subsistenz, auf Verwandtschaft beruhende Kleingruppen-Familien (Vivelo 1981: 50). Sie bilden in Jäger- und Sammler(innen)-gesellschaften kleinere Einheiten mit großer sozialer Mobilität und kaum ausgebildeten Organistationsstrukturen. Je nach Subsistenzlage können sie sich jedoch zu größeren Einheiten zusammenfinden und dann auch komplexere Mechanismen des Zusammenlebens ausbilden (Testart 1982).

Im Verlauf des Epipaläolithikums scheint in verschiedenen Teilen der Levante eine intensivierte Ausbeutung der natürlichen Ressourcen sowie eine zunehmende Spezialisierung auf bestimmte Tier- und Pflanzenarten begonnen zu haben. Als Gründe hierfür werden neben den Umweltfaktoren und einer Bevölkerungszunahme (Flannery 1972; Binford 1984) sowie dem bewußten "social will" (Hodder 1990: 41) auch intrasoziale Aktivitäten angenommen, die zur Bildung eines Mehrproduktes zwangen (Bender 1978). Ab einem bestimmten Punkt führte dies offenbar zu erweiterter Vorratshaltung, die eine Einschränkung der Mobilität und somit eine zunehmend unflexiblere Lebensweise zur Folge hatte. Durch die archäologischen Fakten läßt sich im Zeitraum des Natufien eine Entwicklung nachweisen, in der zunehmende Seßhaftigkeit, Vorratshaltung und ausgeprägtere Arbeitsteilung zusammenwirkten.

Mit der Zunahme der Gruppengrößen, die sich im Siedlungsbild des Natufien abzeichnet, nehmen die Problemstellungen zu, die bewältigt werden müssen, um die Sozialkontakte der Gruppenmitglieder zu regeln. Die Gruppenstrukturen verändern sich. Der Haushalt, der fast überall als Grundeinheit der Gesellschaft gilt, bildet sich heraus (Sahlins 1975). In dem von Sahlins an rezenten, nicht-industrialisierten Gesellschaften erstellten Modell bildet der Haushalt die Basis der Nahrungsmittelgewinnung und der sozialen Rollen seiner Mitglieder. Er besteht meist aus einer Kernfamilie, in selteneren Fällen aus einer Großfamilie, Personen einer Altersklasse oder einer größeren Verwandtschaftseinheit (lineage). Innerhalb eines Haushaltes herrscht Arbeitsteilung und die gewonnenen Produkte werden nach bestimmten Kriterien aufgeteilt. Das Ziel dieser ökonomischen und sozialen Einheit ist in erster Linie nur ihre Stabilisierung und Reproduktion, d.h. sie würde theoretisch ohne Mehrproduktion auskommen. Da allerdings eine solche Grundeinheit niemals autark sein kann, benötigt sie Mechanismen zu Außenkontakten und dadurch eine Einbindung in größere soziale Systeme. Um diese zu gewährleisten, bedarf es eines gewissen Überschusses an Gütern, die zu bestimmten Anlässen (Heirat, Feste, Handel) ausgetauscht werden. Diese Verbindungen waren zu Beginn sicher relativ einfach und lose strukturiert. Sie basierten auf Verwandtschaftsbeziehungen, einfachen Handelskontakten und / oder anderen sozialen Organisationsformen.[5]

Einen weiteren Punkt, der für die Organisation seßhafter Gruppen von Bedeutung ist, stellt das Verhältnis zum Territorium dar. Das von jeder Gruppe genutzte Gebiet wird insgesamt kleiner, wobei es zu einer stärkeren Trennung zwischen Jagd- und Sammel-

---

[5] Daß solche für die spätere bäuerliche Kultur grundlegenden Strukturen auch in komplexeren Jäger- und Sammler-Gesellschaften vorhanden sind, belegt Testart (1982) durch eine Untersuchung verschiedener rezenter Wildbeutergesellschaften.

territorium gegenüber dem Wohnbereich kommt, und unterliegt einer stärkeren Ausbeutung seiner ökologischen Ressourcen. Diese könnte, im Verbund mit dem Wissen um die Erhaltung der ökologischen Reproduktionsfähigkeit des genutzten Gebietes, zu ersten Eingriffen in die Fortpflanzung verschiedener Pflanzenarten geführt haben.[6] Aus solchen Eingriffen resultierte letztendlich dann ein gezielter Anbau besonders geeigneter Arten, vor allem von Getreide und Hülsenfrüchten, der ab dem PPNA auch durch archäologische Funde belegt ist. Die Nutzung der Territorien erfährt mit dem Anbau von Kulturpflanzen einen weiteren Qualitätsunterschied. Dieser schließt möglicherweise erste Formen von Besitzansprüchen einzelner Haushalte an Anbauflächen oder am Ertrag kollektiv bewirtschafteten Landbesitzes mit ein. Solche würden sich aus der Notwendigkeit ergeben, bei der Ernte den Nutzen aus der im voraus in die Aussaat investierten Arbeit zu ziehen.

Die besser abgesicherte Ernährungsgrundlage erlaubte es, die Gruppen weiter zu vergrößern, was sich auch in der Zunahme von Siedlungen und deren Größen im PPNA widerspiegelt. Die bisher nur lose strukturierten sozialen Einheiten mußten sich komplexer organisieren, um auf die veränderten Anforderungen des Zusammenlebens zu reagieren. Solche ergaben sich aus größerer Arbeitsteilung zwischen Jagd und Anbau, den daraus resultierenden Notwendigkeiten zur Verteilung, der Organisation von Raumnutzung und ersten Gemeinschaftsprojekten wie öffentlichen Bauten und der Siedlungsplanung.

Im archäologischen Bild werden diese Veränderungen im PPNB wirklich deutlich. Die Siedlungsgrößen und damit auch die Bevölkerung nehmen kontinuierlich zu. Von Siedlungen mit ca. 2 bis 4 ha zu Beginn dieser Periode ausgehend, erreichen diese in der Spätphase des PPNB bis zu 12 ha (Abb. 1.4). Dies entspricht in etwa Dorfgrößen von 200-1000 Personen bzw. 2500-3000 Individuen in der Spätzeit (Naroll 1961 / 62). Das Zusammenleben solch großer Bevölkerungsgruppen erfordert zwangsläufig komplexere Mechanismen sozialer Organisation. Auf unterschiedlichen Ebenen müssen Besitzansprüche, Güterproduktion und -verteilung sowie Gemeinschaftsarbeiten geregelt werden. Die unterste Ebene dieser Hierarchie bildet der Haushalt, der spätestens ab dieser Zeit als wirtschaftliche und soziale Grundeinheit im oben beschriebenen Sinne voll ausgebildet ist. Die Separierung in diese einzelnen Grundelemente (Haushalte) wird auch im architektonischen Bild dieser Zeit deutlich (Abb. 1.5) und läßt sich als Hinweis auf ein sich ausbildendes Besitzdenken deuten. Land- und Sachbesitz wurden zur wirtschaftlichen Grundlage des Haushaltes. Im Sinne der Stabilisierung und Reproduktion müssen Methoden der Besitzsicherung ausgebildet werden, wie z.B. ortsendogame Heiratsbeziehungen, die bei Dorfgrößen ab 200 Personen möglich werden (Bernbeck 1994: 39-50). Daneben nimmt die soziale Ungleichheit innerhalb der Haushalte zu, und die Verwandtschaftsbezüge erfahren eine neue Qualität, da der Besitz über Abstammungslinien vererbt wird. So bilden sich in den Grundeinheiten Personen oder Personengruppen heraus, die über einen höheren Status verfügen und auch auf anderen sozialen Ebenen Führungs-

---

[6] Zu diesem kulturökologischen Vorgang: Bargatzky 1986: 96.

rollen übernehmen können. Dies wären z.B. die Organisation der Güterproduktion und
-verteilung, aber auch die Koordination von Gemeinschaftsarbeiten und von Kontakten
zu anderen Gruppen. Daß solche weitreichenden Kontakte im PPNB stark ausgebildet
waren, belegen zahlreiche Exotika und nicht-lokale Rohstoffe im Fundmaterial der einzelnen Siedlungen (Reinhold und Steinhof in Vorb.). In den Rahmen solcher Außenkontakte sind wohl auch die bereits erwähnten Treibjagdstationen - 'desert kites' - zu stellen.
Ihre Größe und Anzahl läßt auf regionale Interaktion bei größeren Jagdexpeditionen
schließen, die auch Konservierung, Verteilung und Abtransport des erlegten Wildes
gewährleisten konnten.

Die letzte Konsequenz aus der Vorratswirtschaft war die Domestikation der
erwähnten Haustiere, die die Autarkie der Haushalte vergrößerte, indem nun auch die
Fleischnahrung aus eigenem Besitz gewonnen werden konnte. Allerdings führte die
Domestikation in Verbindung mit den offenbar ohnehin stark übernutzten Territorien in
der Umgebung der Siedlungen am Ende des PPNB zu einem ökologischen Kollaps
(Köhler-Rollefson 1988).[7]

Das keramische Neolithikum ist mit seiner Rückkehr zu kleineren Gruppen und
der teilweisen Trennung von Ackerbau und Weidewirtschaft das ökonomische Resultat
aus diesen Übernutzungserscheinungen. Die Haushalte bildeten weiterhin die Basis der
Siedlungsgemeinschaften, komplexere soziale Einheiten dürften jedoch nur überregional
bestanden haben.

Mit der Nutzbarmachung sekundärer tierischer Produkte (Milch, Wolle) und der
Kultivierung mehrjähriger Obst- und Ölpflanzen im 4. Jt. v. Chr. gewinnt die Effizienz
bäuerlicher Lebensweise eine neue Dimension. Die Komplexität der sozialen Strukturen
erweitert sich, erste Staaten mit zentraler Verwaltung und Machtstrukturen entstehen (s.
Kap. 4 und 5). An zwei unterschiedlichen Beispielen aus dem Spektrum der materiellen
Kultur dieses Zeitraumes wollen wir nun versuchen festzustellen, ob sich diese allgemei-
nen Tendenzen in den archäologisch faßbaren Hinterlassenschaften wiederfinden lassen.
Zum einen sollen die Siedlungsstrukturen und ihre Entwicklung als Ausdruck alltäglicher
Lebensäußerung, zum anderen die Bestattungssitten und andere Hinweise auf rituelle
Äußerungen als die transzendentale Dimension der damaligen Menschen untersucht
werden.

Siedlungsstrukturen als Hinweise auf kulturelle Veränderungen
im Verlauf des Neolithisierungsprozesses im Vorderen Orient

Territorialität und Landschaftsnutzung umherschweifender und seßhafter Gemeinschaften
unterscheiden sich fundamental. Nicht nur die Größe und die Art der ökonomischen

---

[7] Vor allem Ziegen, die in der südlichen Levante die überwiegende Mehrzahl der Haustiere bildeten, verur-
sachen durch ihr aggressives Weideverhalten starke Schäden an der Vegetation, die in semiariden Gebieten
die Erosion fördern. Die Abholzung weiter Gebiete um die Siedlungen, die archäologisch nachweisbar ist,
leistete dieser Entwicklung Vorschub.

Nutzung sind verschieden, sondern auch das Verhältnis der Menschen zum Raum und seinen Gegebenheiten werden unterschiedlich wahrgenommen und beurteilt. Ein entscheidender Prozeß innerhalb der Neolithisierung ist der allmähliche Übergang von der flexiblen Landschaftsnutzung der epipaläolithischen Jäger- und Sammler(innen)-Gruppen zur territorial eingeschränkten, mit bestimmten Nutzungskriterien - Siedlungsareal, Sammel- und Jagdareale, Anbau- und Weideflächen - versehenen Naturnutzung der seßhaften, bäuerlichen Bevölkerung.

Die Anlage einer Siedlung - ob temporär oder dauerhaft - stellt zunächst einen Prozeß der Aufteilung eines nach unterschiedlichen Kriterien ausgewählten Territoriums dar. Das Land wird aufgeteilt und von Individuen, Familien oder größeren Verbänden je nach Einfluß, Reichtum, Größe und sozialem Rang besetzt. Die dazwischen liegenden Flächen können ebenfalls verteilt werden oder bleiben zur gemeinschaftlichen Nutzung offen. Die Gestaltung eines solchen Lebensraumes wird bestimmt durch die unterschiedlichen individuellen und kollektiven Bedürfnisse, artikulierte und unbewußte Ideen und Vorstellungen der Siedlungsgemeinschaft, aber auch durch die topographischen und ökologischen Gegebenheiten des Siedlungsplatzes und durch seine Umwelt (Schaur 1992: 18). Die Energie allerdings, die für die Anlage eines Siedlungsplatzes aufgewandt wird, variiert mit der geplanten Nutzungsdauer und Komplexität der Strukturen. Einfache Jagdlager weisen allgemein eine einfachere Struktur und nahezu keine künstlichen Veränderungen der Örtlichkeiten auf. Dauerhafte Siedlungen, auch ungeplante, können einen beträchtlichen Energieaufwand bezeugen, begonnen mit kollektiven Absprachen zur Konzeption, artifiziellen Veränderungen des Baugrundes, z.B. Terrassierungen oder der Errichtung von Entwässerungs- bzw. Belüftungsanlagen, bis schließlich zum Hausbau und der Errichtung größerer öffentlicher Gebäude.

Da Siedlungsstrukturen in Wechselwirkung von privaten und kollektiven Bedürfnissen entstehen, lassen sich aus ihrer Komplexität und inneren Strukturierung Rückschlüsse auf Organisationsprizipien und eventuelle soziale oder zeitliche Entwicklungen ziehen (Schaur 1992: 18; Byrd 1994: 643-644). Am unmittelbarsten lassen sich die Gruppengrößen aus den Siedlungsflächen erschließen (Narrol 1961 / 62). Prinzipien der Raumnutzung und des Raumverständnisses können auf unterschiedlichen Ebenen untersucht werden. Die Möglichkeit, Häuser zu vergrößern oder der Zwang, bei Erweiterungen neue architektonische Komplexe zu schaffen, lassen Rückschlüsse auf Familien- und Besitzstrukturen zu (Flannery 1972). Zugänglichkeit oder Geschlossenheit einzelner Häuser oder Haus / Hof-Einheiten ermöglichen Einblicke in das Verhältnis zwischen öffentlichem und privatem Lebensraum. Vorhandensein oder Abwesenheit öffentlicher Einrichtungen und Plätze ermöglichen es, auf übergeordnete soziale Strukturen, soziale Differenzierung oder andere kollektive Einrichtungen zu schließen. Allerdings muß ausdrücklich darauf hinwiesen werden, daß sich soziale Hierarchien nicht in jedem Falle in der architektonischen Gestaltung einer Siedlung darstellen müssen.

Solche allgemeinen Modelle zu Siedlungsstrukturen und Landschaftsnutzung können nun auf die Entwicklung im Vorderen Orient übertragen werden. Längerfristig genutzte Siedlungsplätze sind seit den jüngeren Abschnitten des Paläolithikums[8] bekannt. Dennoch werden die ersten Strukturen, die auf dauerhaftere Siedlungsaktivitäten hinweisen, an den Beginn des Neolithisierungsprozesses im Vorderen Orient, in die Periode des epipaläolithischen Natufien datiert. Die aus dieser Periode bekannten, teilweise eingegrabenen oder mit niederen Steinmauern versehenen Rundhütten sowie die Anlage von Vorrats- und anderen Gruben zeigen einen deutlich höheren Arbeitsaufwand als die bisher bekannten epipaläolithischen Stationen (Goring-Morris 1988; Ahrensburg und Bar-Yosef 1973). Dennoch deuten die meisten strukturellen Kriterien noch auf die Herkunft der Siedler aus einer nicht-seßhaften Konzeption. So werden dieselben Siedlungslagen aufgesucht wie in den vorhergehenden Perioden, z.B. unterhalb von Felsüberhängen, in Höhlen oder auf Anhöhen am Übergang von der Gebirgs- zur Steppenzone. Nicht selten befinden sich Fundstellen des Kebarien, solche des Natufien und auch noch solche des PPNA innerhalb derselben Fundregion. Auch weisen die Größe der Siedlungen mit durchschnittlich etwa 20 Hütten und ihre zu Beginn relativ lockere Struktur immer noch auf kleine Gruppen mit gleichberechtigten Ansprüchen auf den zu besiedelnden Raum und die Größe ihrer Bauten hin, ebenso das Fehlen größerer oder zentral gelegener Einheiten. Eine Ausnahme bildet die kleine Siedlung von Mallaha, die in der jüngeren Phase eine bereits verhältnismäßig dichte Bebauung und einen größeren Rundbau aufweist, der sich auch in seiner Bauweise hervorhebt (Abb. 1.5; Valla 1991).

Ein weiterer Aspekt, der die noch enge Verhaftung in nicht-seßhaftem Denken und Handeln zeigt, ist der Umgang mit dem eigentlichen Wohnraum. Wie Watkins (1990: 342; 1992: 66-67) sehr richtig bemerkt, unterscheiden sich die Siedlungsanlagen des Natufien von denen späterer Perioden durch ein unterschiedliches Wegwerfverhalten, das sich im archäologischen Bild vor allem im Fundanfall niederschlägt. Während dieser in und um die architektonischen Strukturen des Natufien sehr hoch ist, während also alle möglichen Reste häuslicher Aktivitäten auch innerhalb der geschlossenen Räume zu finden sind, sind die Räume der neolithischen Strukturen meist fundleer, 'sauber' gehalten, 'ausgekehrt'. Die Aktivitätszonen werden nun vom Wohnbereich deutlich getrennt. Allerdings ist Watkins' an Hodder (1990) angelehnte Interpretation, die die 'sauberen' Häuser von Qermez Dere in Nordmesopotamien mit einem emotionalen Wandel zum Prinzip 'my house is my home' verbindet, zu einfach, wie Untersuchungen zur Entstehung archäologischer Fundgesellschaften im allgemeinen (Sommer 1991) und auch die Befunde anderer akeramischer Fundorte zeigen (Byrd 1994: 657). Dennoch ist die generelle Tendenz deutlich, die alltäglichen Tätigkeiten wie Nahrungsmittelverarbeitung, Kochen oder Werkzeugproduktion, die mit Abfall verbunden sind, aus dem eigentlichen Wohnbereich zu entfernen.

Strukturelle Veränderungen der Architektur zwischen dem Natufien und dem PPNA sind kaum vorhanden, die Siedlungslagen und die Anlage der Siedlungen mit

---

[8] Mit Paläolithikum wird die Epoche zwischen der Herausbildung der ersten menschlichen Wesen bis zum Ende der letzten Eiszeit bezeichnet. Die erwähnten jüngeren Abschnitte fallen in die Zeit dieser letzten Eiszeit zwischen ca. 40.000 und 20.000 v. Chr.

kleinen Gruppen von Hauskomplexen ähneln sich weiterhin, doch heben sich die architektonischen Konstruktionsprinzipien beider Epochen deutlich voneinander ab. Die Rundbauten des PPNA zeigen eine viel dauerhaftere Struktur: Neben Steinfundamenten werden nun erstmals Lehmziegel und Kalkestrich ('plaster'), d.h. unter teilweise hohem Arbeitsaufwand künstlich hergestellte Baustoffe, verwendet (Kenyon 1957). In den wenigen bisher publizierten Grabungsplänen und den oft sehr kleinen Flächen, die aus dieser Periode freigelegt sind,[9] lassen sich Siedlungsstrukturen nur schwer ausmachen, doch fällt eine zunehmende Konzentration in Gruppen wabenförmiger Hauskomplexe auf. Dies könnte auf den Beginn einer Auftrennung in einzelne enger verbundene Familien hindeuten. Zwischen diesen Hausgruppen liegen Höfe, die offenbar von allen in gleicher Weise benutzt werden konnten und wo Nahrungsverarbeitung und Werkzeugproduktion nachzuweisen sind. Die Siedlungsgrößen sind ebenfalls schwer zu erschließen, da die bedeutenderen Siedlungen wie z.B. Jericho unter mächtigen späteren Kulturschichten liegen oder nicht großflächig erfaßt wurden. Allgemein dürften jedoch Siedlungsvergrößerungen stattgefunden haben. Für Jericho wird z.B. eine Größe von 4 ha vermutet (Kenyon 1957).

Die entscheidende Veränderung im Territorial- und Siedlungsverhalten trat dann allerdings im PPNB ein, vor allem in dessen späterer Phase im späten 8. Jt. v.Chr. (Abb. 1.6 und 1.7). In dieser Blütezeit des akeramischen Neolithikums entwickeln sich nicht nur komplexere Siedlungsformen, sondern das gesamte Siedlungsverhalten ändert sich. Die Siedlungen nehmen nun auch Lagen außerhalb der davor bevorzugten Zonen am Rand der Steppe ein (Cauvin 1989). Sie nehmen ständig an Größe zu, bis schließlich Dörfer mit bis zu 2000-3000 Bewohnern entstehen (Rollefson 1989). Das beste Beispiel einer solchen Siedlungsentwicklung bietet der Fundort Beidha in Südjordanien. Byrd (1994: 646-656) kann hier eine kontinuierliche Entwicklung aufzeigen, die von relativ locker gestreuten, agglutinierenden[10] Rundbauten um kleine Höfe, auf denen die häuslichen Aktivitäten gemeinschaftlich ausgeführt wurden, über dichtere Strukturen mit ersten Rechteckbauten und einer abnehmenden Offenheit der Häuser zu einem Endstadium führt, in welchem eng gepackte, zellenförmige Rechteckbauten mit zwei Stockwerken die Siedlungsfläche dominieren (s. Abb. 1.7). Häusliche Arbeiten, Vorratshaltung und Werkzeugproduktion werden in die zellenförmigen Untergeschosse der Häuser verlagert. Der öffentliche Raum ist nun auf einen abgetrennten Hof und ein großes, zentral gelegenes Gebäude, möglicherweise ein Versammlungshaus, beschränkt. Diese Entwicklung, die sich in Beidha während des PPNB vollzieht, dürfte in etwa den strukturellen Ablauf darstellen, der an anderen Orten der Levante früher, am Beginn des PPNB, stattgefunden hat (Rollefson 1989). Charakteristisch ist die zunehmende Abgrenzung und Trennung von öffentlichem und privatem Raum (Byrd 1994: 658-661), die Verlagerung der häuslichen Arbeit und der Vorratshaltung in die Innenräume der Häuser (Beidha)

---

[9] Als Beispiel kann Jericho dienen, wo von der Gesamtfläche der PPNA-Siedlung insgesamt nur etwa 80 m^2 freigelegt sind (Kenyon 1957).
[10] Dieser Begriff ist der Siedlungsgeographie entlehnt und bezeichnet Bauten, die eng aneinander gebaut sind.

bzw. den Bereich des Haushalts (in Yiftahel: Garfinkel 1987) bei gleichzeitiger Abnahme gemeinsamer Nutzflächen. Weitere allgemein auftretende Elemente sind die rechteckige Architektur mit mehreren, verschieden genutzten Räumen (Akkermanns et al. 1983), der Ausbau der Siedlungen durch Vergrößerung und dichtere Bebauung (Rollefson 1989), die langfristige Nutzung der Hausareale sowie die Entwicklung öffentlicher Bauten und Plätze in einigen Siedlungen (Beidha, Çayönü und Bouqras), die den gemeinschaftlich genutzten Hof als Kommunikationsort ablösen.

Versucht man diese architektonischen, aber auch territorialen Entwicklungslinien auf ihren sozialgeschichtlichen Hintergrund zu befragen, so sind mehrere grundlegende Überlegungen anzustellen. Die strukturelle Linie, die von kleinen Siedlungen mit maximal drei bis vier Hausgruppen sowie gemeinschaftlicher Nutzung der zwischen ihren Einheiten liegenden Flächen (im Natufien z.B. Mallaha: Valla 1991, im PPNA Jericho: Kenyon 1957) zu separaten Hauseinheiten führt, die nun Höfe und geschlossene Räume als architektonische Einheit umfassen, ist sicherlich auf Veränderungen im allgemeinen sozialen Gefüge zurückzuführen. Die Haushalte der flexiblen Großfamilie von Wildbeutern und frühen Ackerbauern haben sich in die Basiseinheiten komplexerer Gesellschaftsformen, nämlich Haushalte, die auf einer Kernfamilie von 5-8 Personen beruhen, umgewandelt (Flannery 1972; Byrd 1994: 642-644). Verbunden mit dieser Umwandlung müssen sich allerdings auch die Wertvorstellungen der Menschen grundsätzlich verändert haben. Beispiele wären die von Watkins (1990) angesproche emotionale Bindung an das Haus bzw. den Ort als 'home', d.h. eine Identifikation der Individuen über den Wohnraum,[11] die Entwicklung von Besitzverhalten und daraus resultierend Regelungen zur Vererbung des Besitzes (Byrd 1994: 643).

Diese emotionalen Veränderungen in Verbindung mit den zunehmenden Siedlungsgrößen und -dichten, d.h. einer zunehmenden Zahl von Menschen, erforderte auch eine strukturelle Veränderung auf der nächsthöheren Ebene, da sich mit zunehmenden Gruppengrößen z.B. das Konfliktpotential erhöht (Flannery 1972: 30-31). Um die Aufspaltung der Gemeinschaften in solchen Konfliktfällen zu verhindern, bedarf es integrativer Mechanismen. Auch bei anderen kollektiven Entscheidungen, wie z.B. bei der Anlage einer Siedlung, beim Hausbau oder der Urbarmachung von Land, die nicht mehr von allen Gemeinschaftsmitgliedern getroffen oder autonom durchgeführt werden können, sind soziale Mechanismen notwendig.[12] Grundlage solcher Organiationsprinzipien dürften die Haushalte gewesen sein, deren Vorsteher wohl als Repräsentanten fungierten. Zeichen solcher Einrichtungen sind sicherlich geplante Gemeinschaftsarbeiten wie Terrassierungen (PPNB: Ain Ghazal, Basta [Nissen, Muheisen und Gebel 1987]), die Errichtung von Siedlungsmauern gegen Überflutungen (PPNA: Jericho, PPNB: Beidha,

---

[11] Hierzu passen auch die Bestattung verstorbener Haushaltsmitglieder in den Häusern oder die Schädeldeponierungen im Wohnbereich, die unten näher besprochen werden. Ebenfalls in diese Richtung deutet die regelmäßige Erneuerungen der Häuser an gleicher Stelle.
[12] In Bouqras, der durch Oberflächenbefunde in ihrer Struktur am besten bekannten Siedlung, wären z.B. rund 150 Haushalte, d.h. etwa 750-1200 Personen als Dorfgemeinschaft für die letzte Siedlungsphase anzusetzen.

PPNC: Atlil [Galil 1993]), die Sicherung der Wasserversorgung (PPNA: Jericho?, PPNC: Atlil), die Planung von Siedlungen unter Berücksichtigung der Anlage öffentlicher Plätze (PPNB: Beidha, Bouqras) und schließlich Bau und Nutzung öffentlicher Gebäude wie z.B. der Versammlungshäuser (?) in Nevali Cori (Hauptmann 1993), Beidha (Byrd 1994: 656-658) oder Çayönü (Schirmer 1990)[13] bzw. des Turms in Jericho (PPNA; Bar-Yosef 1986). Daß die Führungspositionen innerhalb dieser Organisationstrukturen weiterhin eher informell, d.h. nicht längerfristig institutionalisiert waren, läßt sich aus der unverändert großen Uniformität der Hauskomplexe in den Siedlungen schließen. Zumindest nach außen scheinen die Haushalte weiterhin gleichberechtigt fungiert zu haben. Hauskomplexe und architektonische Ausformung sind trotz gewisser individueller Züge recht einheitlich (Abb. 1.8). Als Hintergrund der informellen Führungsstrukturen wird man am ehesten das Sozialprestige einiger Familien oder einzelner Individuen zu vermuten haben, wofür es auch im Fundmaterial einige Anzeichen gibt (Reinhold und Steinhof in Vorb.).

Mit der Verkleinerung der Siedlungen im anschließenden keramischen Neolithikum wurden möglicherweise diese im PPNB deutlich ausgeprägten Strukturen aufgeweicht, doch sind die Entwicklungslinien in der nördlichen und südlichen Levante ziemlich unterschiedlich. Während sich im Norden eine bäuerliche Kultur mit ähnlichen architektonischen Formen und sozialen Strukturen wie im PPNB gehalten hat (Akkermans 1993), tendiert die Entwicklung im Süden während des Yarmukien zu weniger dauerhaften Siedlungen, wieder überwiegend mit halbunterirdischen Rundbauten und einer eher nomadischen Ökonomie (Kafafi 1993; Garfinkel 1993). Erst im Chalkolithikum kehren dort dörfliche Strukturen mit bäuerlichem Charakter zurück, wiederum mit Haus / Hof-Komplexen und ohne explizite soziale Differenzierung in der Architektur. Mit der Frühen Bronzezeit wird die soziale Stratifikation dann auch in das Medium Architektur umgesetzt (Weippert 1988; s.a. Kap. 5).

Bestattungssitten als Spiegel sozialer Veränderungen

Während für das Paläolithikum nur vereinzelte Skelettfunde vorliegen, z.B. für das epipaläolithische Kebarien in 'Ain Gev I (Ahrensburg und Bar-Yosef 1973), wurde für die relativ kurze Zeitspanne des Natufien in der Levante erstmals eine größere Zahl von Bestattungen entdeckt, die fest mit den größeren Wohnplätzen wie den Höhlen von el-Wad, Mallaha, Hayonim, Erq el-Ahmar bzw. den offenen Siedlungen Nahal Oren und im Wadi al-Hammeh verbunden waren. Es handelt sich zum einen um Ganzkörperbestattungen in gestreckter oder gehockter Lage, zum anderen um einzelne Schädel ohne weitere Skelettbestandteile. Beide Bestattungsformen lassen sich bis ins Paläolithikum zurückverfolgen und finden sich auch in späteren Perioden immer wieder. Als Hauptinnovation des Natufien ist das Aufkommen von Kollektivbestattungen anzusehen, wäh-

---

[13] Diese Bauten datieren alle ins PPNB.

rend aus dem Paläolithikum nur Einzelbestattungen bekannt sind. Die Toten wurden in ovalen Gruben beigesetzt, wobei die Mehrfachbelegung hauptsächlich durch Nachbestattungen zustande kam (Wright 1978). Besonders Frauen wurden häufig mit Beigaben aus Muscheln, Schnecken und Knochenperlen, oft zu Halsketten oder Kopfschmuck verarbeitet, Steinartefakten sowie roter Körperfarbe bestattet.

In der zeitlichen Abfolge stehen die gestreckte Körperlage und die Gruppenbestattung am Beginn des Natufien. Später überwiegen gehockte bis stark zusammengekrümmte Lage; die Einzelbestattungen nehmen zu. Zum Ende der Periode mehren sich Schädelbestattungen, oft in größeren Gruppen. Schädelbestattungen sind aus Prähistorie und Ethnologie weithin bekannt. Im Epipaläolithikum des Vorderen Orients treten sie zum ersten Mal auf. Parallelen sind auch im zeitlich späteren zentraleuropäischen Mesolithikum vorhanden. Verschiedene Interpretationsansätze deuten sie entweder als Zeichen eines beginnenden Ahnenkultes, als Hinweise auf Kannibalismus in Verbindung mit Kopfjagd oder als Lager von Kriegstrophäen.

Versuche, anhand von Totenausstattungen eine soziale Differenzierung festzustellen, erweisen sich als problematisch. Die Beigaben sind zu unterschiedlich und kommen zu selten vor, um eine sinnvolle Sequenzierung zu ermöglichen. Lediglich das Vorkommen von Schmuck aus Dentalium-Muscheln wurde verschiedentlich als Hinweis auf den hervorgehobenen Status des Toten gewertet (Wright 1978; Belfer-Cohen 1988). Da z.B. in der Höhle von Hayonim derart hervorgehobene Bestattungen für sehr junge Personen vorliegen, erschließt Belfer-Cohen (1988: 306) eine soziale Stratifikation auf Familienbasis. Da diese Personen in ihrem Leben nicht genug Zeit gehabt haben können, um einen solch hohen Status selbst zu gewinnen, muß er vererbt worden sein.

Die Tatsache, daß sich die Bestattungsplätze zwar dicht bei oder in den Siedlungsplätzen befinden, aber niemals streng mit einzelnen Häusern verbunden sind, wurde von Watkins (1992) dahingehend gedeutet, daß die Toten noch nicht mit dem Einzelhaushalt, sondern mit dem Dorf, also der Kommune, verknüpft waren.

Mit dem Übergang zum PPNA ändert sich die Lage der Bestattungen entscheidend. Die Toten werden einzeln oder in kleinen Gruppen in flachen Gruben unter den Fußböden der Häuser begraben. Sie sind nunmehr eindeutig mit dem Haus als sozialer Einheit verbunden. Die Herausbildung des Haushaltes als wirtschaftliches und soziales Grundelement läßt sich also auch hier deutlich belegen.

Das PPNB zeigt einen weiteren Schritt zu komplexeren Bestattungssitten. Die Toten werden weiterhin unter den Häusern oder im Siedlungsschutt aufgegebener Bereiche bestattet, meist ohne Kopf. Kollektivbestattungen bestehen aus Erwachsenen, deren Köpfe abgetrennt wurden, und Kindern, deren Skelette vollständig sind. Die Schädel wurden gesondert, einzeln oder in Gruppen, meist in den Ecken des Wohnraums in Nischen über oder unter dem Fußboden deponiert.[14] Ihre Gesichter wurden teilweise

---

[14] Der Befund des sog. "skull building" aus Cayönü in der Südost-Türkei weicht von dieser Schädeldeponierungsart ab. In einem massiven Gebäude wurden in der letzten, durch Feuer zerstörten Belegungsphase über 70 Schädel von Erwachsenen und Kindern, in drei Räumen verteilt, entdeckt. Die früheste der insgesamt fünf Phasen enthielt neben Schädeln auch Skelettbestandteile von mindestens 400 Individuen (Özbek

plastisch mit Lehm oder Stuck übermodelliert, in die Augenhöhlen wurden Muscheln oder Kalkpaste eingesetzt (Jericho, 'Ain Ghazal, Beisamun, Tell Ramad, Bouqras; Taf. 1.II). Als Sonderfall sind die in der Höhle von Nahal Hemar gefundenen Schädel (Taf. 1.III) zu nennen, deren Kalotte einen Überzug aus Asphalt trägt, der am nahegelegenen Toten Meer als Rohstoff vorkommt. Unter den Türschwellen oder in den Mauern einzelner Gebäude wurden als Bauopfer interpretierte vollständige Skelette von Säuglingen, oft Neugeborenen, entdeckt. Eine geringe Zahl vollständiger Skelette wurde in als Abfallgruben gedeuteten Strukturen außerhalb der Bebauung gefunden.

Nimmt man alle diese Bestattungen zusammen und vergleicht ihre Zahl mit den postulierten Siedlungsgrößen, so ist festzustellen, daß sie nicht einmal 10% der Gesamtbevölkerung widerspiegeln können. Über 90% der Einwohner sind demnach in diesen Bestattungen nicht faßbar. Wie läßt sich dies erklären ?

Eine Zusammenstellung der alters- und geschlechtsspezifisch analysierten Skelette ergibt einen repräsentativen Altersquerschnitt und, trotz eines leicht überrepräsentierten Frauenanteils, keine signifikante Auswahl bezüglich des Geschlechtes. Eine Kindersterblichkeit von über 50% liegt durchaus im allgemein angenommenen Rahmen. Alle gefundenen Einzelschädel stammen dagegen von Erwachsenen, zeigen aber keine bevorzugte Altersklasse. Für die modellierten Schädel läßt sich jedoch eine regionale Differenzierung erkennen: In Beisamun und Tell Ramad wurden nur weibliche, in 'Ain Ghazal und Nahal Hemar nur männliche, in Jericho dagegen weibliche und männliche Schädel gefunden.

Die Betrachtung morphologischer Merkmale zeigt, daß der Haupttyp der bestatteten Individuen vom grazilen, mediterranen Typ mit langem, schmalem Schädel war. Unter den modellierten Schädeln überwiegt dagegen die kurze, breite Form, die teils auch künstlich durch postmortale Deformation, Modellierung oder Entfernen von Zähnen oder Unterkiefer hervorgerufen wurde (Ahrensburg und Hershkovitz 1989). Läßt sich hieraus also ein mögliches Schönheitsideal ablesen ? Oder kann dieses Merkmal als Grund für einen gehobenen Status und damit eine besondere Totenbehandlung angesehen werden ?

Allgemein lassen die unterschiedliche Totenbehandlung und die Tatsache, daß diese auch nur einem Teil der Bevölkerung zukam, auf eine vorhandene soziale Hierarchie schließen. Die Frage jedoch, ob es sich hierbei um die Manifestation eines Ahnenkults handelt oder ob die Bestatteten hervorgehobene Status- oder Prestigeträger waren, läßt sich nicht beantworten. Im Unterschied zur Ahnenfunktion, die nach innen, also auf den Haushalt gerichtet ist, haben Prestigeträger eine andere, nach außen gerichtete soziale Funktion. Allerdings könnte die Totenbehandlung auch ein Ausdruck für das Prestige der bestattenden Familie sein bzw. deren Anspruch auf soziale Position und "Besitz" ihrer Ahnen legitimieren. Aufgrund fehlender Fundverteilungspläne lassen sich jedoch bisher keine Aussagen hierzu machen.

Weiterhin werden ins PPNB gehörende Statuen, Masken und Figurinen in rituellem Zusammenhang gesehen. Aus 'Ain Ghazal sind zwei Depots bekannt, in denen

---

1988; M. und A. Özdoğan 1989). Das erste nachweisbare Ritual-Bauwerk dieser Art zeigt auch für das PPNB noch einen engen Zusammenhang zwischen den Toten und der Kommune und steht somit im Gegensatz zur Hervorhebung der Einzelindividuen in anderen Teilen der Levante zu dieser Zeit.

lebensgroße Statuen und Büsten aus Kalkmörtel über einem Gerüst aus Schilfrohr oder
Binsen nach Interpretation der Ausgräber rituell bestattet wurden (Taf. 1.IV; Rollefson
1984; Walker Tubb 1985). Ähnliches wurde auch in Jericho entdeckt. In der Höhle von
Nahal Hemar wurden zusammen mit den asphaltdekorierten Schädeln bemalte Stein-
masken gefunden. Weitere Masken stammen aus Horvat Dumar sowie ein Fragment aus
Basta. Von vielen Fundorten sind Figurinen in Menschen- und Tiergestalt aus Ton, Kalk-
stein und Kalkmörtel bekannt.[15] Alle diese Gegenstände repräsentieren einen differenzierten Umgang mit Religion und Ritual und implizieren die herausgehobene Stellung von
Einzelindividuen, denen die Vermittlerrolle zum Übernatürlichen bzw. Göttlichen eine
Sonderstellung innerhalb der Gruppe einbrachte. Die schon erwähnten, wahrscheinlich
religiös genutzten Bauten in Çayönü und Beidha (Byrd 1994: 656-658) unterstützen die
These einer komplexeren Religionsausübung, in der solche Sonderstellungen notwendig
waren.

Das bereits zum keramischen Neolithikum überleitende PPNC zeigt nicht nur
Kontinuitätsbrüche in Technologie und Architektur, sondern auch im Ritual. Die Bestattungssitten unterscheiden sich deutlich vom vorangegangenen PPNB. Eine Trennung
zwischen in den äußeren Höfen gelegenen Primärbegräbnissen und selteneren Sekundär-
bestattungen innerhalb von architektonischen Strukturen läßt sich erkennen. Diese wird
von Rollefson und Köhler-Rollefson (1993) als Hinweis auf zwei Einwohnergruppen
gedeutet, die sich etwa in Altsassen und nur teilweise Seßhafte unterteilen lassen.

Für das Yarmukien in der südlichen Levante liegen fast keine Bestattungen vor.
Die wenigen vorhandenen sind Einzelbestattungen vollständiger Skelette ohne Beigaben,
die innerhalb der Wohnbereiche liegen. Die Annahme, daß die Bestattungsplätze außerhalb der Siedlungen angelegt wurden und eine Lockerung der Bindung an Haus und
Haushalt stattgefunden hat, ist als eine logische Konsequenz aus dem Übergang zu nur
teilweiser Seßhaftigkeit bzw. zum Nomadismus zu sehen.

Ausblicke

In den behandelten Beispielen haben wir versucht, die individuelle Ebene der vorgeschichtlichen Menschen zu erfassen und übergeordnete Prinzipien festzustellen. Der
Haushalt als Basiseinheit mit seiner materiellen und ideellen Dimension konnte als zentraler Identifikationspunkt dieser Menschen verdeutlicht werden. Von der materiellen Ebene
wurde hier lediglich der Aspekt der Architektur und Siedlungsgestaltung angesprochen.
Weitere mögliche Bereiche wären die Subsistenz als das kulturhistorische Moment der
Domestikation oder klein- und großräumige Austauschsysteme. Das Verständnis der
ideellen Ebene kann durch zusätzliche Analysen des religiösen Verhaltens erweitert
werden, ein Ansatz, der derzeit vor allem von Cauvin vertreten wird (1994).

---

[15] Als Beispiel sind die sog. Venusstatuetten (Abb. 1.9) und Rinderdarstellungen (Taf. 1.I) aus 'Ain
Ghazal zu nennen (Rollefson 1984; Rollefson et al. 1985).

In den beiden Teilen der Untersuchung wurde auch eine zunehmende Strukturierung der Gemeinschaften festgestellt. Weitere Anzeichen für kollektives Handeln könnten
u.a. in größeren Gemeinschaftsaktivitäten, z.B. den erwähnten Jagdexpeditionen oder
den interregionalen Beziehungen der prähistorischen Gemeinschaften gesucht werden.
Die Untersuchung regionaler Konflikte (Watkins 1990: 68-69) würden einen weiteren
Aspekt beleuchten. Ein letzter Punkt wäre auch die Ausbreitung des Neolithikums nach
Europa und Mittelasien. Die Bereitschaft zur Übernahme dieser revolutionär neuen
Lebensweise und Weltsicht in Regionen, die nicht die gleichen Traditionen aufweisen wie
der Vordere Orient (Hodder 1990; Cauvin 1994), unterschied sich in den einzelnen
Regionen sehr stark. Diese Problematik tritt zunehmend in den Mittelpunkt der Neolithi-
kumsforschung in Süd- und Mitteleuropa (Zvelebil 1986; Müller 1994).

Bibliographie

Ahrensburg, B. und O. Bar-Yosef

1973   "Human Remains from Ein Gev I, Jordan Valley, Israel". *Paléorient* 1: 201-206.

Ahrensburg, B. und I. Hershkovitz

1989   "Artificial Skull 'Treatment' in the PPNB Period: Nahal Hemar". In I. Hershkovitz, Hrsg.:
        People and Culture in Change, S. 115-129. Oxford: British Archaeological Reports, Internatio-
        nal Series 508 (I).

Akkermans, P.A. et.al.

1983   "Bouqras Revisited: Preliminary Report on a Project in Eastern Syria". *Proceedings of the Pre-
        historic Society* 49: 335-372.

Akkermans, P.M.M.G.

1993   *Villages in the Steppe. Later Neolithic Settlement and Subsistance in the Balikh Valley.*
        Ann Arbor: International Monographs in Prehistory, Archaeological Series 5.

Bar-Yosef, O.

1986   "The Walls of Jericho: An Alternative Interpretation". *Current Antropology* 27(2): 157-162.

1989   "The PPNA in the Levant - an Overview". *Paléorient* 15/1: 57-63.

Bar-Yosef, O. und A. Belfer-Cohen

1989   "The Levantine 'PPNB' Interaction Sphere". In I. Hershkovitz, Hrsg.: *People and Culture in
        Change*, S. 59-72. Oxford: British Archaeological Reports, International Series 508 (I).

Bargatzky, T.

1986   *Einführung in die Kulturökologie.* Berlin: Dietrich Reimer.

Belfer-Cohen, A.

1988   "The Natufian Graveyard in Hayonim Cave". *Paléorient* 14 (2): 297-308.

Bender, B.

1978   "Gatherer-Hunter to Farmer: A Social Perspective". *World Archaeology* 10: 204-237.

Bernbeck, R.

1994   *Die Auflösung der häuslichen Produktionsweise.* Berlin: Dietrich Reimer.

Binford, L.R.

1984   *Die Vorzeit war ganz anders. Methoden und Ergebnisse der Neuen Archäologie.* München:
        Harnack Verlag.

Bottema, S. und W. van Zeist

1981   "Palynological Evidence for the Climatic History of the Near East, 50.000-6.000 BP". In J.
        Cauvin und P. Sanlaville, Hrsg.: *Préhistoire du Levant*, S. 111-132. Paris: Éditions du CNRS.

Byrd, B.F.

1989   "The Natufian: Settlement Variability and Economic Adaptions in the Levant at the End of the
        Pleistocene". *Journal of World Prehistory* 3: 159-197.

1994   "Public and Private, Domestic and Corporate: The Emergence of the Southwest Asian Village".
        American Antiquity 59(4): 639-666.

Cauvin, J.

1989   "La néolithisation du Levant et sa première diffusion". In O. Aurence und J. Cauvin, Hrsg.:
        Néolithisations, S. 3-36. Oxford: British Archaeological Reports, International Series 516.

1994   *Naissance des divinités. Naissance de l'agriculture.* Paris: CNRS Éditions.

Childe, V.G.

1936   *Man Makes Himself.* London: Watts & Co.

Clutton-Brock, J.

1981   *Domesticated Animals from Early Times.* London: British Museum & Heinemann.

Flannery, K.V.

1972   "The Origins of the Village as a Settlement Type in Mesoamerica and the Near East: A Compa-
        rative Study". In: P.J. Ucko, R. Tringham und G.W. Dimbleby, Hrsg.: *Man, Settlement and
        Urbanism*, S. 23-53. London: Duckworth.

Galil, E.

1993   "Atlil-Yam: A Prehistoric Site on the Seafloor off the Carmel Coast". In J. Pavuk, Hrsg.: *Actes
        du XIIe Congress International des Sociétés Préhistoriques et Protohistoriques Bratislava
        1991*, Vol. 2, S. 318-324. Bratislava: Institut archéologique de l'académie slovaque des sciences à
        Nitra.

Garfinkel, Y.

1987   "Yiftahel: A Neolithic Village from the Seventh Millenium B.C. in Lower Galilee, Israel".
        Journal of Field Archaeology 14: 199-212.

1993   "The Yarmukian Culture in Israel". *Paléorient* 19(1): 115-134.

Gebel, H.G.

1987   "Relative and Absolute Chronologies of the Southern Levant between 10.000 and 8.000 BP". In
        O. Aurenche, J. Evin und F. Hours, Hrsg.: *Chronologies du Proche Orient. Relative Chrono-
        logies and Absolute Chronology 16.000 - 4.000 B.P.*, S. 343-352. Oxford: British Archaeolo-
        gical Reports, International Series 379 (I).

Gopher, A.

1994   "Arrowheads of the Neolithic Levant: A Seriation Analysis". Winona Lake: American School of
        Oriental Research Dissertation Series 10.

Goring-Morris, A.N.

1988   "Trends in the Spatial Organisation of the Terminal Pleistocene Hunter-Gatherer Occupations as Viewed from the Negev and Sinai". *Paléorient* 14(2): 231-244.

Gratuze, B., J.N. Barrandon, K. Al Isa und M.C. Cauvin

1993   "Non-Destructive Analysis of Obsidian Artefacts Using Nuclear Techniques: Investigation of Provenance of Near Eastern Artefacts". *Archaeometry* 35 (1): 11-21.

Hauptmann, H.

1993   "Ein Kultgebäude in Nevali Cori". In M. Frangipane, H. Hauptmann, M. Liverani, P. Matthiae und M. Mellink, Hrsg.: *Between the Rivers and over the Mountains*, S. 37-69. Rom: Università la Sapienza.

Helms, S. und A. Betts

1987   "The Desert 'Kites' of the Badiyat esh-Sham and North Arabia". *Paléorient* 13 (1): 41-67.

Hodder, I.

1990   *The Domestication of Europe: Structure and Contingency in Neolithic Societies*. Oxford: Basil Blackwell.

Kafafi, Z.

1993   "The Yarmoukians in Jordan". *Paléorient* 19 (1): 101-114.

Kenyon, K.

1957   *Digging up Jericho*. London: Ernest Benn Ltd.

Köhler-Rollefson, I.

1988   "The Aftermath of the Levantine Neolithic Revolution in the Light of Ecological and Ethnographic Evidence". *Paléorient* 14(1): 87-93.

Mellaart, J.

1975   *The Neolithic of the Near East*. London: Thames & Hudson.

Moore, A.M.T.

1982   "A Four Stage Sequence for the Levantine Neolithic c. 8500-3750 b.c.". *Bulletin of the American School of Oriental Research* 246: 1-34.

Müller, J.

1994   *Das ostadriatische Frühneolithikum. Die Impressokultur und die Neolithisierung des Adriaraumes*. Berlin: Spiess.

Naroll, J.

1961-62   "Floor Area and Settlement Population". *American Antiquity* 27: 587-593.

Nissen, H.G., M. Muheisen und H.G. Gebel

1987   "Report on the first Two Seasons of Excavations at Basta (1986-1987). *Annual of the Department of Antiquities of Jordan* 31: 79-118.

Noy, T.

1986   "Neolithic Period". In J. O'Neill und K. Howard, Hrsg.: *Treasures of the Holy Land. Ancient Art from the Israel Museum*, S. 41-56. New York: Metropolitan Museum of Art.

Özbek, M.

1988   "Culte des crânes humains a Çayönü". *Anatolica* 15: 127-137.

Özdoğan, M. und A. Özdoğan

1989   "Çayönü. A Conspectus of Recent Work". *Paléorient* 15 (1): 65-74.

Reinhold, S. und M. Steinhof

(in Vorb.) "Prestige und Prestigegüter im akeramischen Neolithikum B der Levante". In R. Bernbeck und
           J. Müller, Hrsg.: *Prestige und Prestigegüter im Vorderasiatischen und Europäischen
           Neolithikum.*

Rollefson, G.O.

1984   "Early Neolithic Statuary from 'Ain Ghazal (Jordan)". *Mitteilungen der deutschen Orient-
        Gesellschaft* 116: 185-192.

1986   "Neolithic 'Ain Ghazal (Jordan): Ritual and Ceremony, II". *Paléorient* 12 (1): 45-52.

1989   "The Late Aceramic Neolithic of the Levant: A Synthesis". *Paléorient* 15 (1): 168-173.

1993   "The Origin of the Yarmoukian at 'Ain Ghazal". *Paléorient* 19 (1): 91-100.

Rollefson, G. O. und I. Köhler-Rollefson

1993   "PPNC Adaptions in the First Half of the 6th Millenium B.C.". *Paléorient* 19 (1): 33-42.

Rollefson, G.O., A.H. Simmons, M.L. Donaldson, W. Gillespie, Z. Kafafi, I. Köhler-Rollefson,
E. McAdam und S.L. Rolston

1985   "Excavation at the Pre-Pottery Neolithic B Village at 'Ain Ghazal (Jordan)". *Mitteilungen der
        deutschen Orient-Gesellschaft* 117: 82-88.

Sahlins, M.D.

1975   *Stone Age Economics.* London: Tavistock.

Schaur, E.

1992   *Ungeplante Siedlungen. Charakteristische Merkmale - Wegesysteme, Flächeneinteilung.*
        Stuttgart: Mitteilungen des Insituts für Leichte Flächentragwerke 39.

Schirmer, W.

1990   "Some Aspects of Building at the 'Aceramic-Neolithic'". *World Archaeology* 21 (3): 363-387.

Sherratt, A.

1981   "Plough and Pastoralism: Aspects of the Secondary Products Revolution". In I. Hodder, G. Isaac
        und N. Hammond, Hrsg.: *Pattern of the Past*, S.261-305. Cambridge: Cambridge University
        Press.

Smolla, G.

1960   *Neolithische Kulturerscheinungen. Studien zur Frage ihrer Herausbildungen.* Bonn:
        Antiquitas Reihe 2 - Abhandlungen aus dem Gebiete der Vor- und Frühgeschichte 3.

Sommer, U.

1991   *Zur Entstehung archäologischer Fundvergesellschaftungen. Versuch einer archäologischen
        Taphonomie.* Bonn: Universitätsforschungen zur prähistorischen Archäologie.

Testart, A.

1982   "The Significance of Food Storage among Hunter-Gatherers: Residence Patterns, Population
        Densities and Social Inequalities". *Current Anthropology* 23 (5): 523-537.

Tubb, K.

1985   "Preliminary Report on the 'Ain Ghazal Statues". *Mitteilungen der deutschen Orient-
        Gesellschaft* 117: 117-134.

Uerpmann, H.

1979   *Probleme der Neolithisierung des Mittelmeerraumes.* Wiesbaden: Ludwig Reichert.

Valla, F.R.

1991   "Les Natufiens de Mallaha et l'espace". In O. Bar-Yosef und F.R. Valla, Hrsg.: *The Natufien of the Levant*, S. 111-122. Ann Arbor: International Monographs in Prehistory.

Vivelo, F.R.

1981   *Handbuch der Kulturanthropologie. Eine grundlegende Einführung.* Stuttgart: Klett-Cotta.

Walker Tubb, K.

1985   "Preliminary Report on the 'Ain Ghazal Statues". *Mitteilungen der deutschen Orient-Gesellschaft* 117: 117-134.

Watkins, T.

1990   "The Origins of House and Home ?" *World Archaeology* 21 (3): 336-347.

1992   "The Beginning of the Neolithic: Searching for Meaning in Material Culture Change". *Palé-orient* 18 (1): 63-75.

Weippert, H.

1988   *Palästina in vorhellenistischer Zeit.* München: C.H. Beck'sche Verlagsbuchhandlung.

Wright, G.A.

1978   "Social Differentiation in the early Natufien". In C.L. Redman, M.J. Berman, W.T. Langhorne, N.H. Versaggi und J.C. Wanser, Hrsg.: *Social Archaeology. Beyond Subsistence and Dating*, S. 201-224. New York: Academic Press.

Zvelebil, M. (Hrsg.)

1986   *Hunters in Transition. Mesolithic Societies of Temperate Eurasia and their Transition to Farming.* Cambridge: Cambridge University Press.

Dörfliche Kulturen des keramischen Neolithikums in Nord- und Mittelmesopotamien: Vielfalt der Kooperationsformen

Reinhard Bernbeck

Der zeitliche und räumliche Rahmen

Die frühkeramischen Kulturen, um die es hier geht, müssen vor einem erst seit kurzem bekannten Entwicklungshintergrund gesehen werden, auf den nur einleitend eingegangen werden kann. Man war ursprünglich der Ansicht, auf das PPNB folge im palästinensischen Raum, aber auch in den nordöstlich angrenzenden Regionen eine Zeit des Siedlungs- und Bevölkerungsrückgangs. Im nördlichen Mesopotamien, einer Region, die den heutigen Nordirak und Nordostsyrien einschließt, schien es so, als ob erst im späten 6. Jt. mit der Hassuna- und Samarra-Kultur sowie der etwas später zu datierenden Halaf-Zeit eine dichtere Besiedlung aufkam. Grabungen aus den letzten Jahren, besonders die der einstigen sowjetischen Mission in Maghzaliya, Tell Sotto und Yarim Tepe I (s. Yoffee und Clark 1993), dann die neueren Arbeiten in Nemrik 9 am Tigris und Qermez Dere südlich des Sinjar-Gebirges (Kozlowski 1989; Watkins et al. 1991) sowie am Euphrat in Bouqras (Akkermans et al. 1983) führten zu einer ganz neuen Perspektive. Man fand heraus, daß nicht erst die Keramik produzierenden Kulturen, sondern auch schon deren Vorgänger in Nordmesopotamien eine Einheit bildeten, die sich von den Gemeinschaften der akeramischen Perioden z.B. über die Bauweise der Häuser und über Formen von Pfeilspitzen in der Levante deutlich absetzte.

Zeit	Balikh-Geb.	Khabur-Geb.	Nordirak	Mitteleuphrat	mittl. Tigris
4400					(Späthalaf)
	Halaf	Halaf	Halaf		
5300	[Samarra-ähnliches]	?	Hassuna	Samarra	Samarra
5900	Spätneol.	Sotto	Sotto	Bouqras	?

Tab. 2.1: Zur Datierung von Hassuna-, Samarra- und Halaf-Kultur. (Zeitangaben basieren auf unkalibrierten C14-Daten)

Im folgenden geht es jedoch um drei frühkeramische Kulturen, die schon seit längerem bekannt sind, die Hassuna-, die Samarra- und die Halaf-Kultur (Tab. 2.1). Diese überschneiden sich teilweise, und zwar sowohl räumlich als auch zeitlich. Die Hassuna-Kultur entwickelte sich etwas früher als die Samarra-Kultur, endete aber auch etwas früher; die jeweiligen Verbreitungsgebiete schließen sich fast ganz aus. Man fand allerdings einige wenige Stücke der Samarra-Keramik in Hassuna-Orten, nicht jedoch Hassuna-Keramik in Samarra-Orten.

Die Samarra-Kultur liegt nicht nur südlich des Bereichs der Hassuna-, sondern auch der späteren Halaf-Kultur. Die Halaf-Kultur hatte jedoch eine wesentlich weitere Verbreitung als die Hassuna-Kultur (Abb. 2.1). Die für die Halaf-Kultur typische Keramik entwickelte sich neuen Grabungsergebnissen in Tell Sabi Abyad zufolge wohl im syrischen Gebiet aus Samarra-beeinflußter Keramik, ist jedoch sehr viel weiter verbreitet als die Hassuna- und die Samarra-Kultur.

Bevor Einzelprobleme angesprochen werden, muß zunächst kurz der Kulturbegriff erläutert werden. Die archäologische Terminologie weicht mit ihrem Verständnis von "Kultur" deutlich ab von den im allgemeinen Sprachgebrauch vorhandenen Assoziationen mit diesem Wort. Archäologen identifizieren Kulturen oft anhand einer einzigen, in der Regel häufig vorkommenden Materialkategorie, die räumlich durch Verbreitungskarten definiert wird. Das ist auch bei den drei o.g. Kulturen der Fall, denn hier war jeweils reich dekorierte Keramik das prinzipielle Erkennungsmerkmal.

Hinter dem archäologischen Kulturkonzept steht die aus Geschichte und Sozialwissenschaften übernommene Idee, daß gemeinsame Vorstellungswelten zu gesellschaftlichen Normen führen, die sich u.a. in Regeln niederschlagen, wie bestimmte Objekte "herzustellen sind". Die Sozialwissenschaften fanden allerdings ebenso heraus, daß solche Regeln und Normen nicht allgemein befolgt werden. Kleine Gruppen und einzelne Individuen weichen immer von den Normen ab, so daß z.B. in der Ethnologie nicht mehr davon ausgegangen wird, daß Grenzen von Kulturen scharf ausfallen.

Nach einer solchen, an den Sozialwissenschaften orientierten Definition kann eine einzige archäologische Materialkategorie *nicht* zur Erfassung einer Kultur dienen, sondern es müssen mindestens zwei weitere Voraussetzungen gegeben sein. Erstens sollte zumindest eine geringe Zahl weiterer Äußerungen der Ideenwelt, die sich in materiellen Hinterlassenschaften niederschlagen, vergleichbare zeitliche und räumliche Verbreitungen aufweisen. Hierdurch kann sichergestellt werden, daß es sich nicht um Einzugsbereiche von Spezialisten bestimmter Produkte handelt. Auch aus Architekturformen, Dorfplänen, Wandmalereien usw. lassen sich Gemeinsamkeiten oder Unterschiede in Vorstellungen herausfinden. Zweitens sollten nicht nur Ideen, sondern auch Verhaltensweisen innerhalb einer Kultur in gewissem Maße ähnlich sein. Hier spielen z.B. solche archäologischen Artefakte wie Knochen, Pflanzenreste und Steingeräte eine große Rolle, aus denen wir auf wirtschaftliches Verhalten einer Gruppe rückschließen können. Im folgenden wird sich zeigen, daß die Anwendung des Kulturbegriffs im Falle des Hassuna-, Samarra- und Halaf-Phänomens im Sinne der obigen Punkte angemessen ist.

Dörfliche Ökonomien

In gängigen Darstellungen der mesopotamischen Vorgeschichte wird der Zeitraum zwischen der Domestizierung von Herdentieren wie Schaf und Ziege bzw. der Kultivierung des Getreides im frühen Neolithikum und der Staatsentstehung im 4. Jt. v. Chr. als weitgehend frei von entscheidenden gesellschaftlichen Entwicklungen angesehen. Die dörflichen Gesellschaften, nach Ansicht vieler Kulturwissenschaftler an Tradition und Brauchtum ausgerichtet (Redfield 1953), sind geradezu Änderungen abgeneigt. Dies schlägt sich auch in archäologischen Synthesen nieder, in denen für die Zeit zwischen Seßhaftwerdung und der Entwicklung staatlicher Gesellschaften nichts als eine zeitliche Abfolge von Keramiken und anderen Materialkategorien vorgestellt wird. Ist es aber denkbar, daß es zwischen den frühen, auf Dauer seßhaft gewordenen Gruppen mit ihrer weitgehend egalitären Lebensweise und den im 5. Jt. v. Chr. entstehenden hierarchisierten Gesellschaften mit zentralen, religiösen Institutionen und größeren Agglomerationen keine Zwischenstadien gab ? Eigentlich geht es nicht nur um die Frage, *ob* weitere, bisher nur in Umrissen erkannte Entwicklungsstufen vorhanden sind, sondern vor allem darum, welche Elemente Auslöser für die Ausbildung solcher Stufen waren und wie sie aussahen.

Ich werde im folgenden zu zeigen versuchen, welchen entscheidenden Anteil die Ausbildung neuer Kooperationsformen am Zustandekommen von hierarchischen Strukturen hatte. Dabei sollen Architektur, bestimmte Subsistenztechnologien und Keramik zur Argumentation herangezogen werden.

Die Hassuna-Kultur

In den 40-er Jahren dieses Jahrhunderts fanden am namengebenden Ort dieser Kultur Ausgrabungen statt, bei denen man zum ersten Mal die handgemachte Hassuna-Keramik anhand ihrer Verzierungen identifizierte.[1] Etliche Gefäße waren bemalt, ritzverziert oder mit beiden Dekorationstechniken versehen (Lloyd und Safar 1945: Fig. 7-15). Die Anzahl der Orte, an denen Reste der Hassuna-Kultur gefunden wurden, ist trotz der Rettungsgrabungen aus Anlaß eines Staudammbaus am Tigris nördlich von Mossul gering geblieben. Die drei für eine Interpretation der kulturellen Zusammenhänge wichtigsten Orte Tell Hassuna, Yarim Tepe I (s. Yoffee und Clark 1993) und Umm Dabaghiyah (Kirkbride 1982) waren schon vor den im Zuge des Staudammbaus erfolgten Notgrabungen erforscht worden. Die neueren, meist nur sehr kurzfristigen Arbeiten, ebenso wie einige ältere Projekte aus den 50-er Jahren (Braidwood und Howe 1960), fügen außer zusätzlichen Kenntnissen zur Keramikabfolge und zur Chronologie bisher wenig Bedeutsames hinzu.

---

[1] Hassuna-Keramik war schon vorher in Ninive ausgegraben worden, jedoch nicht als ein spezifisches kulturelles Phänomen erkannt worden (s. Gut 1995).

Die drei größeren Ausgrabungen liegen recht nahe beieinander, in der Steppe südlich des Sinjar-Gebirges im Nordirak. Umm Dabaghiyah, etwas älter als die beiden anderen Siedlungen zu datieren,[2] liegt am südlichsten in einem heute sehr trockenen Bereich.

Die Bautechnik der Hassuna-Dörfer war weitgehend einheitlich. Man errichtete Wände aus Stampflehm, wozu mit Wasser gemischter Lehm in eine Verschalung gegossen oder in großen, unförmigen Brocken mit der Hand gesetzt wurde. Dächer der Gebäude bestanden wohl aus dünnen Stämmen und Reisig, worauf eine oder mehrere Lehmschichten aufgetragen waren. Das Bauen mit Stampflehm ist bei einer geringen Zahl von Arbeitskräften von Vorteil, denn Gebäude können von einer bis zwei Personen errichtet werden. Der Vorgang dauert lange, da eine gesetzte Lage von Stampflehm einen bis zwei Tage trocknen muß, bevor die nächste aufgetragen werden kann. Auch heutzutage sind an solchen Bauten im Orient in der Regel nicht mehr als zwei Leute beschäftigt.

In den Hassuna-Dörfern gab es zwei funktional unterschiedliche Gebäudetypen. Erstens sind die einfachen Wohnhäuser zu nennen, die meist direkt aneinandergrenzten und kaum je aus mehr als 2-3 sehr kleinen Räumen bestanden. In diesen Räumen schien sich, nach den Funden zu schließen, nur ein kleiner Teil der nach unseren Vorstellungen "häuslichen" Arbeiten abgespielt zu haben. Freiflächen zwischen den Häusern hingegen dürften im Dorfleben eine sehr wichtige Rolle gespielt haben. So war in Yarim Tepe I der Boden eines offenen Platzes in Schicht VI sorgfältig mit einem Gipsestrich versehen (Merpert et al. 1978: 28), während der Fußboden innerhalb der Häuser unbehandelt blieb. Auch in Tell Hassuna waren große Vorratstöpfe vielfach außerhalb der Wohnhäuser im "öffentlichen Bereich" in den Boden eingetieft (Lloyd und Safar 1945: Fig. 28-32). Basaltreibsteine wurden in der Regel in denselben öffentlichen Flächen gefunden, ein Hinweis darauf, daß das Aufbereiten von Getreide ebenfalls außerhalb der Häuser stattfand. Bestimmte, heutzutage als "häuslich" angesehene Tätigkeiten und Installationen waren in der Hassuna-Kultur also im allgemein zugänglichen Bereich angesiedelt.

Der zweite Bautyp waren langgestreckte, aus Umm Dabaghiyah und Yarim Tepe I bekannte Vorratshäuser, die aus zwei oder mehr Reihen quadratischer Lagereinheiten zusammengesetzt waren. Offensichtlich wurde hier das erarbeitete landwirtschaftliche Produkt mehrerer oder aller Haushalte gemeinsam gelagert (Abb. 2.2; Redman 1983: Fig. 16).

Orte der Hassuna-Kultur liegen allesamt in einem geographischen Bereich, in dem auch heute der jährliche Regen für den Feldbau ausreicht (Bernbeck 1994: Tafel II). Bewässerung in Form von Kanälen ist für das Einbringen einer Ernte nicht unbedingt notwendig, und die Pflanzenreste aus Siedlungen dieser Kultur ergaben bisher keine Hinweise auf künstliche Wasserzufuhr zu den Feldern. Umm Dabaghiyah bildet in diesem Zusammenhang eine Ausnahme, da der Ort heute - und wohl schon im 6. Jt. v. Chr. - in einem Bereich liegt, in dem Regenfeldbau unmöglich ist. In dieser steppenartigen Umgebung konnte man zusätzliches Wasser wohl nur über Brunnen erreichen. Wadis führen

---

2 Aufgrund der Keramik wird der Ort meist nicht zur Hassuna-Kultur gerechnet. Hinsichtlich anderer Merkmale, etwa der Architektur, sind die Bezüge jedoch unübersehbar.

nur über eine sehr kurze Zeit im Jahr Wasser. Soweit man weiß, spezialisierten sich die Bewohner des Ortes auf die Jagd von Onagern, einer Art wilder Esel. Wahrscheinlich waren nicht die Fleischprodukte, sondern eher der Wert der Felle und Häute Anlaß für die Jagd (Kirkbride 1974).

Was die Keramikproduktion angeht, so lassen sich zwei Formungstechniken identifizieren. Erstens gibt es eine große Anzahl Knickwandgefäße, bei denen man den unteren und den oberen Teil der Gefäße separat formte, und den oberen erst nach einer gewissen Zeit des Trocknens auf den unteren aufsetzte. Solche Gefäße haben einen mehr oder minder scharfen Knick im Gefäßprofil (Abb. 2.7). Eine zweite Kategorie sind rundwandige Schalen und enghalsige Töpfe. Verzierungsformen wie Bemalung, Einritzungen und Appliken lassen zwar einzelne wiederkehrende Motive erkennen, jedoch ist die Variationsbreite groß (Abb. 2.7). Von einem "Kanon" von Verzierungsstrukturen kann kaum gesprochen werden, und damit wohl auch nicht von einem "Spezialwissen" der Keramikproduzenten. Keramikbrennöfen kennt man aus Yarim Tepe I. Schätzungen erlauben die Aussage, daß das für eine Ladung notwendige Brennmaterial problemlos von einer Person gesammelt werden konnte (Bernbeck 1994: 257).

Will man die wichtigsten Merkmale der Hassuna-Gesellschaft zusammenfassen, so ergeben sich drei Aspekte. Erstens läßt die Größe der Häuser vermuten, daß die Personenzahl pro Haushalt klein war. Zweitens konnten Arbeiten, die jeder Haushalt für sich verrichtete, deswegen nicht auf komplexen Technologien und Kooperation beruhen. Dieser Punkt ist besonders im Vergleich mit der Samarra-Kultur von Bedeutung. Drittens ist es wichtig, daß sich in den großen Vorratsgebäuden die Fähigkeit kommunaler Kooperation manifestiert. Man wird weiterhin davon ausgehen können, daß insbesondere in solchen existentiell wichtigen Bereichen wie der Lebensmittelproduktion zu "Stoßzeiten" Zusammenarbeit mehrerer Haushalte, eines ganzen Dorfes oder sogar darüber hinaus regelmäßig vorkam, zumal in den Regenfeldbaugebieten Nordmesopotamiens immer wieder Mißernten zu befürchten waren.

Die Samarra-Kultur

Die erste Grabung, aus der Keramik der Samarra-Kultur bekannt wurde, war der namengebende Ort, die am Tigris liegende ehemalige Hauptstadt des abbasidischen Reiches (9. Jh. n. Chr.). Bei seinen auf die Erforschung islamischer Bauwerke ausgerichteten Arbeiten stieß Ernst Herzfeld hier während der Grabungen im Jahr 1911 unter den islamischen Schichten auf einen prähistorischen Friedhof mit einer großen Anzahl aufwendig bemalter Gefäße. Arbeiten in Baghouz nahe der heutigen syrisch-irakischen Grenze (Mesnil du Buisson 1948), besonders aber die groß angelegte Freilegung des Samarrazeitlichen Dorfes von Tell es-Sawwan, knapp 12 km südlich von Samarra am Tigris gelegen, lieferten wichtige weitere Erkenntnisse über diese Kultur (z.B. El-Wailly und Abu es-Soof 1965; Yasin 1970; Ippolitoni 1971).

Neuerdings wurde in Tell Sabi Abyad am Baliḫ Keramik gefunden, die in der Verzierungsstruktur und einigen Bemalungsmotiven derjenigen von Samarra und Tell es-Sawwan entfernt ähnlich ist (s. Akkermans 1993: 125-128). Zusätzlich ergaben sich aus Arbeiten in Abada und Tell Songor A im Hamrin-Gebiet sowie in Chogha Mami in der Mandali-Ebene (Jasim 1985; Matsumoto 1987; Oates 1969), jeweils südöstlich von Samarra und Tell es-Sawwan gelegen, neue Kenntnisse über die Fortentwicklung der Samarra-Kultur und ihre Verbindungen zu frühen Stufen der 'Obed-Gesellschaften (s. Kap. 3).

In der Samarra-Kultur wurde eine andere Bautechnologie angewandt als in den Hassuna-Orten. Gebäude wurden größtenteils aus luftgetrockneten Lehmziegeln errichtet. Hierfür konnte der Vorrat an Ziegeln, die man für den Bau benötigte, in einem ersten Arbeitsgang hergestellt werden. Sodann konnte ein Gebäude je nach seiner Größe in sehr kurzer Zeit gebaut werden, da das Baumaterial selbst - im Gegensatz zum Stampflehm - in festem Zustand war. Am Prozeß des Transportierens und Setzens der Ziegel konnte eine größere Zahl an Personen beteiligt werden als bei Stampflehmbauten.

Für Tell es-Sawwan existiert ein fast vollständiger Grundrißplan der Schicht IIIA (Abb. 2.4). Nach diesem Plan, aber auch nach den Grabungsergebnissen an anderen Orten wie Songor A und Chogha Mami, gab es in der Samarra-Kultur zwei funktional unterschiedliche Gebäudetypen, Wohnhäuser - in der Grundfläche erheblich größer als die der Hassuna-Siedlungen - und Verteidigungsanlagen (Wallanlagen, Türme, Gräben und Dorfmauern).[3]

Die Wohnhäuser in Tell es-Sawwan hatten einen standardisierten, T-förmigen Grundriß mit einem schmalen Eingangstrakt, der normalerweise rechts des Eingangs eine Treppe und links einige kleine Räume aufwies, im hinteren, breiteren Teil hingegen einen quadratischen Hof und weitere anliegende Räume. Für diese strukturell weitgehend gleichförmigen Bauten ist es auch nicht ausgeschlossen, daß die Anwendung fester Bau-maße zur Einheitlichkeit der Architektur beitrug (Eichmann 1991: 67-69). Im Gegensatz zur Hassuna-Kultur ist für Tell es-Sawwan eine Tätigkeitskonzentration in den Gebäuden nachzuweisen.[4] Denn in den Höfen, einem weitgehend von der Außenwelt durch den vorgeschalteten Gebäudeteil abgeschnittenen Bereich des Haushalts, wurden Reibsteine und andere Geräte gefunden, die im Hassuna-Gebiet eher mit dem öffentlichen Bereich assoziiert waren (s.o.). In dieselbe Richtung einer "Privatisierung" mancher Lebensbe-reiche weist die Tatsache, daß öffentliche Flächen in Tell es-Sawwan kaum als Arbeits-flächen, sondern fast ausschließlich als Verkehrswege genutzt wurden. In den Häusern dagegen waren die Böden sorgfältig mit Kalkestrichen versehen worden (Wahida 1967: 170-171). Betrachtet man die Ortspläne, so fällt auf, daß in allen Siedlungen der

---

[3] *Formal*, d.h. in ihrer inneren Gliederung, unterschieden sich die zwei Gebäudetypen von Ort zu Ort. Zu den Gemeinsamkeiten gehört jedoch u.a., daß Wohnhäuser ortsintern vom Plan her standardisiert sind und daß sie nicht aneinanderstoßen.

[4] Diese Interpretation beruht auf dem jetzigen Stand der Veröffentlichung der Grabung. Genauere Pläne und beobachtete Einzelheiten können das Bild also modifizieren.

Samarra-Kultur die Häuser freistehen, während sie im Hassuna-Gebiet in der Regel direkt aneinander gebaut sind (Abb. 2.3).

Was Bauten spezifischer Funktion angeht, so fehlt jeder Hinweis auf Speichergebäude mit Ausmaßen, wie sie in Umm Dabaghiyah und Yarim Tepe I beobachtet wurden. Stattdessen wurden in Tell es-Sawwan und Songor A breite Mauern, in Chogha Mami eine turmähnliche Anlage ausgegraben. Bei Tell es-Sawwan zumindest ist der Verteidigungsaspekt der Struktur, die an der Außenseite zusätzlich mit einem Graben umgeben ist, eindeutig.

Von Sabi Abyad abgesehen, das auch nicht als typisch für die Samarra-Kultur angesehen werden kann, liegen alle anderen Samarra-Siedlungen in einem Bereich, in dem heutzutage Regenfeldbau gar nicht oder nur unter erheblichen Risiken betrieben werden kann. Es verwundert daher nicht, daß man in Chogha Mami am Rand der Grabung einen kleinen Bewässerungskanal fand (D. und J. Oates 1976). Auch Flachssamen aus Tell es-Sawwan weisen auf Bewässerung hin, da sie deutlich größer sind als die aus Regenfeldbauregionen derselben Zeit, was von Botanikern auf den Einfluß andauernder, also künstlicher Wasserzufuhr zurückgeführt wird (Helbaek 1969: 418).

Bewässerungssysteme, so einfach sie auch sein mögen, erfordern immer ein Spezialwissen. Ohne Kenntnis der örtlichen Topographie, von Stellen, an denen die Ableitung von Flußwasser am günstigsten ist, und ohne die Kontrolle der Regelmäßigkeit der Bewässerung sind Aufbau und Aufrechterhaltung solcher Systeme nicht möglich.

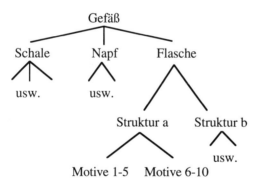

Tab. 2.2: Schema von Entscheidungsprozessen bei der Bemalung von Samarra-Keramik

Bezüglich der Produktion von Keramik ist Spezialwissen anhand einer Analyse der Bemalungsstrukturen nachweisbar. Gefäßdekor ist nach strengen Regeln aufgebaut, was im Gegensatz zur stärkeren Variationen unterliegenden Verzierung der Hassuna-Keramik steht. In der Vorstellungswelt der Samarra-Töpfer gab es offensichtlich (bewußt oder unbewußt befolgte) Ideen darüber, wie ein Gefäß auszusehen hatte. Das Aufbringen der Bemalung bestand aus einer Reihe von Entscheidungen, die die Auswahl möglicher weiterer Schritte in der Herstellung des Behälters immer weiter einschränkten. Die Form, ob Schale, Krug, Napf oder Flasche, begrenzte das Potential an Strukturen der Verzie-

rung. Hatte sich ein Töpfer bzw. eine Töpferin für eine der Bemalungsstrukturen ent-
schieden, so blieb aufgrund weiterer Regeln nur noch ein Ausschnitt aus der Vielzahl
aller im Verzierungsrepertoire vorhandenen Motive zur Anwendung übrig (Tab. 2.2).
Beispielsweise konnte ein Randmotiv wie das der Gefäße 2, 3 und 5 in Abb. 2.8 nicht an
anderen Stellen am Gefäßkörper angebracht werden. Bei Bechern mit Bänderbemalung
läßt sich eine Regel feststellen, nach der die Motive in den Bändern unter dem Rand
immer die Folge a-b-a aufweisen (Abb. 2.8).

Die These, daß Keramik von Leuten mit einer besonderen Kompetenz gefertigt
wurde, wird durch weitere Aspekte unterstützt. Erstens haben etliche der Samarra-Gefäße
aus Tell es-Sawwan und Samarra selbst Töpferzeichen,[5] während aus dem gesamten
Hassuna-Gebiet nur ein oder zwei Einzelexemplare belegt sind. Die geringe Zahl verschiedener Zeichen ist daraus zu begründen, daß entweder nur ein kleiner Teil der
Personen, die Töpfe produzierten, Markierungen anbrachten, oder daß es insgesamt nur
wenige Töpfer gab. In beiden Fällen folgt hieraus eine ansatzweise Spezialisierung.
Weiterhin sind Keramikbrennöfen, die in Samarra-Orten gefunden wurden, besonders
die gut erhaltenen Exemplare aus Tell Abada (Jasim 1985: Fig. 31 und 33), deutlich
größer als die aus der Hassuna-Region (Yarim Tepe I). Es wurden also größere Ladungen an Töpfen auf einmal fertiggestellt, was auf eine beginnende Rationalisierung der
Produktion hinweist.

Kooperation in der Hassuna- und Samarra-Kultur

Samarra-Orte befinden sich in einer Region, in der Landwirtschaft ohne künstliche
Wasserzufuhr nicht betrieben werden kann. In der archäologischen, aber auch in all-
gemeinerer Literatur findet sich oft die Idee, daß die Entwicklung der Bewässerungstechnologie für die Gesellschaft eine fundamentale Bedeutung hatte, weil sie langfristige
Zusammenarbeit Vieler erforderte und es gleichzeitig erlaubte, einen jährlichen Überschuß zu produzieren, aus dem Personen ernährt werden konnten, die sich neuen, speziellen Aufgaben zuwandten (Wittfogel 1977). Unterstützen die Daten aus den Anfängen
der Bewässerung diese These ? Mußten Haushalte in den Dörfern der Samarra-Kultur
wegen der klimatischen Verhältnisse öfter kooperieren als die der Hassuna-Kultur, woraus sich dann auch andere, auf Zusammenarbeit basierende Unternehmungen entwickelten ?

Zur Kooperation liegen aus der Hassuna-Kultur nur für den Bereich der Landwirtschaft bzw. der Speicherung ihrer Produkte Hinweise vor. Die materiellen Hinterlassenschaften der Samarra-Kultur sind aussagekräftiger. Komplexe Formen der Zusammenarbeit lassen sich aus der Bewässerungstechnologie, dem Hausbau (Ziegelherstel-
lung), den Keramikbrennöfen und der kommunalen Anstrengung zur Errichtung von

---

[5] Diese waren weder Bezeichnungen für den Gefäßinhalt noch für das Gefäßvolumen, wahrscheinlich auch
nicht für Besitzer der Gefäße (Bernbeck 1994: 268-275).

Verteidigungsanlagen (Mauern, Türme, Gräben) schließen.[6] Besondere Kompetenzen einzelner Individuen konnten aus Analysen des Hausbaus (Verwendung von bestimmten Längenmaßen, Standardisierung der Bauten) und der Keramikverzierung (Struktur, Töpferzeichen) erschlossen werden.

Auf den ersten Blick scheint sich also der Einfluß der Bewässerungstechnologie auf die Kooperationsformen im allgemeinen zu bestätigen. Bezieht man jedoch gesellschaftliche Beziehungen mit in die Überlegungen ein, so muß diese Interpretation an entscheidenden Punkten verändert werden. Grundsätzliche soziale Einheiten waren in beiden Kulturen sicherlich Haushalte. Wie bemerkt, sind die Gebäudekomplexe in den Samarra-Siedlungen wesentlich größer als in den Hassuna-Orten. Einer der Hauptgründe hierfür war wohl, daß die Samarra-Gesellschaft aus größeren familiären Einheiten bestand als die Hassuna-Gesellschaft. Aus einer Betrachtung der Siedlungspläne ergibt sich, daß Haushalte in den Samarra-Orten offensichtlich in größerem Maße unabhängig voneinander waren als in Hassuna-Orten. Hierfür sprechen drei Gründe. Erstens steht jedes Haus für sich alleine und hat nur einen, maximal zwei enge Zugänge. Mauern sind visuelle Barrieren, die den Kontakt zwischen Menschen und das Sozialverhalten deutlich beeinflussen (Wilson 1988). Zweitens gab es keine gemeinsame Lagerung des kommunalen landwirtschaftlichen Produkts, wie dies bei den Hassuna-Orten durch die großen Speichergebäude gegeben ist. Jeder Haushalt lagerte also seine Ernte selbst und war dadurch vom Beitrag anderer Haushalte unabhängig. Drittens ist der öffentliche Raum in den Samarra-Siedlungen generell kaum genutzt; über seine Gestaltung gibt es in den Grabungsberichten kaum Aussagen - im Gegensatz zum Hausinnern, das in Tell es-Sawwan zumindest mit Kalkestrich versehen wurde. Es wurde schon erwähnt, daß in der Hassuna-Kultur viele Tätigkeiten in öffentlichen Flächen zwischen den Häusern stattfanden und daß der öffentliche Bereich mit deutlich größerer Sorgfalt behandelt wurde.

Wenn aber der soziale und ökonomische Abstand zwischen den einzelnen Haushalten in der Samarra-Kultur größer war als in der Hassuna-Kultur, stellt sich die Frage, wie dies mit dem bereits postulierten größeren Ausmaß an Zusammenarbeit in Übereinstimmung zu bringen ist. Eine Lösung des Problems kann nur dann gefunden werden, wenn man danach fragt, auf welchem gesellschaftlichen Niveau die Kooperation zunahm - im Haushalt, in der gesamten Dorfgemeinschaft oder sogar auf regionalem Niveau.
1) Regional waren Kontakte - und, falls überhaupt vorhanden, Zusammenarbeit - in der Hassuna-Kultur sicher intensiver als in der Samarra-Kultur, deren Verteidigungsanlagen auf eher feindliche Beziehungen zwischen Dörfern hindeuten.
2) Auch auf Dorfebene war die Kooperation in der Samarra-Kultur wahrscheinlich weniger ausgeprägt als in der Hassuna-Kultur. Entscheidende Hinweise hierauf geben die kommunalen Speicheranlagen in Yarim Tepe I und Umm Dabaghiyah, wobei die gegenseitige Abhängigkeit sich weniger in Produktions- als in Konsumtionsverhalten niederschlägt. In den Regenfeldbaugebieten mußte jeder Haushalt immer wieder mit Mißernten

---

[6] Verteidigungsanlagen kommen auch schon sehr viel früher, z.B. im Jericho des 8. Jt. v. Chr. vor, jedoch als isoliertes Phänomen.

rechnen und war damit von der Hilfe der Nachbarn bzw. dem Zugriff auf den allen gemeinsamen Speicher abhängig. Diese Abhängigkeit der Haushalte voneinander ging mit der Bewässerungstechnologie zurück, die eine stetigere Wasserzufuhr auf die Felder und damit eine sicherere Ernte mit sich brachte.

Ein zusätzliches Element ist die unterschiedliche Haushaltsgröße. In der Samarra-Kultur war jede einzelne Familie größer, hatte also mehr Arbeitskräfte und konnte langfristig gesichertere Erträge produzieren (Bernbeck 1994: 316-327). Das Risiko eines "schlechten Jahres" aufgrund des zeitweiligen Ausfalls von Arbeitskräften war im Vergleich zur Hassuna-Kultur deutlich geringer. Diese nicht nur durch die Bewässerung, sondern auch durch die Sozialstruktur bedingte Verminderung landwirtschaftlicher Risiken *für den Einzelhaushalt* hatte einen bisher vielleicht zu wenig bedachten Effekt, den der größeren Selbständigkeit der Haushalte. Materiell schlägt sich dies in freistehenden, relativ abgeschlossenen Hausgrundrissen nieder. In der Hassuna-Kultur hingegen, in der die Zahl der Arbeitskräfte pro Haushalt nicht sehr groß war, waren die einzelnen Haushalte auf Zusammenarbeit während Zeiten hoher Arbeitsbelastung angewiesen. Sie bildeten dann Gruppen, bestehend aus Mitgliedern mehrerer Haushalte, die gemeinsam die Felder bearbeiteten.

Kommunale Bauprojekte sind für die Hassuna-Kultur in Form von Speichergebäuden, für die Samarra-Kultur von Verteidigungsanlagen belegt. Aus diesen archäologischen Hinterlassenschaften sind also bezüglich der Kooperation in der Produktion keine Differenzen erschließbar.

3) Auf Haushaltsebene hingegen war die Kooperation im Samarra-Bereich intensiver als in den Hassuna-Siedlungen. Haushalte konnten sich nur deswegen in der Samarra-Kultur relativ unabhängig halten, weil sie eine größere Personenzahl umfaßten. Arbeiten, für die eine kleine Gruppe von Leuten benötigt wurde, konnten somit auch von einer Haushaltseinheit ausgeführt werden - etwa das Neuanlegen oder Säubern kleiner Bewässerungsgräben oder das Ziegelstreichen.

Die ersten Anzeichen von besonderen Kompetenzen (Hausbau, Keramikverzierung) sind nicht als beginnende berufliche Spezialisierung zu erklären, sondern als Zeichen besonderer individueller Fähigkeiten in einem durch den Haushalt gesteckten Rahmen.[7]

Vergleicht man die Belege für Zusammenarbeit in diesen mehr oder minder gleichzeitigen Kulturen, so zeigt sich, daß wirtschaftliche Zusammenarbeit nicht notwendig mit dem Aufkommen von Bewässerungstechnologie zunimmt. Diese Ideen sind undifferenziert, da nicht nach dem jeweiligen Niveau - im Haushalt, örtlich oder regional - gefragt wird, auf dem Kooperation stattfindet. Aus der Analyse folgt, daß auf Haushaltsebene gemeinsame Anstrengungen und eine Aufteilung der Arbeit in der Samarra-Kultur inten-

---

[7] Erst später, wenn solche mit besonderer Kompetenz hergestellten Produkte über den Einzelhaushalt hinaus verteilt werden, kann von "Spezialisierung" gesprochen werden. Für solche Spezialisten muß dann ein landwirtschaftliches Mehrprodukt der Haushalte vorhanden sein, wofür in der Samarra-Kultur noch jegliches Anzeichen fehlt.

siver sind als in der insgesamt einfacher strukturierten Hassuna-Kultur. Kommunale und regionale Allianzen hingegen waren im Samarra-Bereich weniger entwickelt. Erst die Entstehung politischer Hierarchien in der 'Obed-Zeit (s. Kap. 3) führte zur Wiedererstarkung sozialer Kontakte auf kommunalem Niveau, allerdings unter Einschluß sozialer Ungleichheit.

Die Halaf-Kultur

Die Halaf-Kultur wurde durch die 1911 und 1927 erfolgten Ausgrabungen am Tell Halaf in Nordsyrien durch Freiherr von Oppenheim zum ersten Mal bekannt. Auch hier diente zunächst die Keramik allein als Kriterium der Identifikation einer Kultur. Kurz darauf folgten Ausgrabungen in Arpachiyah im Nordirak, bei denen eine ganze Reihe weiterer, mit der Keramik assoziierter Merkmale als typisch für die Halaf-Kultur festgestellt wurden. Neuere Arbeiten an einer Vielzahl von Orten, besonders aber in Yarim Tepe II und III (s. Yoffee und Clark 1993), am Ḫabur in Umm Qseir, am Baliḫ in Sabi Abyad und dessen Umgebung sowie in Tell Hassan im Hamrin-Gebiet haben vorhandene Kenntnisse entscheidend erweitert.

In der Grabung von Arpachiyah hatte man zum ersten Mal Halaf-Architektur ausgegraben. Dort fanden sich Häuser mit rundem Grundriß und einem rechteckigen Vorbau, sog. Tholoi. Alle neueren Grabungen bestätigten Rundbauten - nicht unbedingt immer mit eckigem Vorbau - als ein typisches Merkmal der Halaf-Kultur. Die gewöhnlichen Tholoi haben Durchmesser von 3-5 m und sind damit für Wohngebäude recht klein. Daneben wurden in Yarim Tepe II sowie in Sabi Abyad größere, rechteckige Gebäude mit kleinen quadratischen Innenräumen gefunden, deren Außenfassade mit Vorsprüngen versehen war (Abb. 2.5). Tholoi als auch Rechteckbauten waren aus Ziegeln, seltener aus Stampflehm gebaut. Große Tholoi hatten wahrscheinlich Wohnhausfunktion, während ein Teil der kleineren Exemplare mit Sicherheit als Getreidespeicher zu interpretieren ist (Akkermans 1993: 63-64). "Speicher-Tholoi" sind jedoch nicht ohne weiteres bestimmten Haushalten zuzuordnen, so daß auch über ihre gemeinsame oder haushaltsspezifische Nutzung nichts ausgesagt werden kann. Keine der Halaf-Siedlungen, in denen man größere Flächen freigelegt hat, zeigt deutliche Merkmale, die es erlauben würden, einen "öffentlichen" von einem "privaten" Bereich trennen.

Was Landwirtschaft, Viehzucht und andere Nahrungsquellen anging, so dachte man bis vor kurzem, daß die Halaf-Gesellschaft durch zwei Merkmale geprägt ist. Dabei handelt es sich um Regenfeldbau und Kleintierhaltung (Schafe und Ziegen). Erst seitdem es für die drei im heutigen Syrien gelegenen, sehr kleinen Siedlungen Khirbet esh-Shennef, Shams ed-Din und Umm Qseir Analysen der Tierknochen gibt, hat sich die Ansicht herausgebildet, daß die wirtschaftliche Basis großer Siedlungen sich von der kleinerer grundsätzlich unterschied (Akkermans und Wittmann 1993: 162-165; Zeder 1994: 119-120). Lebte man in den größeren, bis zu 10 ha Fläche umfassenden Dörfern von Getreideanbau und Kleinviehzucht (z.B. Watson 1980: 153), so waren die drei genannten

Weiler auf Jagd spezialisiert.[8] Es ist also damit zu rechnen, daß es in dieser Gesellschaft entweder zwei Gruppen gab, die sich in ihrer jeweiligen Strategie der Nahrungsmittelbeschaffung weitgehend unterschieden, oder daß die zwischenörtlichen Kontakte so intensiv waren, daß ganze Orte sich auf bestimmte Produkte spezialisieren konnten.

Untersuchungen zur Keramik spielen nach wie vor eine große Rolle bei der Beschäftigung mit dieser Kultur. Was die Produktion angeht, so kennt man weitgehend erhaltene Brennöfen aus Yarim Tepe II. Es handelt sich dabei um sogenannte Zweikammeröfen, wobei eine untere Kammer für Brennmaterial, eine obere für die zu brennende Keramik bestimmt war (Merpert und Munchaev 1993a: Fig. 8.11 und 8.12).

Der Ton der Keramik ist sehr fein. Der Rohstoff wurde vor Nutzung geschlämmt. Der Formenbestand dieser Keramik ist nicht sehr groß; typisch sind die sog. "cream bowls" (Abb. 2.9). Die Verzierung besteht fast ausschließlich aus Bemalung, wofür man dunkelbraune oder rote, glänzende Farben bevorzugte. Zweifarbig bemalte Keramik kommt ebenfalls vor, allerdings nur gegen Ende der Halaf-Zeit. Verzierungsmotive sind überwiegend geometrisch, jedoch tritt ein aus naturalistischen Formen abgeleitetes, mehr oder weniger abstrahiertes Stierkopf-Motiv (Bukranion) sehr häufig auf. Ebenfalls beliebt waren Pflanzen- und Vogelmotive (s. Merpert und Munchaev 1993a: 8.28; Fig. 8.30). Aus dieser kurzen Beschreibung ergibt sich, daß die Herstellung solcher Gefäße fast vom ersten bis zum letzten Arbeitsgang Spezialwissen erfordert haben dürfte.[9]

Chemische Analysen der Tone ausgewählter Scherben schienen darauf hinzuweisen, daß die Halaf-Keramik regional als Tauschobjekt verwendet wurde (Davidson und MacKerrell 1976), denn man fand Scherben mit weitgehend gleicher chemischer Zusammensetzung an verschiedenen Orten. Eine stilistische Untersuchung der Bemalungsmotive wies in dieselbe Richtung, denn man hatte eine große Einheitlichkeit der Bemalungen an verschiedenen Halaf-Orten festgestellt, was entweder über sehr intensive Kontakte in Form von Besuchen oder aber durch den Austausch der Gefäße selbst erklärbar war. Die neueren Ausgrabungen in Khirbet esh-Shennef am Baliḫ stellen diese These in Frage. Denn selbst an diesem sehr kleinen Ort fand man Fehlbrände von Keramik, die ein deutlicher Hinweis auf lokale Produktion sind.

Zwei wichtige weitere Kategorien von Objekten, die in der Halaf-Zeit in größeren Mengen auftreten, sind Siegel und Zählsteine (Abb. 2.10). Neuerdings sind zwar aus Sabi Abyad auch ältere Siegel und besonders Siegelabdrücke auf Ton belegt, jedoch scheint in der Halaf-Zeit der Bedarf an Objekten wie Siegeln, die sicher neben ihrem "administrativen" Wert auch Amulettcharakter hatten, deutlich gestiegen zu sein.

---

[8] Bis zu 60 % aller Tierknochen stammen von Gazellen und Wildeseln (Onagern).
[9] Eine zu kleineren Anteilen vorkommende, unbemalte Ware wird hier von der Diskussion ausgeschlossen.

Die "Wurzeln" der Halaf-Kultur

Die neuere archäologische Forschung deutet darauf hin, daß es in Syrien Übergänge von
Samarra-ähnlicher zu Halaf-Keramik gibt. Schließt das ein, daß die gesamte Halaf-Kultur
eine Weiterentwicklung der Strukturen der Samarra-Gesellschaft war ? Ein solcher
Schluß aus dem auffälligen, "typischen" archäologischen Material Keramik wäre falsch.
Denn die Halaf-Kultur hat tiefer liegende *strukturelle* Gemeinsamkeiten mit der Hassuna-
Kultur, deren Ursachen bisher allerdings noch nicht ausreichend geklärt sind, um eine
direkte Weiterentwicklung von der Hassuna- zur Halaf-Kultur zu postulieren.

Die Gemeinsamkeiten dieser beiden Kulturen können stichwortartig in folgenden
fünf Punkten zusammengefaßt werden:
1) Zwischendörfliche Konflikte waren selten; beiden Gesellschaften fehlen Defensivan-
lagen.
2) Die kleinen Grundflächen der Wohnhäuser deuten auf relativ kleine zusammen-
wohnende Gruppen (Haushalte) hin;
3) Eine strikte Trennung von öffentlichem und privatem Bereich läßt sich nicht ausmachen. Rapoport (1969: 70-71) verweist auf die große kulturelle Bedeutung dieser
Kontinuität von sozialen Räumen.
4) Die Subsistenzbasis fast aller Orte ist Regenfeldbau und Kleinviehzucht;
5) Aus beiden Kulturen kennt man auf Jagd spezialisierte Orte (Umm Dabaghiyah,
Khirbet esh-Shennef, Umm Qseir, Shams ed-Din).

Die Unterschiede müssen allerdings auch berücksichtigt werden. Die Halaf-Kultur
ist über ein sehr viel weiteres Gebiet verbreitet, und es gibt zumindest in manchen
Regionen große, von kleineren Siedlungen umgebene Orte, deren hervorgehobene Funktion allerdings bisher weitgehend unklar ist. Auf dörflicher Ebene sind in mancher Hinsicht - etwa der Speicherarchitektur - Unterschiede festzustellen, die aus Differenzen in
den Zusammenarbeitsformen resultieren können, ebenso wie sich die Kontakte zwischen
den Orten wahrscheinlich verstärkten. Insgesamt ist jedoch für die Kooperationsformen
ein überraschendes Maß an Übereinstimmung festzustellen.[10]

Soziale und ökonomische Merkmale der Samarra-Gesellschaft jedenfalls weichen
von der Halaf-Gesellschaft stärker ab. Nochmals genannt seien "Großfamilien", zwischendörfliche Konflikte, eine relativ große Distanz zwischen Haushalten und Bewässerungstechnologie. All dies sind Charakteristika, die man in den Orten der 'Obed-Kultur
wiederfindet. Es liegt daher nahe, anzunehmen, daß sich während der Zeit der Hassuna-
und Samarra-Kulturen die soziale und ökonomische Entwicklung in Mesopotamien spal-
tete. Die südlichere Variante führte schneller als die nördliche zu Ungleichheit und Hierarchisierung.

---

[10] Besonders, wenn man die Interpretation des rechteckigen Gebäudes aus Yarim Tepe II, Schicht 9 als
Speicher berücksichtigt (Merpert und Munchaev 1993a: 138).

Kultur als Ideenwelt und Verhalten

Einer der Ausgangspunkte dieser Diskussion war das traditionelle archäologische Konzept von Kultur. Hier sollte gezeigt werden, daß dieses, solange es allein auf Ideen beruht, die einer Gruppe gemeinsam sind, ungenügend ist. Keramikbemalungen, so sehr sie auch archäologisch ins Auge fallen und damit die Wahrnehmung beeinflussen, sollten nur einer von vielen Faktoren sein, um Kulturen gegeneinander abzugrenzen oder sie miteinander in Bezug zu setzen. Oft sind eher abstrakte, mit dem Verhalten, nicht aber den Ideen zu verbindende Faktoren für die Rekonstruktion archäologischer Kulturen ebenso wichtig.

Es ist wohl richtig, mit der Hassuna-, Samarra- und Halaf-Keramik jeweils Kulturen zu verbinden, da sich weitere materielle Phänomene finden, die diese Definitionen unterstützen. Problematisch ist jedoch die Bestimmung des Verhältnisses dieser drei Kulturen zueinander. Hier führt die Beschränkung auf die Keramik allein in die Irre. Die Einbeziehung tiefergehender gesellschaftlicher Werte, wie etwa das Verhältnis "öffentlich - privat" oder die kommunale Kooperation produziert ein komplexeres und widersprüchlicheres Bild, dessen Einzelheiten noch lange nicht alle erfaßt sind.

Bibliographie

Akkermans, P.A. et al.

1983   "Bouqras Revisited: Preliminary Report on a Project in Eastern Syria". *Proceedings of the Prehistoric Society* 49: 335-372.

Akkermans, P.P.M.G.

1993   *Villages in the Steppe. Late Neolithic Settlement and Subsistence in the Balikh Valley, Northern Syria.* Ann Arbor: International Monographs in Prehistory, Archaeological Series 5.

Akkermans, P.P.M.G. und B. Wittmann

1993   "Khirbet esh-Shenef 1991. Eine späthalafzeitliche Siedlung im Balikhtal, Nordsyrien". *Mitteilungen der deutschen Orient-Gesellschaft* 125: 143-166.

Braidwood, R.J. und B. Howe

1960   *Prehistoric Investigations in Iraqi Kurdistan.* Chicago: Studies in Ancient Oriental Civilization, Nr. 31.

Bernbeck, R.

1994   *Die Auflösung der häuslichen Produktionsweise.* Berlin: Dietrich Reimer.

Davidson, T.E. und H. McKerrell

1976   "Pottery Analysis and Halaf Period Trade in the Khabur Headwaters Region". *Iraq* 38: 45-56.

Eichmann, R.

1991   *Aspekte prähistorischer Grundrißgestaltung in Vorderasien.* Mainz: Philipp von Zabern.

El Wailly, F. und B. Abu es-Soof

1965   "The Excavations at Tell es-Sawwan. First Preliminary Report (1964)." *Sumer* 21: 17-32.

Gut, R.

1995   *Das prähistorische Ninive*. Mainz: Philipp von Zabern.

Helbaek, H.

1969   "Appendix I: Plant Collecting, Dry Farming, and Irrigation Agriculture in Prehistoric Deh
        Luran". In F. Hole, K.V. Flannery und J.A. Neely: *Prehistory and Human Ecology of the Deh
        Luran Plain,* S. 383-426. University of Michigan, Ann Arbor. Memoirs of the Museum of
        Anthropology, Nr. 1.

Ippolitoni, F.

1971   "The Pottery of Tell es-Sawwan - First Season". *Mesopotamia* V-VI: 105-180.

Jasim, S.A.

1985   *The Ubaid Period in Iraq Recent Excavations in the Hamrin Region.* Oxford: British Archaeo-
        logical Reports, International Series No. 267 (2 Bde).

Kirkbride, D.

1974   "Umm Dabaghiyah: A Trading Outpost ?" *Iraq* 36: 85-92.

1975   "Umm Dabaghiyah 1974: A Fourth Preliminary Report". *Iraq* 37: 3-11.

1982   "Umm Dabaghiyah". In J. Curtis, Hrsg.: *Fifty Years of Mesopotamian Discovery,* S. 11-21.
        Hertford: Stephen Austin & Sons.

Kozlowski, S.K.

1989   "Nemrik 9, a PPN Neolithic Site in Northern Iraq". *Paléorient* 15 (1): 25-31.

Lloyd, S. und F. Safar

1945   "Tell Hassuna". *Journal of Near Eastern Studies* 4: 255-289.

Mallowan, M.E.L. und J.C. Rose

1935   "Excavations at Tall Arpachiyah". *Iraq* 2: 1-178.

Matsumoto, K.

1987   "The Samarra Period at Tell Songor A". In J.-L. Huot, Hrsg.: *Préhistoire de la Mésopotamie,*
        S. 189-197. Paris: Éditions du CNRS.

Merpert, N.Ia. und R.M. Munchaev

1993a   "Yarim Tepe II: The Halaf Levels". In N. Yoffee und J. Clark, Hrsg.: *Early Stages in the Evo-
        lution of Mesopotamian Civilization. Soviet Excavations in Northern Iraq,* S. 128-162.
        Tucson: University of Arizona Press.

1993b   "Yarim Tepe III: The Halaf Levels". In N. Yoffee und J. Clark, Hrsg.: *Early Stages in the Evo-
        lution of Mesopotamian Civilization. Soviet Excavations in Northern Iraq,* S. 163-206.
        Tucson: University of Arizona Press.

Merpert, N.Ia., R.M. Munchaev und N.O. Bader

1978   "Soviet Investigations in the Sinjar Plain 1975". *Sumer* 37: 22-54.

Mesnil du Buisson, H. du

1948   *Baghouz l'ancienne Corsoté. Le tell archaique et la nécropole de l'âge du Bronze.* Leiden:
        E.J. Brill.

Oates, D. und J. Oates

1976   "Early Irrigation Agriculture in Mesopotamia". In G. Sieveking, I.H. Longworth und K.E. Wil-
        son, Hrsg.: *Problems in Economic and Social Archaeology,* S. 109-135. London: Duckworth.

Oates, J.

1969   Choga Mami, 1967-68: A Preliminary Report". *Iraq* 31: 115-152.

Rapoport, A.

1969   *House Form and Culture*. Englewood Cliffs: Prentice-Hall.

Redfield, R.

1953   *The Primitive World and its Transformations*. Ithaca: Cornell University Press.

Redman, C.

1983   "Regularity and Change in the Architecture of an Early Village". In T.C. Young, P.E.L. Smith und P. Mortensen, Hrsg.: *The Hilly Flanks and Beyond*, S. 189-206. Chicago: Studies in the Ancient Oriental Civilization Nr. 36.

Wahida, G.

1967   "The Exacavations of the Third Season at Tell es-Sawwan, 1966". *Sumer* 23: 167-176.

Watkins, T., A. Betts, K. Dobney und M. Nesbitt

1991   *Qermez Dere, Tell Afar: Interim Report No. 2*. Department of Anthropology, Project Paper No. 13. Edinburgh: University of Edinburgh.

Watson, J.P.N.

1980   "The Vertebrate Fauna from Arpachiyah". *Iraq* 42: 152-153.

Wilson, P.

1988   *The Domestication of the Human Species*. New Haven: Yale University Press.

Wittfogel, K.A.

1977   *Die orientalische Despotie Eine vergleichende Untersuchung totaler Macht* Frankfurt a.M.: Ullstein.

Yasin, W.

1970   "Excavation at Tell es-Sawwan 1969. Report on the Sixth Season's Excavations". *Sumer* 26: 3-35.

Yoffee, N. und J. Clark (Hrsg.)

1993   *Early Stages in the Evolution of Mesopotamian Civilization. Soviet Excavations in Northern Iraq*. Tucson: University of Arizona Press.

Zeder, M.A.

1994   "After the Revolution: Post-Neolithic Subsistence in Northern Mesopotamia". *American Anthropologist* 96 (1): 97-126.

Die 'Obed-Zeit:
Religiöse Gerontokratien oder Häuptlingstümer ?

Reinhard Bernbeck

Zeitlicher und räumlicher Rahmen

Die 'Obed-Kultur (in englischer Umschrift: 'Ubaid-Kultur) wurde ursprünglich von den Archäologen anhand einer spezifischen Art bemalter Keramik definiert. Der Zeitraum, in dem diese Keramik vorkommt, reicht vom späten 6. Jt. bis ins beginnende 4. Jt. v. Chr. Materielle Reste der 'Obed-Kultur stammen aus Süd- und Nordmesopotamien sowie der Südküste des Persischen Golfes. Vereinzelt läßt sich mit der 'Obed-Kultur verwandte Keramik bis in das heutige Kilikien und die Gegend von Malatya in der Türkei nachweisen. Für den Südwest-Iran und das Zagros-Gebirge sind aus derselben Zeit bemalte Keramiken belegt, die stilistische Ähnlichkeiten mit der 'Obed-Keramik erkennen lassen. Im Süden Mesopotamiens kann man nach den neuen Ausgrabungen in Tell Oueili fünf, wenn nicht sechs Phasen innerhalb der 'Obed-Zeit unterscheiden (Oates 1960; Lebeau 1987: 95-96), während aus den anderen Gebieten (Nordmesopotamien, Golfküste) nur die späten Phasen bekannt sind (Tab. 3.1).

Südmesopotamien		Nordmesopotamien	Südwest-Iran	Zeit
('Obed 5)	End-'Obed	End-'Obed	End-Susa A	ca. 4100-3900 v.Chr.
'Obed 4	Spät-'Obed	Spät-'Obed	Susa A	ca. 4500-4100 v.Chr.
'Obed 3	Standard-'Obed	Standard-'Obed	Susiana d	ca. 4800-4500 v.Chr.
'Obed 2	Hajji Mohammed	(Spät-Halaf)	Susiana b / c	ca. 5000-4800 v.Chr.
'Obed 1	Eridu	(Früh-Halaf)	Susiana a	ca. 5200-5000 v.Chr.
'Obed 0	Oueili	(Spät-Samarra)	C. Mami Transitional	ca. 5300-5200 v.Chr.

Tab. 3.1: Chronologie der 'Obed-Zeit

Nach wie vor sind unsere Kenntnisse über diese Kultur beschränkt. Ein wichtiger Grund hierfür ist, daß insbesondere die älteren Schichten der 'Obed-Kultur im südlichen Mesopotamien größtenteils von späteren Siedlungen, Flußablagerungen und Sandverwehungen überlagert sind und daß andererseits die Erosion die materiellen Reste abgetragen hat. Entscheidend ist auch, daß viele Grabungen, aus denen Aspekte der 'Obed-Zeit bekannt wurden, in einem frühen wissenschaftlichen Entwicklungsstadium der vorderasiatischen Archäologie stattfanden. Damals waren heute übliche Grabungsmethoden noch nicht bekannt, was die Auswertungsmöglichkeiten der Ergebnisse einschränkt.

Erst seit etwa 20 Jahren erfolgte eine rasche Zunahme der Daten. Der Hauptgrund hierfür war ein Dammbau im Hamrin-Gebirge, am Ostrand der mesopotamischen Ebene. An drei Grabungsorten wurde gut erhaltenes 'Obed-Material gefunden. Von ebensolcher Bedeutung ist die schon genannte Grabung in Tell Oueili in Südmesopotamien, wo eine bis dahin nicht bekannte älteste (Oueili)-Phase der 'Obed-Kultur identifiziert werden konnte.

Privathäuser

Genauere Einblicke in die 'Obed-zeitlichen Gesellschaften stammen aus den Grabungen in Tell Abada, Madhhur und Kheit Qasim im Hamrin-Gebiet (Abb. 3.1). In den drei kleinen Dörfern wurden gut erhaltene Wohnhäuser gefunden. Diese Häuser haben einen standardisierten Plan. Zentral ist immer ein länglicher Raum mit kreuzförmigem Grundriß. Rechts und links dieses Raumes sind oft zwei weitere, kleinere kreuzförmige Räume in rechtem Winkel an den Zentralraum angebaut (Abb. 3.2). Die Zwischenräume zwischen diesen Einheiten sind kleine quadratische Zimmer.

Schon aus der Größe der Häuser kann auf die Sozialstruktur der 'Obed-zeitlichen Dörfer rückgeschlossen werden. Denn allgemein geht man heute von einem durchschnittlichen Bedarf von etwa 10 m^2 Wohnfläche pro erwachsener Person für vorindustrielle Gesellschaften aus. Auf diese komplexen Gebäude übertragen bedeutet dies, daß - Kinder eingeschlossen - etwa 15 bis 20 Personen in einem Haus lebten. Es handelt sich also höchstwahrscheinlich um Großfamilienhaushalte. Auffällig ist, daß manche Gebäude einen, andere zwei oder drei kreuzförmige Räume aufweisen. Der Grund hierfür dürfte sein, daß eine Großfamilie aus mehreren kleineren familiären Einheiten bestand. Großfamilien, die erst im Entstehen begriffen waren, benötigten weniger Platz und hatten eine einfachere Struktur als ältere Familien. Ein Überblick ergibt, daß sich die konkreten Hausformen seit der vorhergehenden Samarra-Zeit deutlich geändert haben, daß aber die dahinterstehenden Sozialstrukturen (Großfamilien) wohl ähnlich geblieben sind.

In Madhhur wurde ein Haus ausgegraben, das einem Brand zum Opfer gefallen war. Dadurch blieben sehr viele Objekte an ihrem ursprünglichen Ort, so daß man hier auch weiß, welche Tätigkeiten im Haus, welche außerhalb ausgeübt wurden (s. Roaf 1989). Das Haus weicht insofern von anderen Gebäuden ab, als es relativ klein und einfach ist (Abb. 3.5): Es hat nur einen T-förmigen Raum mit zwei Reihen von Nebengelassen. Für den Zentralraum sind Funktionen wie Empfangsraum, Schlafgemach und Eßzimmer wahrscheinlich, archäologisch aber nicht nachzuweisen. Das liegt daran, daß Räume, in denen sich das tägliche Leben abspielte, von störenden Objekten, die unnötig Platz beanspruchen würden, freigehalten wurden. Ähnliches läßt sich auch heute noch im vorderen Orient feststellen. Dagegen lassen sich die Funktionen der Nebenräume mittels archäologischer Funde identifizieren. Neben Speicherinstallationen wurden Kochstellen und Spinnwirtel gefunden, die auf Textilverarbeitung hinweisen. Großfamilien übten allem Anschein nach ein sehr großes Spektrum an Tätigkeiten aus; wie in der vorhergehenden Zeit kann man auch hier davon ausgehen, daß die Abhängigkeit des Einzelhaushalts von Produkten anderer Haushalte noch sehr gering war. Ein Raum mit "U"-förmigem Grundriß war sicher ein Treppenhaus. Entsprechend heutigen Gebräuchen kann davon ausgegangen werden, daß das Dach im Sommer als Arbeitsplatz, zum Trocknen von Früchten und eventuell auch zum Schlafen genutzt wurde.

Soziale Differenzen auf dörflicher Ebene

Die Ausgrabungsergebnisse in Tell Abada erbrachten neue Einsichten in innerdörfliche Strukturen. Denn hier wurde ein kleines Dorf vollständig ausgegraben (Jasim 1985). Im Gegensatz zum früheren, ebenso großflächig ausgegrabenen Tell es-Sawwan (s. Kap. 2) sind die 10 Häuser der Schicht II in Tell Abada nicht identisch im Plan (Abb. 3.2). Zwei Gebäude setzen sich von der normalen Wohnhaus-Architektur ab. Erstens gibt es ein von einer Mauer eingeschlossenes Gebilde mit zwei länglichen Höfen und einer Anzahl kleiner, etwa 1 m x 1,5 m großer Parzellen. Der Hof dürfte eine Hürde für Schafe und Ziegen gewesen sein. Das aus kleinen quadratischen Räumen bestehende Gebäude war wahrscheinlich, wie andere ähnliche Bauten aus dieser Zeit, ein Speicher für Getreide und anderes vergängliches Material. Da es nur ein einziges Gebäude dieser Art im Dorf Abada II gibt, kann man davon ausgehen, daß es sich um einen von allen Haushalten gemeinsam genutzten Speicher handelte.

Das zweite Gebäude der Schicht II, das aus dem Rahmen fällt, ist das Wohnhaus A (Abb. 3.4). Es hat eine deutlich größere Grundfläche als die anderen und eine besondere Binnengliederung: Die kreuzförmigen Räume liegen alle parallel zueinander, wobei sich das zentrale Zimmer durch eine Schmalseite mit Nischen von den links und rechts anschließenden Räumen absetzt. Das gesamte Gebäude hat außen eine Nischengliederung, einen extra geschützten Eingang und an der Rückseite einen mit einer Mauer umgebenen Vorplatz. Unter den Fußböden dieses Gebäudes wurde eine große Zahl an Kindergräbern gefunden, während unter den anderen Wohnhäusern solche Gräber rar sind. Das Haus hatte also eine spezielle, wahrscheinlich im rituelle Bereich angesiedelte Bedeutung.

Offensichtlich sind weitere Besonderheiten des Hauses A auf politisch-sozialem als auch ökonomischem Gebiet vorhanden. Denn in seinem Nordwestflügel fanden sich etliche Zählsteine, die darauf hinweisen, daß hier etwas "archiviert" wurde; Vorschläge reichen von Aufzeichnungen über Frauentausch (Forest 1989: 204-218) bis zur Verwaltung von Herden. Wie in vielen Fällen archäologischer Ausgrabungsbefunde, so ist auch bei den Zählsteinen bisher keine Entscheidung für oder gegen einen der vorhandenen Erklärungsansätze möglich. Was diese Objekte auch immer repräsentieren mögen, aus dem Dorfplan und der Fundverteilung wird klar, daß dieses Haus im Dorf Abada II eine

Sonderstellung hatte. Hier ist wahrscheinlich eine Macht lokalisierbar, die auf die Verteilung und Kontrolle bestimmter Güter und Dienstleistungen Einfluß hatte. Möglicherweise ist auch der ummauerte Freiraum an der Rückseite des Gebäudes mit solchen Tätigkeiten wie der Kontrolle von Herden zu verbinden.

Nischengliederung an der Außenfassade von Bauten ist in späteren Perioden Mesopotamiens ein Zeichen für den besonderen religiösen oder politischen Status eines Gebäudes. Im Falle des Hauses A in Abada ist wohl davon auszugehen, daß diese Art der Verzierung den herausgehobenen Status eines noch mit landwirtschaftlichen und anderen produktiven Tätigkeiten befaßten Haushaltes markierte, der aber, wie die Kindergräber andeuten, mit religiösen Aspekten eng verbunden ist. Für diese frühen Zeiten ist nicht davon auszugehen, daß es eine Unterscheidung zwischen politischer und religiöser Institution gab (Adams 1966: 120-126). Auch sind herausgehobene gesellschaftliche Funktionen im Dorf Abada II nicht losgelöst vom familiären Kontext, denn bei diesem Gebäude handelt es sich der Struktur nach um ein Wohnhaus. Jedoch manifestiert sich hier zum ersten Mal soziale Ungleichheit in der Abweichung formaler Elemente.

In der folgenden Schicht Abada I ändert sich die Art der Vorratshaltung grundsätzlich (Abb. 3.3): das gemeinsam genutzte Vorratsgebäude existiert jetzt nicht mehr, dafür aber findet man in jedem Haus im zentralen Raum eine rechteckige "Kiste" aus Lehm, deren Volumen etwa 1 m^3 beträgt. Diese wird vom Ausgräber als hausinterner Getreidespeicher interpretiert. Bei einem aus heutigen Daten erschlossenen, geschätzten Verbrauch von etwa 0,6 l Getreide pro Tag pro Person reicht der Inhalt eines voll gefüllten derartigen Speichers für eine Großfamilie von 15 Personen etwa 3 Monate lang. Es muß also in dieser späteren Schicht in den einzelnen Wohnhäusern weitere Lagerräume für Lebensmittel (und Saatgut) gegeben haben, um Zeiten zwischen den Ernten zu überbrücken. Es gab hier offensichtlich eine Tendenz der einzelnen Haushalte zur wirtschaftlichen Unabhängigkeit von der Produktion und Hilfe anderer.

Abada läßt mit seinen Dorfstrukturen wie keine andere frühe Siedlung Mesopotamiens den allmählichen Übergang von einer Gesellschaft gleichgestellter Haushalte zu einer hierarchisierten Gesellschaft erkennen, in der eine Großfamilie die politische Kontrolle über andere Familien auszuüben begann. Spezialisierte politische Institutionen entstehen aus "normalen" sozialen Einheiten; aus Haushalten, die sich Einfluß über umgebende Haushalte verschaffen. Mehrere Indizien zeigen aber auch die Grenzen dieser Kontrolle für Tell Abada auf. Haus A weist zwar eine andere Anordnung der Räume als die anderen Gebäude auf, hat jedoch insofern strukturelle Gemeinsamkeiten mit diesen, als seine Raumgrundrisse mit denen der normalen Häuser identisch sind. Das weist auf gleiche Tätigkeiten hin. Die Ausgrabungsberichte geben leider keine Auskunft darüber, ob alltägliche Gegenstände aus Haus A sich von denen anderer Häuser unterschieden. Es kann also nur vermutet werden, daß auch die Bewohner von Haus A im landwirtschaftlichen Bereich tätig waren. Die Speicher"kästen" der Schicht I in Abada deuten an, daß die einzelnen Haushalte den Konsum dessen, was sie für sich selbst erwirtschaftet hatten, selbst regelten.

Die Entstehung von spezialisierten Institutionen

In Südbabylonien, einem Gebiet, das heute von Sanddünen bestimmt ist, gab es zur 'Obed-Zeit mindestens zwei Siedlungen mit fast städtischem Charakter, Ur und Eridu. Diese verhältnismäßig großen Orte waren von kleinen Dörfern umgeben (Wright 1981: 323-325). Ein solches Siedlungsmuster ist auch für zeitgleiche Orte in der östlich benachbarten Susiana-Ebene belegt (Hole 1987: Fig. 9d, 10 a-c). Unterschiedliche Ortsgrößen zeigen in der Regel auch ein Machtgefälle an. In der 'Obed-Zeit dürfte es daher nicht nur eine innerörtliche Differenzierung, sondern auch eine regional uneinheitliche Verteilung von Machtbefugnissen gegeben haben. Das trifft allerdings nicht für jede Region zu. Im Hamrin-Gebiet etwa, mit den erwähnten Orten Abada und Tell Madhhur, können die Siedlungen aus der 'Obed-Zeit alle nur als Dörfer bezeichnet werden.

Was Südmesopotamien betrifft, so war im 5. Jt. v.Chr. die ökologische Situation deutlich anders als heute. Eridu und Tell Oueili liegen heute in einer trockenen Steppe, die hauptsächlich von Nomaden aufgesucht wird. Knochen- und Grätenfunde aus den zwei Orten legen nahe, daß es dort in der 'Obed-Zeit Feuchtbiotope gab, wie sie heute noch am Zusammenfluß von Euphrat und Tigris existieren (Desse 1987: 160). Günstige ökologische Bedingungen dürften bei der Entstehung großer Siedlungen eine bisher nicht genauer bestimmbare Rolle gespielt haben.

In Eridu wurden zur Erforschung der Siedlungsentwicklung zwei Tiefgrabungen durchgeführt (Safar et al. 1981). In der einen stieß man auf eine Abfolge von 10 übereinanderliegenden komplexen Gebäuden, von denen die späten nischenverzierte Fassaden aufwiesen (Abb. 3.6). Die späteren dieser Gebäude sind vom Plan her deutlich mit den Tempeln des vierten und dritten Jahrtausends zu verbinden. Auch die Nischengliederung der Außenwände und der Podest in der Mitte des Zentralraumes sind Indizien dafür, daß es sich um Vorläufer späterer religiöser Gebäude handelt.

In der anderen Tiefgrabung fand man in 14 Schichten Überreste von Hütten, die entweder aus dünnen Lehmziegelmäuerchen oder aus Schilf mit Lehmbewurf gebaut waren. Besonders in den frühen Schichten dieser Abfolge fand man viele Fischgräten und Gewichte für Fischernetze. Erwähnenswert ist auch ein am Südrand der Siedlung befindlicher Friedhof mit 193 ausgegrabenen Bestattungen.

Die Siedlung hatte also mindestens drei funktional spezialisierte, deutlich voneinander getrennte Viertel. Gräber des Friedhofs waren wahrscheinlich an der Oberfläche auf irgendeine Weise gekennzeichnet, da sie sich nicht überschnitten. Wie im europäischen Mittelalter auch, so baute man offensichtlich religiöse Gebäude, wenn sie baufällig wurden oder durch eine Katastrophe zerstört worden waren, am selben Ort wieder auf. Die Stelle, an der der Tempel stand, war also traditionell von herausgehobener sakraler Bedeutung. Die Bautradition unterstreicht dies zusätzlich. Denn der Neubau von Tempeln auf den Ruinen der Vorgängerbauten führte in solchen Bereichen mit substantieller Architektur zu schneller Hügelbildung, so daß die heiligen Bezirke sich von den Wohnquartieren landschaftlich abhoben.

Unklar bleibt, ob es neben den kleinen Häusern und Hütten in Eridu auch besser ausgestattete Wohngebäude gab. Im nahegelegenen Tell Oueili wurde eine Hausarchitektur mit großen Räumen und Stützsäulen ausgegraben, die dies wahrscheinlich macht (Abb. 3.7; Huot und Vallet 1990). In diesem Falle hätte man schon mit einer sozialen Schichtung der Gesellschaft zu rechnen, die einhergeht mit der Entstehung auch räumlich abgetrennter Verwaltungsinstitutionen, der Tempel. Spätere städtische Strukturen lassen vermuten, daß wichtige Funktionen der Tempel neben den religiösen Aufgaben die Organisation der Produktion und Speicherung der Ernte waren.

Die Verhältnisse Mesopotamiens können mit denen Khuzistans, der Tiefebene im Südwest-Iran, verglichen werden. Dort wurden in der größten Siedlung, in Susa, Reste einer mindestens 10 m hohen Plattform mit komplexem Umriß ausgegraben, auf der ein öffentliches Gebäude, möglicherweise ein Tempel, stand. Weitere architektonische Reste dürften von einem Wohnhaus und einem Speichergebäude stammen (Abb. 3.8; Pollock 1989: 285-286).

Ein weiteres Anzeichen für die Entstehung spezialisierter Institutionen sind Stempelsiegel, die an vielen Orten gefunden wurden. Solche Verwaltungsobjekte wurden dazu verwendet, Verschlüsse von Behältern oder Türen zu versiegeln. Dafür nahm man nasse Lehmstückchen, formte diese um den Knoten einer als Verschluß verwendeten Schnur und drückte ihnen den Stempel auf. Solche Siegel bzw. deren Abdrücke lassen sich nach den Abbildungen in zwei Kategorien einteilen. Einfache Siegel haben geometrische Muster oder Tierdarstellungen, während auf komplexeren Siegeln oft eine menschliche Figur mit zwei Tieren zu beiden Seiten abgebildet ist (Abb. 3.9). In Susa, dem einzigen Ort, für den eine genauere Analyse vorliegt, wurden mehr als zehnmal soviel einfache wie komplexe Siegel gefunden. Die Anzahl der Siegelabdrücke dieser beiden Siegelarten unterscheidet sich hingegen nicht. Daraus kann man schließen, daß die komplexen, seltener vorkommenden Siegel sehr viel öfter benutzt wurden. Dies bezeugt, daß wirtschaftliche Vorgänge von einer Minderheit der Besitzer komplexer Siegel kontrolliert wurden (Wright 1994: 74-75).

Für die Untersuchung der Hierarchisierungsprozesse sind nicht nur Tempel und Siegel von Bedeutung. In ähnlich gelagerten Fällen, beispielsweise in Mittelamerika, spielen sogenannte "Prestigegüter" eine große Rolle (Flannery 1968; Earle 1991: 3-7). Dabei handelt es sich um seltene Objekte aus Materialien, die oft aus einer fernen Gegend stammen. Der Besitz seltener Metalle und Steine, verarbeitet zu komplex dekorierten Gegenständen, symbolisiert in solchen Gesellschaften Macht und politischen Status. Im 'Obed-zeitlichen Mesopotamien fehlen diese Objekte, obwohl die politischen Strukturen, nämlich eine aufkommende Hierarchie, weitgehend denen in Mittelamerika zu gleichen scheinen.

Die Friedhöfe: Soziale Gleichheit

Aus der 'Obed-Zeit ist eine große Zahl an Gräbern bekannt geworden. Nicht nur in der Stadt Eridu gab es einen speziell für Begräbnisse eingerichteten Bereich, auch in Ur und Susa fand man solche Friedhöfe für Erwachsene. Kleinkinder und Säuglinge wurden zumeist unter den Hausfußböden bestattet. Das ergibt sich insbesondere aus den Funden in Abada, die oben erwähnt wurden.

Im fünften Jahrtausend hatte sich neben der seßhaften Bevölkerung eine auf Viehzucht spezialisierte Gruppe mit mobiler Lebensweise herausgebildet. Dies läßt sich daraus schließen, daß man im Zagros-Gebirge Friedhöfe mit Gefäßbeigaben fand, die der 'Obed-Keramik von Formen und Verzierung her ähnlich sind (Vanden Berghe 1973, 1975). Gleichzeitige Siedlungen im selben Gebiet sind jedoch selten. Es ist daher wahrscheinlich, daß es sich um Gräber von Gruppen mit nicht-seßhafter Lebensweise handelt. Solche Nomaden dürften sich im Sommer eher im oberen, im Winter im unteren Zagros aufgehalten haben, entsprechend den Gewohnheiten heutiger, ähnlich wirtschaftender Gruppen.

Je nach Region sind gewisse Vorlieben der Beigabensitte und Bestattungsart zu verzeichnen. Im Zagros wurden die Toten in Steinkisten beerdigt, während man in der Susiana und Mesopotamien, wo große, flache Steine eine Rarität sind, Lehmziegel verwandte. Aus dem Tiefland sind auch Erdgräber ohne Stein- oder Ziegelumrandung bekannt. In manchen Gräbern waren mehrere Personen bestattet. Einzelne, den Bestatteten mitgegebene Objekte können auf zwei verschiedene Arten ausgelegt werden. Einerseits können solche Beigaben den sozialen Status der Begrabenen repräsentieren. Je reicher ein Grab ausgestattet ist, desto höher war der Stand des oder der Verstorbenen. Andererseits können Objekte, die den Toten mitgegeben wurden, auch den sozialen Status der an der Beerdigung Beteiligten wiedergeben.

In den Gräbern der 'Obed-Friedhöfe wurden hauptsächlich Keramikgefäße und Perlen, sehr selten andere Gegenstände wie Tonfiguren oder Tierknochen gefunden. Der Regelfall für solche Beigaben waren drei Gefäße, ein Becher, eine Schale und ein kleiner Topf. Mehrere Analysen der großen Friedhöfe, besonders desjenigen aus Eridu, kommen zu demselben Ergebnis: Die Standardisierung der Beigaben zeigt geringe soziale Differenzierung an (Vértesalji 1984: 24-25; Pariselle 1985: 10; Wright und Pollock 1987: 328).

Nur in einem einzigen Friedhof weisen die Beigaben nicht auf Gleichbehandlung während des Begräbnisses hin. Dabei handelt es sich um Susa. Die Gräber wurden Anfang dieses Jahrhunderts ausgegraben, und der Standard der Dokumentation war damals noch recht ungenau (Morgan 1912). Man weiß daher weder, um wieviele Gräber es sich genau handelte, noch, welche Objekte welchen Skeletten zugeordnet waren. Erst über eine nach dem zweiten Weltkrieg durchgeführte Nachgrabung konnte nachgewiesen werden, daß die Knochen von unvollständigen Skeletten stammen (s. Hole 1990: 3).

In Zusammenhang mit diesen Begräbnissen wurden qualitativ sehr unterschiedliche Keramikgefäße gefunden, teils mit ästhetisch sehr ansprechenden Bemalungen versehen (Abb. 3.10), teils aber auch grob und gänzlich unverziert. Zusätzlich fand man in den frühen Grabungen insgesamt 55 Kupferäxte und 11 Kupferscheiben. Unter den auf etwa 2000 geschätzten Gräbern gab es also eine kleine Anzahl, die sich durch ihre reichere Ausstattung von den restlichen absetzte. Kurz vor Anlage der Bestattungen wurde die oben genannte Tempelplattform in Susa zerstört. Daher wird der "Friedhof" neuerdings von F. Hole als Massengrab interpretiert, das im Anschluß an einen gewaltsamen Konflikt angelegt wurde. Die Toten wurden mit all ihrem Besitz schnell verscharrt, nachdem sie eine kurze Zeit lang Wind, Wetter und möglicherweise Aasfressern ausgesetzt und daher schon teilweise verwest waren (Hole 1990).

Aufgrund der schlechten Dokumentation der frühen Ausgrabungen kann bis heute nicht völlig ausgeschlossen werden, daß sich in den Gräbern von Susa Bestattungssitten einer anderen als der südmesopotamischen Kultur widerspiegeln. Andererseits deuten, trotz leicht unterschiedlicher materieller Kultur, Parallelen in der politischen und ökonomischen Struktur (s.o.) auf enge Kontakte zwischen den Gebieten Südwest-Irans und Mesopotamiens hin.

Widersprüche im archäologischen Material

Das heutige Wissen über die 'Obed-Zeit scheint anzudeuten, daß die damalige Gesellschaft in politischer und ökonomischer Hinsicht hierarchisiert war. Darauf weisen die verschiedenen, aus der 'Obed-Zeit bekannten Gebäudetypen und Siedlungsgrundrisse, aber auch die abgestuften Siedlungssysteme aus Mesopotamien und dem Südwest-Iran hin. Die Spezialisierung von Tätigkeiten in verschiedenen gesellschaftlichen Bereichen war jedoch nur gering entwickelt. Siedlungssysteme zeichnen sich durch nicht mehr als zwei Größenordnungen von Orten aus. Innerhalb der Dörfer gab es zwar herausgehobene soziale Einheiten, wie das große Haus A in Abada beweist. Jedoch waren die Bewohner eines solchen Hauses noch in das Dorfleben als normaler Haushalt integriert, der auch an den landwirtschaftlichen Tätigkeiten teilnahm.

Auch die Spezialisierung in der Produktion war nicht sehr weit fortgeschritten. Dies läßt sich aus den Ausgrabungen in Tell Madhhur schließen, wo eine Vielzahl von Produkten in ein- und demselben Haushalt wohl für den Eigenverbrauch hergestellt wurden. Aus dem Süden Mesopotamiens sind mit den Tempeln in Eridu größere Bauten erhalten, die sicher nicht rein religiöse Funktionen besaßen. Entsprechend den Zeugnissen aus dem dritten Jahrtausend v.Chr. kann man wohl davon ausgehen, daß hier auch die Produktion und Verteilung von landwirtschaftlichen Überschüssen organisiert wurde und daß in diesen Komplexen möglicherweise auch Getreidelager existierten. Für die größeren Orte ist also eine von den landwirtschaftlichen Tätigkeiten möglicherweise ganz entbundene, kleine Elite anzunehmen.

Wie fügt sich dies aber mit den Analysen der Friedhöfe ? An Grabbeigaben sollten sich, wie bemerkt, soziale Unterschiede festmachen lassen. Im Anschluß an die Dorfstrukturen und die Hinweise auf regionale politisch-wirtschaftliche Hierarchien würde man soziale Differenzen in Form unterschiedlich reicher Gräber gerade in den größeren Zentren wie Eridu erwarten, und zwar unabhängig davon, ob die Beigaben den sozialen Status der Bestatteten oder den Status der an dem Begräbnisritus Beteiligten widerspiegeln. Die Friedhöfe zeigen jedoch, mit Ausnahme der in Susa gefundenen Gräber, von Geschlecht und Alter abgesehen keine Statusunterschiede an.

Wie ist ein solcher Widerspruch zu erklären ? Kann es sein, daß die Tempel und das Haus in Abada doch nicht für eine zentrale, politisch-religiöse Macht stehen, wie oft angenommen wird ? Oder enthielten die Gräber Objekte, die soziale Unterschiede markierten, die aber aus organischem, archäologisch nicht erhaltenem Material bestanden ?

Archäologische Daten und Erklärungsmodelle

Einige Archäologen, unter ihnen besonders Frank Hole (1983), interpretieren die sozialen Verhältnisse zur 'Obed-Zeit im Sinne einer mehr oder weniger "demokratischen" Struktur. Statusunterschiede waren danach rein alters- und geschlechtsbedingt. Es versteht sich von selbst, daß "demokratisch" bei einem solchen Modell nicht mit heutigen Vorstellungen einer Form des Rechtsstaats übereinstimmen kann. Angedeutet wird durch den Begriff nur, daß alle Personen eines bestimmten Alters automatisch Mitglieder eines "Ältestenrates" wurden, der alle gewichtigen Entscheidungen traf.

Personen mit religiösen Funktionen, also Priester, gingen neben ihren Sonderaufgaben ganz normalen Tätigkeiten der Lebensmittelproduktion nach. Andere hervorgehobene Funktionen, wie die von "großen Kriegern", wurden von anderen Individuen als dem religiösen Personal durchgeführt. Der Hintergrund für diese Rekonstruktion sozialer Verhältnisse ist nicht rein archäologisch, sondern hierbei wurden Kenntnisse über heutige, ähnlich gegliederte Gesellschaften zu Rate gezogen. Beispielsweise sind für den in Neu-Guinea lebenden Stamm der Baruya derartige Gesellschaftsstrukturen dokumentiert worden (Godelier 1982).

Folgt man Holes Argumentation, so war die soziale Stellung an Situationen im täglichen Ablauf des Lebens gebunden und noch nicht vererbbar, im Gegensatz etwa zum Status des Mitglieds einer griechischen Polis oder des Adels im europäischen Mittelalter. Daß individueller Status nicht vererbbar war, belegen die reichen Gräber in Susa. Man hatte dort den Toten ihren Besitz mitgegeben, statt ihn im Kreislauf der Lebenden an die Nachkommen weiter zu vererben. Dies bedeutet, daß persönlicher, wertvoller Besitz nicht von Nachkommen angesammelt werden konnte. Orte wie Eridu, Ur und Susa mit ihren Tempeln sind nach diesem Verständnis daher auch keine Zentren, in denen "alteingesessene Familien" über die Vergabe von Ämtern Vorzüge genießen; sondern es handelt sich um rein religiöse Zentren, gleichsam Pilgerorte. Die für die Riten Verantwortlichen haben kaum politische oder ökonomische Macht über das Umland. Sie sind auf den guten Willen der Zulieferer angewiesen. Zentrale Machtstrukturen entstehen erst in der Folgezeit.

Andere Archäologen sehen in den Strukturen der 'Obed-Zeit Gebilde, die den aus Afrika bekannten "Häuptlingstümern" gleichen. Anstelle von "Ältestenräten" und kaum hierarchisierten Entscheidungsgremien wird nach diesem Modell die Gesellschaft von einer Person, dem Häuptling, beherrscht. Gesellschaften mit einem solchen politischen System unterscheiden sich von richtiggehenden frühen Staaten dadurch, daß der grundsätzliche Zusammenhalt hier noch durch verwandtschaftliche Bindungen garantiert ist, während in voll ausgebildeten Staaten das Funktionieren des Gemeinwesens durch eine Administration gesichert wird. Dementsprechend spielt in Häuptlingstümern das persönliche Gefolge eines Häuptlings eine große Rolle. Hierzu gehören Vertreter in den Dörfern, aber auch Personen "militärischen" Ranges. Typisch ist auch, daß die politische Macht religiös verbrämt wird. Häuptlingstümer haben in aller Regel theokratischen Charakter.

Die vorgeschichtlichen Zentralorte sind in diesem Fall nicht nur Pilgerzentren, sondern haben Entscheidungskompetenzen regionaler Reichweite. Die Tempelkomplexe bilden das ökonomische und politische Rückgrat des Systems. Hier wird landwirtschaftlicher Überschuß gesammelt und im Bedarfsfalle an die einzelnen Dörfer zurückverteilt. Auf dörflicher Ebene ist ein Haus wie das große, reich an der Außenfassade verzierte in Abada als Wohnsitz des örtlichen Vertreters eines Häuptlings interpretierbar.

Häuptlinge in den größeren Orten konnten nach dieser Interpretation von der Bevölkerung direkt Arbeit einfordern (Stein 1994: 41). Denn wie, wenn nicht über den Rückgriff auf eine Vielzahl von Arbeitskräften, sollten eine Plattform wie die in Susa oder Tempel wie die in Eridu gebaut worden sein ? Dazu würde ein auf der Plattform in Susa errichtetes, von der restlichen Siedlung abgetrenntes Speichergebäude passen. Hierhin wären Abgaben in Form von Naturalien gelangt, die für die Elite bestimmt waren, die auch solche Arbeiten wie den Terrassenbau veranlaßt hatte.

Die beiden Erklärungsmodelle machen ein allgemeines Dilemma der Archäologie deutlich. Einerseits eignen sich archäologische Daten allein nicht dazu, Geschichte zu schreiben. Aus dem toten Material, das bruchstückhafte Momentaufnahmen der Vergangenheit liefert, können menschliche Tätigkeiten höchstens im produktiven Bereich erschlossen werden. Wo es Keramik gibt, muß es Töpfer oder Töpferinnen gegeben haben. Jedoch wissen wir auch dort nichts über die Organisation der Herstellung der Keramik oder darüber, wieviele Leute an Arbeitsprozessen beteiligt waren. Noch weniger sind wir in der Lage, etwas über politische oder soziale Strukturen auszusagen. Daher muß man zumindest bei der Interpretation vorgeschichtlicher Perioden mit Parallelen in heutigen, unter ähnlichen Bedingungen lebenden Gesellschaften argumentieren.

Dabei tritt jedoch immer das Problem auf, daß zwei Gesellschaften nie in allen ihren Aspekten vergleichbar sind. Dies wird im obigen Fall deutlich, wo die Interpretationen von zwei unterschiedlichen Modellen heutiger Gesellschaften, von "Gerontokratien" und "Häuptlingstümern", ausgehen. Dementsprechend werden die zum jeweiligen Modell passenden Daten herausgesucht und die widersprüchlichen ausgeblendet. Die Interpretation der 'Obed-Zeit als quasi-demokratische Gesellschaft ohne dauerhafte

Hierarchien berücksichtigt ungenügend, wie beispielsweise eine ausreichende Zahl an Arbeitskräften zum Bau der großen Tempel und Plattformen organisiert werden konnte; sie kann nicht erklären, wofür solche Objekte wie Stempelsiegel notwendig waren, wenn es keinen nennenswerten Güteraustausch gab. Die Anhänger der "Häuptlings"-These andererseits ignorieren, daß in den Wohnhäusern alle notwendigen Güter hergestellt wurden, daß also die Spezialisierung in der Produktion minimal war. Auch die geringen Unterschiede in den Grabbeigaben lassen sich nicht ohne weiteres mit diesem Modell in Übereinstimmung bringen.

Hierarchie und Ideologie

Die Frage, welches der beiden Modelle den Realitäten der 'Obed-Zeit näher kommen dürfte, läßt sich teilweise lösen. Wie ausgeführt, stehen Siedlungssysteme, Architektur und Funde wie die Siegel in Gegensatz zu den Friedhofbefunden. Eine Betrachtung der Friedhöfe zeigt aber eine wichtige Ausnahmesituation. Denn einerseits scheinen die meisten Friedhöfe aufgrund der relativ einheitlichen Grabbeigaben eine "demokratische" Sozialstruktur anzudeuten, andererseits weicht der Friedhof in Susa deutlich hiervon ab. Die Gräber in Susa kamen höchstwahrscheinlich nicht auf normale Weise zustande, sondern sind nach Holes These (1990) die Folge einer Katastrophe. Wenn hier die Menschen schnell verscharrt wurden, und wenn man ausgerechnet unter solchen Umständen wertvolle Gegenstände in den Gräbern findet, so deutet dies darauf hin, daß nur in Ausnahmefällen Menschen mit ihrem Besitz begraben wurden.

Aufgrund der besonderen Situation, aus der heraus die Gräber in Susa angelegt wurden, sollte man sie nicht als typisch für die Strukturen der Epoche ansehen. Der Vergleich dieses Befundes mit den auf "natürliche" Art und Weise zustande gekommenen Gräbern in Ur oder Eridu läßt eine ganz andere Konsequenz zu: Im Normalfalle wurde wertvoller Besitz wie Metalle beim Tod des Eigentümers bzw. der Eigentümerin weitervererbt und wahrscheinlich in neue Objekte umgeschmolzen, so daß sie uns heute nicht erhalten sind. Wenn also seltene und hochgeschätzte Objekte nicht durch Begräbnisse aus dem gesellschaftlichen Güterkreislauf ausschieden, dann konnten sie von den Nachfahren angehäuft werden. Daher lassen sich auch die Friedhofs-Befunde vorsichtig als Abbild einer hierarchisierten Gesellschaft deuten.

Eine Entwicklung in Richtung auf eine größere Hierarchisierung war sicher begleitet von Änderungen im Bereich des Religiösen. Dabei ist aber nicht unbedingt damit zu rechnen, daß Riten diese Entwicklungen direkt wiedergeben. Wenn man die Gräber als Hinweise auf Grabriten deutet, so zeigt sich, daß die Gleichförmigkeit der Beigaben einen ideologischen Kontrast zur gesellschaftlichen Realität bildet. Zunehmende Abstufungen im Leben stehen einer fast unterschiedslosen Behandlung im Tod gegenüber. Hiermit wird den am Fuße der neu entstehenden sozialen Pyramide Angesiedelten angedeutet, daß auch die Bessergestellten mit ihnen letzten Endes auf einer Stufe stehen, wodurch die im Leben zunehmende Ungleichheit verschleiert wird.

Bibliographie

Adams, R. McC.

1966   *The Evolution of Urban Society. Early Mesopotamia and Prehispanic Mexico*. Chicago: Aldine
        Publishing Company.

Desse, J.

1987   "Analyse des ossements provenant des horizons inférieurs de Tell el 'Oueili (Obeid 0, 1, 2, 3):
        campagne de 1983". In J.-L. Huot, Hrsg.: *Larsa, 10e campagne, 1983 et 'Oueili, 4e campagne,
        1983. Rapport préliminaire*, S. 159-160. Paris: Éditions Recherche sur les Civilisations.

Earle, T.

1991   "The Evolution of Chiefdoms". In T. Earle, Hrsg.: *Chiefdoms: Power, Economy, and Ideology*,
        S. 1-15. Cambridge: Cambridge University Press.

Flannery, K.V.

1968   "The Olmec and the Valley of Oaxaca: A Model for Interregional Interaction in Formative
        Times". In E. Benson, Hrsg.: *Dumbarton Oaks Conference on the Olmec*, S. 79-110.
        Washington, D.C.

Forest, J.-D.

1989   "Les 'jetons' non Urukiens et l'échange des femmes". In E. Henrickson und I. Thuesen, Hrsg.:
        Upon this Foundation. The Ubaid Reconsidered, S. 199-226. Carsten Niebuhr Institute of
        Ancient Near Eastern Studies, Nr. 10. Kopenhagen.

Godelier, M.

1982   *Die Produktion der Großen Männer*. Frankfurt a.M.: Campus.

Hole, F.

1983   "Symbols of Religion and Social Organization at Susa". In T.C. Young, P.E.L. Smith und P.
        Mortensen, Hrsg.:*The Hilly Flanks and Beyond*, S. 315-334. Chicago: University of Chicago
        Press.

1984   "Analysis of Structure and Design in Prehistoric Ceramics". *World Archaeology* 15 (3): 326-
        347.

1987   "Settlement and Society in the Village Period". In F. Hole, Hrsg.: *The Archaeology of Western
        Iran. Settlement and Society from Prehistory to the Islamic Conquest*, S. 79-106. Washington
        D.C.: Smithsonian Institution Press.

1990   "Cemetery or Mass Grave ? Reflections on Susa I". In F. Vallat, Hrsg.: *Contributions à
        l'histoire de l'Iran*, S. 1-14. Paris: Éditions Recherche sur les Civilisations.

Huot, J.-L. und R. Vallet

1990   "Les habitations à salles hypostyles d'époque Obeid 0 de Tell el-'Oueili". *Paléorient* 16 (1): 125-
        130.

Jasim, S.A.

1985   *The 'Ubaid Period in Iraq. Recent Excavations in the Hamrin Region*. Oxford: British Archaeolo-
        gical Reports, International Series 267.

1989   "Structure and Function in an 'Ubaid Village". In E. Henrickson und I. Thuesen, Hrsg.: *Upon
        this Foundation. The Ubaid Reconsidered*, S. 78-90. Carsten Niebuhr Institute of Ancient Near
        Eastern Studies, Nr. 10. Kopenhagen.

Lebeau, M.

1987   "Aperçu de la céramique de la phase de 'Oueili (Obeid 0)". In J.-L. Huot, Hrsg.: *Larsa, 10e campagne, 1983 et 'Oueili, 4e campagne, 1983. Rapport préliminaire*, S. 95-120. Paris: Éditions Recherche sur les Civilisations.

Morgan, J. de

1912   "Observations sur les couches profondes de l'acropole de Suse". *Mémoires de la délégation en Perse* 13: 1-25.

Oates, J.

1960   "Ur and Eridu, the Prehistory". *Iraq* 22: 32-50.

Pariselle, C.

1985   "Le cimetière d'Eridu: essai d'interprétation". *Akkadica* 44: 1-13.

Pollock, S.M.

1989   "Power Politics in the Susa A Period". In E. Henrickson und I. Thuesen, Hrsg.: *Upon this Foundation. The Ubaid Reconsidered,* S. 281-292. Carsten Niebuhr Institute of Ancient Near Eastern Studies, Nr. 10. Kopenhagen.

Roaf, M.

1989   "Social Organization and Social Activities at Tell Madhhur". In E. Henrickson und I. Thuesen, Hrsg.: *Upon this Foundation. The Ubaid Reconsidered,* S. 91-146. Carsten Niebuhr Institute of Ancient Near Eastern Studies, Nr. 10. Kopenhagen.

Safar, F., M.A. Mustafa und S. Lloyd

1981   *Eridu*. Baghdad: Ministry of Culture and Information.

Stein, G.

1994   "Economy, Ritual and Power in 'Ubaid Mesopotamia". In G. Stein und M.S. Rothman, Hrsg.: *Chiefdoms and Early States in the Near East. The Organizational Dynamics of Complexity*, S. 35-46. Madison: Prehistory Press.

Vanden Berghe, L.

1973   "Le Luristan avant l'âge du Bronze: La nécropole de Hakalan". *Archéologia* 57: 49-58.

1975   "La nécropole de Dum Gar Parchineh". *Archéologia* 79: 46-61.

Vértesalji, P.P.

1984   "Zur chronologischen und sozial- sowie religionsgeschichtlichen Bedeutung des Eridu-Friedhofs". *Baghdader Mitteilungen* 15: 9-33.

Wright, H.T.

1981   "The Southern Margins of Sumer: Archaeological Survey of the Area of Eridu and Ur". In R. McC. Adams: *Heartland of the Cities*, S. 295-345. Chicago: University of Chicago Press.

1994   "Prestate Political Formations". In G. Stein und M.S. Rothman, Hrsg.: *Chiefdoms and Early States in the Near East. The Organizational Dynamics of Complexity*, S. 67-84. Madison: Prehistory Press.

Wright, H.T. und S.M. Pollock

1987   "Socioeconomic Organization in Southern Mesopotamia". In J.-L. Huot, Hrsg.: *Préhistoire de la Mésopotamie*, S. 317-329. Paris: Éditions du Centre national de la recherche scientifique.

Die Uruk-Zeit: Perspektiven einer komplexen Gesellschaft

Reinhard Bernbeck

Zeitlicher Rahmen und materieller Hintergrund

Der mit "Uruk-Zeit" umschriebene Zeitraum umspannt grob das gesamte 4. Jt. v.Chr. "Uruk-Zeit" wurde diese Epoche deshalb genannt, weil Reste dieser Kultur zuerst im südmesopotamischen Uruk, dem Erech der Bibel, bei Ausgrabungen in der ersten Hälfte dieses Jahrhunderts identifiziert wurden. Die Uruk-Zeit konnte im Anschluß an ihre Entdeckung anhand von Keramik und anderen Funden in eine frühe und eine spätere Phase unterteilt werden. Neuere Forschungsergebnisse lassen auf eine Dreiteilung in eine Früh-, Mittel- und Spät-Uruk-Zeit schließen. Diese Unterteilungen können bisher noch nicht auf präzise Jahrhunderte innerhalb des 4. vorchristlichen Jahrtausends festgelegt werden. Im folgenden wird die kurze, darauffolgende Epoche, die sog. "Ğemdet Nasr"-Zeit, unter dem Oberbegriff "Uruk-Zeit" subsumiert (Tab. 4.1). Dies ist deshalb möglich, weil die materielle Kultur der Ğemdet Nasr-Periode weitgehende Gemeinsamkeiten mit der der Späturuk-Zeit aufweist.

Zeit	Südwest-Iran	Mesopotamien
3000	Protoelamisch	Gemdet Nasr
	Späturuk	
3500	Mittel-Uruk	
	Früh-Uruk	
4000		

Tab. 4.1: Grobe chronologische Unterteilung der Uruk-Zeit

Materielle Reste der frühen Hälfte der Uruk-Zeit treten in Mesopotamien, also grob dem Gebiet des heutigen Irak, und Südwest-Iran auf (Abb. 4.1). Später ist eine Ausbreitung des Vorkommens typischer materieller Reste bis nach Syrien und in die heutige Südost-Türkei festzustellen. In der Ğemdet Nasr-Zeit ist für den Iran eine Sonderentwicklung festzustellen, die sich hauptsächlich in der Schriftentwicklung, weniger in den materiellen Resten manifestiert. Diese Schrift, und damit auch dieser Zeitraum in Südwest-Iran, werden als "protoelamisch" bezeichnet.

Künstlerische Produkte der Uruk-Zeit sind bemerkenswert, zumal einige Gattungen wie etwa Rundbilder und Reliefs hier zum ersten Mal in größerem Umfang auftreten. Wichtiger für eine Beurteilung dieser Zeit sind aber unscheinbarere Funde, um deren Interpretation man sich seit etwa 25 Jahren bemüht. Heute kann als relativ sicher gelten, daß die ersten Städte, staatliche Verwaltung, die Schrift und ausgedehnte Kanalsysteme in der Uruk-Zeit entstanden sind. Auch die ersten Anzeichen für eine "Kolonisierung" fremder Landstriche stammen aus der Uruk-Zeit.

Städte können archäologisch nicht nur durch Grabungen identifiziert werden. Gerade in Gegenden wie Mesopotamien, wo die Versalzung früher bebaute Flächen in Steppe verwandelt hat, wird der Boden durch Wind und Wetter schnell abgetragen. Zurück bleiben schwerere und härtere Objekte, insbesondere Scherben von Tongefäßen. Diese liegen dort, wo früher alte Siedlungen waren. Viele Scherben sind aufgrund ihrer Form datierbar, so daß auch Ortsgrößen durch Ausmessen der Fläche eines Scherbenbelags feststellbar werden. In der Uruk-Zeit treten zum ersten Mal neben kleinen dörflichen Siedlungen auch sehr große Agglomerationen auf, identifizierbar durch große Flächen mit dichtem Scherbenbelag, die als Städte zu interpretieren sind (Adams und Nissen 1972: 11-12; Adams 1981: 60-81). Denn diese Orte setzen sich aus einzelnen, durch charakteristische Bauten definierten Stadtvierteln mit spezifischer Funktion zusammen. So gibt es etwa in der Stadt Uruk ein großes Viertel mit öffentlichen Gebäuden, die in der Regel wohl religiös-politische Funktionen hatten (Abb. 4.2), sowie Handwerkerviertel. Solch eine innerörtliche Bereichsgliederung macht Urbanität aus. Es gab zwar auch in der vorausgehenden 'Obed-Zeit schon öffentliche Gebäude, gemeinhin als Tempel interpretiert. Jedoch sind großflächige Komplexe mit mehreren, in ihrer Funktion unterschiedlichen Gebäuden erst aus der Uruk-Periode aus Uruk selbst bekannt, wo man neben Tempeln einen Stufenturm (Zikkurat), eine Säulenhalle, sogenannte Badehäuser und andere Gebäude unbekannter Funktion fand (Heinrich 1982: 35-55).

Auch die Schrift erscheint nicht ohne vorherige Entwicklungen in der Späturuk-Zeit. Vielmehr kennen wir aus früheren Gesellschaften sowohl Süd- als auch Nordmesopotamiens, etwa aus der Halaf- und der 'Obed-Kultur (s. Kap. 2 und 3), Objekte, die der Speicherung von Information dienten. Es handelt sich dabei um Zählsteine, mittels derer nur sehr einfache Informationen, nämlich Mengen, festgehalten werden konnten (Schmandt-Besserat 1992). Von dieser Beschränkung auf Quantitäten wich man erst gegen Ende der Uruk-Zeit ab. Zunächst wurden die Zählsteine in versiegelten Tonkugeln aufbewahrt und der Inhalt teilweise auf der äußeren Oberfläche der Kugeln markiert (Taf. 4.III). Nur wenig später ritzte man erste Schriftzeichen auf Tontafeln, durch die weit mehr als nur Mengen und Kategorien von Produkten festgehalten werden konnte (Abb. 4.3; Nissen et al. 1990: 55-60).

Das erste Auftreten von Staaten in der Uruk-Zeit ist schwieriger nachzuweisen. Die Voraussetzung für jede Aussage zu diesem Problem ist eine Definition des Begriffs "Staat". Nach Wright und Johnson (1975), die sich am intensivsten mit Staatsentstehung in archäologischem Kontext auseinandergesetzt haben, ist ein Staat durch zwei Merkmale charakterisiert. Erstens kontrolliert der Staat massiv die Produktion der Grundnahrungsmittel. Überschüsse werden für knappe Zeiten zentral gespeichert und eventuell verteilt. Dies kann von einfacheren politischen Systemen, in denen das Überleben einzelner Haushalte in Krisenjahren auf verwandtschaftlicher Solidarität und Hilfe beruht, nicht in dem Umfang gewährleistet werden. Risikoabsicherung durch Solidarität wird in staatlichen Gesellschaften also durch administrative Kontrolle ersetzt. Dafür sprechen etwa Listen mit Berufen aus der Späturuk-Zeit, die eine Hierarchisierung innerhalb der Berufe erkennen lassen (Nissen 1983: 88-90). Ein zweites Merkmal von Staaten ist die Anzahl administrativer "Entscheidungsebenen". In staatlichen Gesellschaften sind dies drei oder mehr. Die unterste ist die der Produzenten, die mittlere eine lokale, mit der direkten Organisation der Produktion beschäftigte Ebene (Wright 1978: 55-57). Typisch für Staaten ist aber das Vorhandensein einer dritten, regionalen Verwaltungsebene, die nur noch Entscheidungen anderer koordiniert und kontrolliert.

Wie lassen sich die beiden Merkmale, die Kontrolle der Nahrungsmittelproduktion und die Anzahl administrativer Entscheidungsebenen, archäologisch feststellen ? Speicherung von Nahrungsmitteln und die Kontrolle ihrer Produktion sind durch gesiegelte Türverschlüsse aus Ton belegt (Abb. 4.4). In einem Fall fand man durch eine kleinteilige Analyse einer Abfallgrube heraus, daß je nach Jahreszeit unterschiedlich viele Türverschlüsse aufgebrochen worden waren. Eine große Anzahl von aufgebrochenen Verschlüssen geht einher mit einer großen Menge weggeworfener "Glockentöpfe", grober Gefäße, die als Rationsbehälter interpretiert werden. Ihr Volumen entspricht in etwa dem Tagesbedarf an Getreide eines mesopotamischen Arbeiters. Die für die Verwaltung Zuständigen haben also wohl in mageren Jahreszeiten die Speicher geöffnet und Rationen an die Bevölkerung verteilt (Wright et al. 1980). Das zweite Merkmal, Entscheidungsebenen der Verwaltung, ist nur über einen Umweg archäologisch identifizierbar. Nach allgemeinen ethnologischen und geographischen Untersuchungen sind Orte der obersten Entscheidungsebene am größten, solche der untersten am kleinsten. Ein Siedlungssystem mit drei voneinander abgrenzbaren Ortsgrößen ist also ein Hinweis auf ein staatliches Verwaltungssystem mit drei Entscheidungsebenen. Genau darauf trifft man das erste Mal in der Mitteluruk-Zeit in Südwest-Iran (Abb. 4.8; Johnson 1987: 117).

Große Städte waren auf die Produktion landwirtschaftlicher Überschüsse angewiesen. Wie schon erwähnt, war der mesopotamische Süden von Bewässerung zur Sicherung jährlicher Erträge abhängig. Es verwundert daher nicht, daß in der Uruk-Zeit mit den ältesten Städten eine Vergrößerung der Bewässerungssysteme aus den Ortslagen erschließbar ist. Obwohl Karten und die heutige Geländeoberfläche die Identifikation alter Kanalverläufe nicht erlauben, führten großräumige Begehungen im südlichen Mesopotamien zur Aufnahme einer Vielzahl alter Siedlungen, deren Reste an der Oberfläche sichtbar sind. Gerade Uruk-zeitliche Dörfer bilden oft Ketten in Nordwest-Südost-Richtung, was darauf zurückzuführen sein dürfte, daß sie jeweils an einem größeren Kanal lagen. In der älteren 'Obed-Zeit hingegen waren Kanäle nach heutigem Wissen nicht länger als 5 km.

Für "Kolonien" in der Uruk-Zeit - gemeint sind Niederlassungen von Bevölkerungsteilen aus Babylonien in angrenzenden Bereichen mit einer anderen Kultur - sind deutliche, wenn auch nicht ganz unproblematische Hinweise vorhanden. Sowohl auf dem iranischen Hochland als auch im anatolischen Raum, also Hunderte von Kilometern von den wichtigsten Uruk-zeitlichen Zentren Mesopotamiens entfernt, wurden mitten in Orten mit einheimischer materieller Kultur einzelne Gebäude gefunden, die vom Grundriß und von der in ihnen gefundenen Keramik her eindeutig mit der Uruk-Kultur Mesopotamiens in Zusammenhang gebracht werden können (Abb. 4.1). In Tepe Sialk, einem Ort im iranischen Hochland, ebenso wie im syrischen Habuba Kabira und Jebel Aruda wurden Tontafeln mit Zahlzeichen gefunden, wie sie auch aus den großen Uruk-Zentren Südmesopotamiens bekannt sind (Amiet 1985: 309; Strommenger 1980: 62-63). Naturwissenschaftliche Untersuchungen von Bitumen, das in solchen "Kolonien" in der heutigen Türkei und Syrien gefunden wurde, weisen dieses Material als mesopotamisches Importgut aus. In Südmesopotamien mit seinem eklatanten Rohstoffmangel wurden wiederum viele Objekte gefunden, die weitreichende Handelsbeziehungen zum umliegenden Hochland belegen. Dazu gehört sowohl einfacher Feuerstein für Sichelklingen als auch Basalt und der aus Afghanistan stammende Halbedelstein Lapislazuli (Algaze 1993: 75-84). Es ist bisher nicht zu entscheiden, ob diese Ausbreitung der Uruk-Kultur über den babylonischen - und eventuell syrischen - Raum hinaus allein auf Handelstätigkeiten zurückzuführen ist oder ob Machtpolitik als ein weiterer Faktor miteinzubeziehen ist.

In den künstlerischen Äußerungen der Uruk-Zeit findet sich in auffälliger Häufung die Darstellung einer stereotypen Figur mit Bart und runder Kopfbedeckung. Diese wird auf verschiedenen Gegenständen wie Siegeln, Reliefs, Standbildern oder Messergriffen abgebildet. Dabei ist sie - von Götterdarstellungen abgesehen - immer größer als andere Menschen. Tätigkeiten dieses Mannes schließen den Sieg über wilde Tiere, Bekämpfung von Gegnern mit Pfeil und Bogen und das Füttern von Tieren ein (Abb. 4.5 - 4.7; Taf. 4.II). Außerdem wird er abgebildet, wie er vor eine Göttin tritt. Diese Figur stellt sicher nicht ein spezifisches Individuum dar, sondern einen durch sein Äußeres, also Kleidung und Haartracht hervorgehobenen Amtsinhaber, der offensichtlich viele unterschiedliche Aufgaben zu erfüllen hatte. Diese stammen aus dem politischen, religiösen und militärischen Bereich. Weiterhin stand die Figur anscheinend für Fruchtbarkeit, wie das Motiv des Tiere-Fütterns zeigt, und für die Beherrschung der unberechenbaren Kräfte der Natur, was sich aus der Bändigung wilder Tiere ergibt (Schmandt-Besserat 1993).

Perspektiven

Das gleichzeitige Auftreten der aufgezählten Uruk-zeitlichen Charakteristika wie Schrift, Staat, Urbanisierung und Handel stellt die Geschichtsschreibung vor ein Problem. Sicher sind diese einzelnen Phänomene voneinander abhängig. Welches waren aber die "Initial-zünder", nach denen sich die Entwicklung gleichsam von selbst fortsetzte ? Lassen sich überhaupt solche Einzelursachen benennen ? Und wenn ja, wieweit hängt die Wahl der Erklärung von der eigenen, geschichtsphilosophischen Grundeinstellung ab ?

Auf ganz konkretem Niveau läßt sich zunächst fragen: Welche der Phänomene kommen als Ursachen, welche als Wirkungen einer Entwicklung in Frage ? Es ist bei-spielweise einsichtig, daß Schrift, wenn sie in ihren Anfängen - wie in Mesopotamien - fast ausschließlich im ökonomischen Bereich verwandt wird, für Verwaltungszwecke gedacht war. Damit ist Verwaltung für die Schriftentwicklung ursächlich (Nissen 1993: 186-190). Bei einer anderen Verknüpfung, der von Verwaltung und Bewässerungswirt-schaft, ist die Wechselbeziehung noch unklar: Der Theoretiker Wittfogel (1977) hatte in seinem zuerst 1957 erschienenen Buch "Die orientalische Despotie" behauptet, das all-mähliche Entstehen immer größerer Bewässerungssysteme habe schließlich ein "Manage-ment", also eine Verwaltung, erfordert, woraus dann alle anderen Merkmale der frühen Hochkultur abgeleitet werden könnten. Heute ist die Meinung vorherrschend, daß die administrativen Institutionen aus anderen Gründen entstanden - genannt wird unter ande-rem Bevölkerungskonzentration in den Städten - und daß erst ihr Vorhandensein das Ent-stehen komplexer Bewässerungssysteme ermöglicht habe (Adams 1974: 10).

Auch die Interpretation der Darstellungen des bärtigen Mannes ist nicht problem-los: Handelt es sich um konkrete, historische Ereignisse ? Die Jagd auf wilde Tiere, die Bekämpfung der Gegner usw. sind dergestalt, daß seine Handlungen möglicherweise eher symbolisch als real zu bewerten sind. So ist zum Beispiel nicht der physische Kampf mit dem Gegner das Entscheidende am Bild, sondern die augenscheinliche Über-legenheit der Person (Abb. 4.6). Diese muß die abgebildeten Handlungen im Falle einer symbolischen Deutung gar nicht selbst ausgeführt haben, sondern sie hatte die Entschei-dungsbefugnisse über die dargestellten Aktionen. Eine mögliche Auslegung dieser Bilder in Groß- und Kleinkunst ist also die, daß hier die über Siedlungsmuster und Schrift rekonstruierte oberste Entscheidungsebene visuell erfahrbar wird.

Andererseits kann der Hintergrund der Darstellungen des bärtigen Mannes im Übergang von verwandtschaftlich begründeten Machtverhältnissen zu eher politisch be-gründeter Macht liegen. Politische Macht braucht eine ganz neue Basis der Legitimation. Denn die politische Klientel eines solchen Herrschertyps - wie gesagt, handelt es sich sicher nicht um die Darstellung eines bestimmten Individuums - übersteigt in ihrer schie-ren Anzahl bei weitem die Gefolgschaft von Häuptlingen verwandtschaftlich organisierter Gemeinschaften (Kap. 3). Der bärtige Mann gehört zweifelsohne zu den einflußreichsten Persönlichkeiten der damaligen Gesellschaft. Seine Darstellung erscheint auf einer Viel-zahl qualitativ unterschiedlicher Bildträger, als Statue, auf Stelen, Rollsiegeln oder Stein-gefäßen (Taf. 4.I). Diese Gegenstände wurden in den verschiedensten gesellschaftlichen

Zusammenhängen benutzt, so daß auch dort das Bild zur Wirkung kam und eine All-
gegenwart der abgebildeten Person vermittelte.

Archäologische Interpretation und theoretische Vorgaben

Die Vielfalt der Interpretationen der Uruk-Zeit in der Archäologie rührt genau daher, daß
Ursache-Wirkungs-Verbindungen auf verschiedene Art und Weise gezogen werden
können. Deshalb ist aber auch die Uruk-Zeit eine historisch so interessante Periode. Wir
haben einerseits einen relativ zu anderen Perioden ausgedehnten Datenbestand, und andererseits fehlen klare Bezüge zwischen den qualitativ unterschiedlichen Daten. Diese Situation führt zu gegensätzlichen Erklärungsmodellen, deren Hintergrund letztlich die jeweilige individuelle Überzeugung der Archäologen und Archäologinnen ist. Es lassen sich in
der Fachliteratur mindestens drei grundsätzliche Interpretationsansätze unterscheiden, von
denen einer idealistisch, zwei materialistisch sind.

Das Lebensgefühl vergangener Zeiten

Für die idealistische Geschichtsschreibung der Uruk-Zeit sind künstlerische Äußerungen
und Schriftzeugnisse der Ausgangspunkt der Argumentation. Es wird ein grundsätzlicher
Unterschied zwischen schriftlosen Kulturen und Schriftkulturen propagiert. Zusätzlich
wird im mesopotamischen Fall differenziert zwischen einer "Frühgeschichte" mit der ältesten Schrift, die nicht zur Aufzeichnung politischer Geschichte, sondern nur der Wirtschaftsverwaltung diente, und der "eigentlichen Geschichte" mit historischen Textquellen, die politische Aussagen beinhalten, etwa Staatsverträge oder Gesetzeswerke
(Hrouda 1991: 52). Die Uruk-Zeit ist aus dieser Sicht Teil der Frühgeschichte. Schrift
wird außerdem als eine "Erfindung" dargestellt, also etwas, das keine längere Entwicklung hinter sich hat. Schrift und die dahinter stehende intellektuelle Leistung ihrer Erfindung werden damit Voraussetzung, nicht aber Ergebnis vieler Entwicklungen auf alltäg-
licherem Niveau.

      Auch die Nutzung von schnell vergänglichen Lehmziegeln zum Bau großer Ge-
bäude wird unter anderem damit erklärt, dieses Baumaterial entspräche dem Wesen vor-
derasiatischer Menschen, von "Werden und Vergehen" geprägt (Moortgat 1982: 22).
Man sieht Kunst als eine geistige Äußerung an, durch die es möglich wird, ein allgemeines Lebensgefühl der vergangenen Kultur zu erfassen, nicht unähnlich den Versuchen,
anhand von Nierentischen und anderen Gegenständen den Geist der fünfziger Jahre zu
verstehen. Die Uruk-Zeit ist nach A. Moortgat, einem der wichtigsten Vertreter dieser
Richtung, geprägt von der Einheit von Mythos und Wirklichkeit. Es herrscht ein golde-
nes Zeitalter. Aus den bildlichen Darstellungen der Reliefs, Siegel und sonstigen Kunst-
produkte läßt sich ablesen, daß der Mensch sich noch nicht seiner Individualität und
damit seiner Vergänglichkeit bewußt ist (Moortgat 1982: 36-42). Gerade in der deutschen
Archäologie ist dieser Interpretationsansatz geläufig. Der idealistische Hintergrund
kommt dabei allerdings selten zur Sprache.

Administrative Effektivität

Ein zweiter Ansatz ist vom Prinzip her materialistisch. Hier werden Änderungen im wirtschaftlichen Bereich als eine der Hauptursachen für Entwicklungen im politischen oder religiösen Bereich angesehen. Der Gesichtspunkt, der hier am meisten Beachtung findet, ist die Verwaltung und Kontrolle des wirtschaftlichen Systems. Die Argumentationen unterscheiden sich in Einzelheiten, ein roter Faden findet sich aber in den meisten Interpretationen dieser Ausrichtung wieder. Danach stieg mit der Zunahme der Anzahl an Menschen, die in einer Siedlung zusammenlebten, der Bedarf für die Regelung der Produktion und Verteilung von Gütern. Dies führte zur Herausbildung einer Verwaltung, die irgendwann für ihre Tätigkeiten genaue Mittel der Informationsspeicherung, eben die Schrift, benötigte (Nissen 1993: 185-194). Schrift hatte andere Vorläufer mit derselben Funktion - Informationsspeicherung -, und war deshalb keine so einschneidende Erfindung wie im Falle der idealistischen Perspektive. Während die frühe Schrift auf einer abstrakten Entscheidungsebene der Güterverteilung angesiedelt ist, gibt es andere archäologische Objekte, die sehr viel stärker mit der Verteilung reeller Güter assoziiert sind. Dazu gehören die "Glockentöpfe", äußerst grobe Gefäße mit einer approximativen Maßgröße, die als Rationsgefäße interpretiert werden. Bei der Herstellung wurden sie wahrscheinlich in Mulden gepreßt. Der Wert dieser Töpfe war offensichtlich so gering, daß man sie oft auch in vollständigem Zustand wegwarf, so daß sie heute zu Tausenden in Grabungen gefunden werden. Ein Teil der sonstigen Gefäße, die im Gegensatz zu vorhergehenden Perioden eine zunehmende Formenvielfalt aufweisen, wurde auf der Töpferscheibe produziert oder doch zumindest fertiggestellt. Dieses neue Werkzeug war zwar noch nicht voll entwickelt, erlaubte aber bereits eine erhebliche Verkürzung der Arbeitszeit bei der Gefäßproduktion. Solche "Rationalisierungen" sind auch für andere Bereiche der Produktion nicht auszuschließen. Erwähnt wurden auch schon die Rollsiegel, durchbohrte Steinzylinder mit einer Einritzung auf dem Mantel, die man über feuchten Ton rollte und so ein Positiv des negativ geschnittenen Siegelbildes erhielt. Man erklärt sich das Aufkommen von Rollsiegeln in der Uruk-Zeit damit, daß ihre Bildfläche größer war als die der vorher üblichen Stempelsiegel. Mit der Zunahme des in der Verwaltung beschäftigten Personals und von Institutionen nahm auch die Anzahl der benötigten Siegel drastisch zu. Dabei mußten diese leicht unterscheidbar sein. Stempelsiegel aber haben eine kleine Bildfläche, so daß die Vielfalt der Bilder sehr begrenzt war. Dieses Problem konnte mit Rollsiegeln eher gelöst werden. Der Blickwinkel dieser materialistischen Auffassung, aus dem die Wirtschaft und in Anschluß daran deren Lenkung betrachtet wird, ist letztlich auf die Frage ausgerichtet, wie Produktion und Verteilung von Gütern optimal funktionieren können. Von größtem Interesse sind Maßnahmen der Verwaltung, die das System florieren ließen.

Diese geschichtsphilosophische Richtung fragt primär danach, wie das gesellschaftliche System funktionierte. Sie stellt damit genau die Frage, die sich die Verwalter in der Uruk-Zeit, ob bewußt oder unbewußt, selbst gestellt haben dürften. Das Ergebnis eines solchen Ansatzes ist daher eine Oberschichtperspektive.

Das gesellschaftliche Konfliktpotential

Mit der Kritik hieran setzt eine letzte Art von Interpretationen der in der Uruk-Zeit abgelaufenen Vorgänge an. Der Vorwurf einer Elite-Perspektive trifft aber genauso die oben
erwähnten idealistischen Rekonstruktionen. Zwar gehen diese von einem epochentypi-
schen, scheinbar allen gemeinsamen Geist aus. Schrift und Kunst als seltene Phänomene
bzw. wertvolle Objekte geben aber ebenfalls höchstens das Lebensgefühl einer Oberschicht wieder. Der dritte Ansatz ist grundsätzlich materialistisch, versucht aber bewußt,
eine "Sicht von unten" einzunehmen. Hierbei sind die technologischen und organisatorischen Neuerungen der Uruk-Zeit wie Kanalbau, Töpferscheibe, Staatsentstehung und
Urbanisierung nicht unbedingt immer als "Fortschritte" zu bewerten. Entwicklungen in
der Uruk-Zeit brachten sicher nicht nur "Gewinner", sondern auch "Verlierer" hervor.
Statt zu versuchen, das Funktionieren des wirtschaftlich-politischen Systems zu erklären,
ist das Ziel dieses Erklärungsansatzes eher, Konfliktpotential festzustellen. Anders ausgedrückt: was für eine ganze Gesellschaft positiv im Sinne ihrer Überlebensfähigkeit sein
kann, muß noch lange nicht für einzelne Individuen oder Gruppen positiv sein (Pollock
1992: 330-332). Arbeiten, die eine solche Fragestellung zum Ausgangspunkt haben,
stecken allerdings noch in den ersten Anfängen, da man hierfür neue Auswertungsmetho-
den der archäologischen Daten benötigt. Kleine Gruppen oder gar Individuen als Unter-
suchungsobjekte archäologischer Forschung sind sehr problematisch. Für eine "Sicht
von unten" sind Armenviertel in Städten und dörfliche Siedlungen von größerem Interesse als öffentliche Gebäude. Ausgrabungen, die solche Daten liefern, gibt es aber nur
wenige. Andere Möglichkeiten, Konflikten auf die Spur zu kommen, bieten die Daten
über Siedlungsverschiebungen. Johnson (1988/89) wies darauf hin, daß das Phänomen
der Kolonisation Syriens während der Uruk-Zeit nicht unbedingt der Ausdruck eines
"Booms" in Babylonien sein muß, sondern schließlich auch das Ergebnis eines nicht
näher spezifizierten Konfliktes im Herkunftsland sein könnte. Andeutungen für einen
solchen Konflikt ergeben sich daraus, daß es nach den Untersuchungen zur Siedlungsentwicklung innerhalb von Babylonien eine deutliche Landflucht gab, die sich in der auf
das 4. Jt. folgenden Zeit sogar noch verstärkte (Nissen 1983: 76-80). Kleine Siedlungen
im Norden Babyloniens verschwinden nach und nach, und die Stadt Uruk wächst zu
einem vergleichsweise riesigen Zentrum mit etwa 250 ha, hochgerechnet etwa 50.000
Einwohner (Finkbeiner 1991: 193-194). Bisher können nur Vermutungen für die Ursachen dieses Phänomens angestellt werden. Die genaue Aufzeichnung von landwirtschaftlichen Erträgen und die Kontrolle ihrer Verteilung läßt darauf schließen, daß die
Überschüsse, die für den Lebensunterhalt der Städte produziert wurden, knapp ausfielen.
Die Machthaber aber saßen in den urbanen Zentren und werden versucht haben, eine pre-
käre Ernährungssituation in den Städten zu verhindern. Dies konnte nur durch Einfordern
hoher Tribute in den Dörfern seitens der städtischen Verwaltung geschehen, gekoppelt
mit entsprechender Mehrarbeit, wodurch das Leben auf dem Land immer weniger attrak-
tiv, in den Städten immer anziehender wurde. Hieran wird deutlich, daß es wohl eine
"Verlierergruppe" bei der Entstehung der Hochkulturen gab: die Landbevölkerung.

Die frühesten Staaten in Vorderasien, im mesopotamischen Süden gelegen, entwickelten sich nach neueren Erkenntnissen offensichtlich nicht so bruchlos, wie bisher angenommen. Der Bedarf nach Steigerung der Kontrolle landwirtschaftlicher Produktion führte letztlich zum gegenteiligen Effekt, der "Abstimmung mit den Füßen". Krisen mußten unausweichlich dann folgen, wenn die Arbeitskraft der ländlichen Gebiete für den Konsum der städtischen Bevölkerung zu klein wurde. Eine solche instabile Situation ist auch für die politisch-administrative Elite gefährlich. Daher verwundert es nicht, daß im 3. Jt., der "frühdynastischen Zeit" Mesopotamiens, städtische Arbeitskräfte während Zeiten von starker Arbeitsbelastung im landwirtschaftlichen Sektor, etwa während der Ernte, auf das Land zum Arbeitseinsatz geschickt wurden. Die gesamte Produktionsorganisation in der frühdynastischen Zeit - zentrale Ländereien waren in der Hand von Tempeln und Palast - kann unter anderem als Ergebnis einer zu schnellen, krisenhaften Urbanisierung in der Uruk-Zeit angesehen werden.

Ausblick

Die verschiedenen Deutungen von Vorgängen, die in der Uruk-Zeit abliefen, zeigen den Stellenwert theoretischer Grundlagen in der Archäologie auf. In vielen Werken werden die genannten idealistischen und materialistischen Geschichtsbilder nicht direkt angesprochen. Es erscheint dann so, als ob Interpretationen rein auf archäologischen Daten aufbauen würden, während doch die theoretischen Annahmen mindestens genauso wichtig sind. Abschließend stellt sich die Frage, ob einer der hier genannten Ansätze den anderen vorzuziehen sei. Diese Frage ist zu verneinen. Das Subjekt der Geschichtsschreibung, hier eine kulturelle Epoche des alten Orients, hat eben viele Seiten. Die drei Perspektiven sind andererseits nicht völlig unabhängig voneinander. Ohne zu erforschen, wie ein Gesellschaftssystem funktioniert hat, also ohne den zweiten Ansatz, ist es unmöglich, die gesellschaftlichen Konfliktpotentiale zu identifizieren. Noch weniger kann der Geist - besser: das Lebensgefühl - einer Epoche ohne eine Kenntnis des Systems und seiner Bruchstellen verstanden werden.

Bibliographie

Adams, R. McC.
1974   "The Mesopotamian Social Landsacpe: A View from the Frontier". In C.B. Moore, Hrsg.: *Reconstructing Complex Societies*, S. 1-20. Supplement to the Bulletin of the American Schools of Oriental Research No. 20.
1981   *Heartland of the Cities*. Chicago: The University of Chicago Press.
Adams, R. McC. und H.J. Nissen
1972   *The Uruk Countryside*. Chicago: The University of Chicago Press.

Algaze, G.

1993 *The Uruk World System. The Dynamics of Expansion of Early Mesopotamian Civilization.* Chicago: The University of Chicago Press.

Amiet, P.

1961 *La glyptique mésopotamienne archaique.* Paris: Èditions du CNRS.

1985 "La période IV de Tépé Sialk reconsidérée". In J.-L. Huot, M. Yon und Y. Calvet, Hrsg.: *De l'Indus aux Balkans*, S. 293-312. Paris: Éditions Recherche sur les Civilisations.

Boehmer, R.M.

1975 "Glyptik von der früsumerischen bis zum Beginn der altbabylonischen Zeit". In W. Orthmann, Hrsg.: *Der alte Orient*, S. 213-240. Berlin: Propyläen-Verlag.

Chighine, M., P. Ferioli und E. Fiandra

1985 "Controllo e sicurezza delle porte di Arslantepe confronto con sistemi moderni". In M. Liverani, A. Palmieri und R. Peroni, Hrsg.: *Studi di paletnologia in onore di Salvatore M. Puglisi*, S. 237-248. Rom: Università di Roma "La Sapienza".

Englund, R.

1994 *Archaic Administrative Texts from Uruk. The Early Campaigns.* Berlin: Gebrüder Mann.

Finkbeiner, U.

1991 "Die historische Topographie von Uruk-Warka. Uruk-Zeit". In U. Finkbeiner, *Uruk. Kampagne 35-37, 1982-1984. Die archäologische Oberflächenuntersuchung (Survey)*, S. 193-194. Mainz: Philipp von Zabern.

Heinrich, E.

1982 *Die Tempel und Heiligtümer im alten Mesopotamien. Typologie, Morphologie und Geschichte.* Berlin: Walter de Gruyter & Co.

Hrouda, B.

1991 "Vorgeschichte". In B. Hrouda, Hrsg.: *Der alte Orient*, S. 35-54. Gütersloh: C. Bertelsmann.

Johnson, G.A.

1973 *Local Exchange and Early State Development in Southwestern Iran.* University of Ann Arbor: Museum of Anthropology.

1987 "The Changing Organization of Uruk Administration on the Susiana Plain". In F. Hole, Hrsg.: *The Archaeology of Western Iran. Settlement and Society from Prehistory to the Islamic Conquest*, S. 107-140. Washington D.C.: Smithsonian Institution Press.

1988/89 "Late Uruk in Greater Mesopotamia: Expansion or Collapse ?" *Origini* 14 (2): 595-613.

Moortgat, A.

1982 *Die Kunst des alten Mesopotamien. Sumer und Akkad.* (2. Auflage). Köln: DuMont.

Nissen, H.J.

1983 *Grundzüge einer Geschichte der Frühzeit des Vorderen Orients.* Darmstadt: Wissenschaftliche Buchgesellschaft.

1993 "Die Entstehung der Schrift im frühen Babylonien". *Das Altertum* 39 (3): 181-196.

Nissen. H.J., P. Damerow und R.K. Englund

1990 *Frühe Schrift und Techniken der Wirtschaftsverwaltung im alten Vorderen Orient.* Berlin: Franzbecker.

Orthmann, W.

1975   *Der alte Orient.* Berlin: Propyläen-Verlag.

Pollock, S.

1992   "Bureaucrats and Managers, Peasants and Pastoralists, Imperialists and Traders: Research on the Uruk and Ğemdet Nasr Periods in Mesopotamia". *Journal of World Prehistory* 6 (3): 297-336.

Schmandt-Besserat, D.

1992   *Before Writing. From Counting to Cuneiform.* 2 Bände. Austin: University of Texas Press.

1993   "Images of Enship". In M. Frangipane, H. Hauptmann, M. Liverani, P. Matthiae und M. Mellink, Hrsg.: *Between the Rivers and Over the Mountains. Archaeologica Anatolica et Mesopotamica Alba Palmieri Dedicata,* S. 201-219. Rom: Università di Roma "La Sapienza".

Strommenger, E.

1980   *Habuba Kabira. Eine Stadt vor 5000 Jahren.* Mainz: Philipp von Zabern.

Wittfogel, K.A.

1977   *Die orientalische Despotie. Eine vergleichende Untersuchung totaler Macht.* Berlin: Ullstein.

Wright, H.T.

1978   "Toward an Explanation of the Origin of the State". In R. Cohen und E.R. Service, Hrsg.: *Origins of the State. The Anthropology of Political Evolution,* S. 49-67. Philadelphia: Institute for the Study of Human Issues.

Wright, H.T., N. Miller und R.W. Redding

1980   "Time and Process in an Uruk Rural Center". In M.-T. Barrelet, Hrsg.: *L'archéologie de l'Iraq: perspectives et limites de l'interprétation anthropologique des documents,* S. 265-284. Paris: CNRS.

Das Chalkolithikum im palästinisch-jordanischen Raum: ein Flickenteppich

Susanne Kerner

Einleitung

Geographischer Rahmen

Der im folgenden zu besprechende geographische Rahmen umfaßt Israel, die besetzten Gebiete, den Sinai, die selbstverwalteten Gebiete und Jordanien (Abb. 5.1). Palästina und Jordanien waren in prähistorischer Zeit - und in manchen historischen Epochen - ein einheitliches kulturelles Gebiet. "Jordanien-Palästina" ist also im folgenden nicht immer im Sinne des heutigen politischen Gebildes zu verstehen, sondern schließt die anderen o.g. Regionen mit ein (s. Abb. 5.1).

Die parallel zur Küste verlaufenden Gebirgszüge und der Jordangraben teilen das Gebiet in kleinere Regionen, die auch regional unterschiedliche kulturelle Traditionen entwickelten. Das Untersuchungsgebiet besteht aus kleinteiligen Klimazonen, die von mildem Seeklima über Subtropen (Jordangraben), feucht-warmes Klima (Bergland auf beiden Seiten des Grabens) bis zu ausgesprochenem Wüstenklima (Negev und jordanische Wüste) reichen. Diese Klimazonen liegen aufgrund der Topographie dicht beieinander und stellen einen wichtigen Faktor in der Entwicklung des Gebietes dar.

Forschungsschwerpunkte

Der jordanische Raum war zahlreichen Einflüssen von außen ausgesetzt. Das heißt aber nicht, daß die dortige Entwicklung nur als die Auswirkung einer Peripherie-Zentrum Beziehung zu sehen ist.[1] Da die Konzentration der Forschung hier für lange Zeit auf dem biblischen und somit zeitlich späteren Kontext lag, begannen die Versuche, für die Prähistorie eigene Vorstellungen zu formen, erst sehr viel später (s.a. Kap. 17).

---

[1] Ohne an dieser Stelle lange auf die Diskussion Peripherie - Zentrum eingehen zu wollen, muß ins Gedächtnis gerufen werden, daß prähistorische Forschung im Nahen Osten sich lange Zeit stark auf das mesopotamische Gebiet konzentriert hat. Viele Hypothesen und Konzepte wurden anhand der mesopotamischen Entwicklung aufgestellt und dann auf andere Gebiete übertragen. Peripherie-Zentrums-Thesen können auch neue Interpretationen erlauben (Steele, 1990, 27). So können Entwicklungen im Negev zum Ende des Chalkolithikums und zum Beginn der Bronzezeit durchaus im Zusammenhang mit stärkerem und schwächerem ägyptischen Einfluß gesehen werden.

Die Ausrichtung auf chronologische Fragen, wie sie in der ersten Hälfte dieses Jahrhunderts für den palästinisch-jordanischen Raum vorherrschte,[2] hatte zur Folge, daß es erstmals möglich war, relativ sichere stratigraphische Abfolgen zu erstellen. Fundgattungen konnten bestimmten, immer genauer festgelegten zeitlichen Abschnitten zugewiesen werden und boten die Möglichkeit, auch weiträumig unterschiedliche Kulturen zu verbinden. Bei der Beibehaltung dieser Arbeitsmethode, die sich in Grabungen auf flächenmäßig begrenzte Tief- und Hangschnitte konzentrierte, ist aber die Gefahr groß, daß einzelne Perioden nicht in ihrer ganzen Vielfalt erfaßt werden konnten. In den letzten Jahren wurden daher eher Orte mit wenigen Phasen großflächig ausgegraben.[3]

Wenn Archäologie auch als Sozialwissenschaft verstanden werden soll, dann sollte am Ende eines Projekts eine Rekonstruktion der ganzen Gesellschaft stehen. Das schließt die materielle Kultur, die politische und soziale Organisation, die Subsistenz u.a. ein. Im Gegensatz zu Mesopotamien gibt es in Jordanien bis zum 1. Jt. v. Chr. sehr wenige schriftliche Quellen und aus der vorschriftlichen Zeit kaum irgendwelche anderen Hilfsmittel wie etwa Calculi,[4] die als erste Zählsteine und Verwaltungswerkzeuge interpretiert werden. So kann in Jordanien das Bild nur durch Ausgrabungen und Surveys erstellt werden.

Ein Schwerpunkt in den Untersuchungen zum Chalkolithikum liegt in der Nomadismus-Forschung: Vom keramischen Neolithikum bis zur Frühen Bronzezeit II / III nimmt die Zahl und Größe der Siedlungen zu. Gleichzeitig entwickelt sich in Abhängigkeit von den seßhaften Kulturen ein halbmobiler Nomadismus. Der gegenwärtige Stand der Forschungen deutet darauf hin, daß im gesamten Zeitraum des Chalkolithikums verschiedenste Ausprägungen dieses Nomadismus existieren. Ein bisher ungelöstes Problem liegt in der Schwierigkeit, nomadische Lebensformen archäologisch nachzuweisen.

Definitionen

Zeitlicher Rahmen

Das Chalkolithikum beginnt um 5000 v. Chr. und dauert bis ca. 3600 / 3200 (s. Tab. 5.1). In älteren Publikationen wird die erste Phase des Chalkolithikums noch zum Neolithikum gezählt.[5] Die in Tab. 5.1 dargestellte Abfolge ist stark vereinfacht, da regionale

---

[2] K. Kenyon und H. Franken versuchten mit ihren Grabungen in Jericho bzw. Deir Alla, im palästinischen Raum an stratigraphischen Fragen orientierte Grabungsmethoden zu entwickeln. Besonders in Jericho mit einer Schichtenabfolge bis in das 8. Jt. v. Chr. war damit sehr viel zu erreichen. Allerdings ist es auch Jericho, wo der Vergleich zwischen Grabkeramik und Siedlungskeramik zu mancher Konfusion hinsichtlich der Chronologie geführt hat.

[3] Wie z.B. Abu Hamid im Jordantal mit über 2000 qm (Dollfus und Kafafi 1993) und Shiqmim (Levy 1993) im nördlichen Negev mit über 4000 qm.

[4] In Pella und Tuleilat Ghassul wurden 1993 und 1994 einige wenige Calculus-ähnliche Funde gemacht (pers. Mitt. von S. Bourke).

[5] Diese ältere Einteilung beruht auf alten Grabungen z.B. in Jericho, Munhata und Byblos (Kirkbride 1969: 56), als aus der Epoche zwischen dem Spätneolithikum und den spätchalkolithischen Fundkomplexen nur sehr wenig Material bekannt war.

Unterschiede ausgespart wurden. Eine regional-chronologische Aufteilung des Chalkolithikums in verschiedene Kulturphasen hat bisher nicht abschließend stattgefunden. Die
drei Phasen Wadi Rabah, Qatafian und Ghassul-Beerscheba gelten jeweils nicht für den
ganzen oben beschriebenen geographischen Raum.

ZEIT	PERIODE	KULTUR	ORTE
5000-4600 v. Chr.	Frühchalkol.	Wadi Rabah	Munhata 2A, Jericho VIII
4600-4000 v. Chr.	Mittelchalkol.	Qatafian / Mittleres Jordantal	Tel Qatif, Ghassul, Tel Tsaf, Kataret es-Samra, Beth-Shan XVIII
4000-3200 v. Chr.	Spätchalkol.	Ghassul	Ghassul, Abu Hamid, Neve Ur, Abu Snesleh, Pella

Tab. 5.1: Chronologie und Kulturen im chalkolithischen Palästina

Für eine genaue Abgrenzung des Beginns des Chalkolithikum müssen sicherlich mehr
vergleichende Studien zwischen der neolithischen und chalkolithischen Kultur und
Gesellschaftsorganisation vorgenommen werden. Eine Kontinuität zwischen beiden Phasen kann aber angenommen werden, wie dies z.B. in Munhata mit dem Übergang von
Schicht 2B zu 2A belegt ist. Bisher handelt es sich um eine rein materiell festgelegte
Unterscheidung. Für bestimmte Gebiete könnte sich herausstellen, daß im Chalkolithikum spezialisierte Herdenhaltung mit saisonalem Nomadismus entstand, was dann ein
weiteres Unterscheidungskriterium bilden würde.

Mehr Aufmerksamkeit wurde in der Forschung dem Übergang vom Chalkolithikum zur Frühen Bronzezeit gewidmet, so daß hier allmählich klarere Vorstellungen
existieren (Hanbury-Tenison 1986). Während bis in die siebziger Jahre davon ausgegangen wurde, daß neue Völker einwanderten, die die sogenannten "Proto-Urban"-Kera-
mikkulturen mit sich brachten (Kenyon: 1979: 57), wird heute sehr viel stärker auf die
unübersehbare Kontinuität in der materiellen Kultur beider Perioden verwiesen (Amiran
1985: 108).

Chalkolithikum heißt Kupfersteinzeit und ist als Beginn der Metallverarbeitung
verstanden worden. Diese Unterteilung (Steinzeit, Kupfersteinzeit und Bronzezeit) ist aus
der europäischen Prähistorie übernommen und für den Nahen Osten nicht immer glücklich gewählt. Bereits lange vor der Bronzezeit wird Kupfer zu Bronze verarbeitet. In Jordanien / Palästina finden sich im Chalkolithikum viele Zeichen für Metallverarbeitung, die
im späten Chalkolithikum einen hohen Grad an Spezialisierung zeigt (s.u.).

Die chalkolithischen Kulturen
Während das Chalkolithikum in den umliegenden, anders organisierten Gebieten wie
Ägypten und Mesopotamien eine relativ einheitliche materielle Kultur bildet, die die organisatorische Vorstufe zur Staatsentstehung darstellt, ist das Chalkolithikum im hier be-
sprochenen Raum eine sehr viel stärker regional ausgeprägte und auch politisch weniger
einheitlich organisierte Periode. Gleiches gilt auch für die folgende Zeitperiode der

Frühen Bronzezeit, in der es zwar Merkmale für eine stärker ausgeprägte politische Hierarchisierung gibt, die aber keine Organisationsebene vergleichbar z.B. mit der Uruk-Zeit in Mesopotamien erreicht. Generell ist die Geschichte Jordanien-Palästinas durch die Einflußnahme ökonomisch-politisch weiter entwickelter Gebiete gekennzeichnet.

Permanente Siedlungen und halbnomadische Stationen existieren parallel. Alle Siedlungen haben starke regionale Charakteristika. Von manchen Forschern wird eine Wechselbeziehung bzw. Einflußnahme zwischen größeren Siedlungen mit seßhaften und weiten Gebieten mit mehr nomadischen Bewohnern angenommen (Betts 1992: 18-19).

Die meisten Orte der Wadi Rabah-Kultur (Kaplan 1958: 149ff.) liegen an der Mittelmeerküste und im nördlichen und mittleren Jordantal. Die Qatafian-Kultur überschneidet sich mit der Rabah-Kultur zeitlich, wobei der stratigraphische Zusammenhang beider Kulturen bisher allerdings nur an einem Ort ergraben ist, und dauert dann länger an. Die Fundorte des Qatafian liegen weiter südlich (s. Abb. 5.1): im nördlichen Negev und im nördlichen Sinai; sie reichen aber auch bis Wadi Feinan und Tuleilat Ghassul (Goren 1990: 103-107).

Zeitgleich gibt es eine zweite Gruppe von Fundorten im mittleren Jordantal mit Tel Tsaf, Beth Shan XVIII, Tell esh-Shuneh I, Abu Habil I und II (Gophna und Sadeh 1989: 21-28; Sadeh und Gophna 1991) und den älteren Phasen von Abu Hamid (Dollfus und Kafafi 1993: 246).

Das späte Chalkolithikum (Tab. 5.1) umfaßt dann zuerst die Beerscheba-Kultur und die mittleren Schichten von Ghassul und verbreitet sich dann weiter nach Norden bis Abu Snesleh, Pella, Beth Shan XVII und Delhamiya.

Es sind sicherlich noch weitere Unterteilungen innerhalb des Ghassulien möglich. Eine genauere Einteilung kann hier nicht gegeben werden. Es muß aber betont werden, daß die sogenannten Leitfossilien des Chalkolithikum (s.u.) nicht eindeutig definiert sind und es sich unterdessen zeigt, daß verschiedene "typische" Funde geographisch begrenzt auftreten.

Materielle Kultur und Wirtschaftsweise

Das Chalkolithikum ist eine deutlich identifizierbare Epoche mit gemeinsamen Charakteristika, die sich durch die 1500 Jahre verändern. Dabei ist vor allem die stark differierende regionale Entwicklung unverkennbar, die es schwer macht, bestimmte Phänomene als chronologische Anzeiger zu verstehen. Da lange Zeit unter dem Begriff Chalkolithikum nur das späte Chalkolithikum (Ghassul-Beerscheba) verstanden wurde und diese Phase auch am umfassendsten erforscht ist, liegt uns hierfür auch das meiste Material vor.

Architektur
In der früh- und mittelchalkolithischen Zeit werden kleine Gebäude mit Stein- oder Lehmziegelmauern (in letzterem Falle aus plankonvexen Ziegeln) gebaut. Vorratsgruben und Herde sind zahlreich zu finden. In der spätchalkolithischen Zeit nimmt die Formenvielfalt

der Behausungen zu, da die Wohnhäuser an klimatische Gegebenheiten angepaßt wurden: entweder unterirdische, durchaus komplexe Wohnhöhlen (wie im nördlichen Negev) oder überirdische, eventuell eingetiefte Häuser, erbaut aus Lehmziegeln oder Steinen, je nach Ressourcen. Die Grundrisse der Gebäude zeigen nur geringe Hinweise auf soziale Unterschiede. Weder treten Gebäude auf, die vom Grundriß her den anderen Gebäuden am Ort gleich wären, aber sich durch besondere Merkmale wie Größe oder Ein- und Anbauten auszeichneten (wie in den mesopotamischen 'Obed-Orten z.B. Abada [Jasim 1985: 90 ff.]) und damit auf unterschiedliche Verteilung der Ressourcen im Ort hinweisen würden. Noch gibt es mehrere öffentliche Gebäude an einem Ort, die auf eine entwickelte und spezialisierte Verwaltungsorganisation hindeuten könnten. In Ein Gedi (Ussishkin 1971), Megiddo[6] und Tuleilat Ghassul (Hennessy 1983) gibt es die sogenannten Tempel und in Gilat das kultische Areal. Das Errichten dieser Bauten dürfte aber nur einen wenig größeren Arbeitsaufwand bedeutet haben als das der "normalen" Gebäude.[7]

Gräber

An der Mittelmeerküste kommen Ossuarien aus Keramik in verschiedenen Formen vor (Perrot 1980: 19 ff.), während die Toten in anderen Regionen in Grabhäusern oder einfachen Erdgräbern bestattet wurden. In zwei Fällen gibt es ausgedehnte Friedhöfe, die zu großen Siedlungen (Shiqmim, Ghassul) gehören. Aus der früh- und mittelchalkolithischen Zeit liegen nur wenige Information über Gräber vor. Es wurde häufig vermutet, daß die jordanischen Dolmen chalkolithische Gräber seien. Jedoch ist dies ungewiß, da die wenigen Grabungen keine genauen Ergebnisse gebracht haben.

Keramik

Die frühchalkolithische Keramik aus Wadi Rabah ist häufig geglättet und hat dann eine glänzende Oberfläche. Die Keramik ist sandgemagert, handgemacht und häufig dekoriert mit Ritzungen, Punkt- oder plastischer Verzierung. Charakteristische Formen sind Knickwandschüsseln, Schüsseln mit Ausguß, rundbauchige Töpfe ("hole mouth jars") und Krüge mit verschiedenen Halsformen (Abb. 5.2, Nr. 1-4).[8]

Die Keramik der Qatafian-Kultur ist strohgemagert, hat keinerlei Bemalung und wenig Verzierung. Die häufigsten Gefäßformen sind rundbauchige Töpfe mit senkrechten Henkeln und große Schüsseln mit V-förmiger Wand. Letztere Gefäße sind Vorläufer der häufigsten Form des späten Chalkolithikums. Die Böden zeigen häufig Korbabdrücke.

---

[6] Der Tempel in Megiddo wird in die Frühbronzezeit I datiert, ähnelt aber der Anlage in Ein Gedi (Aharoni 1993: 1005).

[7] Die Interpretation als Tempel ist nicht immer nachvollziehbar, da sie aufgrund der dort gefundenen kultischen Geräte und (eventuell) kultischen Wandmalereien erfolgt. Die Wandmalereien in Ghassul scheinen nicht auf das als Tempel bezeichnete Gebäude beschränkt gewesen zu sein, sondern finden sich auch in anderen Gebäuden. Leider sind nur zwei dieser Gemälde relativ gut erhalten, wenn sich auch noch sehr viel mehr Fragmente in der Grabung fanden.

[8] Wichtig zu vermerken sind die konkaven Hälse, da sie in keinem der anderen chalkolithischen Kontexte auftreten.

Die Keramik der zweiten Gruppe (im mittleren Jordan-Tal) ist ebenfalls strohgemagert und handgemacht, ist häufig streifig überzogen, aber nur zu einem Prozent geglättet. Nur ein geringer Prozentsatz der Keramik ist bemalt. Als Verzierung treten rote Bänder und applizierte Bänder mit Daumenverzierung auf, und damit die gleiche Verzierung wie auf der Keramik des späten Chalkolithikums (Abb. 5.2, Nr. 5-10).

    Die spätchalkolithische Keramik ist handgemacht oder auf der langsam drehenden Scheibe beendet worden. Beigefarbene Waren herrschen vor, nur im mittleren Jordantal treten noch rote Überzüge auf. Als chronologischer Anzeiger sind die Formen sehr viel aussagekräftiger, allerdings treten die "typischen" spätchalkolithischen Formen wie Buttergefäße und Trinkbecher (Abb. 5.3) vereinzelt schon früher auf - wie etwa Buttergefäß-ähnliche Formen im frühchalkolithischen Abu Hamid. Sie sind in diesem Zusammenhang regionale Phänomene. In anderen Regionen hingegen fehlen sie in spätchalkolithischen Schichten vollkommen (z.B. Beerscheba).

    Bisher wurde keine Untersuchung über die möglichen Unterschiede in der Keramik und Keramikverteilung in permanenten und saisonalen Siedlungsplätzen durchgeführt.

    Erst im Spätchalkolithikum wird die langsam drehende Scheibe benutzt und auch dann nur für einen Teil der Keramik. Hier zeigen sich deutliche Unterschiede zu Mesopotamien, wo die 'Obed-Keramik generell auf der langsam drehenden Scheibe gemacht und durch die verschiedenen Phasen sehr einheitlich ist.

Steingeräte: Abschlagindustrien und Reibsteine
Die Flintwerkzeuge bestehen aus sehr vielen verschiedenen Geräten, z.B. aus Plattensilex hergestellten Kratzern, runden End- und Seitenschabern, Sichelklingen, retuschierten Klingen, Rückenklingen, retuschierten Mikroklingen, gezähnten Geräten, Kerbgeräten, Sticheln, Äxten, Beilen, Pfeilspitzen u.a. Diese Geräte lassen sich bei Arbeiten verschiedenster Subsistenzformen wie Ackerbau, Viehzucht und Weidewirtschaft einsetzen. Das Rohmaterial wird häufig in der direkten Umgebung gewonnen. Ein großer Anteil der Werkzeuge ist aber auch aus "importiertem" Flint hergestellt, wobei die ganzen Knollen herantransportiert wurden.

    Die nahezu immer aus Basalt hergestellten Reibsteine, Mörser usw. sind ein weiterer deutlicher Beleg für Handel und Transportwege im Chalkolithikum. Die Geräte wurden in Grabungen immer als fertig verarbeitete Produkte gefunden. Da Basalt am häufigsten in Nordjordanien / Golan auftaucht, kann vermutet werden, daß der größte Prozentsatz der Basaltgeräte für den ganzen Bereich bis zum Toten Meer aus dieser Region importiert wurde. Für Abu Hamid wird vermutet, daß die nomadischen Bevölkerungsteile den Basalt von ihrer jährlichen Wanderung in den Norden mit zurück in das Jordantal brachten.

Kunst
Besondere Erwähnung verdienen die Basaltständer, die sich im nördlichen Jordantal, in Nordjordanien und dem Golan finden (Epstein 1973-75; 1981-83). Es handelt sich um

unterschiedlich hohe Ständer (Taf. 5.I), die oben alle erweitert sind und eine flache
Schale bilden. Mit diesen Ständern sollen Tiere, wahrscheinlich Stiere, symbolisiert werden, wenn das auch in vielen Fällen nur noch zu erahnen ist. Diese Geräte bezeichnet
man als Hausaltäre (Epstein 1978: 22-23). Sie wurden in zahlreichen Grabungen im
Golan in verschiedenen Häusern gefunden.[9] In den anderen Regionen treten die Ständer
meistens als Oberflächenfunde auf, so in Nordjordanien. Dort wurde auch das bisher
einzige naturalistische Exemplar einer Stierfigur aus Basalt gefunden.

In engem Zusammenhang mit den Basaltständern scheinen die mit fensterähn-
lichen Öffnungen verzierten Räucherständer zu stehen, die in vielen spätchalkolithischen
Orten entdeckt wurden. Auch sie werden meist als kultisches Gerät interpretiert.

Im Süden Jordaniens und Palästinas stammt kultisches Gerät aus sogenannten
Tempeln, während auf dem Golan ähnliches Gerät in Wohnhäusern auftritt und dort als
Hausaltar interpretiert wird. Im Zusammenhang mit den Basaltfiguren sind auch die
Keramikfiguren zu erwähnen: eine weibliche Figur aus Gilat, die auf dem Kopf ein
Gefäß balanciert, sowie Tierdarstellungen (Ziegenböcke oder Stiere) aus verschiedenen
Orten mit meist mehreren, überdimensionierten Gefäßen auf dem Rücken (Kafafi in
Druck). Die Wandmalereien sind bereits oben erwähnt worden. Neben den figürlichen
Malereien aus Tuleilat Ghassul wurden auch geometrische Wandmalereien freigelegt.[10]

Metall

Metall wurde im späten Chalkolithikum bereits in großem Umfang verarbeitet. Zwei
große Fundstätten für Kupfer, Timna westlich und Wadi Feinan östlich des Wadi Arabah
(Rothenberg 1973; Hauptmann et al. 1985), wurden bereits in dieser Zeit genutzt. In
Timna fanden sich chalkolithische Minen (Oberflächenabbau), Schmelzplätze und kleine
Siedlungen, im Wadi Feinan spätchalkolithische Siedlungen mit integrierten Schmelz-
plätzen. Aber neben diesem lokal abgebauten Kupfer wurden in einigen chalkolithischen
Orten Metallfunde festgestellt, die auf weitreichende interregionale Beziehungen schließen
lassen. In Nahal Qanah wurden Gold und Elektron (Gold-Silber-Mischung) gefunden,[11]
in Nahal Mishmar kam ein großer Metallhort zutage (Taf. 5.II), der aus mindestens teilweise importiertem Kupfer bestand. Ob dieses Material aus Anatolien importiert wurde
oder ob nur das zugesetzte Arsen von dort kam, ist bis jetzt noch nicht geklärt (Stager
1992: 27). Das mit Arsen gemischte Kupfer hatte eine bessere Qualität und wurde für
besondere Geräte - nicht für alltägliche Haushaltsgeräte - gebraucht. Um eine solche
Menge an Metall zu produzieren, muß eine Gesellschaft angenommen werden, die genug
landwirtschaftlichen Überschuß produzieren konnte, um Menschen und Mittel dafür
freizustellen.

---

[9] Da diese Basaltständer in allen chalkolithischen Golan Grabungen vorkommen, ist es besonders un-
glücklich, daß diese Grabungen nur ganz summarisch veröffentlicht sind. Epstein deutet übrigens viele
dieser Figuren als Ziegen (Epstein 1978: 29).
[10] In Abu Hamid aus den vor-Ghassul-zeitlichen Schichten.
[11] Beide Metall tauchen etwa zu gleicher Zeit auch in Mesopotamien auf: Silber zur Halaf-Zeit, Gold am
Ende der 'Obed-Zeit in Tepe Gawra und Ur.

Subsistenz und Siedlungsmuster

Wegen der großen klimatischen und topographischen Unterschiede in einem relativ kleinen Bereich differiert auch die Subsistenz in hohem Maße. Die meisten chalkolithischen Orte haben eine gemischte Subsistenz aus Ackerbau, Herdenhaltung und zum Teil Jagd, aber die jeweiligen Anteile der unterschiedlichen Subsistenzformen variieren mit den Regionen. Die genaue Ausprägung dieser Subsistenzarten ist noch nicht endgültig untersucht,[12] es läßt sich jedoch eine Tendenz angeben: Im jordanischen Hochland findet sich ein höherer Anteil Herdenhaltung (Schafe und Ziegen), im Jordan-Tal ein größerer Anteil Landwirtschaft und an der Mittelmeerküste Herdenhaltung mit Rindern.

Besonders aus den alten Grabungen liegen zuwenig Informationen zu dieser Frage vor. In Abu Hamid im mittleren Jordan-Tal hingegen konnte belegt werden, daß die jährliche Wanderbewegung der Herden zwischen Nordjordanien (eventuell bis in den Golan) und dem Jordan-Tal stattfindet (Dollfus und Kafafi 1993: 246). Die neben den festen Ansiedlungen anzunehmenden nomadischen Lebensformen werden vermehrt untersucht, wenn sie auch archäologisch schwer greifbar sind. Umfangreicher sind Untersuchungen in der Umgebung von Jawa (Helms 1983) und im Negev (Levy 1983).

In der ostjordanischen Wüste fanden sich Einrichtungen aus Feldsteinen, die sich nur als großangelegte Fallen für die Jagd deuten lassen (Helms und Betts 1987: 46). Die meisten dieser aufgrund ihrer Form als "Wüstendrachen" (desert kites) bezeichneten pferch-artigen Anlagen (Abb. 5.4), die ähnlich auch im Sinai, in Südsyrien und im nördlichen Saudi-Arabien auftreten, sind bereits vor dem Chalkolithikum angelegt worden, als Jagd in diesen Wüstengebieten noch einen Hauptbestandteil der Ernährung bildete. Im Chalkolithikum wurde die Gazellenjagd dann nur noch als Ergänzung zur Nahrungsproduktion durchgeführt. Wenn größere Siedlungen - wie Jawa - entstanden, wurden diese Anlagen verlassen.

Im Negev wurden detaillierte Untersuchungen zur Entwicklung der spezialisierten Herdenhaltung durchgeführt, die nachweisen, daß im Übergang vom Neolithikum zum Chalkolithikum die Landwirtschaft weiterentwickelt wurde: hin zur Ausnutzung von regelmäßig überfluteten Wadis in relativ trockener Umgebung. In Abhängigkeit hiervon nahm auch die saisonale Wanderung mit den Herden zu (Levy 1983). Hier konnte ein hochinteressantes Siedlungsmuster festgestellt werden: Siedlungsplätze mit Architektur fanden sich in den oben beschriebenen Wadis, während nicht-permanente Siedlungen dichter an der Küste im Grasland lagen, einem für Weidewirtschaft besonders geeigneten Gebiet. Während im Neolithikum wenig Landwirtschaft für eine kleinere Bevölkerung betrieben wurde, wuchsen Bevölkerung und Bedarf im Chalkolithikum, so daß die Herden weiter entfernt vom landwirtschaftlich nutzbaren Land gehalten werden mußten.

Aus ähnlichen Gründen läßt sich wohl auch die Lage eines Ortes wie Abu Snesleh (Lehmann et al. 1991) erklären, der in der Zone zwischen landwirtschaftlich nutzbarem Gebiet und eher aridem, zur Herdenhaltung geeignetem Land liegt.

---

12 An dieser Stelle sei nochmals auf die Schwierigkeit verwiesen, nomadische Lebensformen nachzuweisen.

Politische Organisation

In Mesopotamien entwickelt sich aus der "häuslichen", selbstgenügsamen Produktionsweise eine tributäre, Spezialisten der Verwaltung oder des Handwerks ernährende Produktionsweise. Mit dieser ökonomischen Veränderung geht auch die Veränderung der politischen Organisation zur stratifizierten Gesellschaft einher. Während sich diese Veränderungen dort anhand von Architektur, Keramik usw. belegen lassen (s. Kap. 3), sind die Spuren in Jordanien-Palästina eher spärlich. Trotzdem kann auch hier von einer hierarchisierten Gesellschaft ausgegangen werden.

Bestimmte Merkmale in der Architektur wie einzelne größere, öffentliche Gebäude deuten ebenso daraufhin wie der ständig wachsende Handel mit unterschiedlichen Rohmaterialien. Ein Handel oder Austausch mit simplen Gütern wie Basalt, der nur über einige Dutzend Kilometer geht, kann auch von einer einfach organisierten Gruppe bewältigt werden. Um aber Metall oder Elfenbein über lange Strecken zu transportieren, muß es eine Institution geben, die Zeit, Macht und Mittel hat, dies zu veranlassen und zu finanzieren. Metall wurde, wie erwähnt, nicht für Gebrauchsgüter benutzt, sondern zur Herstellung von besonderen Gütern. Um diese in einer solchen Menge zu produzieren - es geht hier nicht um einige Kettenglieder, sondern um viele Kilo Metall - ist eine beträchtliche Organisationsfähigkeit notwendig, was auch den Herstellungsprozeß mit einschließt.

Zum anderen lassen Untersuchungen zur Siedlungsverteilung in einem Fall (Levy 1983: 30-31) auf ein zweistufiges System von Orten schließen: größere Orte in einem weiteren Abstand voneinander mit jeweils einer Gruppe kleinerer, dazwischenliegender Orte. Die kleineren Siedlungen liegen immer deutlich dichter an einem von zwei benachbarten größeren Orten. Eine Untersuchung der Siedlungsverteilung in der Frühen Bronzezeit (EB IA) in Südwestjordanien (Steele 1990: 11-12) hat ergeben, daß auch in dieser direkt auf das Ghassulien folgenden Zeit eine eventuell zweistufige Siedlungshierarchie bestanden hat. Untersuchungen an der Mittelmeerküste zeigen kein so deutliches Ergebnis (Gopha und Portugali 1988: 18).

Zusammenfassung

Bei einer so geringfügig strukturierten Gesellschaft wie der des palästinensischen Chalkolithikums ist es besonders interessant, die vertikale Aufteilung und die funktionale Gliederung einer Gesellschaft zu beobachten: Am Ende des Chalkolithikums ergaben sich Tendenzen hin zu einer Spezialisierung in der Produktion. Die Metallverarbeitung, die Herstellung und zunehmende Formenvielfalt der Gefäße (es gab wesentlich mehr Grundarten von Gefäßen mit einer größeren Anzahl von Untergruppen) und die Bearbeitung von Elfenbein deuten auf die Existenz von Spezialisten hin, die zumindest einen großen Teil ihrer Zeit diesen Tätigkeiten widmen und damit vom täglichen Subsistenzbedarf freigestellt werden mußten. Auch die Existenz religiöser Zentren und damit von Kultpersonal kann als Beleg für eine Spezialisierung angesehen werden.

Auf der einen Seite entstehen also Siedlungen wie Shiqmim mit über 10 ha und Tuleilat Ghassul mit über 20 ha Ausdehnung und es ergeben sich Hinweise auf Spezialistentum, etwa in Form der Überschußproduktion, die sich in den großen Metallfunden in Nahal Mishmar niederschlägt. Auf der anderen Seite lebten erhebliche Teile der Bevölkerung in semipermanenten Siedlungen. Auch waren die Kulturen räumlich stark begrenzt. Der Einfluß und Anteil der nomadischen Bevölkerungsteile scheint ein entscheidender Faktor in der Entwicklung der chalkolithischen Gesellschaft gewesen zu sein, muß aber sicher noch ausführlicher untersucht werden.

Wenn sich auch deutliche Unterschiede zwischen den verschiedenen Perioden des Chalkolithikums und den verschiedenen Regionen in Palästina-Jordanien abzeichnen, so wird doch die Kontinuität der materiellen Kultur deutlich. Im Spätchalkolithikum findet allerdings eine breite Auffächerung verschiedener Fundgattungen statt.

Bibliographie

Aharoni, Y.

1993   "Megiddo". In M. Avi-Yonah und E. Stern, Hrsg.: *Encyclopedia of Archaeological Excavations in the Holy Land*, Band 4, S. 1003-1012. New York: Simon & Schuster.

Amiran, R.

1970   *Ancient Pottery of the Holy Land*. Jerusalem: Massada Press.

1985   "The Transition from the Chalcolithic to the Early Bronze Age". In A. Biran, Hrsg.: *Biblical Archaeology Today*, S. 108-112. Jerusalem: Israel Exploration Society.

Betts, A.V.G.

1992   "Tell el-Hibr: A Rock Shelter Occupation of the Fourth Millenium B.C.E. in the Jordanian Badiya". *Bulletin of the American School of Oriental Research* 287: 5-23.

Dollfus, G. und Z. Kafafi

1993   "Recent Researches at Abu Hamid". *Annual of the Department of Antiquities of Jordan* 37: 241-262.

Epstein, C.

1973-75   "Golan". In Notes and News, *Israel Exploration Journal* 23-25.

1977   "The Chalcolithic Culture of the Golan". *Biblical Archaeologist* 1977: 57 ff.

1981-83   "Golan". In Notes and News, *Israel Exploration Journal* 31-33.

1978   "Aspects of Symbolism in Chalcolithic Palestine" In R. Moorey und P.Parr, Hrsg.: *Archaeology in the Levant*, S. 22-35. Warminster: Aris & Philipps.

Gophna, R. und S. Sadeh

1989   "Excavations at Tel Tsaf: An Early Chalcolithic Site in the Jordan Valley". *Tel Aviv* 15-16: 3-36.

Gophna, R. und J. Portugali

1988 "Settlement and Demographic Processes in Israel's Coastal Plain from the Chalcolithic to the Middle Bronze Age". *Bulletin of the American School of Oriental Research* 269: 11-28.

Goren, Y.

1990 "The 'Qatafian Culture' in Southern Israel and Transjordan: Additional Aspects for its Definition". *Journal of the Israel Prehistoric Society* 23: 100-112.

Hanbury-Tenison, J.W.

1986 *The Late Chalcolithic to Early Bronze Age I Transition in Palestine and Transjordan.* Oxford: British Archaeological Series, International Series 311.

Hauptmann, A., G. Weisgerber und E.A. Knauf

1985 "Archäometallurgische und bergbauarchäologische Untersuchungen im Gebiet von Feinan, Wadi Arabah (Jordanien)". *Der Anschnitt* 37: 163-195.

Helms, S.

1983 "Paleo-Beduin and Transmigrant Urbanism". In A. Hadidi, Hrsg.: *Studies of the History and Archaeology of Jordan I*, S. 97-113. Amman: Department of Antiquities.

Helms, S. und Betts, A.V.G.

1987 "The Desert 'Kites' of the Badiyat esh-Sham and North Arabia". *Paléorient* 13/1: 41-67.

Hennessy, B.J.

1983 "Teleilat Ghassul: Its Place in the Archaeology of Jordan". In A. Hadidi, Hrsg.: *Studies of the History and Archaeology of Jordan I*, S. 55-58. Amman: Department of Antiquities.

Jasim, S.A.

1985 *The Ubaid Period in Iraq. Recent Excavations in the Hamrin Region.* Oxford: British Archaeological Reports, International Series 267.

Kaplan, J.

1958 "Excavations at Wadi Rabah". *Israel Exploration Journal* 8 (1): 149-160.

Kafafi, Z.

in Druck "The Animal Figurine Abu Hamid 1987, 2470.1, Ritual Object or Phantasy". In *Abu Hamid 1.*

Kenyon, K.

1979 *Archaeology in the Holy Land.* London: Ernest Benn Ltd.

Kirkbride, D.

1969 "Early Byblos and the Beqa'a". *Mélanges de l'université Saint-Joseph*, Band 45 (3), S. 45-60. Beirut: Imprimerie Catholique.

Lehmann, G., R. Lamprichs, S. Kerner und R. Bernbeck

1991 "The 1990 Excavations at Abu Snesleh: Preliminary Report". *Annual of the Department of Antiquities of Jordan* 35: 41-66.

Levy, T.E.

1983 "The Emergence of Specialized Pastoralism in the Southern Levant", *World Archaeology* 15: 15-36.

1993 "Shiqmim". In M. Avi-Yonah und E. Stern, Hrsg: *Encyclopedia of Archaeological Excavations in the Holy Land*, Band 4, S. 1370-1372. New York: Simon & Schuster.

Nissen, H.J.

1983   *Grundzüge einer Geschichte der Frühzeit des Vorderen Orients.* Darmstadt: Wissenschaftliche Buchgesellschaft.

Perrot, J. und D. Ladiray

1980   *Tombes à ossuaires de la région côtière palestinienne du IVᵉ millénaire avant l'ère chrétienne.* Paris: Association Paléorient.

Rothenberg, B.

1973   *Timna. Neue Entdeckungen der Archäologie.* Bergisch-Gladbach: Gustav Lübbe Verlag.

Sadeh, S. und R. Gophna

1991   "Observations on the Chalcolithic Ceramic Sequence in the Middle Jordan Valley". *Journal of the Israel Prehistoric Society* 24: 135-148.

Stager, L.E.

1992   "Palestine". In R.W. Ehrich, Hrsg.: *Chronologies in Old World Archaeology*, Band 1, S. 22-41; Band 2, S. 46-60. Chicago: University of Chicago Press.

Steele, C.S.

1990   "Early Bronze Socio-Political Organization in Southwestern Jordan". Zeitschrift des deutschen Palästina-Vereins 106: 1-33.

Tadmor, M.

1986   "Chalcolithic Period". In J. O'Neill und K. Howard, Hrsg.: *Treasures of the Holy Land. Ancient Art of the Israel Museum*, S. 57-86. New York: The Metropolitan Museum of Art.

Ussishkin, D.

1971   "The Ghassulien Temple in Ein Gedi and the Origins of the Hoard from Nahal Mishmar". *Biblical Archaologist* 34: 23-39.

Äußere Gestalt und innere Organisation der frühen Stadtstaaten

Neuere Forschungen zur frühdynastischen Zeit in Zentral- und Südmesopotamien

Uwe Sievertsen

Vorbemerkungen

Unser Bild der frühdynastischen Zeit, die etwa die Zeit von 3000-2350 v. Chr. umspannt, ist wesentlich durch Grabungen geprägt, die schon eine ganze Weile zurückliegen. Einfachere Grabungsmethoden und der massive Einsatz von Arbeitern erlaubten den Archäologen damals, auch große Ruinenhügel in vergleichsweise kurzer Zeit freizulegen. Hierbei ging es zu Anfang hauptsächlich um die Bergung von Keilschrifttexten und wertvollen Kunstobjekten für die Sammlungen der großen europäischen Museen. Das architektonische Umfeld, aus dem die Funde stammten, blieb weitgehend unbeachtet, zumal auch die Technik der Präparierung von Mauern aus ungebrannten Lehmziegeln noch nicht entwickelt war.

Ein Beispiel für jene frühen Expeditionen bieten die Forschungen in Tello, dem alten Girsu, wo bereits in der zweiten Hälfte des 19. Jahrhunderts gegraben wurde (Abb. 6.1). Man stieß dort zum ersten Mal in größerem Umfang auf Zeugen der sumerischen Kultur des 3. Jt. Einige besonders eindrucksvolle Fundstücke, wie die Geierstele des Eannatum (Abb. 6.2) und die Silbervase des Entemena, datierten dabei nachweislich in die Zeit vor Sargon von Akkad. Entsprechend wies man sie einer anfangs nur vage bestimmbaren "präsargonischen" Periode zu. Der Begriff "Frühdynastische Zeit" kam erst später auf. Er nimmt Bezug auf die sumerische Königsliste und ist überdies an das ägyptische Chronologieschema angelehnt.

In ihrer detaillierten Schilderung der Auseinandersetzungen zwischen den sumerischen Herrschern von Umma und Lagaš prägen die Funde aus Tello bis heute maßgeblich das Bild der frühdynastischen Zeit als einer Epoche rivalisierender Stadtstaaten. Allerdings darf man im Zweifel sein, ob ähnliche Rivalitäten - neben denen es auch Kooperationen gab (Postgate 1992; Matthews 1993) - nicht schon in der vorangehenden Uruk-Zeit an der Tagesordnung waren, selbst wenn dies nicht anhand schriftlicher Quellen, sondern nur aus bildlichen Darstellungen von Kampfhandlungen und Gefangenen erschlossen werden kann.

Spektakuläre Befunde aus der präsargonischen Zeit, die denen von Tello in nichts nachstehen, erbrachten in den zwanziger Jahren noch einmal Leonard Woolleys Grabungen in dem aus der Bibel bekannten Ur und in Tell el'Ubaid, zwei Ruinen im äußersten Süden des Zweistromlands. Die reichen Bestattungen im Königsfriedhof von Ur (Abb. 6.3) erregten über die Fachwelt hinaus große öffentliche Aufmerksamkeit. Textfunde und Siegelabrollungen aus dem Königsfriedhof stratigraphisch vorangehenden Schuttschichten ließen überdies erkennen, daß die frühdynastische Zeit einen langen Zeitraum überspannt haben mußte und einer weiteren Unterteilung bedürfe.

Die Erarbeitung eines stratigraphisch fundierten Chronologieschemas gelang wenig später H. Frankfort im Rahmen der amerikanischen Ausgrabungen in mehreren Städten am Unterlauf des Diyala, eines östlichen Nebenflusses des Tigris. In der Zwischenzeit hatten sich die archäologischen Untersuchungsmethoden merkbar verfeinert. Auf der Grundlage der Befunde von Tell Asmar, Ḫafaǧi und Tell Agrab wird die frühdynastische Zeit in Mesopotamien seither in die drei Stufen Frühdynastisch (bzw. FD) I, II und III eingeteilt. Die dritte Stufe ist in sich noch einmal weiter untergliedert:

Chronologische Unterteilung der frühdynastischen Zeit	
Frühdynastisch I	ca. 3000-2750 v. Chr.
Frühdynastisch II	ca. 2750-2600 v. Chr.
Frühdynastisch IIIa	ca. 2600-2475 v. Chr.
Frühdynastisch IIIb	ca. 2475-2350 v. Chr.

Tab. 6.1: Die Datierungen der Tabelle bilden lediglich grobe Annäherungswerte. Sie orientieren sich an den Ansätzen bei Postgate 1992.

Erst in den letzten Jahren ist das Frankfort'sche System verstärkt in die Kritik geraten. Man hat darauf hingewiesen, daß die Stufenfolge der Diyala-Grabungen primär regionalspezifischen Aussagewert besitzt und nicht ohne weiteres auf ganz Mesopotamien oder sogar Syrien übertragbar ist. Dies gilt umso mehr, als der untere Diyala nicht zur unmittelbaren Kernzone des babylonischen Siedlungsgebiets der frühdynastischen Zeit zählt, sondern an dessen nordöstlicher Peripherie liegt. Hieraus resultieren verschiedene Eigentümlichkeiten in der materiellen Kultur von Tell Asmar, Ḫafaǧi und Tell Agrab. Speziell die Übergänge von der Ǧemdet Nasr-Zeit zur FD I-Zeit, von der FD I-Zeit zur FD II-Zeit und von der FD III-Zeit zur Akkadzeit lassen sich im relativchronologischen Vergleich zwischen den einzelnen Grabungsorten Babyloniens mit Frankforts System aufgrund darin nicht ausreichend erfaßter, lokal unterschiedlicher Entwicklungen nur unzureichend definieren.

Wünschenswert wäre eine größere Anzahl zuverlässiger, jeweils auf den Befunden mehrerer Grabungsstellen beruhender Lokal- bzw. Regionalstratigraphien. Diese hätten zum einen als primäre Kategorien der chronologischen Zuordnung der archäologischen Befunde aus den einzelnen Orten zu dienen. Darüberhinaus könnten sie die Basis einer differenzierten vergleichenden Stratigraphie des Zweistromlands bilden. Solange entsprechende Stratigraphien jedoch nicht in ausreichendem Maße vorliegen, muß trotz der erwähnten Unzulänglichkeiten auf das Diyala-System zurückgegriffen werden.

Die Grabungstätigkeit der letzten 20 Jahre

Infolge des Golfkriegs ist die Grabungstätigkeit ausländischer Expeditionen im Irak nahezu vollständig zum Erliegen gekommen. Doch auch schon in den Jahren davor hatten sich die archäologischen Unternehmungen im Zuge von Staudammprojekten und damit einhergehenden Notgrabungen immer stärker in bis dato noch wenig erforschte Regionen Nordmesopotamiens und Syriens verlagert.

Die Notgrabungen im Hamrin-Gebiet am Ostrand der mesopotamischen Ebene erbrachten gleichwohl eine Reihe wichtiger Befunde aus der älteren frühdynastischen Zeit, die untereinander viele Querverbindungen erkennen lassen und darüberhinaus eine wichtige Ergänzung zu den Beobachtungen in den nahegelegenen Orten am Unterlauf des Diyala darstellen. Man hat vermutet, daß die dörflichen Ansiedlungen des Hamrin-Gebiets, die im folgenden kurz vorgestellt werden sollen, in jener Zeit von Zentren wie Tell Asmar und Ḥafaği politisch abhängig waren.

Ländliche Siedlungen mit zentralen Rundbauten und Friedhöfe im Hamrin-Gebiet
In Tell Gubba konnten bei den Notgrabungen mehrere FD I-zeitliche Wohnhäuser und daran angeschlossene Getreidespeicher freigelegt werden, die sich in radialer Anordnung um ein älteres Rundgebäude gruppierten (Fujii 1981). Auch auf dem im nördlichen Teil des Hamrin-Beckens gelegenen Tell Madhhur bildete ein Rundbau, das sog. "Curved Building", den Mittelpunkt einer kleinen Ansiedlung der FD I-Zeit (Roaf 1982). Der Bau bestand aus einer abgerundeten Umfassung, an deren Innenseite sich mehrere kleine Räume legten. Ursprünglich mag die unvollständig erfaßte Anlage einen Durchmesser von etwa 30 m besessen haben. Roaf vermutete im "Curved Building" den Wohnsitz der bedeutendsten Familie des Dorfes. Angesichts seiner starken Außenmauern könne es in unruhigen Zeiten aber auch als Festung gedient haben.

Ein weiterer älterfrühdynastischer Rundbau mit Kraggewölben und geböschter Fassade im nahegelegenen Tell Razuk (Abb. 6.4) wurde vom Ausgräber Gibson versuchsweise als militärischer Vorposten einer der Städte am unteren Diyala gedeutet. Ähnliche Funktionen zog Gibson auch für die übrigen Rundbauten im Hamrin-Gebiet in Erwägung (Gibson 1981). In zwei weiteren Fundorten des Hamrin-Gebiets, Tall Ahmed al-Hattu und Kheit Qasim (Abb. 6.5), wurden aus Lehmziegelgrüften bestehende Friedhöfe der FD I-Zeit angeschnitten (Eickhoff 1993; Forest 1983).

Im Hamrin-Gebiet ist durch die archäologischen Untersuchungen ähnlich wie 50 Jahre zuvor im Diyala-Gebiet ein Schlaglicht auf eine ganze Region geworfen worden. Hierin liegt die besondere Bedeutung der Befunde. Ansonsten ist im Südirak in den siebziger und achtziger Jahren noch an verschiedenen anderen, miteinander nicht in unmittelbarer Verbindung stehenden Orten gegraben worden. Teils handelt es sich um Ruinen, in denen schon seit langer Zeit geforscht wird, teils um neu untersuchte Tells. Im Gegensatz zu den Fundstätten im Hamrin-Gebiet besitzen die Grabungsorte ausnahmslos städtischen Charakter. Auch differieren die Vorhaben der einzelnen Expeditionen untereinander so stark, daß sie sich nicht auf einen gemeinsamen Nenner bringen lassen. Neben der Erforschung von Stadtanlagen und der großflächigen Freilegung von Wohngebieten wurden ebenso monumentale öffentliche Bauten untersucht. Die Ergebnisse können hier nur in einer knappen Auswahl vorgestellt werden. Es werden zunächst Grabungsorte in Südbabylonien, dann solche in Mittel- und Nordbabylonien behandelt.

Südbabylonien

In Senkere, dem alten Larsa, wurde an der nördlichen Peripherie der Stadt das soge- nannte "Bâtiment Sumérien Archaïque B 33" angeschnitten, das vermutlich vom Ende der FD I-Zeit oder dem Beginn der FD II-Zeit bis zur Mitte der FD III-Zeit bestanden hat (Abb. 6.6). Die Befunde sind im Rahmen eines sehr knappen Berichts veröffentlicht worden, der lediglich eine vorläufige Beurteilung der Anlage zuläßt (Huot 1991). So konnte auch die Zweckbestimmung des "Bâtiment 33" noch nicht sicher ermittelt werden. Der Ausgräber Huot nimmt an, daß der Bau ein repräsentatives Wohnhaus darstellt. Denkbar ist jedoch ebenfalls, daß es ein öffentliches Gebäude möglicherweise sakraler Funktion gewesen ist. Von Bedeutung sind in dem Zusammenhang eine Kammer rechts des Eingangs, die an ihrer Rückwand mit einem Postament und Pfeiler-Nischen-Gliede- rungen versehen ist und die vermutlich als Schrein identifiziert werden kann, sowie ein mit abgetreppten Pfeiler-Nischen-Gliederungen geschmückter Hof im Innern des Kom- plexes.

In stark erodierten frühdynastischen Schichten von Warka/Uruk sind Nachunter- suchungen an dem schon seit langem bekannten "Stampflehmgebäude" durchgeführt worden. Sie haben ergeben, daß der nur in seinen Fundamenten erhaltene und vermutlich nie fertiggestellte Bau nicht, wie zunächst angenommen, in der archaischen Schicht IIIa (ca. 3100 / 3000 v. Chr.), sondern erst am Ende der frühdynastischen Zeit oder kurz danach errichtet worden ist. Aufgrund verschiedener Siegelabrollungen aus der Auffül- lung der Substruktion möchte Boehmer die Anlage jetzt Lugalzagesi, dem Gegenspieler Sargons von Akkad, zuweisen (Boehmer 1991). Die genaue funktionale Bestimmung des ausgedehnten Bauwerks bleibt allerdings unklar. Nur sehr vage läßt sich das "Stampf- lehmgebäude" aufgrund typologischer Vergleiche als öffentliches Gebäude profaner Nutzung bezeichnen.

Zentral- und Nordbabylonien

Im zentralbabylonischen Abu Salabikh sind durch Oberflächenschürfungen und gezielte Grabungen großflächig Wohngebiete der FD I-Zeit und der FD III-Zeit untersucht wor- den (Abb. 6.7). Weiterhin konnte der Verlauf der 1.3 km langen Stadtmauer um den Haupthügel geklärt werden. Die neue Methode der Oberflächenschürfung erwies sich als kosten- und zeitsparender Weg der Erforschung und Dokumentation antiker Stadtanlagen. Gleichzeitig ergaben Microtrace-Untersuchungen in den Wohnhäusern neue Einblicke in das Spektrum der einstigen Raumfunktionen (Postgate 1990; 1992).

Von einer japanischen Expedition sind die Grabungen auf dem Hügel A von Tell Ingarra / Ḫursagkalama wiederaufgenommen worden. Dabei stieß man westlich des zu Beginn des Jahrhunderts freigelegten "Palace A" auf ein Gebäude aus plankonvexen Ziegeln (Matsumoto 1991). Die Ausgräber wollen in dem Bau einen Tempel sehen, doch läßt sich seine ehemalige Funktion gegenwärtig noch nicht sicher bestimmen.

Von britischer Seite wurden Ende der achtziger Jahre Nachuntersuchungen in Ǧemdet Nasr durchgeführt. Die Grabungen und Oberflächenschürfungen auf dem Hügel B erbrachten neue Daten hinsichtlich des Übergangs von der Späturuk- zur Ǧemdet Nasr- und zur FD I-Zeit. Aus einem Abfallhaufen wurden 180 Siegelabrollungen von Tür- und Behälterverschlüssen geborgen, die in Stil und Komposition denen auf den Tontafeln aus Ǧemdet Nasr entsprechen, welche man in die Zeit der Archaischen Schicht III von Uruk gesetzt hat. Nach der mit ihnen vergesellschafteten Keramik datieren die neu entdeckten Abrollungen jedoch in die frühe FD I-Zeit. Dies mag auf eine längere Laufzeit des Siegelstils deuten, als bisher angenommen wurde (Matthews 1990).

Aktuelle Forschungsschwerpunkte

Lokale und regionale Divergenzen

Neuere, die frühdynastische Zeit betreffende Forschungen kreisen um sehr unterschiedliche Themen. Von Bedeutung sind zum einen Untersuchungen zur relativen Chronologie, deren Ziel es ist, das auf den Diyala-Grabungen beruhende System zu verbessern (Gibson 1982; Wilson 1986; Matthews 1992; Porada et al. 1992). Auf die hiermit verbundenen Probleme ist oben schon kurz hingewiesen worden.

Inhaltlich nahestehend sind Arbeiten zu lokal und regional unterschiedlichen Entwicklungen in den verschiedenen Teilen Babyloniens, denen bis in die siebziger Jahre hinein vergleichsweise wenig Aufmerksamkeit geschenkt wurde. Vielmehr ist bis dato stets die Homogenität der kulturellen Hinterlassenschaft des frühdynastischen Zweistromlandes betont worden. Stellvertretend für Ansätze in jener Richtung sei hier auf die Untersuchungen von N. Karg zu den unterschiedlichen Siegeltraditionen in den babylonischen Stadtstaaten der älterfrühdynastischen Zeit hingewiesen (Karg 1984).

Zukunftsweisend sind darüberhinaus Versuche, anhand einer kombinierten Auswertung archäologischer und philologischer Quellen ein detailliertes Bild der historischen Genese einzelner Stadtstaaten nachzuzeichnen. Im Hinblick auf die FD-Zeit ist hier neben der Untersuchung von Z. Bahrani zu Al-Hiba / Lagaš (Bahrani 1989) speziell die Arbeit von H. P. Martin über Fara, das antike Šuruppak, hervorzuheben, in der neben den Grabungsergebnissen der Deutschen Orient-Gesellschaft jetzt auch die Resultate der amerikanischen Grabungen von 1931 zugänglich gemacht worden sind (Martin 1988).

Martin versucht, ein zusammenhängendes Bild der Entwicklung der Stadt in ihrer physischen Gestalt und sozialen Organisation zu zeichnen. Mit ihren Wohnhausgrundrissen, Tontafelarchiven und Siegelabrollungen sind die Befunde von Fara insbesondere für die FD II / IIIa-Zeit von großer Bedeutung. Erstmals sind von Martin auch die genauen Fundorte der Keilschrifttexte und zahlreicher anderer Objekte zusammengestellt worden (Abb. 6.8). Der Nachweis von Archiven in Wohnhauskontexten deutet dabei ähnlich wie im zeitgleichen Abu Salabikh auf eine Dezentralisierung der Administration hin (Postgate 1988).

Im Zuge der Erforschung des archäologischen Gesamtkontextes der Entwicklung babylonischer Städte sind in jüngerer Zeit verstärkt auch intensive Oberflächenbegehungen innerhalb einzelner Ruinengebiete durchgeführt worden. So ging aus den Surveys der Jahre 1982 bis 1984 in Uruk hervor, daß die frühdynastische Periode offenbar die Zeit der dichtesten Besiedlung der Stadt war (Finkbeiner 1991). In jene Zeit datiert, zumindest nach gegenwärtigem Kenntnisstand, auch die Errichtung der rund 9 Kilometer langen Stadtmauer.

Funktionale und soziologische Analysen von Architekturbefunden und die Rekonstruktion von Siedlungs- und Wirtschaftsstrukturen
Im Rahmen der Regional- und Lokalstudien kommt eine besondere Bedeutung der Architekturanalyse zu. Sie beschäftigt sich, nachdem hier lange Zeit typologische Untersuchungen im Vordergrund gestanden haben, heute stärker mit Problemen der funktionalen Bestimmung der Bauten sowie der Rekonstruktion von Siedlungsstrukturen und den dahinter stehenden sozioökonomischen Gegebenheiten. Voraussetzung für diese Akzentverlagerung war, daß sowohl in der Feldforschung als auch in der wissenschaftlichen Sekundärliteratur neben den öffentlichen Gebäuden die Befunde in den Wohngebieten zunehmend in den Blickpunkt rückten.

Beispielhaft sind in diesem Zusammenhang die Untersuchungen von E. Henrickson zu den Häusern in den frühdynastischen - zum Teil auch erst akkadischen (Gibson 1982) - Wohngebieten von Ḫafaǧi und Tell Asmar (Henrickson 1981). Über Auflistungen der Einbauten und Rauminventaranalysen versucht Henrickson zunächst, genaueren Einblick in die funktionale Organisation der Einzelhäuser zu gewinnen. Hausgrößenvergleiche sowie die Auswertung der Funde und der zahlreichen Hausbestattungen erlauben ihr, in einem zweiten Schritt für einen Zeitraum von mehreren hundert Jahren Unterschiede in Charakter und Reichtum der einzelnen Wohnviertel sowie Hinweise auf die Familienstrukturen der Hausbewohner herauszuarbeiten. Die Untersuchungen zeigen, daß viele Wohnhäuser eng und ärmlich waren und lediglich über einen größeren Raum verfügten, an den sich verschiedene kleinere Kammern legten. Henrickson nimmt an, daß Häuser dieses Typs von Kernfamilien, bestehend aus Mann, Frau und unverheirateten Kindern, bewohnt waren, wobei nach den Verwaltungstexten des 3. Jt. die durchschnittliche Kinderzahl bei den Familien von niedrigem und mittlerem Status bei etwa zwei gelegen haben dürfte (s. Gelb 1979).

In bestimmten Stadtvierteln kamen daneben gelegentlich Wohnhäuser mit mehreren größeren Räumen vor. Henrickson erwog, in ihnen die Häuser von mehrere Generationen umfassenden Großfamilien zu sehen. Dabei fällt auf, daß diese Häuser nicht nur größer, sondern im allgemeinen auch besser ausgestattet waren als die der Kernfamilien. Dies könnte auf einen höheren sozialen Status der Bewohner - gegebenenfalls also der Großfamilien - deuten. Tatsächlich scheint die Großfamilie in der Sozialstruktur der frühdynastischen Zeit noch eine hervorragende Rolle gespielt zu haben. Dies geht aus Studien von Gelb zu Landkaufverträgen hervor, in denen während der FD-Zeit regelmäßig anteilig am Erlös beteiligte Personengruppen als Verkäufer des Landes fungieren (Gelb 1979). Erst in der Akkadzeit treten vermehrt Einzelpersonen als Verkäufer auf. In der Ur III-Zeit schließlich stellen Einzelpersonen als Landbesitzer den Regelfall dar. Gelb folgert daraus, daß es im Verlauf des 3. Jt. zu einer schrittweisen Auflösung der Großfamilien gekommen ist. Parallel dazu muß ihr gesellschaftlicher Einfluß zurückgegangen sein.

Von Bedeutung im Hinblick auf gesellschaftliche Strukturen ist neben dem Zeugnis der Landkaufverträge gleichfalls das der Hauskaufverträge. Diese lassen erkennen, daß die von größeren Personengruppen verkauften Häuser mit ca. 40 qm Grundfläche häufig nicht größer waren als die von Einzelpersonen verkauften Häuser.

Dies scheint Henricksons Auswertung der Architekturbefunde, die auf einer direkten Korrelation von Haus- und Familiengrößen basieren, zunächst zu widersprechen. Der Widerspruch läßt sich jedoch möglicherweise auflösen, wenn man einige weitere Beobachtungen Henricksons in den Wohngebieten der Städte des Diyala-Gebiets in die Betrachtung einbezieht. Dort sind nämlich, wie sie hat aufzeigen können, aus grösseren Hauskomplexen wiederholt für Kernfamilien geeignete Bereiche nachträglich abgeteilt worden. Ein Beispiel hierfür bietet die jüngste Phase der Häuserschicht V von Tell Asmar (Abb. 6.9). Der Bereich bildete ursprünglich ein relativ wohlhabendes Wohnviertel mit regelmäßigen Hausgrundrissen. Mit der Zeit verarmte dieser jedoch zusehends und mehrere Häuser wurden sukzessive in der beschriebenen Weise in Suiten unterteilt. Möglicherweise spiegelt der Befund eine Situation wider, in der Großfamilien aufgrund von Machtverlust sich gezwungen sahen, Angehörige in die Schuldknechtschaft zu geben und Teile ihres Besitzes zu verkaufen. Der Punkt soll weiter unten noch einmal aufgegriffen werden.

Vorher ist zunächst auf eine letzte Gruppe der von Henrickson untersuchten Wohnhäuser hinzuweisen, nämlich die repräsentativen Residenzen der hohen Beamten, die die Elite des Staatsapparats darstellten (Henrickson 1982). Aufschlußreich sind in diesem Zusammenhang insbesondere die Befunde des dem Tempeloval von Ḫafaği angegliederten Hauses D. Es handelt sich hierbei um ein sehr großzügiges Wohnhaus, das vermutlich dem obersten Priester respektive Verwalter des Tempels gehörte. Im ältesten Bauzustand I bildete das Haus D einen integralen Bestandteil des Tempelovals und war über dessen Vorhof zugänglich. Im nächstjüngeren Zustand II wird der Zugang zum Haus D an die Außenseite des Tempelovals verlegt (Abb. 6.10). Der alte Zugang vom Hof wird blockiert. Im Tempeloval III, am Übergang von der FD III-Zeit zur Akkadzeit, fällt das Haus D schließlich ganz fort.

Die schrittweise Ausgliederung des Hauses D aus dem Tempeloval ist schon von den Ausgräbern als Indiz einer zunehmenden Säkularisierung des Gebäudes und damit des Amtes des obersten Priesters gedeutet worden. Henrickson konnte darüberhinaus

beobachten, daß mit der Säkularisierung offenbar eine wirtschaftliche Erstarkung der
Hausbewohner einherging. Sie kann schließlich überzeugend darlegen, daß zur Zeit des
Tempelovals III das "Walled Quarter", ein ummauerter Wohnbezirk mit regelmäßig strukturierten und z. T. sehr aufwendig ausgestatteten Häusern zwischen dem Tempeloval und
dem Sin-Tempel, die Stelle des Hauses D einnahm (Abb. 6.11). Das "Walled Quarter"
war offenbar ein von den normalen städtischen Wohnvierteln abgesondertes Quartier für
die Priesterschaft und die Verwalter der Heiligtümer von Ḫafaǧi und hätte somit den
Höhepunkt des Säkularisierungsprozesses der hohen Tempelbediensteten gebildet.

Angesichts der Befunde am Haus D und im "Walled Quarter" stellt sich die Frage
nicht nur nach den Sozialstrukturen, sondern ganz allgemein nach den ökonomischen
Bedingungen im späteren Frühdynastikum Mesopotamiens. Auch zu diesem Thema
liegen grundlegende philologische Untersuchungen von Gelb vor (Gelb 1979). Hiernach
war die mesopotamische Gesellschaft der frühdynastischen Zeit durch eine sog. "Oikos-
Wirtschaft" geprägt, also in einer Vielzahl von in sich weitgehend autarken Haushalten
organisiert. In der Hauptsache waren die Haushalte mit der landwirtschaftlichen Produktion beschäftigt, zum Teil aber auch auf die Produktion anderer Güter ausgerichtet.

Grundsätzlich sind öffentliche Haushalte - Haushalte des Tempels, des Palastes
und der Beamten - von privaten Haushalten zu unterscheiden, auch wenn es gewisse
Überschneidungen gibt. Durch die Textfunde aus Girsu ist man insbesondere über die
großen Tempelhaushalte relativ gut unterrichtet. Mit mehr oder minder gravierenden
Abstrichen mag deren Struktur auch auf die übrigen Haushalte übertragbar sein, von
denen weniger Textzeugnisse vorliegen.

Den Tempelhaushalten gehörten verschiedene, in eine strenge Hierarchie einge-
bundene Personengruppen an. An der Spitze stand eine Riege hoher Beamte, zu denen
u.a. die obersten Priester und Tempelverwalter, die Feldvermesser und die Getreide-
speicher-Vorsteher zählten. Es folgten die Aufseher der landwirtschaftlichen Arbeiten.
Schließlich kamen die Arbeiter selbst und weiteres Personal, das u. a. mit handwerk-
lichen Aufgaben betraut war. Die höheren Beamten wurden für ihre Arbeit in erster Linie
mit Land entlohnt und unterhielten so wiederum eigene größere Haushalte, während die
Arbeiter am unteren Ende der Hierarchie für ihre Tätigkeit vielfach lediglich Getreide-
rationen erhielten.

Im Verlauf der FD-Zeit scheinen die öffentlichen Haushalte die privaten Haushalte
der Großfamilien immer stärker in den Hintergrund gedrängt zu haben (Zagarell 1986).
Es wurde bereits erwähnt, daß durch Schuldknechtschaft Angehörige der privaten Haushalte gezwungen wurden, in die Tempel- und Palasthaushalte überzuwechseln. Auf der
anderen Seite versuchten die hohen Beamten der öffentlichen Haushalte, ihre Stellung zu
ihrem persönlichen Vorteil zu nutzen und privaten Besitz aus dem gemeinschaftlichen
Eigentum auszugliedern. Dies führte zu einem sukzessiven Machtzuwachs der Beamten-
klasse, von dem bereits die an den Beginn der FD III-Zeit datierenden Gräber von Ur
zeugen dürften (s. Crawford 1991).

Weiterhin scheinen sich jene Prozesse in der beschriebenen Säkularisierung der
Wohnsitze der hohen Tempelfunktionäre von Ḫafaǧi und in einem gleichzeitigen Rück-

gang des Wohlstands der normalen Wohngebiete der Stadt wiederzuspiegeln. Gemäß
Henrickson wäre es so zu einer Akkumulation des Reichtums in den Händen einer immer
kleineren Elite und einer zunehmenden Vergrößerung der Kluft zwischen den einzelnen
gesellschaftlichen Gruppen gekommen. Zagarell betont in diesem Zusammenhang, daß
die schrittweise Transformation der durch Großfamilien geführten Haushalte zu großen
öffentlichen Haushalten paradoxerweise nicht nur zur Entstehung eines Beamtentums,
sondern auch zur Stärkung von auf individueller Initiative beruhenden privatwirtschaftlichen Strukturen in Mesopotamien beigetragen hat (Zagarell 1986).

Grundsätzlich darf aber nicht übersehen werden, daß die Erforschung der ökonomischen Strukturen des frühdynastischen Mesopotamien sowohl im Bereich der Philologie als auch im Bereich der Archäologie noch in den Anfängen steckt. Manche Auffassungen mögen in der Zukunft Modifikationen erfahren, zumal sich einmal mehr sehr
unterschiedliche, z. T. wohl auch durch die jeweilige Bevölkerungszusammensetzung
bedingte regionale Gegebenheiten abzuzeichnen scheinen, bei denen ein primär durch die
Tempelwirtschaft geprägter Süden und ein stärker durch Palasthaushalte sowie nicht-
öffentliche Haushalte gekennzeichneter Norden kontrastieren (Postgate 1992; Steinkeller
1993). Weitere Untersuchungen unter Landsbergers Maxime einer stärkeren Berücksichtigung der Eigenbegrifflichkeit der mesopotamischen Kultur sind hier erforderlich.

Bibliographie

Bahrani, Z.

1989   *The Administrative Building at Tell al Hiba, Lagash.* Ann Arbor: University Microfilms.

Boehmer, R.M.

1991   "Lugalzagesi, der Bauherr des Stampflehmgebäudes in Uruk". *Baghdader Mitteilungen* 22: 165-
        174.

Börker-Klähn, J.

1982   *Altvorderasiatische Bildstelen und vergleichbare Felsreliefs.* Mainz: Philipp von Zabern.

Crawford, H.

1991   *Sumer and the Sumerians.* Cambridge: Cambridge University Press.

Eickhoff, T.

1993   *Grab und Beigabe. Bestattungssitten der Nekropole von Tall Ahmad al-Hattu und anderer
        frühdynastischer Begräbnisstätten im südlichen Mesopotamien und in Luristan.* München:
        Profil-Verlag.

Finkbeiner, U.

1991   *Uruk. Kampagne 35-37, 1982-1984. Die archäologische Oberflächenuntersuchung (Survey).*
        Mainz: Philipp von Zabern.

Forest, J.-D.

1983   *Les pratiques funéraires en Mésopotamie du 5e millénaire au début du 3e, étude de cas.*
        Paris: Édition Recherches sur les Civilisations.

Fujii, H. (Hrsg.)

1981   "Preliminary Report of Excavations at Gubba and Songor". *Al-Rafidan* II: 3-246.

Gelb, I.J.

1979   "Household and Family in Early Mesopotamia". In E. Lipinski, Hrsg.: *State and Temple Economy in the Ancient Near East, Vol. 1*, S. 1-97. Leuven: Orientalia Lovanensia Analecta.

Gibson, McG.

1981   *Uch Tepe I. Tell Razuk, Tell Ahamd al-Mughir, Tell Ajamat.* Kopenhagen: Akademisk Forlag.

1982   "A Re-Evaluation of the Akkad Period in the Diyala-Region on the Basis of Recent Excavations at Nippur and in the Hamrin". *American Journal of Archaeology* 86: 531-538.

Gibson, McG. (Hrsg.)

1981   *Uch Tepe I.* Kopenhagen: Akademisk Forlag.

Henrickson, E.F.

1981   "Non-Religious Residential Settlement Patterning in the Late Early Dynastic of the Diyala-Region". *Mesopotamia* XVI: 43-105.

1982   "Functional Analysis of Elite Residences in the Late Early Dynastic of the Diyala Region: House D and the Walled Quarter at Khafajah and the 'Palaces' at Tell Asmar". *Mesopotamia* XVII: 5-33.

Huot, J.-L.

1991   "Les travaux français à Tell el'Oueili et Larsa. Un bilan provisoire". *Akkadica* 73: 1-32.

Karg, N.

1984   *Untersuchungen zur älteren frühdynastischen Glyptik Babyloniens. Aspekte regionaler Entwicklungen in der ersten Hälfte des 3. Jahrtausends.* Mainz: Philipp von Zabern.

Martin, H.P.

1988   *A Reconstruction of the Ancient Mesopotamian City of Shuruppak.* Birmingham: Chris Martin & Assoc.

Matsumoto, K.

1991   "Preliminary Report on the Excavations at Kish / Hursagkalama, 1988-1989". *Al-Rafidan* 12: 261-307.

Matthews, R.J.

1990   "Excavations at Jemdet Nasr, 1989". *Iraq* 52: 25-39.

1992   "Defining the Style of the Period: Jemdet Nasr 1926-28". *Iraq* 54: 1-34.

1993   *Cities, Seals and Writing. Archaic Seal Impressions from Jemdet Nasr and Ur.* Berlin: Gebrüder Mann.

Nissen, H.J.

1988   *The Early History of the Ancient Near East, 9000-2000 B.C.* Chicago: University of Chicago Press.

Porada, E., D.P. Hansen, S. Dunham und S.H. Babcock

1992   "The Chronology of Mesopotamia, ca. 7000-1600 B. C.". In R.W. Ehrich, Hrsg.: *Chronologies in Old World Archaeology*, S. 77-121 (Vol. I); S. 90-124 (Vol. II). Chicago: University of Chicago Press.

Postgate, J.N.

1992   *Early Mesopotamia. Society and Economy at the Dawn of History.* London: Routledge.

Postgate, N.

1988   "A View from Down the Euphrates". In H. Waetzoldt und H. Hauptmann, Hrsg.: *Wirtschaft und Gesellschaft von Ebla*, S. 111-117. Heidelberg: Heidelberger Orientverlag.

1990   "Excavations at Abu Salabikh, 1988-89". *Iraq* 52: 95-106.

Roaf, M.

1982   "The Hamrin Sites". In J. Curtis, Hrsg.: *Fifty Years of Mesopotamian Discovery. The Work of the British School of Archaeology in Iraq 1932-1982*, S. 40-47. Hertford: Stephen Austin & Sons.

Steinkeller, P.

1993   "Early Political Development in Mesopotamia and the Origins of the Sargonic Empire". In M. Liverani, Hrsg.: *Akkad - The First World Empire. Structure, Ideology, Traditions*, S. 107-129. Rom: Herder Editrice e Libreria.

Wilson, K.L.

1986   "Nippur: The Definition of a Mesopotamian Ğamdat Nasr Assemblage". In U. Finkbeiner und W. Röllig, Hrsg.: *Ğamdat Nasr. Period or Regional Style?*, S. 57-89. Wiesbaden: Ludwig Reichert.

Woolley, L.

1934   *The Royal Cemetery.* London: Trustees of the British Museum.

Zagarell, A.

1986   "Trade, Women, Class, and Society in Ancient Western Asia". *Current Anthropology* 27: 415-430.

Das frühbronzezeitliche Nordmesopotamien:
Nur provinzielles Hinterland ?

Sabine Böhme und Sabina Kulemann

Die Erforschung der Urbanisierung Nordmesopotamiens[1] erfolgte bis vor kurzem unter der Prämisse einer überwiegenden Abhängigkeit vom sumerischen Süden. Der Eindruck einer politischen aber auch kulturellen Abhängigkeit des Nordens vom Süden entstand vor allem dadurch, daß für die Phasenbenennungen von Orten im Norden einzelne Funde ausschlaggebend waren, bei denen es sich entweder um importierte Prestigegüter aus Südmesopotamien oder um Objekte handelt, die durch ihre motivische und stilistische Gestaltung an Vorlagen zeitgenössischer südmesopotamischer Objekte erinnern.

Die Phasen zwischen dem Niedergang der urukzeitlichen Handelsstationen und der Entwicklung des Stadtstaates Ebla im nordwestsyrischen Binnenland sind zwar von der syrischen Küste bis zum Tigrislauf hinsichtlich Fragestellungen nach Urbanisierungsmechanismen noch weitgehend unerforscht; neuere archäologische Untersuchungen haben aber entscheidend dazu beigetragen, die Urbanisierung in Nordmesopotamien als eine von Südmesopotamien unabhängige Entwicklung zu verstehen.

Bereits für die erste Hälfte des 3. Jt. v. Chr., verstärkt aber für die 2. Hälfte, lassen sich eine große Anzahl städtischer Siedlungen in Nordmesopotamien nachweisen. Zu nennen sind beispielsweise Ebla / Tell Mardiḫ in Innersyrien, Mari / Tell Hariri am mittleren Euphrat, Tell Ḫuera zwischen Baliḫ und Ḫabur sowie Tell Brak, Tell Leilan, Tell Beydar und Tell Taya in der Ḫabur-Sinǧar-Region (Abb. 7.1).

Ein Kennzeichen dieser städtischen Siedlungen sind ihre starken Befestigungen, die sowohl auf regionale Streitigkeiten als auch auf Auseinandersetzungen mit feindlichen Gruppen entfernterer Regionen hinweisen können. Ein weiteres gemeinsames Merkmal dieser Orte ist ihre Monumentalarchitektur. Es finden sich jeweils säkulare und / oder religiöse Zentralgebäude (Palast und / oder Tempel). Zudem lassen sich zahlreiche handwerkliche Aktivitäten feststellen wie Metallverarbeitung, Herstellung von Steingeräten oder Keramikherstellung, die auffällige Spezialisierungsmerkmale zeigen (z. B. massenproduzierte Keramik).

Einen wesentlichen Teil der ökonomischen Grundlage dieser Orte bildeten intensive agrarische Tätigkeiten. Die Regionen um Ebla und die Ḫabur-Sinǧar-Region waren

---

[1] Unter Nordmesopotamien wird im weiteren nicht nur das Gebiet westlich des Tigris im nördlichen Irak, sondern auch der gesamte nordsyrische Steppenraum einschließlich der Flußauen bis zum Antilibanon verstanden.

hinsichtlich der Erzielung landwirtschaftlicher Erträge aufgrund ihrer topographischen Situation, ihrer Bodenbeschaffenheit und ihrer Lage im Regenfeldbaugebiet besonders begünstigt. In regenarmen Jahren können ausreichende Ernten allerdings nur mit Hilfe von Bewässerungsfeldbau möglich gewesen sein. Die dafür notwendigen Voraussetzungen waren in der Ḫabur-Region durch die Existenz des Flusses besonders günstig. Insbesondere im Fall von Ebla, Mari und Tell Brak ist aber noch ein weiterer Faktor für das Aufblühen der Siedlungen zu städtischen Zentren ausschlaggebend, nämlich ihre räumliche Nähe zu wichtigen Handelsrouten.

Um die Vielfalt der Entwicklungsstränge im nordmesopotamischen Raum und damit auch deren Unabhängigkeit von zeitgleichen Verhältnissen in Südmesopotamien aufzuzeigen, wird im folgenden auf einzelne Städte bzw. Regionen gesondert eingegangen.

Ebla / Tell Mardiḫ in Innersyrien

Der Tell Mardiḫ liegt in einer fruchtbaren Ebene ca. 50 Kilometer südlich von Aleppo (Abb. 7.1). Seit 1964 finden hier Ausgrabungen durch Mitglieder der Universität Rom statt. Die Ruine ist mit 60 Hektar Siedlungsfläche eine der größten Innersyriens (Matthiae 1985). In der 2. Hälfte des 3. vorchristlichen Jahrtausends (Periode Mardiḫ IIB1, ca. 2400-2250 v. Chr.) betrug die Ausdehnung der Stadt ca. 50 Hektar. Aus dieser Zeit stammen die im sogenannten Palast G (Abb. 7.2) gefundenen Keilschriftarchive, durch die wir für den zentralsyrischen und nordsyrischen Raum einen Einblick in überregionale Zusammenhänge und Abhängigkeiten erhalten. Aus den dort gefundenen Texten geht eine zeitweilige Abhängigkeit einiger Städte der Euphrat-Region sowohl von Ebla als auch von Mari hervor.

Zur Zeit der Palastarchive kontrollierte der Stadtstaat Ebla ein Gebiet, das sich westlich bis zum syrischen Küstengebirge und im Süden bis Hama erstreckte. Im Norden reichte es bis zu den Ebenen von Antiochia und im Osten stellenweise bis an den Euphrat (Archi 1985). Auch Eblas wichtige Rolle im Fernhandel findet sich in den Texten dokumentiert. Der Fund von 20 kg unbearbeitetem Lapislazuli aus Badakhshan (heutiges Afghanistan) und Alabasterschalen aus Ägypten sind ebenfalls Indikatoren dafür, daß Ebla zur Zeit der Palastarchive Handelsbeziehungen mit entfernten Regionen pflegte.

Insgesamt fanden sich im Palast G Tausende von Keilschrifttafeln, die in durch Brandeinwirkung zerstörten Holzregalen gelagert gewesen waren. Bei 80 % der Texte handelt es sich um Wirtschaftstexte, die Aufschluß über die vor allem auf Schafzucht und Textilproduktion beruhende eblaitische Wirtschaft liefern. Ein Text erwähnt beispielsweise über 80.000 Schafe, die zum Besitz des königlichen Haushalts gehörten (Matthiae 1977).

Die Zerstörungsphase des Palastes G ließ sich über die Identifizierung Tell Mardiḫs mit der in akkadischen Texten erwähnten Stadt Ebla und ihrer Eroberung um

2250 v. Chr. durch den König Naram-Sin der Akkad-Dynastie datieren. Diese akkadischen Texte aus dem südlichen Mesopotamien sind uns allerdings nicht direkt überliefert, sondern nur in Form späterer Abschriften. Darin heißt es, daß Naram-Sin, einer der mächtigsten akkadischen Könige, der einzige war, dem es je gelang, Ebla zu erobern.

Mari / Tell Hariri am mittleren Euphrat

Erste Grabungen in Mari / Tell Hariri fanden bereits zu Beginn der dreißiger Jahre unter Leitung von A. Parrot statt. Das ebenfalls ca. 60 Hektar große Ruinengelände befindet sich am rechten Euphratufer, zehn Kilometer nordwestlich von Abu Kemal (Abb. 7.1). Durch die Jahrzehnte andauernden Grabungen Parrots konnte in Mari großflächig die Architektur des 3. Jt. v. Chr. freigelegt werden. Zeugnisse für Wohlstand und Macht dieses politischen Zentrums sind zahlreiche Tempel, Paläste und anderen Monumentalbauten (Abb. 7.3a und 7.3b), die über eine reiche Ausstattung verfügten. Besonders hervorzuheben ist eine Gruppe rundplastischer Menschenbilder, die aufgrund ihrer vor der Brust gefalteten Hände als Beterstatuetten bezeichnet werden (Taf. 7.Ia und 7.Ib). Sie waren stellvertretend für bestimmte, meist ranghohe Personen im Tempel aufgestellt.

Seit dem Jahr 1979 werden die Grabungsarbeiten von J.-C. Margueron weitergeführt. Ein Schwerpunkt in der Erforschung Maris ist seitdem die Überprüfung der Frage nach der Entstehung dieses urbanen Zentrums. Margueron zufolge wurde die Stadt zu Beginn des 3. Jt. v. Chr. mit dem Ziel gegründet, drei wichtige ökonomische Regionen miteinander zu verbinden, nämlich Südmesopotamien, das Ḫabur-Gebiet und den westsyrischen Raum (Margueron 1991a, b). Maris enger Kontakt mit Südmesopotamien äußert sich sowohl in der Architektur als auch in der Luxusgüterproduktion. Die Stellung Maris als Knotenpunkt wichtiger Handelsrouten führte immer wieder dazu, daß von Seiten südmesopotamischer, aber auch eblaitischer Herrscher versucht wurde, die Stadt am Euphrat zu erobern.

Tell Ḫuera zwischen Baliḫ und Ḫabur

Tell Ḫucra, in dcr Stcppc zwischen den Flüssen Baliḫ und Ḫabur gelegen, ist mit ca. 100 ha Siedlungsfläche einer der größten Ruinenhügel Nordmesopotamiens (Abb. 7.1). Die von A. Moortgat in den fünfziger Jahren begonnenen Ausgrabungen wurden in den achtziger Jahren von W. Orthmann (1990) wiederaufgenommen.

Tell Ḫuera ist ein sogenannter Kranzhügel (Abb. 7.4), bei dem eine kreisförmige Unterstadt eine ebenfalls runde Oberstadt umschließt. Solche Kranzhügel kommen gehäuft in den Regionen zwischen Baliḫ und oberem Ḫabur sowie nördlich und südlich des Ğebel Abd el-Aziz vor (Orthmann 1986). Neben ihrer spezifischen Form sind diese Hügel weiterhin durch eine monumentale Steinarchitektur und durch das Vorkommen der sog. Metallischen Ware (Abb. 7.5), einer klingend hart gebrannten, sehr feinen

Keramik (Kühne 1976), gekennzeichnet. Die einzigartige Siedlungsstruktur, die Architektur (z.B. Antentempel) und das Fundrepertoire der Kranzhügel sind Zeichen einer lokal gebundenen, d.h. von Südmesopotamien unabhängigen Entwicklung.

Die Frage nach der Existenzgrundlage Tell Hueras kann bisher nur spekulativ beantwortet werden. Der Ort liegt zwar noch im Regenfeldbaugebiet, es ist jedoch unklar, ob in trockenen Jahren andere Bewässerungsquellen erschlossen werden konnten. W. Orthmann (1986) nimmt an, daß die heute zahlreich vorhandenen Wadis im 3. vorchristlichen Jahrtausend Flußläufe mit dauernder, wenn auch jahreszeitlich schwankender Wasserführung waren. Zur Bestätigung dieser Annahme sind jedoch geoklimatische Untersuchungen erforderlich.

Städtische Siedlungen in der Habur-Region

Das Habur-Gebiet ist seit Beginn der achtziger Jahre Gegenstand reger archäologischer Tätigkeiten. Zwar fanden hier auch schon früher zahlreiche Ausgrabungen statt, sie beschränkten sich allerdings bis in die jüngste Zeit auf größere Orte wie beispielsweise Tell Brak. Seit dem Aufruf der syrischen Antikenverwaltung zu Rettungsgrabungen finden verstärkt auch archäologische Arbeiten auf kleineren Hügeln statt. Die Rettungsgrabungen wurden erforderlich, weil eine große Anzahl von Siedlungshügeln im Überschwemmungsgebiet zukünftiger Stauseen liegt.

Tell Brak

Auch Tell Brak ist mit einer Ausdehnung von ca. 40 Hektar und einer Höhe von 43 m eines der größten urbanen Zentren in der angesprochenen Region (Abb. 7.1). Der Ort hatte eine wichtige Position im Fernhandel zwischen Südmesopotamien und Anatolien inne (Oates 1985; 1986; 1990). Erste Ausgrabungen fanden hier am Ende der dreißiger Jahre unter Leitung von M. Mallowan statt, der den in das ausgehende 4. Jt. v. Chr. datierenden Augentempel und den darüberliegenden "Naram-Sin-Palast" ausgrub (Mallowan 1947). Das Hauptziel der seit 1976 von J. und D. Oates durchgeführten Arbeiten auf Tell Brak liegt in einer Erstellung der stratigraphischen Abfolge des 3. vorchristlichen Jahrtausends. Diese Untersuchungen orientieren sich stark an dem Fundspektrum und der Terminologie des südlichen Zweistromlandes.

Ein wichtiges Ergebnis der neueren Grabungen ist der Nachweis zweier Zerstörungsschichten, die beide früher als die Erbauung des akkad-zeitlichen Naram-Sin-Palastes anzusetzen sind (J. Oates 1985). Die erste Zerstörung erfolgte den Ausgräbern zufolge entweder durch Lugal-zaggesi oder Sargon von Akkad. Die zweite Zerstörung wird Naram-Sin zugeschrieben. Letztendlich sind jedoch bei strenger Überprüfung der Fakten die genannten Verursacher dieser Zerstörungen nicht mit Sicherheit zu ermitteln. An dieser Stelle erhebt sich die Frage, ob jede Brandschicht der betroffenen Regionen mit Eroberungszügen südmesopotamischer Herrscher in Verbindung gebracht werden sollte. Muß man nicht grundsätzlich in Betracht ziehen, daß Zerstörungsschichten auch auf regionale Streitigkeiten zurückführbar sein können ?

Tell Leilan
Der an einem Nebenarm des Ǧaḫǧaḫ gelegene Tell Leilan (Abb. 7.1) wird seit 1979 von einem Grabungsteam unter der Leitung von H. Weiss (Yale University) erforscht. In der ersten Hälfte des 3. Jt. v. Chr. (Leilan Periode III) betrug die Größe des Ortes ca. 15 Hektar. In der näheren Umgebung des Hügels existierten zur selben Zeit 14 Orte mit einer durchschnittlichen Größe von 5,5 Hektar, die nach Weiss (1990) mit Tell Leilan in Verbindung standen. Für die Mitte des 3. Jt. v. Chr. ist zusätzlich zu einer Befestigung eine Ausdehnung Leilans auf ca. 90 Hektar festzustellen. Daraus schließt Weiss (1986) auf eine Bevölkerungsgröße zwischen 5000 und 6000 Einwohnern. Neben einem Administrativgebäude, das u.a. durch zahlreiche Vorratsspeicher und eine große Anzahl von Siegeln und Versiegelungen als solches ausgewiesen ist, konnte man für Tell Leilan eine sehr dichte Wohnhausbebauung feststellen.

Tell Beydar
Tell Beydar ist ein Kranzhügel von ca. 25 Hektar Größe. Bei den erst drei Kampagnen dauernden Ausgrabungen handelt es sich um ein europäisches Gemeinschaftsprojekt (European Excavations in Syria) unter Leitung von M. Lebeau. Einer Sensation gleich kam der Fund einer größeren Anzahl von Tontafeln, die ersten Untersuchungen zufolge in die gleiche Zeit wie die Ebla-Texte, nämlich zwischen 2500 und 2300 v. Chr. datieren. Mit Ausnahme von Ebla konnten in den zahlreichen urbanen Zentren Nordmesopotamiens bislang keine entsprechenden Textfunde gemacht werden.

Dörfliche Siedlungen am unteren Ḫabur

Die Erforschung des Hinterlandes urbaner Zentren ist für das Verständnis von politischen, sozialen und wirtschaftlichen Einheiten von großer Bedeutung. In der unteren Ḫabur-Region sind in den letzten Jahren aufgrund eines projektierten Stausees zahlreiche dörfliche Siedlungen untersucht worden, die für diese Verbindung und Siedlungskommunikation auch zukünftig Klärung bieten können. Von besonderem Interesse sind die westlich des Ḫabur gelegenen Orte Raqa'i, Atij und Bderi sowie die Tells Ǧudeideh, Ziyade und Melebiya am östlichen Flußufer (Abb. 7.1). Die größten dieser Hügel, Bderi und Melebiya, haben eine Ausdehnung von ca. 5 Hektar, Raqa'i ist mit weniger als 1 Hektar eine der kleinsten Siedlungen in dieser Region.

In Tell Bderi (Pfälzner 1988; 1990), aber auch in Raqa'i (Curvers und Schwartz 1990), Ǧudeideh und Atij (Fortin 1990 a, b) fanden sich zahlreiche Installationen zur Vorratshaltung landwirtschaftlicher Produkte. In diesem Kontext kamen an einigen Orten Artefakte zutage, die in enger Verbindung mit Administration im weiteren Sinne stehen. Zu nennen wären unter diesem Gesichtspunkt Tontafeln mit Zahlzeichen (Taf.

7.II), tönerne Zählsteine, Gefäße mit Töpfermarken und Siegel bzw. Siegelabrollungen. Außerdem fand man, vorwiegend im sog. "rounded building" in Tell Raqa'i (Abb. 7.6), zahlreiche Installationen wie Öfen und Arbeitsplatten. Curvers und Schwartz (1990) sehen darin Indizien für eine landwirtschaftliche Spezialisierung, die ihrer Ansicht nach damit zusammenhängt, daß die Dörfer für mehr als den Eigenbedarf produzierten. Es stellt sich also die Frage, ob diese dörflichen Siedlungen in ein regionales oder sogar überregionales politisches und ökonomisches System eingebunden waren.

Eine naheliegende, aber auch umstrittene Interpretation von Curvers und Schwartz ist, daß diese Orte Teile eines überregionalen Systems mit den Zentren Leilan, Brak, oder Mari waren. Dabei wird die nördliche Region als Anbaugebiet, der untere Ḫabur als Zwischenlager und Handelsplatz und Mari als möglicher Abnehmer gesehen. Auch Margueron (1991), der Ausgräber von Mari, hält ein derartiges Interaktionssystem für möglich. Er sieht die Speichervorrichtungen am unteren Ḫabur als Einrichtungen eines Exportsystems, mit dessen Hilfe die Produktionsüberschüsse beispielsweise nach Mari verschifft wurden.

Zu einem anderen Ergebnis kommt F. Hole (1991) aufgrund einer genaueren Untersuchung der Speicherarchitektur. Er vergleicht diese über den gesamten Zeitraum vom Neolithikum bis heute und gibt eine rechnerische Abschätzung des benötigten Speicherbedarfs für eine angenommene Siedlungsdichte von 100 Personen / ha. Er kommt zu dem Schluß, daß die Speichervorrichtungen lediglich den lokalen Bedürfnissen angemessen sind, über Subsistenz nicht hinausgehen und daher einen Export unwahrscheinlich erscheinen lassen. Die gefundenen Zählsteine, numerischen Tontafeln usw. sind seiner Meinung nach nicht zwangsläufig Indikatoren für eine überregional organisierte Ökonomie, sondern konnten auch im Rahmen einer regionalen/lokalen Wirtschaft von Nutzen sein.

Für die Ḫabur-Region muß beim derzeitigen Forschungsstand davon ausgegangen werden, daß zwar regionale und auch überregionale Interaktionen bestanden haben; eine Integration der dörflichen Siedlungen am unteren Ḫabur in ein übergeordnetes politisches und ökonomisches System ist aber anhand der bislang zur Verfügung stehenden archäologischen Daten nicht zufriedenstellend nachweisbar.

Tell Taya in der Singar-Region

Der Kranzhügel Tell Taya ist im heutigen Nordwest-Irak, am Rande der fruchtbaren Tell Afar-Ebene gelegen (Abb. 7.1). Im Jahr 1967 wurden die Ausgrabungen auf Tell Taya mit dem Ziel begonnen, eine verfeinerte Abfolge der Keramik des 3. Jt., speziell der der sog. "Ninive 5"-Zeit, zu erfassen. Der Grund für dieses Vorhaben bestand darin, daß bis zu diesem Zeitpunkt die Kenntnis über die Ninive 5-Keramik hauptsächlich auf den als nicht mehr zufriedenstellend empfundenen Ergebnissen des von Mallowan in den dreißiger Jahren durchgeführten Tiefschnittes in Ninive (Schicht 5) basierte.

Der zentrale Hügel in Tell Taya ist von einer 1,60 m starken Befestigungsmauer umgeben, die in die Mitte des 3. Jt. v. Chr. datiert. Diese Mauer umfaßt ein im Durchmesser 40 m großes Areal mit zwei sich gegenüberliegenden Administrativgebäuden und einem Torhaus. Der sog. "outer town" (Taf. 7.III) nimmt insgesamt eine Fläche von 155 Hektar ein, davon sind 65 Hektar besonders dicht bebaut. Oberflächenstrukturen lassen Straßen- und Wegenetze, Plätze, Wohnhäuser und kleinere Tempel erkennen. Durch entsprechende Oberflächenfunde weisen sich einige Bezirke als Töpfer- und Steinmetzviertel aus (Reade 1982).

Schlußbetrachtungen

Bis in die achtziger Jahre sah man den Urbanisierungsprozeß in Nordmesopotamien in enger Abhängigkeit vom "zivilisierten" Süden. Erst seit den flächendeckenden Untersuchungen zwischen Orontes und mittlerem Euphratlauf, Ḫabur und Tigris besteht die Möglichkeit, zusätzlich zu den südmesopotamischen Verbindungen strukturelle Abhängigkeiten der Orte untereinander näher zu beleuchten und damit neue Fragestellungen zu formulieren. Dies trifft insbesondere auf die Ḫabur-Region zu, für die erste wesentliche Untersuchungsergebnisse vorliegen, die Fragen nach Zusammenhängen zwischen städtischer und ländlicher Besiedlung nachgehen. Dafür, daß die Antworten bisher so unbefriedigend ausfallen, sind zweierlei Gründe anzuführen. Erstens war diese Gegend bis in die späten siebziger Jahre hinein praktisch archäologische terra incognita, und zweitens sind die plötzlich in großen Mengen angehäuften Daten noch nicht ausgearbeitet genug, als daß die Diskussionen über beginnende Interpretationen hinauskommen könnten. Es bleibt aber festzuhalten, daß die für die Ḫabur-Region aufgeführten Merkmale als Zeichen einer eigenständigen, d.h. von Südmesopotamien losgelösten Entwicklung in der ersten Hälfte des 3. Jt. v. Chr. zu sehen sind.

Die Sichtweise einer Abhängigkeit des Nordens vom Süden resultierte, wie bereits erwähnt, vor allem aus einer Überbetonung einzelner Luxusgüter, die sich an südmesopotamischen Vorbildern orientieren. Betrachtet man das Fundgut urbaner Siedlungen im gesamten nordmesopotamischen Raum, so wird deutlich, daß solche Prestigeobjekte gehäuft in städtischen Zentren vorhanden sind, die direkt in den Fernhandel mit Südmesopotamien eingebunden waren. Dies läßt sich insbesondere in Mari und Tell Brak beobachten, wo sich auch Architektur findet (z.B. sog. Naram-Sin-Palast, Tell Brak), die eindeutig südmesopotamischen Ursprungs zu sein scheint. Der Austausch von Luxusgütern ist als eine allgemeine Kommunikation zwischen Oberschichten zu verstehen, die mittels dieser Prestigeobjekte versuchten, ihrer Macht Ausdruck zu verleihen und diese zu sichern.

In Anbetracht der Tatsache, daß einige wenige Luxusgüter und gewisse architektonische Elemente lediglich zwei von vielen Faktoren darstellen, die eine (Oberschicht)-"Kultur" definieren, sollten diese bei einer Bewertung des kulturellen und politischen Verhältnisses zweier Regionen nicht allein ausschlaggebend sein. Vielmehr zeigt eine

detaillierte Untersuchung aller Bereiche der materiellen Hinterlassenschaften, beispielsweise der Siedlungstypen (Kranzhügel), der Architektur (Antentempel, Speicherarchitektur) oder der Keramik (Ninive-5-Keramik, Metallische Ware), eine kulturelle Eigenständigkeit Nordmesopotamiens. Einzelne Elemente südmesopotamischen Ursprungs
sind lediglich als Indikatoren für einen (gegenseitigen) Austausch aufzufassen und nicht
als eine einseitige Beeinflußung des Nordens durch das südliche Mesopotamien. In
diesem Sinne wäre eine "umgekehrte" Untersuchung wünschenswert, die der Frage
nach nordmesopotamischen Elementen in der Kultur des südlichen Zweistromlandes
nachgeht.

Bibliographie

Archi, A.

1985   "The Royal Archives of Ebla". In H. Weiss, Hrsg.: *Ebla to Damascus. Art and Archaeology of
          Ancient Syria*, S. 140-147. Washington D.C.: Smithsonian Institution.

Curvers, H. und G.M. Schwartz

1990   "Excavations at Tell al-Raqa'i: A Small Rural Site of Early Urban Northern Mesopotamia". *Ame-
          rican Journal of Archaeology* 94: 3-23.

Fortin, M.

1990a   "Rapport préliminaire sur la seconde campagne de fouiles à Tell 'Atij et la premiere à Tell
          Gudeda (automne 1987) sur le moyen Khabour". *Syria* 67: 219-256.

1990b   "Resultats de la 3ème campagne de fouilles à Tell 'Atij et de la 2ème à Tell Gudeda, en Syrie du
          Nord". *Echos du monde classique / Classical Views* 34, n.s. 9: 115-127.

Hole, F.

1991   "Middle Khabur Settlement and Agriculture in the Ninevite 5 Period". *Bulletin of the Canadian
          Society for Mesopotamian Studies* 21: 17-29.

Kohlmeyer, K. und E. Strommenger

1982   *Land des Baal. Syrien - Forum der Völker und Kulturen*. Mainz: Philipp von Zabern.

Kühne, H.

1976   *Die Keramik vom Tell Chuera und ihre Beziehungen zu Funden aus Syrien-Palästina, der Türkei
          und dem Iraq*. Berlin: Gebrüder Mann.

Mallowan, M.

1947   "Excavation at Brak and Chagar Bazar". *Iraq* 9: 1-259.

Margueron, J.-C.

1991a   "Mari, l'Euphrate, et le Khabur au milieu du IIIe millénaire". *Bulletin of the Canadian Society for
          Mesopotamian Studies* 21: 79-100.

1991b   *Les Mesopotamiens. Le temps et l'espace* (Band I). Paris: Armand Colin.

Matthiae, P.

1977   *Ebla: An Empire Rediscovered*. London: Hodder & Stoughton.

1985   "Ebla (Tell Mardikh)". In H. Weiss, Hrsg.: *Ebla to Damascus. Art and Archaeology of Ancient
          Syria*, S. 134-139. Washington D.C.: Smithsonian Institution.

Oates, J.

1985   "Tell Brak and Chronology: the Third Millenium". *Mari Annales de Recherches Interdiscipli-naires* 4: 137-144.

1986   "Tell Brak: The Uruk / Early Dynastic Sequence". In U. Finkbeiner und W. Röllig, Hrsg.: *Ǧam-dat Nasr, Period or Regional Style ?*, S. 245-273. Wiesbaden: Ludwig Reichert.

1990   "Tell Brak in the Fourth and Third Millenia: From Uruk to Ur III". In S. Eichler, M. Wäfler und D. Warburton, Hrsg.: *Tall al-Ḥamidiya 2, Vorbericht 1985-1987*, S. 133-147. Göttingen: Van-denhoek & Ruprecht.

Orthmann, W.

1986   "The Origin of Tell Chuera". In H. Weiss (Hrsg.): *The Origins of Cities in Dry-Farming Syria and Mesopotamia in the Third Millenium B.C.*, S. 61-70. Guilford: Four Quarters Publishing Co.

1990   *Tell Chuera. Ausgrabungen der Max Freiherr von Oppenheim-Stiftung in Nordost-Syrien.* Damaskus: Amani Verlag.

Pfälzner, P.

1988   "Tell Bderi 1985, Bericht über die erste Kampagne". *Damaszener Mitteilungen* 3: 223-386

1990   "Tell Bderi - the Development of a Bronze Age Town". In S. Kerner, Hrsg.: *The Near East Anti-quity I*, S. 63-79. Amman: Al Kutba.

Reade, J.

1982   "Tell Taya". In J. Curtis, Hrsg.: *Fifty Years of Mesopotamian Discovery*, S. 72-78. Hertford: Stephen Austin & Sons.

Weiss, H.

1986   "The Origins of Tell Leilan and the Conquest of Space in Third Millenium Mesopotamia". In H. Weiss, Hrsg.: *The Origins of Cities in Dry-Farming Syria and Mesopotamia in the Third Millen-nium B.C.*, S. 71-108. Guilford: Four Quarters Publishing Co.

1990   "'Civilizing' The Habur Plains: Mid-Third Millenium State Formation at Tell Leilan". In P. Matthiae, M. van Loon und H. Weiss, Hrsg.: *Resurrecting the Past. A Joint Tribute to Adnan Bounni*, S.387-399. Istanbul: Nederlands-Historisch-Archaeologisch Instituut.

Zwischen Evolution und Revolution:
Die Entstehung der Induskultur

Ute Franke-Vogt

Mit dem Beginn der Ausgrabungen in Harappa und Mohenjo-Daro im Winter 1920-21 wurde die Geschichte des Indischen Subkontinents um 2000 Jahre älter und die Alte Welt um eine neue Hochkultur reicher.[1] Sofort nach Publikation der ersten Funde durch Marshall (1924) erkannte die Fachwelt die besondere Bedeutung dieser Entdeckungen: Einige aus West-Iran und Süd-Mesopotamien, aus Susa, Ur und Tello stammenden Funde, insbesondere Siegel, gehörten ganz eindeutig dieser Indus- oder Harappakultur an. Durch diese Verbindungen ergab sich eine Datierung der neu entdeckten Zivilisation in das 3. Jt. v.Chr. (Abb. 8.1). Zugleich waren die Funde auch ganz eindeutig ein Beweis dafür, daß bereits zu dieser Zeit weitreichende Handelsverbindungen existierten: Eine neue, weit nach Osten reichende Perspektive war eröffnet.

    Die Erkenntnis, daß während des 3.Jt. v. Chr. am Indus eine Zivilisation mit großen Städten und einem eigenen Schriftsystem blühte, die denen des alten Ägypten und Mesopotamiens ebenbürtig war, löste eine Diskussion über den Ursprung und die Entwicklung von Hochkulturen aus, die bis etwa 1970 anhielt und ein Spiegel der allgemeinen methodischen Fachdebatte über Kultur und Kulturwandel ist. Vertraten die Ausgräber (Marshall 1926) zunächst das Modell einer eigenständigen Entwicklung, so wurde bald darüber debattiert, ob der Ursprung der Zivilisation und Schrift, die Heimat "einer gemeinsamen Urfamilie" am Euphrat und Tigris oder im Osten, am Indus, lag. Childe (1934) erkannte den eigenständigen, "typisch indischen" Charakter dieser neuen Kultur und sah in der perfekten Anpassung an ihr Umfeld das Resultat einer langen, lokalen Entwicklung. Dennoch konnte er sich nicht vom diffusionistischen Modell, also der These eines gemeinsamen Ursprungs, lösen. In Weiterführung seiner Ideen vertrat Wheeler (1968, 25) die Auffassung: "*It is difficult to suppose that ... so complex a conception can have arisen independently in each of the great riverine regions, related as they are to a common stem on the Irano-Afghan plateau. On the other hand, contacts between the two civilizations - and then of a commercial rather than a cultural kind - are rare before the Sargonid period, ..., and notable differentiations in script, metal-*

---

[1] Aufgrund der äußerst umfangreichen Literatur zu diesem Gebiet kann hier nur eine kleine Auswahl angegeben werden. Weiterführende Literatur ist in den angegebenen Titeln zu finden. Jansen (1986) gibt einen ausführlichen Abriß der Forschungsgeschichte. Vgl. dazu auch "Vergessene Städte am Indus" (1987) sowie Franke-Vogt (1991).

*work and pottery indicate an essentially divergent development. ... It is legitimate
to affirm that the <u>idea of civilization</u> came to the land of the Indus from the land of
the Twin Rivers, whilst recognizing that the essential self-sufficiency of each of the
two civilizations induced a strongly localized and specialized cultural expression in
each region."* Erst die radikalere Diskussion kulturtheoretischer sowie methodischer
Ansätze durch die "New Archaeology" und insbesondere der Einfluß der Kulturökologie
verhalf vielen schon von Childe im Ansatz erkannten Faktoren zum Durchbruch. Es war
vor allem Fairservis (1961; 1967; 1975), der im Rahmen seiner Surveys in Baluchistan
(1956, 1959) diese neuen Methoden in Pakistan anwandte. Wie Childe vor ihm sah er in
den dörflichen Bauernkulturen Baluchistans die Vorläufer der Induskultur. Die Verlagerung der Siedlungsschwerpunkte nach Osten, in die Indusebene, die allmähliche Ausprägung "typisch indischer Merkmale" sowie die soziale Bereitschaft - begleitet von
Anstößen (stimuli) aus dem Westen, insbesondere Iran - waren für ihn das Fundament
für die Entstehung der Harappakultur.

        Nach der Teilung Indiens und Pakistans 1947 begannen auf beiden Seiten der
Grenze wieder intensive archäologische Forschungen, die entscheidendes Material zutage
brachten: Surveys in Baluchistan und Makran sowie in Nordwestindien, insbesondere
Rajasthan und Gujrat, Grabungen in Amri, Kot Diji, Lothal und Kalibangan. Ein ent-
scheidender Schritt in der Auswertung dieses Materials erfolgte durch Mughal (1971).
Durch die Formulierung einer Früh-Harappa Periode verband er die verschiedenen Vor-
läuferkulturen, insbesondere den Kot-Diji Komplex, "genetisch" mit der Harappakultur:
Im Gegenzug zu den Diffussions- und Stimulus-Modellen stand nun eine lokale, lineare
Evolution im Vordergrund. Die Entwicklung dieses Früh-Harappa-Horizonts ging vom
oberen Sind und der Alluvialebene des heute ausgetrockneten Ghaggar-Hakra Flusses in
Cholistan aus (Mughal 1982). Die weite Verbreitung bestimmter Merkmale, die in einem
Bogen entlang der Indusebene bis zum Yamuna reichte, lenkte automatisch den Blick von
Baluchistan auf das Innere des Subkontinents, auf die Flußebenen.

        Zugleich begannen jedoch 1974 die französischen Ausgrabungen in Mehrgarh,
einem Fundort am Bolan-Fluß in der Kachhi-Ebene, der Übergangszone zwischen der
Tiefebene und dem Hochland. Hier wurde völlig überraschend eine "neolithische Revolution" entdeckt, der langsame Übergang vom Jagen und Sammeln zu seßhaften Lebensformen mit einsetzender Landwirtschaft und Viehzucht. Eine lange, kontinuierliche Schich-
tenfolge von etwa 7000 v.Chr. bis etwa 2600 v.Chr., also bis kurz vor Beginn der
Harappa-Zeit, hat nicht nur die Lehrmeinung umgestoßen, daß die Kulturen Baluchistans
"Ableger" Ost-Irans und Turkmenistans waren. Es konnte auch aufgezeigt werden, daß
sich über die Jahrtausende Technologien ausformten und verbesserten und daß eine
lange, fest in der Region verwurzelte Tradition geschaffen wurde. Dadurch wurde der
Beitrag der "Indo-Iranian Borderlands" zur Entstehung der Harappakultur wieder stärker
hervorgehoben (Jarrige und Meadow 1992).

        Es war Piggott (1952: 133 ff., 200), der mit düsteren Worten die materielle Uni-
formität der Harappakultur in ihrer immensen Ausdehnung beschrieb, ihre kulturelle
Stagnation und ihren konservativen Charakter. Damit schuf er ein zweites wichtiges Para-

digma in der Indusforschung, nämlich das der kulturellen Uniformität innerhalb eines
weiten Raumes (synchron) und eines langen Zeitabschnittes (diachron). Mit dem Beginn
einer systematischen Regionalforschung[2] nach 1970 wurde auch dieses Modell in Frage
gestellt und modifiziert. Aufgrund des stärkeren Interesses an Regionen, an Siedlungs-
mustern und räumlichen Organisationsformen sowie der damaligen politischen, kultur-
politischen und wirtschaftlichen Situation wurden nun vorwiegend kleinere Fundorte erforscht. Es war jedoch klar, daß auch das Potential der beiden städtischen Zentren
Harappa und Mohenjo-Daro noch nicht ausgeschöpft war. Das führte zu Neubearbei-
tungen des umfangreichen Materials[3] und schließlich auch zu einer Wiederaufnahme der
archäologischen Feldforschung an beiden Fundorten.[4]

    Die lokalen Wurzeln der Induskultur, regionale Heterogenität und kultureller
Wandel während des etwa 500-jährigen Bestehens der Indus-Zivilisation (2500-2000 /
1900 v. Chr.)[5] werden heute als gegeben angesehen. Das Hauptaugenmerk der Forschung hat sich nun auf die Mechanismen, die die Entstehung dieser Hochkultur ausgelöst haben, und auf die organisatorische Struktur, die eine überregionale Integration verschiedener sozialer, ethnischer - und vermutlich auch linguistischer - Gruppen ermöglicht
und getragen hat, gerichtet. Die Formulierung solcher neuen Modelle, von denen es in
kaum einem anderen Forschungsgebiet so viele gibt, erfordert vielschichtige Informationen. Diese werden heute durch intensive Feldforschung und traditionelle antiquarische,
linguistische und auch naturwissenschaftliche Untersuchungen im Rahmen interdiszi-
plinärer Projekte erarbeitet.

Geographischer Raum und Klima

Während ihrer Blütezeit erstreckte sich die Induskultur über eine Fläche von etwa
800.000km[2] (Abb. 8.2). Ihr Schwerpunkt lag in den Flußebenen: der weiten, fruchtbaren Schwemmebene des Indus mit seinen Überlaufkanälen und Zuflüssen, dem
Punjab, dem heute ausgetrockneten Ghaggar-Hakra mit seinen Zuflüssen und zahlreichen
Paläokanälen. Halbmondförmig erstrecken sich die Fundorte entlang dieser Wasseradern
von Gujrat im Südosten über das Ganga-Yamuna-System im Nordosten, weiter über das
südliche Punjab nach Westen und entlang der Gebirgsfüße Baluchistans, der Sulaiman-
und Kirthar-Berge, nach Süden und Südwesten bis zur Küste Makrans. Der Großraum
des "erweiterten" Industals kann anhand geographischer, klimatischer und ökologischer
Kriterien in drei größere Regionen unterteilt werden, die ihrerseits wieder in zahlreiche
Makro-Zonen zerfallen.[6]

---

[2] In Sind (Flam 1981), Cholistan (Mughal 1982), in Saurashtra (Possehl 1980), Gujrat (Bhan 1989) und
Nordwestindien (Dikshit 1984; Joshi et al. 1984).

[3] Zuerst Fentress 1976, später Franke-Vogt 1991 und Ardeleanu-Jansen 1993; vgl. ausführlicher Franke-
Vogt 1995.

[4] Dales und Kenoyer 1986; Jansen und Urban (Hrsg.) 1984; 1987; Kenoyer 1993; Meadow (Hrsg.) 1991.

[5] Zur Periodisierung und Datierung vgl. zuletzt Schaffer (1992) und Possehl (1993).

[6] Eine ausführlichere Beschreibung sowie Literatur zu diesem Thema ist in Franke-Vogt 1993 zu finden.

Baluchistan besteht vorwiegend aus schroffen, bis auf 3000 m ansteigenden Gebirgsketten, die von engen, heißen Flußtälern und Bassins durchschnitten sind. Im Süden reichen die Berge fast bis an das Arabische Meer, im Südwesten begrenzen sie die Indus-Ebene und das 150 km breite Indusdelta.

Sind-Kohistan, die nördlich anschließende Piedmontzone der Kirthar-Berge sowie die Kachhi-Ebene bilden die Übergangszonen zur Indusebene. Zahlreiche kleinere Flußtäler öffnen sich hier nach Osten. Die wenigsten führen ganzjährig Wasser, jedoch ergänzen zahlreiche Quellen die Wasserversorgung, die durch die Anlage einfacher Stau- und Terrassenanlagen verbessert wird.

Die weite Schwemmebene des unteren Indus sowie seine zwei Überlaufkanäle ("Western" und "Eastern Nara") bestimmen das Bild in Sind. Bedingt durch das geringe Gefälle und die hohe Sedimentationsrate baut sich das Bett des Indus beständig auf. Während der Schneeschmelze und des Sommermonsuns verzehnfacht sich die Wassermenge und überschwemmt die fruchtbaren Flußebenen.

Die obere Indusebene wird von den fünf großen Nebenflüssen und dem heute weitgehend ausgetrockneten Flußsystem des Ghaggar-Hakra sowie seinen Zuflüssen (Sarasvati, Drshadvati) durchquert und im Osten vom Yamuna begrenzt. Zwar sind die Landformen in Sind und Punjab / Haryana prinzipiell gleich, jedoch grenzen die höheren Landriegel zwischen den Flußsystemen des Punjab die Schwemmebenen ein. Dem Indus hingegen sind am Unterlauf quasi keine Barrieren gesetzt. Verlagerungen des Betts, zunächst nach Osten, dann wieder nach Westen, waren die Folge. Das Delta reicht bis zum "Rann of Kutch" im heutigen Indien, wo auch seine frühere Mündung lag. Während der Gezeiten und der sommerlichen Hochfluten stehen weite Flächen unter Wasser und sind unpassierbar. In der "Nal-Depression" hat dieser Wasserarm einen Überlauf zum Golf von Cambay (Khambat). Der Küstenstreifen mit zahlreichen Lagunen, Buchten und Wasserläufen leitet über zur Halbinsel Saurashtra.[7] Nördlich der Nal-Depression erstreckt sich die Thar-Wüste entlang des ausgetrockneten Betts des Ghaggar-Hakra-Flusses im Westen bis zum Yamuna.

Die klimatischen Bedingungen dieses semi-ariden bis ariden Raums variieren sehr stark. Zu den kleinräumigen Unterschieden kommt eine sehr große jährliche Fluktuation. So unterliegen insbesondere die Monsunregenzeiten und die Niederschlagsmengen grossen Schwankungen. West-Makran steht noch unter dem Einfluß mediterranen Klimas, während alle Gebiete östlich des Hochlands noch vom Südwest-Monsun beeinflußt werden. Die Hauptniederschlagzeit fällt daher in die Sommermonate. Die Rekonstruktion des Paläoklimas ist umstritten, jedoch wird im allgemeinen von einer etwas feuchteren Phase zwischen 3000 und 1800 v. Chr., gefolgt von einer Trockenperiode bis etwa 500 v. Chr. ausgegangen (Meadow 1989: 62). Nord-Punjab erhält heute mit ca. 700 mm den höchsten Niederschlag, die anderen Regionen liegen zwischen 150 mm / Jahr und 400 mm / Jahr. Außerhalb der weiten Schwemmebene des Indus mit ihren fruchtbaren Böden und des Alluviums in den Talbecken der kleineren Flüsse ist daher Landwirtschaft

---

[7] Auch Kathiawar/d und Sorath genannt.

von künstlicher Bewässerung abhängig, während weite Bereiche in allen Gebieten aufgrund der Boden- und Wasserverhältnisse vor allem als Weideland geeignet sind.

Von der "Neolithischen Revolution" zur Urbanisierung

Am Fuß der Berge, in der Übergangszone zwischen Hochland und Tiefebene, liegt die bislang älteste Siedlung des Industals, Mehrgarh. Ein gemäßigtes Klima und gefächerte Ökotope mit vielschichtigen Ressourcen boten ideale Bedingungen zur Seßhaftwerdung und Nahrungsmittelerzeugung. Während des 7. Jt. v. Chr. erfolgte die Domestikation von Schafen, Ziegen und Rindern. Die Jagd verlor mehr und mehr an Bedeutung. Neue, für den Bewässerungsanbau besser geeignete Weizen- und Gerstearten wurden in der Schwemmebene des Bolan in der oberen Kachhi-Ebene angebaut und in Gemeinschaftsspeichern aufbewahrt. Bis zum Ende der Periode II waren Subsistenzgrundlagen geschaffen, die - ungeachtet der Einführung einiger neuer Arten und Anbautechniken - im wesentlichen bis um 2000 v. Chr. gleich blieben. Danach erfolgte mit der Einführung von Reis und Hirse als Sommergetreide in großem Maßstab eine "zweite agrarische Revolution" (Abb. 8.3 und 8.4; Meadow 1989). Handwerker verarbeiteten Muscheln, Perlmutt, Lapislazuli, Türkis und sogar bereits Kupfer - wenn auch in kleinem Maßstab. Solche Statusobjekte, in einigen Fällen auch junge Ziegen (Abb. 8.5), wurden den mit Ocker bemalten Toten mit ins Grab gegeben.

Ab etwa 4500 v. Chr. sind Veränderungen zu beobachten. Sekundär- und Teilbestattungen werden unüblich, Grabbeigaben sind nun generell seltener. Einige Gräber sind jedoch sehr reich mit Kupferspiegeln, Schmuck oder Siegeln ausgestattet - ein Zeichen für einsetzende soziale Differenzierung. Das Getreide wird von Familien und nicht mehr von der Dorfgemeinschaft gespeichert. Das Handwerk erlebt einen deutlichen Aufschwung: Keramik wird auf der Drehscheibe gefertigt (Periode III), Kupfergeräte verdrängen Steinwerkzeuge und neuer Schmuck, gefertigt aus Steatit-Mikroperlen, wird zur Massenware. Mehrgarh ist nicht der einzige Fundort aus dieser Zeit. Kile Gul Mohammad im Quetta-Tal und etwas später noch weitere Siedlungen bezeugen, daß während des 5. und 4. Jt. v. Chr. in den vielen Flußtälern des zerklüfteten Hochlands soziale Gemeinschaften lebten, die in regem Austausch miteinander standen. Als Folge saisonaler Wanderungen dürften diese Gruppen während der kalten Winter auch in die Kachhi-Ebene gekommen sein. Im 4. Jt. v. Chr. steigt die Zahl der Siedlungen, einige Orte werden größer und anscheinend wird nun auch erstmals Zentral- und Südbaluchistan besiedelt. An den Berghängen der Flußtäler oder in der Nähe der zahlreichen Quellen in der Piedmontzone entstehen kleinere Dämme und Kanäle, die Landwirtschaft wird intensiviert. Diese Experimente mit der Wasserwirtschaft waren vielleicht Vorstufen zur Eroberung der Induseben, die nun - einschließlich ihrer "ökologischen Taschen" Las Bela und Kachhi - immer mehr in den Mittelpunkt rückte. Ihrer immensen Fruchtbarkeit stehen jedoch die unberechenbare Heftigkeit der Fluten und die häufigen Verlagerungen des Flußbettes als Risikofaktoren gegenüber. Etwa gleichzeitig zu dieser allmählichen Verlagerung der Siedlungsschwerpunkte im südwestlichen Sind dehnten sich im frühen 3. Jt. v. Chr. etwas weiter im Osten der Kot-Diji Komplex und im Nordosten der Sothi-Komplex (Kalibangan) aus.

Die Erweiterung der Aktionsradien durch intensive überregionale Kommunikaton, die mit zunehmender kultureller Komplexität einherging, ist das entscheidende Merkmal dieser Jahrhunderte. Das nördliche Baluchistan, an das bis zum beginnenden 3. Jt. v. Chr. die Kachhi-Ebene angebunden war, erscheint als wichtiger Teil dieser Sphäre, die bereits ab Mehrgarh, Periode III bis nach Mundigak (I), Südturkmenien (Namazga II) und Nordostiran (Hissar I-II) reichte. Mit der Wende zum 3. Jt. v. Chr. (Mehrgarh VI) wurden diese Kontakte noch weiter intensiviert und erfaßten auch die nördlichen Randgebiete der Indusebene, wo sie mit dem Kot-Diji Komplex zusammentrafen (vgl. Mughal 1971). Die zugleich einsetzende Urbanisierung in Südturkmenien (Namazga IV), die Gründung von Shahr-e Sokhta in Südost-Iran sowie die zunehmende Bedeutung von Mundigak und Tepe Yahya (IVC-B), die bis etwa 2500 v. Chr. zu regionalen Zentren angewachsen waren, verdeutlicht die Dynamik dieser Zeit (Abb. 8.1 und 8.2). Diese Großregion war zudem durch Handelsbeziehungen, die im wesentlichen Luxusgüter wie Lapislazuli, Türkis, Chlorit- und Alabastergefäße nach Westen gelangen ließen, auch mit Susa und Mesopotamien verbunden. Südbaluchistan hingegen orientierte sich weniger nach Norden, obwohl Muscheln sowie möglicherweise getrockneter Fisch auch in diese Richtung transportiert wurden, sondern nach Westen, nach Südost-Iran, und nach Osten, zur Indusebene.

Trotz dieser Beziehungen überwiegt noch ein regionaler Eindruck, der durch die Verteilung der Keramik, anthropomorpher Figurinen, Hausmodelle, Tonkarren, Siegel und der Kupfer- / Bronzeobjekte unterstrichen wird. Eigenständige Zentren existierten nebeneinander und miteinander. Diese Regionalität wirkte auch weiter nach, hinein in die Transformationsprozesse, die um 2600 v. Chr. zur Harappakultur überleiteten. Sie offenbart sich durch eine unterschiedlich ausgeprägte Einbindung der verschiedenen Gemeinschaften in dieses neue Phänomen, dessen Aufkommen mit einer territorialen Umstrukturierung, einer Neudefinition von Zentrum und Randgebieten und mit einer sozio-politischen und wirtschaftlichen Neuordnung des gesamten Raumes einherging. Die Vorzeichen dieser Entwicklung zeigen sich bereits ab ca. 3000 v. Chr., als der Kot Diji-Komplex zu einem dominierenden Faktor wird, der das obere Industal einschließlich des Ghaggar-Hakra Gebietes als Nukleus der Indus-Zivilisation erscheinen läßt. Ganz sicher spielte jedoch auch Baluchistan eine wichtige Rolle. Erst mit der Etablierung der Induskultur mußte diese Region ihre Vormachtstellung abtreten, nur wenige Orte blieben bewohnt.[8] Südbaluchistan hingegen bewahrte mit dem Kulli-Komplex (Possehl 1986) seine Eigenständigkeit.[9] Die nordwestlichen bis nordöstlichen Randzonen der Indusebene

---

[8] Diese Entwicklung zeichnet sich im Quetta-Tal bereits während der späten Damb Sadaat III Phase ab, in der die Zahl der Siedlungen abnimmt, die Größe der weiterbestehenden Orte jedoch zunimmt (Fairservis 1959).

[9] Obwohl als Hochlandaspekt der Harappakultur bezeichnet, beschränken sich die Berührungspunkte mit dem - allerdings noch wenig bekannten - Kulli-Komplex im wesentlichen auf einige intrusive Harappa-Objekte (Possehl 1986).

werden ebenfalls nicht in die Harappakultur integriert. Fundorte wie Gumla und Rahman Deri behielten ihre Früh-Harappa-zeitliche Ausprägung, andere wurden aufgegeben. Die Kachhi-Ebene dagegen, die mit Fundorten wie Judeirjo-Daro, Pathani Damb am Mula-Paß und Nausharo am Bolan-Paß den Zugang nach Sistan und Kandahar eröffnet, wurde an das Industal angebunden.

Eine Großmacht entsteht

Der Beginn der Harappa-Phase um 2600 / 2500 v. Chr. ist nicht nur durch eine enorme Dynamik und durch die geographische Verlagerung von Schwerpunkten, sondern auch durch wirtschaftliche Expansion gekennzeichnet. Handwerkliche Techniken erfahren rapide Weiterentwicklungen und / oder stilistische Umformungen, die der materiellen Kultur der Indus-Zivilisation ihren typischen Charakter verleihen. Zu den nun vollständig ausgeprägten Charakteristika gehören verschiedene Keramiktypen, v.a. Gefäße mit schwarzer Bemalung auf rotem Überzug (segmentierte Kreise, Fischschuppen, herzförmige "Pipal"-Blätter [*Ficus religiosa*], Bäume, Pfauen, Ziegen; s. Taf. 8.I), Objekte aus gebranntem Ton (Wagenmodelle, Tier- und Menschenfigurinen, Mischwesen, Masken, Kegel usw.), Steinklingen, Kupfergeräte und -gefäße, Kleinplastik, Schmuck, Siegel und andere Objekte mit Inschriften. Die meisten Neuschöpfungen fallen in die Kategorie "Luxusgüter": Metallgefäße, Bronzeklingen, Schmuck und Einlegeobjekte aus Muschel, Fritte, Elfenbein, Stein und Metall, Armreife aus echtem Steinzeug, geätzte und bis zu 10cm lange zylindrische Karneolperlen (Taf. 8.II). Auch wenn die Voraussetzung für die Herstellung dieser Güter in den vorherigen Jahrhunderten geschaffen wurde, so stellen sie doch oft technologische und auch stilistische Neuheiten dar. Neben dieser ganz spezifischen Kleinkunst sind hier auch die Städte mit einer monumentalen Architektur und durchdachten Wasserbauten zu nennen (Taf. 8.III). Weitgehend entlang der Flußsysteme orientiert liegen sie aufgereiht wie an einer Schnur: Dholavira, Mohenjo-Daro, Ganweriwala, Harappa und Rakhi Garhi (Abb. 8.VI).

Die Verbreitung dieser Merkmale erstreckt sich über ein riesiges Gebiet mit ganz unterschiedlichen ökologischen Gegebenheiten, das sicherlich von sozialen Gemeinschaften mit ganz unterschiedlichen kulturellen, ethnischen und wohl auch linguistischen Affiliationen besiedelt war. Es ist anzunehmen, daß die wirtschaftliche, ideologische und vielleicht auch politische Anbindung dieser Regionen an das Kernland variierte. Dennoch bleibt ein Zeitraum von etwa 300 Jahren, für den von einer mehr oder weniger flexiblen Integration des gesamten Raumes ausgegangen werden muß. Zwar kann diese Entwicklung letzlich als eine Weiterführung der langen Tradition und besonders der seit 3000 v. Chr. beobachteten verstärkten überregionalen Kommunikation gesehen werden, jedoch war sie ganz offensichtlich auch von tiefgreifenden Veränderungen begleitet. Diese zeigen sich v.a. am Aufkommen von Objekten, die im weitesten Sinn mit der wirtschaftlichen und politischen Organisation zusammenhängen. So treten plötzlich in großen Mengen Stempelsiegel auf, die ein völlig neues ikonographisches Repertoire zeigen und

Schriftzeichen tragen (Taf. 8.IV). Ein standardisiertes Gewichtssystem erscheint, welches noch auf Dilmun (Bahrain) in Gebrauch und möglicherweise als Dilmun-Mine bis nach Ebla in Syrien bekannt war (Taf. 8.V). Auch das enorme Wachstum und die Komplexität der Städte, die rasch ansteigende Zahl der Siedlungen und die wirtschaftliche Expansion sind hier zu nennen. Die Landwirtschaft mußte in ausreichendem Maß Überschüsse erzeugen können, um die Mitglieder der Gesellschaft zu ernähren, die ihren eigenen Bedarf nun nicht mehr selbst erwirtschafteten. Dazu gehörten auch die Spezialisten, die diese bemerkenswert vielfältige und technologisch hochentwickelte Kleinkunst schufen. Ein funktionierendes Beschaffungs- und Kommunikationssystem waren erforderlich, um die Produktion und (Re-) Distribution von Konsum- und Luxusgütern sicherzustellen. Ganz sicher konnte diese Entwicklung nicht ohne einen Verwaltungsapparat, der die Regelung dieser vielfältigen Aufgaben übernahm, auskommen.

Der Ausbau von Küstenorten, häufig in erheblicher Entfernung voneinander, ist ein Indiz für die Verlagerung des Fernhandels auf den Seeweg. Dieser Schritt ermöglichte zum einen leicht eine Erhöhung des Handelsvolumens, zum anderen rückten die Kupferberge Omans und die Absatzmärkte Sumers in greifbarere Nähe. Die Etablierung von Außenposten wie Lothal (Rao 1985), Shortughai (Francfort 1989), Sutkagen Dor (Dales und Lipo 1992) und der Aufbau enger Handelsverbindungen mit Oman (Cleuziou und Tosi 1989; Reade und Méry 1987; Vogt 1994) dienten der direkten Sicherung von Nachschub und Absatz, während Dilmun im wesentlichen als Zwischenhandelsstation zu verstehen ist. Der Aufbau eines möglichst vielfältigen Versorgungsnetzes garantierte größtmögliche Unabhängigkeit und durch vermehrte Konkurrenz vielleicht auch höhere Erträge. Es liegt nahe, den Bedeutungsverlust Nordbaluchistans als zentrale Verkehrs- und Handelszone ab etwa 2500 v. Chr. mit diesem Ausbau des Seeweges in Verbindung zu bringen. Auch weiter im Westen, auf der anderen Seite der Berge, bricht um etwa 2300 v. Chr. eine seit Jahrhunderten blühende städtische Zivilisation mit regionalen Zentren wie Shahr-e Sokhta, Tureng Tepe und Mundigak aus bislang noch unbekannten Gründen zusammen (Abb. 8.1). Waren diese Orte zuvor wichtige Stationen am Handelsweg nach Westen, bzw. Hersteller und Zulieferer von Gütern, so scheint das Aufkommen der Indus-Zivilisation, der Ausbau ihrer Hegemonie und die Verlagerung der Handelswege auch zu ihrem Niedergang beigetragen haben. Diese Vorgänge sind ein Indiz für die Bedeutung der Wirtschaft, insbesondere des Handels mit Luxusgegenständen, für die Bildung und das Fortbestehen von Eliten - und damit auch für die Expansion der Induskultur.

Angesichts der Größe des betroffenen Gebiets, der Komplexität der Entwicklung sowie der relativ langen Stabilität dieses neuen Gefüges spricht vieles dafür, daß sich mit der Induskultur das erste Staatswesen des Subkontinents formierte. So dürfte die Abkehr vom Hochland Baluchistans mit seinen schwer zugänglichen, zerklüfteten Tälern zugunsten der offenen Tiefebene außer dem wirtschaftlichen auch einen politischen Aspekt besitzen: Das schwierige Terrain ist geradezu prädestiniert für Segmentierung, während das weite Flachland leichter zu überschauen und damit zentral zu kontrollieren ist. Diese Vermutung wird dadurch unterstützt, daß viele der oben genannten Objekte, die mit Verwaltung und Organisation in Verbindung gebracht werden (Siegel, Schrift und Gewichte) am Ende der urbanen Phase um 1900 v. Chr. wieder außer Gebrauch kommen. Auch die großen Städte werden nach einer Zeit des Niedergangs der innerstädtischen Organisation schließlich ganz aufgegeben. Der Fernhandel mit Mesopotamien kommt zum Erliegen. Jedoch ist weder kulturell noch wirtschaftlich ein allgemeiner Niedergang zu verzeichnen, im Gegenteil: Die Einführung von Reis und Hirse in die Indusebene verringerte die Abhängigkeit von nur einer Ernte pro Jahr, die Erträge wurden multipliziert. Parallel zu dieser "zweiten landwirtschaftlichen Revolution" erfolgte die Ausbreitung von Kamel, Pferd und Esel (Abb. 8.3 und 8.4; Meadow 1989). Im Zuge der Entwicklung kurz vor und nach 2000 v.Chr. mag sich jedoch mit dem Niedergang der städtischen Kultur die Lebensweise hin zu eher nomadischer oder dörflicher Subsistenzwirtschaft, die noch heute für den Subkontinent so typisch ist, verändert haben. Diese Verlagerung wird durch die oben genannten landwirtschaftlichen Neuerungen sowie durch die Entwicklung der Siedlungssysteme angezeigt: Anders als im ehemaligen Kernland, wo die Zahl der Orte rückläufig ist, multipliziert sich in Saurashtra sowie in Nordwest- und Zentralindien die Zahl der Fundorte um ein Vielfaches (Abb. 8.7 und 8.8; vgl. Anm. 6).

Die tiefgreifenden Veränderungen, die das Ende der städtischen Hochkultur und Lebensweise ebenso wie zuvor ihre Entstehung charakterisieren, scheinen vor allem den "Überbau", also politische Ideologie und deren religiöse Umsetzung zu betreffen und im wesentlichen auf der strukturalen Ebene zu liegen. Bestimmte Formen, Malmotive oder handwerkliche Techniken hingegen überlebten den Zusammenbruch des Systems und wurden noch bis weit in das 2. Jt. v. Chr. hinein weitergeführt. Es bildeten sich jedoch nun wieder kleinere "Kulturprovinzen": Jhukar in Sind, Cemetery H in West-Punjab, Painted Grey Ware im Osten. Mit der Rückkehr zur Regionalität verlagerten sich auch die Schwerpunkte wieder: Baluchistan, Kachhi und selbst Sind kommen in den Einflußbereich Baktriens und der Margiana, der sich nun auch bis weit nach Iran hinein erstreckt. Es ist nicht bekannt, warum die integrativen Kräfte, die zuvor die verschiedenen Gemeinschaften verbunden hatten, nun nicht mehr wirksam waren. Das Ende der Indus-Zivilisation wird heute jedoch nicht mehr, wie zu Zeiten Wheelers, auf "Arierinvasionen" zurückgeführt. Allerdings gilt als sicher, daß indo-arisch sprechende Gruppen von Nordwesten in das Ganges-Yamuna Gebiet zogen. Der genaue Zeitpunkt dieser Wanderungen ist unklar. Proto-dravidische (?) Lehnworte deuten Fairservis und Southworth (1989) zufolge daraufhin, daß diese Hirtennomaden lange vor der Abfassung des Rgveda mit einer Ackerbau treibenden städtischen Gesellschaft in Berührung gekommen waren - ein Indiz dafür, daß die Migrationen bereits im 3. Jt. v. Chr. einsetzten. Im allgemeinen werden multikausale Faktoren vermutet: die Verlagerung der Flußsysteme, insbesondere des Ghaggar-Hakra und des Sarasvati, ein zunehmend trockener werdendes Klima, das zu einer Austrocknung von Flüssen und Seen führte und eine generelle Überdehnung des Systems, begleitet von einer Erschöpfung der Resourcen.

Resumé

Viele Probleme, die die Indus-Zivilisation betreffen, sind noch ungeklärt. Die innere Struktur, die ideologischen Grundlagen und die wirtschaftliche, soziale und politische Basis, auf der die materielle Kultur sich so weit verbreiten konnte, sind ebenso unbekannt wie die ethnische und kulturelle Identität ihrer Träger. Die Entzifferung der Schrift würde vielleicht ein wenig mehr Licht auf diese Probleme werfen, jedoch kann von den kurzen Inschriften nicht allzu viel erwartet werden. Bis auf weiteres stehen nur die materiellen Hinterlassenschaften für die Beantwortung der vielen noch offenen Fragen zur Verfügung. Dennoch hat eine vielleicht gerade deswegen so intensive Forschung das Bild während der letzten Jahrzehnte entscheidend gewandelt: Die Induskultur hat sich von dem "Ableger" der westlichen Welt, also Mesopotamien, zu einer eigenständigen, dynamischen Zivilisation entwickelt, die in einer langen, regionalen Tradition verwurzelt ist und über ihr Ende hinaus fortwirkt. Dennoch kann sie nicht isoliert betrachtet werden: Sie ist ein Mosaikstein von vielen auf der kulturellen Landkarte des Alten Orients und des Subkontinents. Durch überregionale Kontakte und die regionale Heterogenität müssen sich ständig neue Impulse ergeben haben. Die Fähigkeit, diese zu integrieren und über Jahrhunderte hinweg ein relativ stabiles Gefüge zu bewahren, ist eines der spezifischen Merkmale dieser Zivilisation. Im Unterschied zu anderen Regionen, insbesondere Mesopotamien, wiederholte sich der Prozeß des Wachstums und Niedergangs jedoch nicht in kurzen Zyklen: Es sollte bis zur Mitte des 1. Jt. v. Chr. dauern, bis wieder eine städtische Kultur mit einer vergleichbar weiträumigen Integration am Ganges entstand. Diese Besonderheit mag mit dazu beigetragen haben, die Induskultur als Ahn der konservativen, trägen südasiatischen Gesellschaft zu bewerten. Es ist der Verdienst der Forschung der letzten 20 Jahre, daß viele Vorstellungen korrigiert werden konnten und daß das heutige Bild wesentlich differenzierter ist - auch wenn wir nicht wissen, ob es nun der historischen "Realität" näher ist.

Bibliographie

Ardeleanu-Jansen, A.

1993 *Die Terrakotten in Mohenjo-Daro. Eine Untersuchung zur keramischen Kleinplastik in Mohenjo-Daro, Pakistan (ca. 2300-1900v.Chr.)*. Aachen: University Occasional Papers.

Bhan, K.K.

1989 "Late Harappan Settlements of Western India, with Specific Reference to Gujrat". In J.M. Kenoyer, Hrsg.: *Old Problems and New Perspectives in the Archaeology of South Asia*, S. 219-242. Madison: Wisconsin Archaeological Reports 2.

Childe, V.G.

1934 *New Light on the Most Ancient East*. London: Routledge & Kegan Paul.

Cleuziou, S. und M. Tosi

1989 "The Southern Frontier of the Near East". In K. Frifelt und P. Sorensen, Hrsg.: *South Asian Archaeology 1985*, S. 15-47. London: Curzon Press.

Dales, G.F.

1987 "Die Indus-Zivilisation: eine der frühen Hochkulturen der Menschheit". In G. Urban und M. Jansen, Hrsg.: *Vergessene Städte am Indus. Frühe Kulturen vom 8. - 2. Jahrtausend v. Chr.*, S. 137-152. Mainz: Philipp von Zabern.

Dales, G.F. und J.M. Kenoyer

1986 *Excavations at Mohenjo Daro, Pakistan: The Pottery.* Philadelphia: University Museum Monographs 53.

Dales, G.F. und C. Lipo

1992 *Explorations on the Makran Coast, Pakistan.* Berkeley: Archaeological Research Facility Contribution No. 50, University of California.

Dikshit, K.N.

1984 "Late Harappans in Northern India". In B.B. Lal und S.P. Gupta, Hrsg.: *Frontiers of the Indus Civilization*, S. 253-269. Neu Delhi: Indian Archaeological Society.

Fairservis, W.A.

1956 *Excavations in the Quetta Valley, West Pakistan.* New York: Anthropological Papers of the American Museum of Natural History 45 (2).

1959 *Archaeological Surveys in the Zhob and Loralai Districts, West Pakistan.* New York: Anthropological Papers of the American Museum of Natural History 47 (2).

1961 "The Harappan Civilization: New Evidence and More Theory". *Novitates* 2055: 1-35.

1967 "The Origin, Character and Decline of an Early Civilization". *Novitates* 2302: 1-48.

1975 *The Roots of Ancient India.* Chicago: Chicago University Press.

Fairservis, W.A. und F. Southworth

1989 "Linguistic Archaeology and the Indus Valley Culture". In J.M. Kenoyer, Hrsg.: *Old Problems and New Perspectives in the Archaeology of South Asia*, S. 133-141. Madison: Wisconsin Archaeological Reports 2.

Fentress, M.A.

1976 *Resource Access, Exchange Systems and Regional Interaction in the Indus Valley: An Investigation of Archaeological Variability at Harappa and Moenjodaro.* Ann Arbor: University Microfilms.

Flam, L.

1981 *The Paleogeography and Prehistoric Settlement Patterns in Sind, Pakistan (ca. 4000-2000 B.C.).* Ann Arbor: University Microfilms.

Francfort, H.P.

1985 *Prospections archéologiques au Nord-Ouest de l'Inde.* Paris: Édition Recherches sur les Civilisations.

Francfort, H.P.

1989 *Fouilles de Shortughai, recherches sur l'Asie centrale protohistorique.* Paris: Diffusion de Boccard.

Franke-Vogt, U.

1987   "Die Glyptik der Harappa-Kultur". In G. Urban und M. Jansen, Hrsg.: *Vergessene Städte am Indus. Frühe Kulturen vom 8. - 2. Jahrtausend v. Chr.*, S. 187-195. Mainz: Philipp von Zabern.

1991   *Die Glyptik aus Mohenjo-Daro. Uniformität und Variabilität in der Induskultur: Untersuchungen zur Typologie, Ikonographie und räumlichen Verteilung.* Mainz: Philipp von Zabern.

1995   "Cultural Ecology of the Greater Indus Valley and Beyond". Erscheint in: *Journal of Pakistan Archaeologists Forum* 3.

Jansen, M.

1986   *Die Indus-Zivilisation. Entdeckung einer frühen Hochkultur.* Köln: Dumont.

1987   "Mohenjo-Daro - Stadt am Indus". In G. Urban und M. Jansen, Hrsg.: *Vergessene Städte am Indus. Frühe Kulturen vom 8. - 2. Jahrtausend v. Chr.*, S. 153-174. Mainz: Philipp von Zabern.

Jansen, M. und G. Urban (Hrsg.)

1984   *Interim Reports Vol. 1. Reports on Field Work carried out at Mohenjo-Daro, Pakistan 1982-3, IsMEO-Aachen University Mission.* Aachen: Forschungsprojekt Mohenjo-Daro.

1987   *Interim Reports Vol. 2. Reports on Field Work Carried out at Mohenjo-Daro Pakistan 1983-4, IsMEO-Aachen University Mission.* Aachen: Forschungsprojekt Mohenjo-Daro.

Jarrige, J.-F.

1985   "Continuity and Change in the North Kachi Plain (Baluchistan, Pakistan) at the Beginning of the Second Millennium BC". In J. Schotsman und M. Taddei, Hrsg.: *South Asian Archaeology 1983*, S. 35-68. Neapel: Istituto Universitario Orientale.

Jarrige, J.-F. und R.H. Meadow

1992   "Mélanges Fairservis: A Discourse on Relations between Kachhi and Sindh in Prehistory". In G.L. Possehl, Hrsg.: *South Asian Archaeology Studies*, S. 163-178. Neu Delhi: Oxford & IBH Publ. Co.

Joshi, J.P.

1990   *Excavation at Surkotada and Exploration in Kutch.* Neu Delhi: Archaeological Survey of India.

Joshi, J.P., M. Bala und J. Ram

1984   "The Indus Civilization: A Reconsideration on the Basis of Distribution Maps". In B.B. Lal und S.P. Gupta, Hrsg.: *Frontiers of the Indus Civilization*, S. 511-530. Neu Delhi: Indian Archaeological Society.

Kenoyer, J.M.

1993   "Excavation on Mound E, Harappa: A Systematic Approach to the Study of Indus Urbanism". In A. Gail und G. Mevissen, Hrsg.: *South Asian Archaeology 1991*, S. 165-194. Stuttgart: Franz Steiner Verlag.

Kenoyer, J.M. (Hrsg.)

1989   *Old Problems and New Perspectives in the Archaeology of South Asia.* Madison: Wisconsin Archaeological Reports 2.

Les cités oubliées de l'Indus.
1988   Ausstellungskatalog. Paris: Association française d'action artistique.

Marshall, J.
1924   "First Light on a Long Forgotten Civilization". *Illustrated London News* 20.9. 1924: 528-532, 548

Marshall, J.
1926   "Unveiling the Prehistoric Civilisation of India. Discoveries in Sind Punjab and Baluchistan - Cities Older than Abraham". *Illustrated London News* 27.2.1926: 346-349 und 6.3.1926: 198-200

Meadow, R.H. (Hrsg.)
1991   *Harappa Excavations 1986-1990.* Madison (Wisconsin): Prehistory Press.

Meadow, R.H.
1989   "Continuity and Change in the Agriculture of the Greater Indus Valley: The Palaeo-ethnobotanical and Zooarchaeological Evidence". In J.M. Kenoyer, Hrsg.: *Old Problems and New Perspectives in the Archaeology of South Asia*, S. 61-74. Madison: Wisconsin Archaeological Reports 2.

Mughal, M.R.
1971   *The Early Harappan Period in the Greater Indus Valley and Northern Baluchistan (ca. 3000-2400 B.C.).* Ann Arbor: University Microfilms.
1982   "Recent Archaeological Research in the Cholistan Desert". In G.L. Possehl, Hrsg.: *Harappan Civilization*, S. 85-95. Neu Delhi: Oxford & IBH Publ. Co.
1990   "Further Evidence of the Early Harappan Culture in the Greater Indus Valley: 1971-1990". *South Asian Studies* 6: 175-200.

Nissen, H.J.
1987   "Frühe Hochkulturen im Nahen und Mittleren Osten". In G. Urban und M. Jansen, Hrsg.: *Vergessene Städte am Indus. Frühe Kulturen vom 8. - 2. Jahrtausend v. Chr.*, S. 43-49. Mainz: Philipp von Zabern.

Parpola, S.
1987   "Die Entzifferung der Indus-Schrift". In G. Urban und M. Jansen, Hrsg.: *Vergessene Städte am Indus. Frühe Kulturen vom 8. - 2. Jahrtausend v. Chr.*, S. 196-205. Mainz: Philipp von Zabern.

Piggott, S.
1952   *Prehistoric India to 1000 B.C.* (2. Auflage). Harmondsworth: Penguin Books.

Possehl, G.L.
1980   *The Indus Civilization in Saurashtra.* Neu Delhi: B.R. Publishing Company.
1986   *Kulli. An Exploration of an Ancient Civilization in South Asia.* Durham: Carolina Academic Press.
1993   "The Date of Indus Urbanization: A Proposed Chronology for the Pre-Urban and Urban Harappan Phases". In A. Gail und G. Mevissen, Hrsg.: *South Asian Archaeology 1991*, S. 231-249. Stuttgart: Franz Steiner Verlag.

Rao, S.R.
1985   *Lothal: A Harappan Port Town.* Neu Delhi: Archaeological Survey of India.
1991   *Dawn and Devolution of the Indus Civilization.* Neu Delhi: Archaeological Survey of India.

Ratnagar, S.

1991   "Enquiries into the Political Organization of Harappan Society". Puna: Ravish Publishers.

Reade, J. und S. Méry

1987   "A Bronze Age Site at Ras al-Hadd". In S. Cleuziou und M. Tosi, Hrsg.: *The Joint Hadd Project. Summary. Report on the Second Season.*

Sellier, P.

1987   "Mehrgarh: Grabstätten und Bestattungsritus". In G. Urban und M. Jansen, Hrsg.: *Vergessene Städte am Indus. Frühe Kulturen vom 8. - 2. Jahrtausend v. Chr.*, S. 83-94. Mainz: Philipp von Zabern.

Shaffer, J.G.

1992   "The Indus Valley, Baluchistan and the Hilmand Drainage (Afghanistan)". In R.W. Ehrich, Hrsg.: *Chronologies in Old World Archaeology*, Band I, S. 441-465, Band II, S. 425-446. Chicago: Chicago University Press.

Vergessene Städte am Indus.

1987   Ausstellungskatalog Aachen. Mainz: Philipp von Zabern.

Vogt, B.

1994   *Excavations at Asimah.* Dubai: Shell Markets Middle East.

Wheeler, R.M.

1968   *The Indus Civilization.* (3. Auflage). Cambridge: Cambridge University Press.

Der Golfhandel im späten 3. und frühen 2. Jt. v. Chr.*

Ute Franke-Vogt

'The (people of the) lands Magan and Dilmun,
let them to come and see me, Enki!
Let the mooring posts be placed for the Dilmun boats!
Let the Magan boats reach to the horizon!
Let the magilum-boats of Meluḫḫa
transport gold and silver for exchange.
(Enki und die Weltordnung, Z.124-129. Alster 1983: 60)

Seit mehr als 100 Jahren sind die Ortsnamen "Dilmun, Magan und Meluḫḫa" aus sumerischen und akkadischen Inschriften bekannt. Wichtigstes Problem war zunächst die Lokalisierung dieser Länder: Wurde "Tilmun" schon 1880 mit Bahrain identifiziert, so deutete die immer gleich bleibende Reihenfolge darauf hin, daß Magan und Meluḫḫa weiter östlich von Bahrein lagen (Abb. 9.1).[1] Magan setzte man bald mit der Halbinsel Oman gleich, jedoch wurde es auch in Ägypten bzw. Nordafrika lokalisiert. Wenig später vermutete Landsberger (1924), daß der Name "Magan" erst am Ende des 2. Jt. v. Chr. auf Ägypten übertragen wurde. Die Zuordnung Meluḫḫas, welches seltener genannt wird, war schwieriger. Neben Äthiopien, Oman und der iranischen Golfküste (Gelb 1970) wurde 1944 erstmals Indien vorgeschlagen (Abb. 9.1; Cornwall 1944; Falkenstein und von Soden 1953: 415 ff.).

Die Texte gehören unterschiedlichen Gattungen an: Gewähren literarische Texte einen Einblick in die Welt der Mythen und Glaubensvorstellungen, lassen Königsinschriften politische Macht- und Legitimationsansprüche erkennen, so sind auf Verwaltungsurkunden vor allem wirtschaftliche Transaktionen festgehalten, die die Bedeutung dieser Länder als Handelspartner und Rohstofflieferanten für Mesopotamien zum Ausdruck bringen. Die Quellenlage ist aber nicht für alle Zeiten und Belange gleich: Es wurden meist größere Städte und in diesen Palast- und Tempelarchive ausgegraben. Dort sind aber vorwiegend "offizielle" Urkunden verwahrt, während über Geschäfte von Privat-

---

* Den Herausgebern gebührt für ihre intensive inhaltliche und formale Auseinandersetzung mit den Manuskripten und für ihre geduldige Kooperation während der gesamten Entstehungszeit des Bandes mein herzlicher Dank.
[1] Oppert 1880; Rawlinson 1880. Vgl. auch Heimpel 1987; 1987-90; 1993; Leemans 1960; Pettinato 1972; Potts 1990: 85 ff., 133 ff., 181 ff., 217 ff.; Sollberger 1968-69: 247 f.

personen nur indirekt, z.B. über juristische Texte, etwas zu erfahren ist. Bei der verallge-
meinernden Auswertung der Texte ist daher die allgemeine Quellenlage für die betreffende Zeit und der Fundkontext zu berücksichtigen.

Diese schriftlichen Quellen werden durch ein mittlerweile recht umfangreiches
archäologisches Material ergänzt. Den ersten dänischen Grabungen in den 50er Jahren
auf Bahrain, in den Vereinigten Arabischen Emiraten und Oman[2] folgte ein "Ausgra-
bungsboom", der bis heute andauert. Das Interesse an dieser Gegend wurde zum einen
durch die Suche nach dem Paradies der sumerischen Hymnen, nach dem Land der Un-
sterblichkeit geschürt; zum anderen durch die faszinierenden Reiseberichte über die *terra
incognita* der Arabischen Halbinsel. Jedoch haben auch die günstigen Arbeitsbedin-
gungen und nicht zuletzt die heutigen politischen Konstellationen im Nahen Osten dazu
beigetragen, daß das "Untere Meer" kein weißer Fleck auf der Landkarte mehr ist.

Die Verklärung dieser Länder, insbesondere Dilmuns, kann jedoch nicht darüber
hinwegtäuschen, daß auch die damaligen "internationalen" Beziehungen, wie die Texte
sehr wohl zeigen, vor allem von den politischen und wirtschaftlichen Interessen der
"Großmächte" geprägt waren. Im Lauf der Zeit veränderten sich diese Beziehungen.[3] In
der zweiten Hälfte des 3. Jt. v. Chr. waren sie vor allem durch das Aufkommen zweier
Großmächte gekennzeichnet, die wie Gegenpole am westlichen und am östlichen Ende
dieses Interaktionsgebiets lagen: das Reich von Akkad und die Induskultur. Zwar ist
durch das Fehlen entsprechender schriftlicher Informationen aus dem Industal das Bild
einseitig, jedoch können, wenn auch in eingeschränkter Form, auch materielle Hinterlassenschaften etwas über interkulturelle Kontakte verraten. Ökonomische Transaktionen
- Handel - sind aber nur ein Modus des Transports von Gegenständen und Waren. Beute-
und Kriegszüge mit dem Ziel der Plünderung und der Durchsetzung eines Machtan-
spruchs sowie daraus resultierende Tributzahlungen sind ebenso wie "Geschenke" weitere Mechanismen der "Mobilität" von Gütern und Rohstoffen (s.a. Kap. 13). Insbesondere nach der Formierung zentral organisierter (früh-)staatlicher politischer Einheiten
wurden diese Mechanismen immer wichtiger und vor allem großräumiger. Eine andere
Dimension interkultureller Kontakte offenbart sich dagegen im "Technologie-" und
"Ideentransfer". Besonders letzterer kann verbunden sein mit der Kenntnis einer völlig
fremden Geisteswelt, bzw. mit einer Auseinandersetzung damit; eine Art von Kommunikation also, die den Rahmen rein politischer oder wirtschaftlicher Begegnungen über-
schreitet. Wanderhandwerker, aber auch deportierte Künstler oder Kriegsgefangene können hier eine wichtige Rolle gespielt haben. Die Adaption fremder Symbole beinhaltet
jedoch nicht *per se* die Übertragung ihrer metaphorischen Bedeutung. Sie kann Kopie
der Form und nicht des Inhalts sein. Sie kann jedoch auch der visuellen Darlegung oder
Legitimierung von Machtansprüchen dienen. Betrachtet man die am Golfhandel beteiligten Länder Dilmun, Magan und Meluḫḫa unter diesen Aspekten, zeigt sich ihre unterschiedliche wirtschaftliche und politische Bedeutung und ein differenziertes regionales

---

[2] Bibby 1970; Potts 1990, 1992; Frifelt 1991; Hojlund und Andersen 1994, Rice 1994.
[3] Vgl. Edens 1992; Potts 1993; Eidem und Hojlund 1993.

Beziehungsgeflecht, welches während der mehr als 800 Jahre, in denen der Golfhandel ein "Thema" in den Texten war, auch strukturalen Veränderungen unterworfen war.

Dilmun

Von allen drei Ländern ist Dilmun am häufigsten erwähnt. Erstmals in den archaischen Texten aus Uruk um 3200 v. Chr. (Abb. 9.7, 9.10; Englund 1983; Nissen 1986: 327) genannt, erscheint es in der nachfolgenden Zeit als Bestandteil von Personennamen und Berufsbezeichnungen, in Schultexten, lexikalischen Listen, Wirtschaftstexten, Königs-inschriften, Weihinschriften und literarischen Texten. Im Gegensatz zu Magan und Meluḫḫa spielte Dilmun auch in der sumerischen Mythologie eine wichtige Rolle:[4] So ließ sich in der Sintflutgeschichte Ziusudra auf Dilmun nieder (Civil 1969: 145), und der Gott Enki gibt Dilmun, dem Land, wo "die Sonne aufgeht", wo "der Löwe nicht tötet und das Schwein nicht die Gerste frißt", seine berühmten Süßwasserquellen (Alster 1983: 63). Die Mehrzahl der Texte befaßt sich jedoch mit Dilmun als Handelspartner, der offenbar im Lauf der Zeit eine wechselhafte Rolle spielte: Bestanden von der Akkad- bis zur Ur III-Zeit (2350-2000 v. Chr.) direkte Verbindungen zwischen Mesopotamien und Magan und Meluḫḫa, so kontrollierte und regulierte Dilmun vor und nach diesen Perio-den in einer Mittlerfunktion den Güterverkehr. Insbesondere nach 2000 v. Chr., in der Isin-Larsa und altbabylonischen Zeit, nach dem Zusammenbruch des Ur III-Reichs in Sumer und dem Ende der Induskultur im Osten, erlebte Dilmun einen wirtschaftlichen Aufschwung, der durch die Eingliederung der Insel Failaka auch mit einer territorialen Expansion verbunden zu sein scheint (Abb. 9.1 und 9.6). Magan und Meluḫḫa werden in den mesopotamischen Texten nicht mehr genannt, obwohl die Palette der verhandelten Produkte sich beträchtlich vervielfältigte: In der Larsa-Zeit werden erstmals "Fisch-augen", Schildkrötpanzer und Kauri-Muscheln erwähnt (vgl. Abb. 9.8). Die für lange Zeit letzten Quellen, die Dilmun nennen, stammen aus dem 21. Jahr des altbabylonischen Königs Samsu-iluna (1728 v. Chr.) und des elamischen Königs Kutir-Naḫḫunte I aus Susa (1730-1700 v. Chr.).

Die in Zusammenhang mit Dilmun genannten Waren beziehen sich auf Fertigpro-dukte, Nahrungsmittel und Rohstoffe, deren Name teilweise mit dem Toponym "Dilmun" verbunden wurde: Dilmunharfe, -bierbrot, -datteln, -zwiebeln, -kleider (-stoffe), -äxte, -zinn, -kupfer (vgl. Potts 1990: 87 f.). Auch Elfenbein, verschiedene Holzarten, Perlen, Halbedelsteine und Leinen werden genannt. Aufgrund seiner ökologischen Gegebenhei-ten scheidet Dilmun als Ursprungsland für einige dieser Güter jedoch aus. Es kann daher nur der Umschlagplatz für Waren, die aus verschiedenen Ländern kamen und nach Meso-potamien weiterverhandelt wurden, gewesen sein.[5] Wahrscheinlich wurden auch nicht alle mit dem Namen "Dilmun" verbundenen Waren lokal hergestellt: Vielleicht handelte es

---

[4] Cornwall 1944; Kramer 1964; Nasheef 1986. Siehe dagegen Alster 1983.
[5] Explizit so erwähnt von Ur-Nanše (ca. 2500 v.Chr.), s. Potts 1990: 88.

sich um spezielle Macharten oder bestimmte Sorten - schon in der Frühdynastisch III-Zeit wurden Dilmun-Zwiebeln in Lagaš angebaut (Heimpel 1987: 72) - oder auch um typische, für den Export nach Dilmun bestimmte Waren. Getreide oder Mehl, Kleidung und Wolle sowie Zwiebeln wurden an Leute oder Schiffe aus Dilmun ausgeliefert (Abb. 9.9). Dabei handelte es sich um Gegenwerte für gekaufte Waren, jedoch werden auch Geschenke genannt.

Interessanterweise reichen die ältesten Nennungen Dilmuns, das - wie oben bemerkt - auf der Insel Bahrain lokalisiert wurde, in eine Zeit zurück, die dort bislang archäologisch kaum nachgewiesen ist. Zwar fanden sich auch auf der Insel selbst Spuren des "'Obed-Horizontes", der sich während des späten 5. und frühen 4. Jt. v. Chr. von Südmesopotamien aus entlang der Südküste des Golfs bis nach Ras al-Khaimah ausbreitete (Abb. 9.2). Jedoch war die Insel bis zur Mitte des 3. Jt. v. Chr. wahrscheinlich nicht permanent besiedelt..[6] Dagegen stammen einige Funde aus der Uruk-, Ğemdet Nasr- und frühdynastischen Zeit vom saudi-arabischen Festland und der Insel Tarut (Abb. 9.11, Nrn. 1-4). Es ist daher denkbar, daß der Name "Dilmun" bis zur Akkad-Zeit eine Region auf dem Festland bezeichnete und erst später die günstiger gelegene und mit Süßwasserquellen ausgestattete Insel Bahrain (Abb. 9.5; Potts 1983). Es ist jedoch nicht auszuschließen, daß ältere Siedlungen heute durch den gestiegenen Wasserspiegel überflutet sind. Erst in den letzten Jahrhunderten des 3. Jt. v. Chr., also etwa 300 Jahre nach der ersten schriftlichen Erwähnung, begann der archäologisch greifbare Aufschwung Bahrains. Aus dieser und der Zeit nach 2000 v. Chr. stammen fast 100.000 Gräber, jedoch wurden bisher nur zwei Siedlungen ausgegraben.

Die kleine Siedlung Qala'at al-Bahrain ("*City*", Hojlund / Andersen 1994: 168 ff.) zeigt zuerst Anzeichen für überregionale Kontakte. In den Schichten der ältesten Stadt *City* I (Abb. 9.6) fand man neben der typischen einheimischen Keramik (Abb. 9.11, Nr. 5 und 8) Scherben aus Mesopotamien (Abb. 9.11, Nr. 7) und der Umm an-Nar Kultur, die auf der Halbinsel Oman - dem damaligen Magan - verbreitet war (Abb. 9.11, Nr. 6). Handel mit dieser Region ist auch durch reichliche Kupferfunde bezeugt. Aus den obersten Schichten von *City* I stammen ein kubisches Indusgewicht, Ur III-zeitliche Keramik und eine Terrakotte aus Mesopotamien. Der Beginn der folgenden Siedlung (*City* IIA) um 2050 v. Chr. ist durch ein regelrechtes "Bauprogramm" gekennzeichnet: Die Siedlung wurde vergrößert und mit einer Stadtmauer versehen, der erste große Tempel in Barbar wurde errichtet. Eine neue Keramik taucht auf (Abb. 9.11, Nr. 9, 10). Aus diesen Schichten stammen die meisten Gewichte in Qala'at al-Bahrain. Nun setzte auch eine eigene Siegeltradition ein: Der älteste Typ, die Golf-Siegel, wurde vor allem auf Bahrain, aber auch in Mesopotamien und in Iran gefunden (Abb. 9.13, Nr. 1-6). Motiv und / oder

---

[6] Zwei Streufunde: eine polychrome Ğemdet Nasr-Scherbe aus Barbar (Mortensen 1986: 178-185) und ein Ğemdet Nasr-Siegel aus Hajjar (Rice 1988: Fig. 3; Vine 1993: 15). Da während der dänischen Grabungen keine entsprechenden Schichten freigelegt wurden, betrachtet man diese Funde (Steingefäße und Siegel) als intrusiv (Potts 1990: 267 f.). Vielleicht stammen sie aus heute überfluteten Siedlungen. In den britischen Sondagen in Saar wurde neben frühdynastischer und akkadischer auch City I und II A Keramik gefunden (Heinz 1994). Die einphasige Siedlung selbst datiert jedoch nach 2000 v.Chr. (Woodburn und Crawford 1994: 89, 92).

Inschriften zeigen Verbindungen zu den Indussiegeln (s.u.). Später, in *City* IIB, kam ein neuer Typ auf, das Dilmun-Siegel (Abb. 9.13, Nr. 8-15). Dilmun-Siegel waren von etwa 2000 bis 1600 v. Chr. in Gebrauch und wurden insbesondere auf Failaka zu Hunderten entdeckt (Kjaerum 1983). Diese strategisch günstig vor der Mündung von Euphrat und Tigris gelegene Insel wurde um 2000 v. Chr. von Dilmunitern besiedelt - eine territoriale Expansion, die sicherlich im Zusammenhang mit der neuen Rolle Dilmuns als Wirtschaftszentrum und seiner intensiven Orientierung nach Babylonien und Susa steht. In Saar (Bahrain) vermitteln gut erhaltene Häuser, Straßen und Gassen sowie ein Tempel einen Eindruck des täglichen Lebens zwischen ca. 2000 und 1800 v. Chr. (Woodburn und Crawford 1994). Zahlreiche Siegel und Versiegelungen sowie ein Kupferbarren zeigen, daß die Bewohner Handel trieben. Als "logische" Konsequenz dieser Umorientierung von Ost nach West wurden ab *City* IIB die dem metrischen System der Induskultur folgenden Gewichte durch babylonische ersetzt (Hojlund 1994: 397). Zugleich verraten einige aus Gräbern und einem Gründungsdepot des Tempels IIa in Barbar stammende Funde jedoch, daß die Beziehungen weit über das Golfgebiet und Susa (Abb. 9.13, Nr. 12, 14, 15) hinaus bis nach Baktrien reichten (During Caspers 1993).[7] Ein in Lothal (Saurashtra, Indien) gefundenes Dilmunsiegel zeigt, daß auch der weite Weg nach Osten noch immer befahren wurde (Abb. 9.11, Nr. 11; Abb. 9.13, Nr. 13). Nach *City* IIC reduzierte sich jedoch die Kupferverarbeitung erheblich (Hojlund 1994: 381) - ein Indiz für die seltener werdenden Kontakte.

Damit ergänzen sich nun der archäologische Befund und die schriftlichen Quellen. Schon aufgrund der günstigen Lage und der Süßwasservorkommen Bahrains war es unwahrscheinlich, daß der Handel Mesopotamiens mit Magan und Meluḫḫa von der Akkad- bis zur Ur III-Zeit an Dilmun vorbeiging. So wissen wir aus akkadischen Texten, daß Dilmun-Schiffe in Mesopotamien anlegten (Abb. 9.10). Die gegen Ende von *City* IB und vor allem mit *City* IIA einsetzenden Funde und Bautätigkeiten belegen jedoch eindrucksvoll den Aufschwung, den die Stadt durch ihre neue Mittlerrolle nach dem Niedergang der Induskultur nun erlebte. Dies spiegeln am Ende der Ur III-Zeit auch die Texte wieder: Dilmun wird erstmals wieder im ersten Jahr Ibbi-Sins von Ur (2027 v. Chr.) als Empfänger von 10 Talenten (300 kg) fünftklassiger Wolle erwähnt (Heimpel 1987: 82) und bleibt einziger Ansprechpartner. Failaka profitierte besonders von dieser Entwicklung. Es behielt seine wichtige Position bis in die altbabylonische Zeit, als die Handelszentren in Südmesopotamien Ende des 18. Jh.v. Chr. der Kontrolle der babylonischen Herrscher entglitten und der Seehandel zum Erliegen kam. Wir wissen, daß sich neben Amoritern nun auch vermehrt Babylonier auf Failaka und Bahrain ansiedelten. So beträgt der Anteil babylonischer Keramik ab Periode 3A auf Failaka 50 % und ist damit viel höher als vorher (Abb. 9.12, Nr. 7-11), zugleich tauchen Keilschrifttexte auf. Die nachfolgenden Perioden, bis hin zur kassitischen und mittelelamischen Zeit, sind recht unbekannt, jedoch besaßen die Kassiten in der zweiten Hälfte des 2. Jt. v. Chr. die politische Oberhoheit über Dilmun.

---

[7] Ein Dilmun-Siegel stammt aus Baktrien (Sarianidi 1986: 231; Abb. S. 246).

Magan

Auf der Suche nach dem Ursprung der in den Texten genannten Güter, insbesondere des so oft genannten Kupfers, erreicht man als nächstes das Land Magan, welches heute mit der Halbinsel Oman identifiziert wird (Abb. 9.1, 9.3 und 9.4).[8] Magan wird erstmals in zwei Inschriften Sargons von Akkad, dem Begründer des ersten Territorialstaates, erwähnt (Abb. 9.10).[9] Sargon rühmt sich, daß der Gott Enlil ihm das Obere und das Untere Meer gab, also den oberen Golf bis evtl. zum Golf von Oman. In einer zweiten Inschrift sagt er: "und Schiffe aus Meluḫḫa, Magan und Dilmun ließ ich ankern am Kai meiner Hauptstadt Akkad" (Hirsch 1963: 3). Seine Nachfolger Rimuš, Maništušu und Naram-Sin führten ebenfalls Kriegszüge in diese Region, jedoch war Maništušu vermutlich der einzige Herrscher, der Magan mit eigenen Augen sah (Heimpel 1987: 43) - eine Leistung, die vielleicht mit ein Grund für seine spätere Vergöttlichung war. Kämpfte er gegen einen Bund von 32 Städten, so unterwarf Naram-Sin den Herrscher (*en*) von Magan. Beide ließen schwarzen Stein in den Bergen brechen und in Mesopotamien zu Herrscherstatuen verarbeiten. Auch die "Beute von Magan", eine Reihe von Steingefässen, zeugt von einer Militärexpedition (Potts 1986a). Diesen Königsinschriften stehen nur relativ wenige Wirtschaftstexte gegenüber: Ganze dreimal wird Kupfer, einmal ein Kupferobjekt aus Magan genannt. Ein Personenname (*Lú-Magan*) und die Ausgabe einer Bierration an einen Gesandten aus Magan schließen die kurze Liste (Potts 1990: 137 f.). Funde aus Häusern und Gräbern zeigen jedoch, daß der Besitz von Metallen und Halbedelsteinen in Mesopotamien weit verbreitet war (Westenholz 1984: 27). So dürfte der Handel auch in dieser Zeit floriert haben. Unter Gudea von Lagaš (2144-2124 v. Chr.)[10] setzt sich die Reihe der Königsinschriften fort (Abb. 9.10). Aus Magan kam Diorit, 241 Stoffe wurden für Magan ausgegeben (Heimpel 1987: Nr. 32). In drei literarischen Texten wird Magan zusammen mit Dilmun und / oder Meluḫḫa erwähnt (Alster 1983: 60 ff.).

Erst aus der Ur III-Zeit liegen wieder mehr Texte vor. Sie zeigen den Aufstieg der Stadt Ur zum wichtigsten Hafen in Mesopotamien. Der Begründer der Dynastie, Ur-Nammu (2111-2094 v. Chr.), rühmt sich, "die Maganschiffe in Nannas Hand zurückgebracht zu haben", eine Umschreibung für die Rückführung des Handels von Lagaš nach Ur (Neumann 1979: 19). Diese intensiven Handelsbeziehungen waren jedoch von militärischen Aktionen begleitet: In einem Text Šulgis (2094-2047 v. Chr.) geht es um die Entsendung von Truppen nach Magan (Potts 1990: 148). Magan war noch am Ende des Ur III-Reichs so wichtig, daß der Golf als "Meer von Magan" bezeichnet wurde (Heimpel 1987: Nr. 37).Bis dorthin erstreckte sich nach eigener Auffassung das Reich der

---

[8] Sumerisch: Magan; akkadisch: Makan. Wobei nicht sicher ist, ob die iranische Küste ebenfalls zu Magan gehörte, vgl. Glassner 1989; Hansman 1973; Heimpel 1987.

[9] Vgl. aber zwei Ur III-Schultexte aus Nippur, die möglicherweise in die Frühdynastische Zeit datieren. Sehr ähnlich einer Inschrift Gudeas von Lagaš nennen sie Magan und Meluḫḫa als Holzlieferanten.

[10] Im Gegensatz zu Naram-Sins Statuen aus Gabbro-Olivin sind die Statuen des Gudea von Lagaš aus Diorit, der in Oman nicht in großen Blöcken vorkommt, sondern nur in Iran (Bandar Abbas; s. Heimpel 1982) - ein Argument dafür, daß Magan auch die iranische Ostküste einschloß.

Ur III-Herrscher - sicher sollten die Truppen diesen Anspruch sichern. Relativ überraschend enden daher die Erwähnungen nach dem 4. Jahr Ibbi-Sins (2025 v. Chr.).
Wichtigstes Importgut aus Magan sind Kupferbarren, die bis zu 120 kg wiegen konnten
(Heimpel 1987: Nr. 61), doch werden auch fertige Kupfergegenstände, Steine, Holz,
Ried, Möbel sowie Schweine und Ziegen genannt (Abb. 9.8). Im Gegenzug wurden
Textilien, Wolle, Häute sowie Sesamöl und Gerste nach Magan geschickt. Stoffe und
Rohwolle bleiben auch weiterhin wichtigste Exportgüter: ganze Schiffsladungen meist
minderwertiger Qualitäten werden genannt (Abb. 9.9; Waetzoldt 1972: 72). "Magan-
Schiffbauer" mit sumerischen Namen lebten in Lagaš, Ur war ein Heimathafen dieser
Schiffe (Heimpel 1987: Nr. 34, 35).

    Die Halbinsel Oman wird von einem Gebirgszug durchschnitten, in dem sich sowohl die Kupfer- wie auch die Steinvorkommen befinden. Grenzt sie im Osten an den
Indischen Ozean und im Norden an den Arabischen Golf, so öffnet sie sich im Westen
zur Arabischen Wüste. Der erste über diese naturräumlichen Barrieren hinausgreifende
archäologische Komplex ist der "Hafit-Horizont", der während der ersten Hälfte des 3.Jt.
v. Chr. vorwiegend in den Bergen und an der Ostküste zu finden ist. Aus den Gräbern
(Abb. 9.14, Nr. 1) und der bislang einzigen Siedlung dieser Zeit (Hili 8) stammen aus
Mesopotamien importierte Gefäße (Abb. 9.14, Nr.2-7; Abb. 9.16, Nr.10). Sie zeigen,
daß die Beziehungen schon lange, bevor Magan in den Texten auftauchte, weit über Dilmun nach Osten reichten. Ähnlich wie bereits zur 'Obed-Zeit könnten kleinere Boote an
der Küste entlang bis zur Straße von Hormuz, vielleicht sogar bis zum Golf von Oman
gefahren sein.

    Mitte des 3. Jt. v. Chr., in der Umm an-Nar-Zeit, erlebte diese Region einen wirtschaftlichen und kulturellen Aufschwung, in dem der begehrte Rohstoff Kupfer eine
wichtige Rolle spielte. Kupferverarbeitung ist durch Schlacke von bis 250 t pro Verhüttungsplatz, durch Werkzeuge, Schmelztiegel, Formen, Barren und Brennöfen an vielen
Fundstellen nachgewiesen. Diese Plätze liegen nicht nur bei den Lagerstätten in den
Bergen, sondern selbst auf der Insel Umm an-Nar in der Nähe Abu Dhabis (Hauptmann
1985: Abb. 1). Für die Verschiffung wurde das Kupfer in Barrenform oder, seltener, als
Fertigprodukt an die Küste transportiert, vielleicht mit Kamelen. Aus dieser Zeit sind nun
mehrere Siedlungen bekannt, darunter Tell Abraq (Potts 1991) an der Küste und Hili-8 in
der al-'Ain Oase im Landesinneren (Cleuziou 1989a). Die Bergregion ist durch Oasen
und Wadis gekennzeichnet, in denen weit verstreut die Häuser lagen (Abb. 9.14, Nr. 8).
Hier wurde v.a. Getreide angebaut. In den charakteristischen runden Gräbern mit mehreren Kammern (Abb. 9.15, Nr. 1; Abb. 9.16, Nr. 1) fand man bis zu 200 Bestattungen
mit Steingefäßen (Abb. 9.16, Nr. 4-6), Schmuck, Waffen und feinen roten, oft schwarz
bemalten Tongefäßen als Beigaben (Abb. 9.15, Nr. 2, 3, 6; Vogt 1985a: 106 ff.). Einige
Vorratsgefäße zeigen, daß die Beziehungen zum frühdynastischen Mesopotamien fortbestanden - vielleicht wurde in diesen Behältern das in den Texten erwähnte Sesamöl transportiert (Abb. 9.14, Nr. 9; Abb. 9.15, Nr. 8) ? Neu und gegen Ende des 3. Jt. v. Chr.
doch das Bild der Importe beherrschend sind Güter aus dem Osten: aus dem Industal
Keramik, vor allem große Vorratsgefäße (20-70 l), aber auch kleinere Töpfe (Abb. 9.16,

Nr. 9; Cleuziou 1992: 99), geätzte Karneolperlen (Abb. 9.16, Nr. 8), Elfenbein; aus Ostiran graue Keramik (Abb. 9.15, Nr. 4, 5, 7, 9, 10) und aus Baktrien kleine Chlorit-
flakons (Abb. 9.16, Nr. 7). Es ist nicht bekannt, was in diesen Vorratsgefäßen transportiert wurde.[11] Vielleicht hat man sie aber auch um ihrer selbst willen erstanden, denn die
einheimische Keramikproduktion erzeugte keine großen Gefäße. Möglichwerweise besaß
Meluḫḫa an der Ostküste so etwas wie eine "Handelsstation" in Ras al-Hadd oder Ras al-
Junayz, jedoch findet man die genannten Importe auch in den Siedlungen und Gräbern
des Inlands (Vogt 1994). Eine dauerhaftere Anwesenheit von Meluḫḫitern könnte das
Auftreten bestimmter indischer dekorativer oder technologischer Merkmale sowie möglicherweise einiger Schriftzeichen auf einheimischer Keramik erklären. Vielleicht stammt
das kupferne Indussiegel aus Ras al-Junayz aus dem Besitz eines solchen Agenten -
dieser konnte dann wohl auch die Inschriften auf den importierten Behältern lesen.

Es dürfte kaum ein Zufall sein, daß bald nach dem Niedergang der Induskultur
um 2000 / 1900 v. Chr., der zeitlich also etwa mit den letzten Erwähnungen Magans in
den Texten zusammenfällt, auch in Oman Veränderungen einsetzten. Nach 2000 v. Chr.
treten mit dem Wadi Suq-Horizont (Abb. 9.4) nach einer Übergangsphase neue Grabformen und Bestattungssitten, Bronze- und Steingeräte sowie Schmuckformen auf (Abb.
9.17). Die Keramik zeigt neue Waren, Formen, Verzierungen und Techniken, ist aber
insgesamt einfacher. Die Ernährungsgewohnheiten ändern sich, Muscheln und Datteln
werden wieder wichtigste Grundnahrungsmittel. Den Funden nach zu urteilen werden die
Beziehungen nach Osten sporadischer, v.a. gibt es nun die vorher so häufigen Indus-
behälter nicht mehr. Die als Importe betrachteten Karneolperlen dieser Zeit sind teilweise
stilistisch und technisch von schlechter Qualität. Da vor kurzem Chalzedonvorkommen,
darunter Karneol, in Ras al-Khaimah entdeckt wurden, erscheint eine lokale Imitation
nicht mehr ausgeschlossen. Ein Indusgewicht aus einem Wadi Suq-Grab in Shimal (de
Cardi 1989) stammt wahrscheinlich aus älterer Zeit, denn auch auf Bahrain endete mit
City IIA, also spätestens um 1900 v. Chr., dieses mit der Induskultur verbundene
Gewichtssystem. Omanische Steingefäße aus Ur, al-'Obed (Potts 1990: 252) und Uruk,
sowie Dilmun-Keramik und kassitische Keramik aus Tell Abraq und Shimal (Potts 1993:
432 f.) zeigen das Fortbestehen der Beziehungen nach Mesopotamien bis weit in das
2. Jt. v. Chr. hinein, eine Zeit also, über die die Texte weitgehend schweigen. Es ist jedoch bekannt, daß noch bis um 1700 v. Chr. Kupfer über Dilmun nach Mesopotamien
gelangte. Auch lokaler Bedarf ist nachgewiesen: Die meisten Wadi Suq-Gräber sind geplündert; dennoch vermitteln sie einen Eindruck von der andauernden Bedeutung von
Kupfergegenständen (Abb. 9.17, Nr. 10, 11). Kupferverarbeitung muß also weiterhin
erfolgt sein, wenn vielleicht auch nicht mehr in dem Ausmaß der vorangegangenen Zeit
(Hauptmann 1985: Abb. 1).[12] Die erstmalige Besiedlung der kupferreichen Insel Masirah

---

[11] Die Texte aus der Isin-Zeit nennen auffallend oft mit gegerbten Schafshäuten verschlossene Krüge mit
5 l, 10 l und 30 l Fassungsvermögen, in denen Öl und Äpfel transportiert wurden (Heimpel 1987: 82 f.).
Gouin stellte die Hypothese auf, daß in den Vorratsgefäßen aus dem Industal Milchprodukte verschifft
wurden (Gouin 1990: 49).
[12] Hauptmann unterscheidet nur zwischen der Umm an-Nar- und der Wadi Suq-Zeit, im Text nennt er nur
3. / 2. Jt., Bronzezeit oder den Zeitraum 2200-1900 v. Chr. Er schreibt (S. 94, 116 ff.) explizit, daß an

(Cleuziou 1992: 101) an der Ostküste Omans (Abb. 9.4) deutet ebenso wie die nun neu auftauchenden Verarbeitungsmethoden und Typen nicht auf einen allgemeinen Niedergang der Metallurgie.

Meluḫḫa

Das am weitesten von Mesopotamien entfernte Land ist Meluḫḫa: Von einem unbekannten Punkt am Euphrat war es 1275 km entfernt (Weidner 1952-3: 6). In der mythologischen Überlieferung (Heimpel 1993: 54) ist es dem sumerischen Gott Enki unterstellt. Es ist ein dunkles, schwarzes Land, dem Enki Wälder, Rohr, tüchtige Krieger, Rinder und Metalle gab. Auf "großen Schiffen bringt Meluḫḫa Karneol, begehrt und kostbar", sowie Silber und Gold (Alster 1983: 60, 65). Obwohl nach der ersten Erwähnung durch Sargon von Akkad nur selten genannt (Abb. 9.10), gab es in der akkadischen Zeit anscheinend so etwas wie "alltägliche" Kontakte zum Industal: So wurde ein Mann aus Meluḫḫa dazu verurteilt, 10 Shekel (80 g) Silber als Entschädigung für einen beschädigten Zahn an einen Mann namens Ur-ur zu zahlen. Auf einem Siegel des Šu-ilušu ist die Berufsbezeichnung "Meluḫḫa-Übersetzer" überliefert (Abb. 9.18, Nr. 3). Ein Wirtschaftstext aus Umma registriert die Verteilung von Öl an einen Gendarmen und einen Passagier eines Meluḫḫa-Schiffs (Heimpel 1987: Nr. 18, 21, 23). Auch unter Gudea von Lagaš (2144-2124 v. Chr.) bestanden wahrscheinlich noch direkte Beziehungen. So rühmt er sich, daß Magan und Meluḫḫa Holz für seine Bauten als Tribut brachten, schwarzes Holz, Lapislazuli, Goldstaub, Zinn und Karneol. Ab der Ur III-Zeit wird "Meluḫḫa" nur noch als Herkunftsangabe für Gegenstände ("Meluḫḫa-Tischplatte") oder Personen verwendet. Daß es auch als Personen- und Ortsname vorkommt, könnte auf in Sumer (Lagaš) ansässige Meluḫḫiter hindeuten (Parpola et al. 1977).[13] Danach ist es, wie später Magan und nach 1700 v. Chr. Dilmun, für mehrere hundert Jahre aus den Texten verschwunden. Noch bis zur altbabylonischen Zeit aber werden Produkte aus Dilmun bezogen, die wahrscheinlich aus oder über Meluḫḫa kamen, darunter Elfenbein, Karneol und Lapislazuli.

Die genannten Waren überschneiden sich nun teilweise mit den in Zusammenhang mit Dilmun und Magan aufgeführten Gütern. Die Texte nennen "Meer-" und anderes Holz, Elfenbein, Stein sowie Meluḫḫa-Palmen, -kupfer, -schmuck und -tischplatte. Auch Tiere - lebend oder als Gegenstand der Kleinkunst - wurden verschickt: "vielfarbige Vögel", Pfauen, Affen und Tiger (?). Ibbi-Sin von Ur (2027-2003) erhält einen "rotgestreiften Meluḫḫa-Hund" als Tribut, allerdings nicht von Meluḫḫa, sondern von dem Land Marhashi in Ostiran (Michalowski 1978: 43).[14] Darstellungen von Büffeln und die

---

fast allen Plätzen während dieser Zeit verhüttet wurde und daß die Produktion bis weit in das 2. Jt. v. Chr. hineinreichte (s. dagegen Potts 1990: 256).

[13] Die von Parpola (1994: 304 ff.) veröffentlichte Verteilungsübersicht über Siegel mit Indusinschriften (harappanisch / nicht-harappanisch) zeigt, daß neun der 22 identifizierbaren Inschriften wahrscheinlich nicht in der Indussprache geschrieben wurden. Allerdings stammt keines dieser Siegel aus Lagaš.

[14] Nach Heimpel (1993: 53) traf Rimuš bei einem Feldzug in Marhashi (= Kerman) auf Meluḫḫiter - waren diese mit Marhashi verbündet?

Erwähnung von Elefanten im "Fluch von Akkad" sind indirekte Belege für die Übersendung dieser Tiere, die nicht in Mesopotamien beheimatet waren - der bis zum 8. Jh. v. Chr. bekannte Syrische Elefant stammt wohl von dem Indischen Elefanten ab (Zeuner 1963: 276). Auch Figurinen (Menschen, Hühner), Würfel, Elfenbeinkämme, Muscheln und geätzte Karneolperlen (Ratnager 1981: 112 ff.) gelangten sicher nur als "Beiprodukte" des Handels nach Magan, Dilmun und Mesopotamien. Als Gegenwerte wurden wahrscheinlich Nahrungsmittel, Stoffe und Wolle nach Meluḫḫa geschickt, jedoch finden sich keine konkreten Hinweise über Art und Umfang der Ex- und Importe.

Archäologisch sind die "internationalen" Kontakte vor allem entlang der Südküste des Arabischen Golfs und im Zweistromland, weniger in Meluḫḫa selbst nachvollziehbar. Neben Perlen aus Halbedelsteinen, die schon Mitte des 3. Jt. v. Chr. in Mesopotamien gefunden wurden (Abb. 9.18, Nr. 7 und 8), gehören Siegel zu den häufigsten Funden. So wurden "echte" quadratische Indussiegel nur in Mesopotamien und Ras al-Junayz entdeckt, während die runden Stempel mit Indusmotiven und / oder Inschriften (Abb. 9.13, Nr. 1-7) überall außer in Magan verbreitet waren (vgl. Parpola 1994). Ebenso wie die Siegel dienten auch die entlang des Seewegs[15] bis nach Ur und Susa gefundenen Indusgewichte der organisatorischen Abwicklung der Handelsgeschäfte. Mit ihrer Hilfe konnten Warenwerte ermittelt und anhand genormter Systeme in Relation zu anderen Maßeinheiten gebracht werden: So entsprachen acht Dilmun-Minen drei Ur-Minen à 0,5 kg und etwa 2,5 Ebla-Minen.[16] Aus dem Industal exportierte Keramik stammt vor allem aus Magan (siehe oben). Aus Meluḫḫa selbst kennen wir nur wenige echte Importe: Einige Golf- und Dilmun-Siegel, eine Umm an-Nar zeitliche Steinschale aus Magan sowie möglicherweise babylonische Gewichte[17] sind die mageren Anzeichen für einen sicher recht belebten Handelsverkehr zwischen dem Oberen und Unteren Golf. Die Induskultur war, ebenso wie die anderen hier behandelten Gebiete, auch mit Südturkmenien und Baktrien in Kontakt. Trotz der geringen Zahl von Funden zeigen diese Stücke die vielseitige Orientierung und die Verbindung zu allen damals wichtigen Regionen - sei es als Lieferant, sei es als Abnehmer. Neben diese direkten Hinweise treten auch einige indirekte Anzeichen für kulturellen Austausch: So zeigen u.a. einige Siegel möglicherweise aus Südmesopotamien übernommene stilistische und ikonographische Merkmale - und umgekehrt (Abb. 9.18, Nr. 4-6).

---

[15] Shimal, Tell Abraq, Qalaʿat al-Bahrain, evtl. Maysar.

[16] Es ist jedoch nicht sicher, daß die Dilmun-Mine sich tatsächlich aus dem im Industal verwendeten metrischen System entwickelte. Die sehr frühe erste Nennung des Dilmun-Shekels in Ebla (Syrien; ca. 2500 v. Chr.) widerspricht dem nicht unbedingt (Potts 1990: 188), wenn man die heute gängige Datierung der Induskultur (2600 / 2500 - 2000 / 1900 v. Chr.) berücksichtigt. Problematischer ist, daß zu dieser Zeit nur wenige Funde aus Dilmun (= Festland und Tarut) bekannt sind und daß die ersten Indusgewichte auf Bahrain erst um 2200 v. Chr. auftauchen.

[17] Franke-Vogt im Druck; Powell 1983. Das wäre jedoch ein sehr später Fund, vgl. oben Bahrain, City IIB (Hojlund 1994: 397).

Die Organisation des Handels

Mit dem Reich von Akkad und der Induskultur stehen sich erstmals zwei unabhängige Zentren gegenüber, die die dazwischenliegenden Gebiete wie eine Klammer umschlossen. Nach der politischen Konsolidierung und territorialen Expansion der Induskultur war nicht nur ein neuer Absatzmarkt für Waren entstanden, sondern auch ein Konkurrent bei der Nachfrage. In Babylonien wurden ebenso wie am Indus mit dem fortschreitenden 3. Jt. v. Chr. viele Steingeräte durch Kupferwerkzeuge ersetzt (Edens 1993: 125). In Akkad dürfte mit der Bildung des ersten Großreichs die Nachfrage nach bestimmten Luxus- und Wirtschaftsgütern, darunter Kupfer, weiter gestiegen sein. Damit stießen in Magan die Interessen dieser beiden Großmächte aufeinander. Die Konkurrenz um das begehrte, ja notwendige Kupfer könnte eine Erklärung für die erwähnte Entsendung von Truppen unter Maništušu (2275-2260 v. Chr.) sein: Durch Ausübung politischen Drucks mit militärischen Mitteln sollten die wirtschaftlichen Interessen gesichert werden. Die augenfällige Betonung machtpolitischer Interessen in Magan, die in den Texten zutage tritt, ist weder bei Dilmun noch bei Meluḫḫa in einem ähnlichen Maß zu verzeichnen.

Nun lag Dilmun geographisch im direkten Einflußbereich Mesopotamiens und so weit entfernt vom Indus, daß sich hier die Interessensphären kaum überschneiden konnten. Meluḫḫa selbst lag sicherlich jenseits des Gebiets, auf das wirtschaftliche und politische Ansprüche erhoben wurden. Der archäologisch nachweisbar wachsende Einfluß Meluḫḫas auf Magan bedrohte jedoch möglicherweise die Versorgung Mesopotamiens mit Rohstoffen. Zudem konnten dadurch die von Akkad weit entfernten Grenzen unsicher gemacht werden. Und dort, "in den wilden, unzugänglichen Randgebieten", lag nach der geographischen Konzeption der Ur III-Zeit Magan, "auf der anderen Seite des Meeres, mit allen seinen Provinzen" (Glassner 1989: 183). Die in den Königsinschriften wechselnde Titulatur "en, ensi, lugal "[18] deutet vielleicht darauf hin, daß der Status dieser Region nicht immer gleich war, obwohl bezweifelt werden muß, daß die Babylonier eine realistische Vorstellung vom Land Magan hatten. Es ist de facto sehr unwahrscheinlich, daß "Magan" überhaupt eine politische und wirtschaftliche Einheit darstellte. Anders als Meluḫḫa und Akkad, anders als wahrscheinlich auch Dilmun, welches viel kleiner und topographisch weniger zergliedert ist, ist in Magan nicht mit Zentralisierung, sondern vielmehr mit Segmentierung, d.h. mit wechselhaften Allianzen zu rechnen, die militärisch sicher nicht dauerhaft "befriedet" werden konnten. Vielleicht ließ Meluḫḫa aus diesem Grund seine Interessen durch eine Art "Handelsagenten" vertreten: Sollte die Außenstation Shortughai in Ostbaktrien den Nachschub an Lapislazuli sicherstellen, so ging es in Magan um Kupfer.

Magan war nicht der einzige, aber insbesondere für Mesopotamien noch der wichtigste Lieferant für Kupfer. Der Handel muß beträchtliche Ausmaße erreicht haben. Werden in der Frühdynastisch III-Zeit Lieferungen von maximal 140 kg Kupfer erwähnt, so weihte Rimuš dem Gott Enlil nach seinem Feldzug gegen Elam und Marhashi etwa

---

[18] Obwohl sich auch die Bedeutung in Mesoptamien wandelte, wird *ensi* in der Ur III-Zeit auch für die Bezeichnung von ausländischen Königen verwendet (Edzard 1965: 73 ff.).

1800 kg Kupfer (Heimpel 1987-90: 198). Šarkališarri verbrauchte 600 t Kupfer für den Bau eines é.kur (Westenholz 1984: 28). Ein Text aus Umma erwähnt 4200 kg, "normale" Ladungen scheinen jedoch zwischen 100 und 400 kg betragen zu haben (Limet 1972: 10). Die größte Sendung Magankupfer ist in einem altbabylonischen Text des Kaufmanns Ea-Nasir aus Ur vermerkt: etwa 18 t (Heimpel 1987: Nr. 62).

Die Mengen der exportierten Güter bleiben jedoch oft unbekannt, auch ist die Quellenlage lückenhaft. In der Frühdynastisch III-Zeit wurden 18.000 l Gerste vom Stadtfürsten von Girsu für den Transport nach Dilmun an einen Kaufmann ausgegeben (Heimpel 1987: Nr. 5). Eine ähnliche Menge ging in der Ur III-Zeit nach Magan: Angestellte des Nanna-Tempels in Ur geben 1800 kg Wolle, 300 kg Binsen, 600 kg Palmfasern, 70 Stoffe, 1800 l Sesamöl und 3 Häute (zum Verschließen der Krüge) für den Ankauf von Kupfer in Magan aus (Heimpel 1987: Nr. 47). Der Stadtfürst von Girsu übergab einem Mann namens Budu 21.000 l Gerste für Magan (Heimpel 1987: Nr. 48). Silber wurde selten als "Zahlungsmittel" eingesetzt (Abb. 9.7).

In Mesopotamien wurde der Handel durch Kaufleute abgewickelt, deren Position sich im Lauf der Zeit änderte und auch regional unterschiedlich war: Wurden noch in der Ur III-Zeit die Güter vom Tempel oder Stadtfürsten ausgegeben, so erfolgten die Reisen schon in der Larsa-Zeit auch in Eigeninitiative (Heimpel 1987: 84; Nr. 57-60). Die Kaufleute erhielten in der Ur III-Zeit als Angestellte des Tempels Getreide- und Silberrationen oder den Nießbrauch von Feldern als Entgelt. Zugleich konnten sie aber auch Privatgeschäfte tätigen und brachten es offenbar teilweise zu beträchtlichem Reichtum (Neumann 1979: 32 ff., 47 ff.). Der Überseehandel wurde von "Kauffahrern" abgewickelt, eine Berufsbezeichnung, die es nach der Ur III-Zeit nicht mehr gab (Neumann 1979: 59). Die importierten Güter wurden an den Tempel ausgeliefert und von dort aus weiterverteilt. In der Isin-Larsa Zeit erscheint der "Dilmun-Händler". Dieser reiste nach Dilmun. Zugleich schickten die Dilmuniter aber auch selbst Kaufleute und Gesandte, die vermutlich Handelsangelegenheiten regeln sollten, auf das Festland. Sie reisten bis nach Mari in Syrien.[19] In der Larsa-Zeit sind die Händler weitgehend unabhängig. Sie tragen das Risiko der Geschäfte allein. Anders als bei normalen Regelungen hatte der Geldgeber nur am Gewinn, nicht aber am Verlust teil (Heimpel 1987: Nr. 63). Das gilt auch für den Tempel, dem bis zur Larsa-Zeit ein Zehnt zustand (Heimpel 1987: Nr. 42, 43, 46, 56-61). Danach übernahm der Palast diese Rolle (Van de Mieroop 1992: 188 ff., 208 ff.). Trotz der fortschreitenden Privatisierung bewahrte die Zentralinstanz vor allem in Südbabylonien eine gewisse Oberhoheit. Das wird nicht nur durch Abgaben ausgedrückt, sondern z.B. auch durch die Garantie der verwendeten Maße und Gewichte, die erstmals im Kodex Ur-Nammu genau festgelegt wurden (Neumann 1979: 19; s.o.).

Aufgrund fehlender Texte ist über die Organisation des Handels auf Seiten der Handelspartner Mesopotamiens so gut wie nichts bekannt. In Mesopotamien wurden die Güter genauestens registriert, oft sind Namen und Siegel der zuständigen Angestellten und Empfänger erhalten. In ähnlicher Form dürfte die Verwaltung des Handels in

---

[19] Drei Briefe aus der Zeit Šamši-Adads und Jasmaḫ-Adads (Heimpel 1987: Nr. 65-69, vgl. dazu auch Eidem / Hojlund 1993).

Meluḫḫa und Dilmun vonstatten gegangen sein. In den Siedlungen am Indus, auf Bahrain und Failaka fanden sich die Siegel verstreut über das ganze Stadtgebiet. Auch hier schien es dennoch eine gewisse Oberaufsicht gegeben zu haben: Viele Versiegelungen wurden im "Warenhaus" von Lothal in Indien ausgegraben, ein sicheres Anzeichen für hier in Empfang genommene Güter. Von den kürzlich in Saar auf Bahrain entdeckten 128 Versiegelungen stammen 32 aus dem Tempel, weitere wurden in Gebäuden entlang der Hauptstraße gefunden (Woodburn und Crawford 1994: 103). Alle diese Versiegelungen waren mit Abdrücken "lokaler" Dilmun-Siegel versehen: Die hier eingegangenen Waren (Stoffballen, Krüge) kamen also entweder aus dem Inland oder wurden im Ausland mit einem Indus- bzw. Dilmunsiegel verschlossen. Eine einzige "ausländische" Versiegelung aus dem Industal wurde in Umma gefunden. Sie war auf einer mit Stoff umwickelten Ware dorthin gelangt.

In Magan aber gab es trotz einiger Siegelfunde keine eigene Siegeltradition oder Hinweise auf den Gebrauch von Schrift (Abb. 9.13, Nr. 16, 17).[20] Das Fehlen dieser administrativen Kontroll- und Abrechnungsmechanismen deutet auf eine andere Wirtschafts- und Sozialstruktur als in den anderen Gebieten hin.[21] Darauf deuten auch die unterschiedlichen Bestattungssitten hin: Kennen wir aus Magan von der Hafit-bis zur Wadi Suq-Zeit Kollektivgräber, so finden sich in Dilmun bis zur altbabylonischen Zeit ebenso wie in der Induskultur Einzelbestattungen. Anders als in Meluḫḫa, wo die Beigaben fast ausschließlich aus Keramik bestehen, fand man in diesen Gräbern auch importierte Gegenstände: Schmuck, Waffen, "totes Kapital" also, welches dem weiteren wirtschaftlichen Kreislauf entzogen war. Obwohl sich Aufwand und Beigaben unterscheiden, sind keine ausgeprägten Statusunterschiede erkennbar. Möglicherweise wurden in diesen Gemeinschaftsgräbern die Angehörigen einer Sippe bestattet. Sichere Hinweise auf ein "Oberhaupt" und auf zentrale Organe fehlen bislang. Redistributive Wirtschaft durch eine übergeordnete politische Instanz zeichnet sich nicht ab und ist auf Grund der territorialen Gegebenheiten kaum praktizierbar. Vielmehr dürfte die Region, wie auch die Texte andeuten, in kleinere Einheiten zergliedert gewesen sein. Konnte die Weitergabe der importierten Güter, also im wesentlichen Nahrungsmittel und Textilien oder Wolle, innerhalb dieser lokalen Verbände durch Tausch, Geschenke oder Verbrauch im Rahmen gemeinschaftlicher Feste erfolgen, so erforderte die Organisation des Nachschubs zu den Häfen und die "Abrechnung" des Kupfers überregionale Absprachen. Da wahrscheinlich die Repräsentanten dieser Sippen oder Abstammungsgruppen den Gegenwert empfingen, bot der Handel ihnen die Möglichkeit, ihr Prestige zu verbessern und eine Machtposition auszubauen. Zugleich war damit aber ein beständiges Konfliktpotential gegeben, das durch

---

[20] Trotz Potts 1993: 433. Ein Indus-Siegel sowie mehrere Stempel mit einfachen Gittermustern wurden in Ras al-Junayz gefunden. Die Umm an-Nar-Siegel aus Ajman und Ras Ghanada sind ebenso wie die wenigen Stücke der Wadi Suq-Zeit einfachster Art. Aus Maysar stammen drei Siegel, davon ein prismatisches (Weisgerber 1981, 1984). Graffiti befinden sich auf den importierten "Indus-Behältern", auf lokaler Keramik wurden nur einzelne Ritzmarkierungen angebracht. Ein Dilmun-Siegel stammt aus Mazyad (Cleuziou 1981: Fig. 8), ein weiteres aus Nizwa (2. Hälfte des 2. Jt. v. Chr.; Shanfari und Weisgerber 1989: 23; Taf. 4).

[21] Wobei alle Aussagen aufgrund der noch großen Forschungslücken nur hypothetischen und vorläufigen Charakter haben können.

Allianzen reduziert, aber nicht eliminiert werden konnte - ein Zustand der sich durch die gesamte Geschichte der Halbinsel Oman zieht. Lag hier mit ein Grund für die nach 2000 v. Chr. einsetzenden Veränderungen ? Daß diese nicht nur den wirtschaftlichen Sektor betrafen, zeigen wiederum die Bestattungssitten: Waren die typischen Umm an-Nar-Gräber durch Zwischenmauern in mehrere Kammern unterteilt, so entfällt diese sicher nicht nur räumlich zu verstehende Trennung in der Wadi Suq-Zeit weitgehend.

Mit dem Kollaps der Induskultur und der Zwischenschaltung Dilmuns mußten sich die Strukturen der eingespielten überregionalen und regionalen Beziehungen verändern, auch wenn dies kein plötzlicher, sondern ein langsamer Prozeß war. Nach 2000 / 1900 v. Chr. finden sich Hinweise auf Handel nach Osten nur noch an der Küste des Arabischen Golfs und selbst hier zeigen sich Veränderungen. Mit dem Aufstieg Dilmuns zum "Kontrolleur" des Seeweges nach Osten erfolgte der Austausch der Güter dort;[22] welcher Bruchteil der babylonischen Exporte tatsächlich über Dilmun hinaus noch weiter nach Magan und Meluḫḫa gelangte, ist unbekannt. Zugleich wurden in Dilmun Indusgewichte, Indusschrift und die an die Indusglyptik angelehnten Golf-Siegel durch babylonische Gewichte und Dilmun-Siegel ersetzt. Diese Umorientierung wird auch durch die später auftauchende Keilschrift dokumentiert. Dieser mesopotamisch-dilmunitische Einfluß erreichte jedoch das Inland und die Ostküste Magans nicht mehr, er blieb auf die Westküste beschränkt. Dies ist ein Zeichen dafür, daß der Handel nun weitgehend in den Händen von Kaufleuten aus dem Westen lag. Das Volumen dieses "Golfhandels" und die staatlichen und privatwirtschaftlichen Regelungen, denen er unterlag, überschritten sicher den Rahmen eines Tausch- und indirekten Handels, der ohne feste Vereinbarungen auskommt. Jedoch ist letztere Handelsform sicher älter und wurde wahrscheinlich als "Nebentätigkeit" der Kaufleute, in Magan vielleicht sogar als primäre Handelsform am Rande des Seehandels großen Maßstabs weiter praktiziert. Die Gründe, die letzteren um 1700 v. Chr. zum Erliegen brachten, dürften vielschichtig sein. Die nach dem Ende der Induskultur und des Reichs der III. Dynastie von Ur einsetzende Zeit politischer Instabilität und der damit verbundene Wegfall bestimmter Instanzen und Regelungen waren sicher erste wichtige Veränderungen. Diese wurden zunächst durch private Kaufleute und die Beschränkung des Handels auf Dilmun, dessen Station Failaka direkt vor den Wasserläufen Babyloniens lag, aufgefangen. Zugleich hatten die Länder in Iran ein Interesse daran, den Handel wieder durch ihr Gebiet zu leiten und den von der Induskultur forcierten Seehandel auf ein Minimum zu reduzieren. Mögliche Nachschubschwierigkeiten im Osten und der weite, nun auf "eigenes Risiko" zu überwindende Weg mit vielleicht mehreren Zwischenstationen - also eine wieder zunehmende Bedeutung des Tauschhandels - dürften eine Verknappung und vielleicht auch Verteuerung des Kupfers bewirkt haben. Erneute politische Unruhen in Babylonien, von denen die Häfen Ur und Larsa besonders

---

22 "Port of trade": Neutrale Plätze, an denen ohne äußere Bedrohung Handel getrieben werden kann, nach Polanyis Vorstellung bei regulierten, festen Preisen und daher ohne Konkurrenzdruck (Polanyi 1963). Seine Vorstellung antiker Handelsmechanismen ist umstritten (Van de Mieroop 1992; Renger 1984), jedoch könnte Dilmun nach 2000 v.Chr., also nach dem Ende des direkten Handels und vor der Zunahme politischen Einflusses aus Babylonien, diese Rolle innegehabt haben.

betroffen waren, führten schließlich zu einer endgültigen Umorientierung auf neue Rohstoffquellen: Schon in einem Text aus dem 5. Jahr des Samsu-Iluna (1745 v. Chr.;
Heimpel 1987: Nr. 70) wird neben einer kleinen Menge dilmunitischen Kupfers auch
Kupfer aus Alasiya auf Zypern erwähnt, das als Lieferant für Mari (Sasson 1966: 169)
und vielleicht auch Uruk schon bekannt war (Leemans 1960: 121). Weniger beschwer-
lich und zuverlässiger zu beschaffen, dürfte dieses Kupfer auch billiger gewesen sein
(Limet 1960: 100). Trotz weiterbestehender Kontakte und politischer Repräsentanz der
Kassiten in Dilmun war damit alles in allem der groß angelegte Golfhandel, dessen wichtigste Triebfeder die Nachfrage nach Kupfer gewesen war, zu Ende: Als Dilmun im
14. Jh. wieder kurz in den Texten auftaucht, geht es nicht um Kupfer, sondern um
Datteln (Heimpel 1987: Nr. 71, 72).

Bibliographie

Alster, B.

1983   "Dilmun, Bahrain, and the Alleged Paradise in Sumerian Myth and Literature". In D.T. Potts,
        Hrsg.: *Dilmun*, S. 39-74. Berlin: Dietrich Reimer.

Amiet, P.

1975   "A Cylinder Seal Impression Found at Umm an-Nar". *East and West* 25: 425-427.

1986   "Susa and the Dilmun Culture". In S.H.A. al-Khalifa und M. Rice, Hrsg.: *Bahrain through the
        Ages*, S. 262-268. London: Routledge & Kegan Paul.

Andersen, H.H.

1986   "The Barbar Temple: Stratigraphy, Architecture and Interpretation". In S.H.A. al-Khalifa und M.
        Rice, Hrsg.: *Bahrain through the Ages*, S. 165-177. London: Routledge & Kegan Paul.

Bibby, G.

1970   *Looking for Dilmun*. New York: Knopf.

de Cardi, B.

1989   "Harappan Finds from Tomb 6 at Shimal, Ras al-Khaimah, UAE". In K. Frifelt und P. Soren-
        sen, Hrsg.: *South Asian Archaeology 1985*, S. 9-13. London: Curzon Press.

Civil, M.

1969   "The Sumerian Flood Story". In W.G. Lambert und A.R. Millard, Hrsg.: *Atraḫasis*, S. 139-
        145. Oxford: Clarendon Press.

Cleuziou, S.

1981   "Oman Peninsula in the Early Second Millennium B.C.". In H. Härtel, Hrsg.: *South Asian
        Archaeology 1979*, S. 279-293. Berlin: Dietrich Reimer.

1989a   "The Chronology of Protohistoric Oman as Seen from Hili". In P. Costa und M. Tosi, Hrsg.:
        Oman Studies, S. 47-78. Rom: Istituto Italiano per il medio ed estremo Oriente.

1989b   "Excavations at Hili 8: A Preliminary Report on the 4th to 7th Campaigns". *Archaeology in
        the United Arab Emirates* 5: 61-87.

1992   "The Oman Peninsula and the Indus Civilization: A Reassessment". *Man and Environment* 17
        (2): 93-104.

Cornwall, P.B.

1944   *Dilmun: The History of Bahrain Island before Cyprus*. Dissertation, Harvard University.

During Caspers, E.C.L.

1993   "Further Evidence for "Central Asian" Materials from the Arabian Gulf". *Journal of the Economic and Social History of the Orient* 38: 33-53.

Edens, C.

1992   "Dynamics of Trade in the Ancient Mesopotamian 'World System'". *American Anthropologist* 94 (1): 118-139.

Edzard, D.O.

1965   "Die frühdynastische Zeit". In E. Cassin, J. Bottéro und J. Vercoutter, Hrsg.: *Die altorientalischen Reiche Bd. 1*, S. 57-90. Frankfurt a.M.: Fischer.

Eidem, J. und F.Hojlund

1993   "Trade or Diplomacy ? Assyria and Dilmun in the Eighteenth Century BC". *World Archaeology* 24 (3): 441-448.

Englund, B.

1983   "Dilmun in the Archaic Uruk Corpus". In D.T. Potts, Hrsg.: *Dilmun*, S. 35-37. Berlin: Dietrich Reimer.

Falkenstein, A. und W. von Soden

1953   *Sumerische und akkadische Hymnen und Gebete*. Zürich: Artemis Verlag.

Franke-Vogt, U.

1991   *Die Glyptik aus Mohenjo-Daro*. Mainz: Philipp von Zabern.

in Druck   *Mohenjo-Daro*. In D.O. Edzard et al., Hrsg.: *Reallexikon der Assyriologie*, Band 9, S. 55-62. Berlin: Walter de Gruyter.

Frifelt, K.

1975a   "A Possible Link between the Jemdet Nasr and the Umm an-Nar Graves of Oman". *Journal of Oman Studies* 1: 57-80.

1975b   "On Prehistoric Settlement and Chronology of the Oman Peninsula". *East and West* 25: 359-424.

1989   "'Ubaid in the Gulf Area". In E.F. Henrickson und I. Thuesen, Hrsg.: *Upon this Foundation. The 'Ubaid Reconsidered*, S. 405-417. Carsten Niebuhr Institute of Ancient Near Eastern Studies, Nr. 10. Kopenhagen.

1991   *The Island of Umm an-Nar. Vol. 1. The Third Millennium Graves*. Aarhus: Aarhus University Press.

Gelb, I.J.

1970   "Mesopotamia and Meluḫḫa in Early Mesopotamian Sources". *Revue Assyriologique* 64: 1-8.

Glassner, J.-J.

1989   "Mesopotamian Textual Evidence on Magan / Makkan in the Late 3rd Millennium B.C". In P. Costa und M.Tosi, Hrsg.: *Oman Studies*, S. 181-191. Rom: Istituto italiano per il medio ed estremo Oriente.

Gouin, P.

1990   "Rapes, jarres et faiselles: la production et l'exportation des produits latiers dans l'Indus du 3e millénaire. *Paléorient* 16 (2): 37-54.

Hansman, J.

1973 "A Periplus of Magan and Meluḫḫa". *Bulletin of the School of Oriental and African Studies* 36: 554-587.

Hauptmann, A.

1985 *Die Entwicklung der Kupfermetallurgie vom 3. Jahrtausend bis zur Neuzeit.* Der Anschnitt Beiheft 4. Bochum: Deutsches Bergbau-Museum.

Heimpel, W.

1982 "A First Step in the Diorite Question". *Revue Assyriologique* 76: 65-67.

1987 "Das untere Meer". *Zeitschrift für Assyriologie* 77: 22-91.

1987-90 "Magan". In D.O. Edzard et al., Hrsg.: *Reallexikon der Assyriologie,* Band 7, S. 195-199. Berlin: Walter de Gruyter.

1993 "Meluḫḫa". In D.O. Edzard et al., Hrsg.: *Reallexikon der Assyriologie,* Band 8, S. 53-55. Berlin: Walter de Gruyter.

Heinz, M.

1994 "Die Keramik aus Saar / Bahrain". *Baghdader Mitteilungen* 25: 119-307.

Hirsch, H.

1963 "Die Inschriften der Könige von Agade". *Archiv für Orientforschung* 20: 1-82.

Hojlund, F.

1987 *Failaka / Dilmun. The Second Millennium Settlements. Vol. 2: The Bronze Age Pottery.* Moesgard: Jutland Archaeological Society.

Hojlund, F. und H.H.Andersen

1994 *Qala'at al-Bahrain Vol. 1.* Moesgard: Jutland Archaeological Society.

Jansen, M.

1986 *Die Indus-Zivilisation.* Köln: DuMont.

Kjaerum, P.

1983 *Failaka / Dilmun. The Second Millennium Settlements 1: The Stamp and Cylinder Seals.* Moesgard: Jutland Archaeological Society Publications.

1994 "Stamp-Seals, Seal Impressions and Seal Blanks". In F. Hojlund und H.H. Andersen: *Qala'at al-Bahrain Vol. 1,* S. 319-350. Moesgard: Jutland Archaeological Society.

Kramer, S.N.

1964 "The Indus Civilization and Dilmun, the Sumerian Paradise Land". *Expedition* 6 (3): 44-52.

Landsberger, B.

1924 "Über die Völker Vorderasiens im dritten Jahrtausend". *Zeitschrift für Assyriologie* 35: 213-238.

Leemans, W.F.

1960 *Foreign Trade in the Old Babylonian Period.* Leiden: Brill.

Limet, H.

1960 *Le travail du métal au pays de Sumer au temps de la IIIe dynastie d'Ur.* Paris: Société d'édition 'Les Belles Lettres'.

1972 "Les métaux a l'époque d'Agade". *Journal of the Economic and Social History of the Orient* 15: 3-34.

Lindemeyer, E. und L. Martin

1993   *Uruk. Kleinfunde III*. Mainz: Philipp von Zabern.

Michalowski, P.

1978   "Foreign Tribute to Sumer during the Ur III Period". *Zeitschrift für Assyriologie* 68: 34-49.

1988   "Magan and Meluḫḫa once again". *Journal of Cuneiform Studies* 40 (2): 156-164.

Mortensen, P.

1986   "The Barbar Temple: Its Chronology and Foreign Relations Reconsidered". In S.H.A. al-Khalifa und M. Rice, Hrsg.: *Bahrain through the Ages*, S. 178-185. London: Routledge & Kegan Paul.

Nasheef, K. al-

1986   "The Deities of Dilmun". In S.H.A.al-Khalifa und M. Rice, Hrsg.: *Bahrain through the Ages*, S. 340-366. London: Routledge & Kegan Paul.

Neumann, H.

1979   "Handel und Händler in der Zeit der III. Dynastie von Ur". *Altorientalische Forschungen* 6: 15-67.

Nissen, H.J.

1986   "The Occurence of Dilmun in the Oldest Texts of Mesopotamia". In S.H.A. al-Khalifa und M. Rice, Hrsg.: *Bahrain through the Ages*, S. 335-339. London: Routledge & Kegan Paul.

Oppert, J.

1880   "Le siège primitif des Assyriens et des Phéniciens". *Journal Asiatique* 7 (15): 91.

Parpola, A.

1994   "Harappan Inscriptions". In F. Hojlund und H.H. Andersen, Hrsg.: *Qala'at al Bahrain Vol. 1*, S. 304-315. Moesgard: Jutland Archaeological Society..

Parpola.S, A. Parpola und R.H. Brunswig

1977   "The Meluḫḫa Village: Evidence of Acculturation of Harappan Traders in Late Third Millennium Mesopotamia". *Journal of the Economic and Social History of the Orient* 20: 129-165.

Pettinato, G.

1972   "Il commercio con l'estero della Mesopotamia meridionale nel 3. millannio av. Chr. alla luce della fonti litteraria e lessicali Sumeriche". *Mesopotamia* 7: 42-166.

Potts, D.T.

1983   "Dilmun: Where and When ?" *Dilmun* 11: 15-19.

1986a   "The Booty of Magan". *Oriens Antiquus* 25: 271-285.

1986b   "Eastern Arabia and the Oman Peninsula during the Late Fourth and Early Third Millennium BC". In U. Finkbeiner und W. Röllig, Hrsg.: *Ǧemdet Nasr - Period or Regional Style ?*, S. 121-170. Wiesbaden: Ludwig Reichert.

1990   *The Arabian Gulf in Antiquity Vol. 1*. Oxford: Clarendon Press.

1991   *Further Excavations at Tell Abraq*. Kopenhagen: Munksgaard.

1992   "The Chronology of the Archaeological Assemblages from the Head of the Arabian Gulf to the Arabian Sea, 8000-1750 B.C.". In R.W. Ehrich, Hrsg.: *Chronologies in Old World Archaeology*, S. 63-76 (Vol. I); S. 77-89 (Vol. II). 3. Auflage. Chicago: University of Chicago Press.

1993   "Rethinking some Aspects of Trade in the Arabian Gulf". *World Archaeology* 24 (3): 423-440.

Potts, T.F.

1993   "Patterns of Trade in Third-Millenium BC Mesopotamia and Iran". *World Archaeology* 24 (3): 379-402.

Powell, M.

1983   "The Standard of Dilmun". In D.T. Potts, Hrsg.: *Dilmun*, S. 141-142. Berlin: Dietrich Reimer.

Ratnagar, S.

1981   *Encounters. The Westerly Trade of the Harappa Civilization.* Neu Delhi: Oxford University Press.

Rawlinson, H.C.

1880   "Notes on Capt. Durand's Report upon the Islands of Bahrain". *Journal of the Royal Asiatic Society* 12: 13-39.

Reade, J.

1979   *Early Etched Carnelian Beads and the Indus-Mesopotamian Trade.* London: British Museum Occasional Publications 2.

Renger, J.

1984   "Patterns of Non-Institutional Trade and Non-Commercial Exchange in Ancient Mesopotamia at the Beginning of the Second Millennium B.C.". In A. Archi, Hrsg.: *Circulation of Goods in Non-Palatial Context in the Ancient Near East*, S. 31-123. Rom: Edizioni dell'Ateneo.

Rice, M.

1988   "Al-Hajjar Revisited: The Grave Complex at al-Hajjar, Bahrain". *Proceedings of the Seminar for Arabian Studies* 18: 79-93.

1994   *The Archaeology of the Arabian Gulf c. 5000 - 333 B.C.* London: Routledge.

Rice, M. (Hrsg.)

1983   *Dilmun Rediscovered.* State of Bahrain: Department of Antiquities and Museums.

Sarianidi, V.I.

1986   *Die Kunst des alten Afghanistan.* Leipzig: V.E.B. E.A. Seemann Verlag.

Sasson, J.M.

1966   "A Scetch of North Syrian Economic Relations in the Middle Bronze Age". *Journal of the Economic and Social History of the Orient* 9: 161-181.

al-Shanfari, A.A.B. und G. Weisgerber

1989   "A Late Bronze Age Warrior Burial from Nizwa (Oman)". In P.M. Costa und M. Tosi, Hrsg.: *Oman Studies*, S. 17-30. Rom: Istituto Italiano per il Medio ed Estremo Oriente.

Sollberger, E.

1968-69   "The Problem of Magan and Meluḫḫa". *Bulletin of the Institute of Archaeology* 8 / 9: 247-249.

Tosi, M.

1976   "The Dating of the Umm an-Nar Culture and a Proposed Sequence for Oman in the Third Millennium B.C.". *Journal of Oman Studies* 2: 81-92.

1987   "Die Indus-Zivilisation jenseits des indischen Subkontinents". In G. Urban und M. Jansen, Hrsg.: *Vergessene Städte am Indus, S. 119-136. Mainz: Philipp von Zabern.*

Vallat, F.

1983   "Le dieu Enzak: une divinité dilmunite vénérée à Suse". In D.T. Potts, Hrsg.: *Dilmun*, S. 93-
         100. Berlin: Dietrich Reimer.

Van de Mieroop, M.

1992   *Society and Enterprise in Old Babylonian Ur*. Berlin: Dietrich Reimer.

Vertesalji, P. und S. Kolbus

1985   "Review of Protodynastic Development in Babylonia". *Mesopotamia* 20: 53-109.

Vine, P. (Hrsg.)

1993   *Bahrain National Museum*. London: Immel Publications.

Vogt, B.

1985a   *Zur Chronologie und Entwicklung der Gräber des späten 4.-2. Jtsd. v. Chr. auf der
         Halbinsel Oman*. Dissertation, Göttingen.

1985b   "The Umm an-Nar Tomb A at Hili North: A Preliminary Report on Three Seasons of Excava-
         tion, 1982-1984. *Archaeology in the United Arab Emirates* 4: 20-37.

1994   *Asimah*. Dubai: Shell Markets Middle East.

Vogt, B. und U. Franke-Vogt (Hrsg.)

1987   *Shimal 1985 / 1986*. Berlin: Dietrich Reimer.

Waetzoldt, H.

1972   *Untersuchungen zur neusumerischen Textilindustrie*. Rom: Istituto per l'Oriente. Centro per
         le Antichità e la Storia dell'Arte del Vicino Oriente.

Weidner, E.

1952-53   Das Reich Sargons von Akkad. *Archiv für Orientforschung* 14: 1-24.

Weisgerber, G.

1981   "Mehr als Kupfer in Oman". *Der Anschnitt* 5-6: 174-263.

1984   "Makan and Meluhha - Third Millennium BC Copper Production in Oman and the Evidence of
         Contact with the Indus Valley". In B. Allchin, Hrsg.: *South Asian Archaeology 1981*, S. 196-
         201. Cambridge: Cambridge University Press.

Westenholz, A.

1984   "The Sargonic Period". In A. Archi, Hrsg.: *Circulation of Goods in Non-Palatial Context in
         the Ancient Near East*, S. 17-30. Rom: Edizioni dell'Ateneo.

Woodburn, M.A. und Crawford, H.E.W.

1994   "London-Bahrain Archaeological Expedition: 1991-2 Excavations at Saar". *Arabian
         Archaeology and Epigraphy* 5 (2): 89-105.

Woolley, C.L.

1934   *The Royal Cemetery. Ur Excavations II*. London und Philadelphia: Trustees of the Museums.

Zarins, J.

1989   "Eastern Saudi Arabia and External Relations. Selected Ceramic, Steatite and Textual Evidence:
         3500-1900 BC". In K. Frifelt und P. Sorensen, Hrsg.: *South Asian Archaeology 1985*, S. 74-
         103. London: Curzon Press.

Zeuner, F.E.

1963   *A History of Domesticated Animals*. London: Hutchinson.

Die altassyrischen Handelskolonien in Anatolien[1]

Nicole Brisch unter Mitarbeit von Karin Bartl

Einleitung

Das altassyrische Handelsnetz erstreckte sich von der levantinischen Küste im Westen bis weit nach Anatolien im Nordwesten und dem Schwarzen Meer.[2] Zu Beginn des 2. Jt. v. Chr. errichteten assyrische Händler, von der Stadt Assur in Nordmesopotamien kommend, in verschiedenen anatolischen Siedlungen und Dörfern Handelsstationen. Diese assyrischen Stationen und ihre Institutionen, die im Rahmen eines weitgefächerten Handels gegründet wurden, nennt man die "altassyrischen Handelskolonien". Überliefert ist der assyrisch-anatolische Handel durch eine große Anzahl von Tontafeln in assyrischer Sprache, auf denen die Handelsvorgänge und ihre Administration schriftlich fixiert wurden. Es handelt sich um die ältesten aus Anatolien bekannten Schriftzeugnisse.

Im folgenden soll das Handelsnetz, wie es sich uns durch die schriftlichen Überlieferung darstellt, erörtert werden; ein zweiter Teil erläutert die archäologischen Quellen. In der Zusammenfassung wird versucht, die Unterschiede und Parallelen in der Interpretation schriftlicher und materieller Quellen herauszustellen.

Die textliche Überlieferung

Die Quellen

Aus den zahlreichen Tontafelfunden ist bisher deutlich geworden, daß es sowohl ein Fernhandelsnetz gab, das von assyrischen Familien verwaltet wurde, als auch innerhalb von Anatolien Handel stattfand, an dem die assyrischen Händler offenbar ebenfalls beteiligt waren. Der assyrisch-anatolische Fernhandel erscheint uns in seiner Form für den Alten Orient einzigartig. Wenn es auch zu früheren und späteren Zeiten Fernhandel im gesamten Gebiet des Vorderen Orients gegeben hat, so ist doch der altassyrische Handel durch die Art der Administration mit einer ungewöhnlich hohen Anzahl von Tontafeln

---

[1] Für Diskussionen und zahlreiche Anregungen danken wir sehr herzlich B. Böck, M. Heinz und G. Kryszat.

[2] Die Ausdehnung nach Osten ist nicht klar.

und durch die weitgehend private Initiative, auf die der Handel zurückgeht, mit keinem anderen Handelssystem im alten Vorderen Orient vergleichbar.

Die ersten Texte wurden Anfang dieses Jahrhunderts durch Raubgrabungen im Bereich des Siedlungshügels Kültepe (antiker Name: Kaneš) in Zentralanatolien entdeckt (Abb. 10.1). Durch diese Funde angeregt, fanden 1925 erste wissenschaftliche Grabungen statt, bei denen ca. 600 weitere Tontafeln zutage kamen. Aus späteren Ausgrabungen liegen noch einmal ca. 20.000 Texte vor, deren Publikation schon seit mehreren Jahrzehnten von der Fachwelt erwartet wird. Bisher publiziert sind nur etwa 5000 Texte. Daher müssen Aussagen über das Thema der altassyrischen Handelskolonien in Anatolien von philologischer Seite immer vorläufig bleiben. Die aus neu publizierten oder bearbeiteten Texten gewonnenen Erkenntnisse können ältere Interpretationen verändern.

Die bereits publizierten Texte, die nicht aus der Grabung in Kültepe, sondern aus dem Antikenhandel stammen, konnten zum größten Teil Kültepe als Fundort zugeordnet werden. Eine Trennung der Texte nach verschiedenen Fundorten nur aufgrund der Sprachform ist bisher nicht gelungen; prosopographische Untersuchungen lassen die Vermutung zu, daß die Texte der späteren Phase der Handelskolonien gleichzeitig sind mit Texten aus den anatolischen Siedlungen Boğazköy und Ališar. Texte aus anderen Orten, die in diesen Zusammenhang gehören, sind noch nicht bekannt,[3] auch aus Assur selbst liegen keine Archive altassyrischer Händler vor.[4]

Man vermutet, daß die Hauptmasse der Kültepe-Tafeln in der ersten Phase der altassyrischen Handelskolonien verfaßt worden ist, während aus der zweiten Phase nur wenig mehr als 100 Texte vorhanden sind. Die erste Phase des Handels wird in die Zeit vom Ende des 20. Jh. v. Chr. bis ca. 1820 v. Chr. mit einer Gesamtdauer von höchstens 100 Jahren datiert (Leemans 1972-75: 82). Nach einer kurzen Unterbrechung wird die Handelstätigkeit von ca. 1780 bis 1730 v. Chr. wieder aufgenommen. Wahrscheinlich wurde der Großteil der Texte während der Regierungszeit des assyrischen Königs Sargon I. verfaßt (seine Regierungszeit fällt in die 1. Hälfte des 19. Jh. v. Chr.).[5] Die frühesten Texte datieren in die Regierungszeit von Erišum I., der am Ende des 20. vorchristlichen Jahrhunderts regierte.

Der Handel

Die Grundlage des Handels war die Ausfuhr von Zinn und Stoffen von Assur nach Kültepe / Kaneš. Dafür erhielten die Assyrer in Anatolien Silber und Gold, das nach Assur zurückgeschickt wurde. Die assyrischen Kaufleute machten dabei einen nicht unbeträchtlichen Profit, der durch die Differenz der Silber-zu-Zinn-Raten zwischen Assur und Kaneš zustande kam: in Assur konnte das Zinn für vergleichsweise wenig Silber erwor-

---

[3] In Tell Leilan (alter Name Šubat Enlil) in Syrien ist ein großes Textkorpus ausgegraben worden. Die Texte stammen wohl aus einem Zeitraum von 1750 bis 1725 v. Chr., sind aber noch nicht vollständig ausgewertet (s. Eidem 1987-88). Möglicherweise wird es durch diese Texte neue Erkenntnisse über den altassyrischen Handel geben.

[4] Für einige wenige Texte aus Assur, die in diesen Zusammenhang gehören, s. Donbaz 1985.

[5] Dieser Sargon ist nicht identisch mit dem berühmten Sargon von Akkad (2334-2279 v. Chr.). Die Jahresangaben richten sich nach der mittleren Chronologie.

ben werden, um dann in Kaneš für mehr Silber wieder eingetauscht zu werden (Klengel 1979: 119-120).

Offenbar lag der Handel, soweit bis jetzt erkennbar, in der Hand einiger assyrischer Familien, die Aufträge für den Ankauf von Zinn und Textilien in Assur und für den Transport nach Kültepe / Kaneš vergaben. Dort wurden diese Güter gegen Silber oder Gold eingetauscht und, mit Anweisungen versehen, dafür wieder Zinn und Textilien zu erwerben, nach Assur zurückgeschickt. Einige genauere Anweisungen in manchen Texten lassen vermuten, daß der "Markt" in Kaneš auch auf bestimmte Bedürfnisse für verschiedene Sorten von Textilien hin sondiert wurde, die die assyrischen Kaufleute dann zu erfüllen versuchten (Klengel 1979: 121).

Da es in Mesopotamien selbst keine Metallvorkommen gibt, mußten Metalle immer importiert werden. Zinn scheint in dieser Zeit besonders gefragt gewesen zu sein, da es zur Herstellung von Bronze - einer Legierung aus Kupfer und Zinn - notwendig ist. Die Lokalisierung der Rohstoffquellen, von denen Assur sein Zinn bezog, ist bisher nicht eindeutig gelungen; möglicherweise wurde das Zinn über den Iran nach Assur verhandelt.

Da es in Anatolien auch Kupferminen gibt, ging man davon aus, daß auch Kupfer nach Assur exportiert wurde (Garelli 1963: 294 ff.). In den Texten aus Kültepe aber ist kein Handel mit Kupfer erwähnt, weder von Kaneš nach Assur noch umgekehrt. Kupfer taucht in den Kültepe-Tafeln nur im Zusammenhang mit dem inneranatolischen Handel auf.[6] Es bestünde die Möglichkeit, daß Assur sein Kupfer aus anderen Gebieten in Anatolien bezog, so daß der Kupferhandel an Kültepe vorbeigelaufen wäre. Möglicherweise könnte es auch ganz andere Lieferanten für Kupfer gegeben haben.[7] Solange wir keine Dokumente aus Assur kennen, läßt sich über diesen Sachverhalt nur spekulieren.

Die Textilien wurden zu einem Teil in Assur selbst mit importierter Wolle produziert, zum anderen Teil aus Babylonien eingeführt.[8] In seltenen Fällen kauften die Händler weitere Textilien auf dem Weg nach Kültepe in Nordmesopotamien und Nordsyrien. Zu einem recht geringen Anteil wurde auch mit in Anatolien hergestellten Textilien gehandelt. Außerdem verhandelte man in Kaneš die Stoffe, in die das Zinn zum Transport eingewickelt wurde.

Die Organisation des Handels

Für die Organisation des Handels in Anatolien wurden von den Assyrern verschiedene sogenannte *kārū* (Singular: *kārum*) gegründet. *kārum* (ein akkadisches Lehnwort aus dem Sumerischen) bedeutete ursprünglich "Kai" oder "Hafen", nahm aber mit der Zeit

---

[6] Kupfer wird auch im Zusammenhang mit Wollverkäufen erwähnt. Manchmal wurde Wolle zunächst in Kupfer eingetauscht, das dann später gegen Gold oder Silber getauscht werden konnte. Vielleicht wurde dieses Vorgehen durch zeitweilige Gold- oder Silberknappheiten ausgelöst (s. Veenhof 1972: 139). Auch Bronze wurde nur extrem selten gehandelt, so daß die Möglichkeit, daß Assur anstelle von Kupfer Bronze importierte, den Kültepe-Texten nach auszuschließen ist.

[7] Kupfervorkommen gibt es z.B. auch in Zypern und im Oman (s. Kap. 9).

[8] Larsen (1987: 51) meint, daß die meisten Textilien, die verhandelt wurden, in Südmesopotamien produziert wurden.

auch eine Bedeutung als "Hafenbezirk" oder "Kaufmannschaft" an. Hier wird der Einfachheit halber die Übersetzung "Hafenbezirk" verwendet. Die altassyrischen *kārū* scheinen die ältesten Hafenbezirke gewesen zu sein (s. Kraus 1982: 30). Andere *kārū*, die nicht unbedingt mit den anatolischen zusammenhängen müssen, sind durch Texte auch für Babylonien und das Diyala-Gebiet nachgewiesen. Sie sind etwas jünger als die altassyrischen, datieren aber ebenso in die erste Hälfte des 2. Jt. v. Chr.

Es gab mehrere dieser "Hafenbezirke" in Anatolien, von denen der in Kültepe / Kaneš der wichtigste war. Nicht nur die Anzahl der Texte, auch die Größe des *kārum* in Kaneš deutet darauf hin, daß er eine Art Zentrum des anatolischen Handelsnetzes war, zumindest soweit man dies nach den Texten beurteilen kann. Außer den größeren "Hafenbezirken" gab es noch kleine Handelsstationen, akkadisch: *wabarātu*. Der Transport fand üblicherweise mit Eselskarawanen statt.[9]

Der *kārum* in Kaneš bestand aus einer Assoziation assyrischer Händler, die sich in Kaneš niedergelassen hatten. Die Verwaltung des Hafenbezirks war assyrisch und unterstand der Stadt Assur, weshalb der *kārum* auch als Kolonie bezeichnet wird. Nicht nur assyrische Händler wohnten im "Hafenbezirk", auch einheimische Händler waren dort untergebracht. Letzere scheinen in der Verwaltung des "Hafenbezirks" keine Rolle gespielt zu haben. Ihre Funktion ist unklar, und es gibt auch keine Hinweise darauf, daß sie in assyrische Unternehmen integriert waren.

Soweit es aus den schriftlichen Quellen ersichtlich ist, kam die assyrische Präsenz in Anatolien nicht durch militärische oder politische Aktivitäten zustande. Man geht davon aus, daß formale Abkommen und Verträge zwischen den assyrischen *kāru* und *wabarātu* einerseits und den Herrschern der anatolischen Stadtstaaten andererseits geschlossen wurden. Allerdings sind nur sehr wenige dieser Verträge erhalten. Die Bedingungen dieser Verträge wurden aus anderen Texten rekonstruiert. Demzufolge wurden den Assyrern das Residenzrecht, das Recht auf Selbstverwaltung und eine eigene, extraterritoriale Gerichtsbarkeit gewährt. Die lokalen Herrscher bekamen Abgaben von den Karawanen und hatten außerdem ein Vorkaufsrecht auf 10 % der importierten Textilien. Zusätzlich garantierten sie den Assyrern Schutz für deren Karawanen, die durch ihre Gebiete zogen. Die assyrischen Händler durften weder Land außerhalb des *kārum* erwerben noch Einheimische als Sklaven kaufen, es sei denn, es handelte sich um Schuldsklaven. Es wird angenommen, daß die anatolischen Herrscher einzeln um solche Abkommen angegangen wurden, da Anatolien in dieser Zeit wohl aus vielen kleinen politischen Einheiten bestand.

Die Organisation des kārum
Eine der wichtigsten Einrichtungen im *kārum* von Kaneš scheint das *bīt kārim* (wörtlich: "Haus des Hafenbezirks") gewesen zu sein. Bis jetzt konnte es archäologisch in Kültepe noch nicht identifiziert werden. Die mit dem "Haus des Hafenbezirks" befaßten Texte sind im Antikenhandel Anfang dieses Jahrhunderts aufgetaucht, weshalb der Schluß

---

[9] Für die möglichen Handelsrouten vgl. Kühne 1983.

naheliegt, daß das Gebäude, aus dem diese Texte stammten, bei den damaligen Raubgrabungen zerstört wurde.

Offensichtlich wurde der "Hafenbezirk" vom "Haus des Hafenbezirks" aus verwaltet. Politisch war das "*bīt kārim*" von der Stadt Assur abhängig. Man geht davon aus, daß es ständig im Hafenbezirk anwesende Abgesandte aus Assur gab, die Ausführende der Macht Assurs, d.h. der Stadtversammlung Assurs und des assyrischen Herrschers waren. Verwaltung, Gerichtsbarkeit und der Handel wurden im "*bīt kārim*" geregelt. Jeder *kārum* oder *wabarātum* konnte als Gericht fungieren. Es gab keine hauptberuflichen Richter; Verwaltungsmitglieder des *kārum* oder private Schiedsrichter, die vom *kārum* beauftragt wurden, konnten die Aufgaben eines Richters versehen.

Steuern, die die assyrischen Händler an das "*bīt kārim*" abgeben mußten, Zölle und die Mittel für Investitionen wurden dort gelagert. Ein Teil dieses Einkommens wurde für den Unterhalt der Bürokratie verwendet, ein anderer Teil für die diplomatischen Kontakte mit anderen Palästen benötigt. Auch konnte das "Haus des Hafenbezirks" Silberdarlehen vergeben; diese gingen sowohl an assyrische Händler als auch an anatolische Herrscher.

Ein anderes Verwaltungsorgan im Hafenbezirk war eine Versammlung, die *kārum ṣaḫer rabi* (wörtlich: "Hafenbezirk klein <und> groß") genannt wurde. Welche Personen Mitglieder dieser Versammlung waren, ist nicht geklärt. Unterschieden wird der Bezeichnung zufolge nur zwischen "Kleinen" und "Großen". Gemeint sind mit den "Großen" vielleicht die Hauptfamilien und die Ältesten, die das Recht hatten, die Versammlung einzuberufen. Daneben sind verschiedene andere Beamtengruppen bekannt.[10]

Das Ende des altassyrischen Handels

Die archäologischen Befunde legen ein gewaltsames Ende der beiden aus den Texten erschließbaren Handelsphasen in Kaneš nahe.[11] Ob diesen Vorgängen politische Ursachen zugrunde liegen, kann nicht rekonstruiert werden. Ein möglicher Grund könnte in den veränderten politischen Verhältnissen in Anatolien, Assyrien und Babylonien liegen. In Babylonien entstand durch die Regierung des Königs Hammurapi I. (1792-1750 v. Chr.) ein stark zentralisiertes System, das die Fernhandelsrouten zu kontrollieren suchte. Weil der altassyrische Handel auf den unbeschränkten Zugang zu diesen Handelsrouten angewiesen war, mußte er durch die Restriktionen der neuen politischen Macht zusammenbrechen (s. Yoffee 1988: 54-56).[12]

Unsicherheiten der Interpretation

Eines der Hauptprobleme stellt der schon eingangs erwähnte Zustand der andauernden Unsicherheit durch unpubliziertes Textmaterial dar. Obwohl sich die Interpretation und

---

[10] Für einen Überblick vgl. Veenhof 1976-1980: 375-378.
[11] Offenbar war der Handel in der zweiten Phase der Handelskolonien anders organisiert als in der ersten Phase. Ein Grund dürfte die Machtübernahme Šamši-Adads I. (1813-1781 v. Chr.) in Assur gewesen sein, die eine Veränderung der politischen Struktur zur Folge hatte (Larsen 1976: 53).
[12] Für eine etwas andere Darstellung s. Postgate 1992: 214-215.

Auswertung des Textmaterials aufgrund der Fülle der überlieferten Texte als kompliziert erweist, können doch einige Fragestellungen nicht außer Acht gelassen werden, so z. B. die der ethnischen Zusammensetzung der Bevölkerung in den assyrischen Handelskolonien. In den meisten Fällen haben Philologen und Historiker - häufig ohne dies zu erwähnen - Personennamen als Kriterium zur Bestimmung der ethno-linguistischen Zugehörigkeit verwendet. Vielleicht ist die Unklarheit über das Ausmaß der Beteiligung anatolischer Händler am altassyrischen Handel auf diese Problematik zurückzuführen. Einige Bearbeiter haben vor den Gefahren einer solchen Vorgehensweise gewarnt (Hirsch 1972-1975: 92; Kamp und Yoffee 1980; Klengel 1989: 263); für diesen speziellen Fall gibt es jedoch noch keine Lösungsvorschläge. [N.B.]

Die Archäologischen Quellen

Einleitung

Die Mittelbronzezeit (2000-1500 v. Chr.), in deren erste Hälfte die *kārum*-Zeit fällt, ist in Anatolien durch eine dezentrale Herrschaftsstruktur mit verschiedenen kleineren regionalen Einheiten gekennzeichnet, die teilweise bereits in die Frühbronzezeit zurückreichen. In Zentralanatolien sind es fünf politische Zentren, die aus den altassyrischen Inschriften aus Kültepe namentlich bekannt sind: Burušhattum, Hattuš, Kaneš, Wahšušana und Zalpa (Abb. 10.1). Die Identifikation dieser Orte, die als Fürstensitze und Sitz eines "kārum" ausgewiesen sind, ist in einigen Fällen gesichert, in anderen noch fraglich. Wie bereits genannt, ist Hattuša mit Boğazköy und Kaneš mit Kültepe gleichzusetzen. In dem außerordentlich großen Siedlungshügel Acemhöyük wird der Ort Zalpa vermutet (Steiner 1993: 582 ff.). Burušhattum[13] und Wahšušana lassen sich bisher noch nicht genau lokalisieren.

Auch die Lokalisierung der neben den *kārū* namentlich genannten *wabarātu* (Handelsstationen, s.o.) ist bisher schwierig, da nur wenige kleinere mittelbronzezeitliche Siedlungen durch Ausgrabungen näher untersucht wurden.[14] Die Zuweisungen sind daher eher hypothetisch und basieren häufig auf Namensetymologien. Da jedoch die Verkehrsrouten zwischen Assyrien und dem anatolischen Hochland bestimmten topographischen Gegebenheiten folgen müssen, können aus der Kombination verschiedener Variablen, wie der Reihenfolge der Nennungen, den angenommen Entfernungen und den möglichen Routen wahrscheinliche Lokalisierungen erstellt werden (Kull 1991).

Kültepe

Die archäologischen Untersuchungen im zentralanatolischen Hochland haben altassyrische Schichten außer in Kültepe auch in Acemhöyük, Boğazköy / Hattuša und Alişar

---

[13] Es wurde lange Zeit angenommen, daß sich Burušhattum in Acemhöyük verbirgt. Da dieser Ort jedoch auch in der hethitischen Großreichszeit noch von Bedeutung war, Acemhöyük aber spätestens in althethitischer Zeit verlassen wurde, erscheint diese Lokalisierung fraglich (Steiner 1993: 582).

[14] Eine Ausnahme bildet die dörfliche Ansiedlung von Demircihüyük (Kull 1988). Dieser Ort befindet sich jedoch westlich außerhalb des Gebietes der Handelskolonien.

Hüyük erfaßt. Kültepe bildet sowohl durch seine bedeutenden Textfunde als auch hinsichtlich des Umfanges der untersuchten Baustrukturen das Zentrum philologischer und archäologischer Erforschung der Handelskolonien. Der Ort liegt nordöstlich der modernen Stadt Kayseri und wird unter der Leitung von Tahsin Özgüç seit 1948 kontinuierlich ergraben.[15] Der Stadthügel gehört mit einer Ausdehnung von 550 m x 450 m und einer Höhe von 19 m zu den großen Siedlungshügeln in Zentralanatolien. Er gliedert sich in eine befestigte Akropolis und einen ebenfalls ummauerten Stadtbereich. Außerhalb dieses Stadtgebietes liegt das *kārum*, das ebenfalls durch eine Mauer befestigt war (Mellink 1971: 164). Die Siedlungsabfolge auf dem Hügel umfaßt den Zeitraum von der Frühbronzezeit bis in die römische Periode. Archäologische Untersuchungen wurden in allen drei Bereichen durchgeführt. Von den in beiden Stadtbereichen erfaßten Schichten IV, III, II, Ib und Ia datieren die drei letztgenannten in die Zeit der Handelskolonien, die Schichten IV und III bilden die älteren Vorgängersiedlungen des ausgehenden 3. Jt. v. Chr. In ihnen wurden gelegentlich ältere Handelsniederlassungen vermutet.

Auf der Akropolis wurden Palastbauten der Schichten II und Ib erfaßt, die jeweils durch Brand zerstört wurden. Der Palast der Schicht Ib wurde aufgrund einer hier gefundenen, an "Waršama, Herrscher von Kaneš" gerichteten Tontafel als königlicher Wohnsitz gedeutet. In einem weiteren Gebäude wurde ein Dolch mit der Inschrift des althethitischen Herrschers Anitta von Kuššara gefunden.

kārum Kaneš - Schicht II

Die ältere altassyrische Schicht hat hinsichtlich der Architektur und der materiellen Kultur die umfassendsten Informationen erbracht. In den hier freigelegten Wohnhäusern und Werkstätten wurden zahlreiche Keilschriftarchive gefunden, die bisher mehr als 20.000 Texttafeln umfassen (Mellink 1979: 334).[16] Da diese Schicht durch einen Brand zerstört wurde, konnten die Hausinventare in ihrer ursprünglichen Fundlage freigelegt werden. Innerhalb des *kārum*, das in II und Ib durch eine relativ enge Bebauung entlang einzelner Gassen gekennzeichnet ist (Abb. 10.2), lassen sich die Wohnbereiche der assyrischen und einheimischen Händler aufgrund der Textbelege unterscheiden. Die Hausformen zeigen die für Anatolien typische Bauweise: Auf einem Fundament von Steinquadern oft unterschiedlicher Größe wurden Lehmziegelmauern mit vertikal verankerten Holzbalken errichtet. Diese Bauform gilt als besonders günstig in Erdbebengebieten, da hier nur das aufgehende Mauerwerk im Katastrophenfall zerstört wird. Innerhalb der Werkstätten finden sich Produktionsbereiche für Keramik und Metall. In letzteren wurden Schmelzvorrichtungen sowie Gießformen zur Herstellung von Werkzeugen und Waffen wie Äxten und Lanzen gefunden. Daneben wurde auch Zinn im Rohzustand entdeckt.

---

[15] Neben den bisher erschienenen Monographien über Kültepe (s. zuletzt T. Özgüç 1986) finden sich Informationen über die kontinuierlich fortgesetzten Ausgrabungen jährlich bei M. Mellink, Archaeology in Asia Minor bzw. Archaeology in Anatolia und seit 1993 bei H. Gates, Archaeology in Turkey im American Journal of Archaeology.

[16] Auch in den jüngsten Ausgrabungen wurden teilweise bedeutende Archive der Schicht II gefunden. So wird von 500 Tafeln und gesiegelten Umschlägen der Kampagne 1991 berichtet (Mellink 1995: 111).

Die Bestattungen erfolgten hier intramural, d.h. die Toten wurden unter den Fußböden der Häuser in Steinkisten, Gefäßen oder Erdgruben beigesetzt. Funde von Gold-
oder Silberschmuck in den Gräbern erlauben Rückschlüsse auf die Handelsgüter. Den
Texten zufolge war Schicht II vermutlich 4 - 5 Generationen lang besiedelt.[17] Eine plötz-
liche Brandkatastrophe, durch die das gesamte Gebiet von Kaneš zerstört wurde, führte
zum Ende dieser Schicht.

Schicht Ib
Nach einem Siedlungshiatus, dessen Dauer unklar ist - die Vermutungen reichen von 30
bis 50 Jahren - erfolgte die Neubebauung der Schicht Ib. Der bauliche Befund zeigt mit
zahlreichen Wohnhäusern und Werkstätten ein ähnliches Bild wie Schicht II. Gegenüber
der älteren Schicht ist der Umfang der Unterstadt stark angewachsen und die Bebauung
verdichtet. Innerhalb der Bauweise wurde offenbar weniger Holz verwendet, was mit
den Erfahrungen während der Brandkatastrophe der Schicht II in Verbindung gebracht
wird (Kull 1988: 79). In den Wohnhäusern wurden nur sehr wenige Schrifttafeln gefunden. Auch das Ende der Schicht Ib ist wieder von einer Brandkatastrophe gekennzeichnet, die offensichtlich plötzlich hereinbrach. Der Ausgräber T. Özgüç stellt fest: "Die
Töpfe standen noch auf den Herden, die bereits gebrannten Tontafeln wurden nicht aus
dem Brennofen geholt. Krüge, mit Proviant gefüllt, verblieben in den Häusern" (T.
Özgüç 1986: XIX).

Schicht Ia
Von der nachfolgenden Bebauung ist teilweise weniger gut erhalten, da die Steinfunda-
mente der obersten Schicht Ia von der heute ansässigen Bevölkerung für den Hausbau
wiederverwendet wurden. Der Umfang der Siedlung ist jedoch geringer als in den vorherigen Perioden. Offensichtlich wurden die Bauten direkt auf den noch anstehenden
Mauerresten von Ib errichtet (Mellink 1981: 465).

Acemhöyük
Dieser Siedlungshügel mit einer Ausdehnung von 600 m x 700 m liegt 18 km nordwestlich von Aksaray entfernt und unterteilt sich in Ober- und Unterstadt.[18] Auf dem Hügel
wurden als Palastbauten gedeutete Strukturen in den beiden Bereichen Sarikaya und
Hatipler erfaßt (Abb. 10.3). In beiden Bauten wurden die ergrabenen, noch hoch anstehenden Untergeschosse als Magazinräume genutzt (N. Özgüç 1980: 61). Beide Anlagen
gehören in die Schicht III, die Kültepe II und möglicherweise noch dem Anfang von Ib
entsprechen soll (Mellink 1967: 161).Daneben wurden auf dem Hügel Wohnhäuser der
Schichten III und der jüngeren Phasen II und I festgestellt. Die Wohnbebauung der
Schicht III, die durch Brand endete, zeigt sowohl hinsichtlich der Bauformen als auch der

---

[17] Mitteilung G. Kryszat. Es ist problematisch, welchen Zeitraum man für eine Generation ansetzt.
[18] Für Acemhöyük liegen nur Vorberichte vor. Eine Zusammenfassung der bisher erschienen Literatur
findet sich bei Steiner 1993. Auch hier ist auf die Vorberichte im American Journal of Archaeology zu
verweisen (s. Fußnote 12).

Bauweise ein ähnliches Bild wie Kültepe. Die jüngere Schicht II weist dagegen kleinräumigere Häuser auf. Auch in der Unterstadt wurden Strukturen der Schicht III entdeckt (Mellink 1978: 318).

Boğazköy

kārum-zeitliche Baustrukturen wurden in Boğazköy an mehreren Stellen freigelegt. Auf dem Burgberg Büyükkale (BK), an dessen Nordwest-Hang und in weiteren Bereichen der Unterstadt wurden jeweils zusammenhängende Baustrukturen erfaßt, die den Schichten Kültepe II und Ib entsprechen (Abb. 10.4). Auf Büyükkale bilden die Schichten Vb-a und IVd diesen Horizont (Neve 1982: Tab.1). Va wurde durch ein Feuer zerstört, Schicht IVd weist dann eine Umfassungsmauer auf, innerhalb derer sich eine ursprünglich dichte Bebauung befand. Die erhaltene Baustruktur wird als Wohn- und Wirtschaftsgebäude gedeutet (Neve 1982: 21 ff.). Unter den Bauten am Nordwest-Hang ist das "Pithosgebäude" hervorzuheben, in dem fast 100 Vorratsgefäße gefunden wurden. Umfangreichere Wohnhausschichten wurden in Schicht 4 der Unterstadt freigelegt. Die dichte Bebauung in Form von Hofhäusern wird durch Gassen strukturiert (Abb. 10.5). Aus dieser Schicht, die mit Kültepe Ib parallelisiert wird, stammen die meisten der in Boğazköy / *kārum* Hattuš gefundenen altassyrischen Texttafeln. Die Beziehungen zwischen *kārum* Hattuš und *kārum* Kaneš gehen aus den Boğazköy-Texten nicht hervor. In den Kültepe-Texten der Schicht II wird jedoch Hattuš mehrfach genannt, so daß bereits für diesen Zeitpunkt Verbindungen belegt sind.

Das Ende der *kārum*-zeitlichen Besiedlung in Boğazköy ist durch eine Brandkatastrophe im ausgehenden 18. Jh. v. Chr. gekennzeichnet, die mit der Eroberung der Stadt durch Anitta von Kuššara in Verbindung gebracht wird.

Die Funde

Der durch Texte belegte permanente Austausch zwischen Assyrien und Anatolien über einen längeren Zeitraum würde erwarten lassen, daß sich diese Kontakte auch innerhalb bestimmter Fundgruppen deutlich niedergeschlagen hätten. Tatsächlich finden sich jedoch nur relativ wenige Hinweise auf einen Austausch auf kultureller Ebene.

Innerhalb der Wohnarchitektur bildet das Hofhaus die mittelbronzezeitliche Bauform, die sich an vielen Orten Anatoliens beobachten läßt. Bei den in Kültepe differenzierbaren Wohnbereichen zwischen Einheimischen und assyrischen Händlern lassen sich keine assyrischen Einflüsse feststellen.

Die in den Schichten II und Ib freigelegten Gräber und Bestattungen entsprechen in ihrer Ausprägung älteren anatolischen Sitten. Zwar sind intramurale Bestattungen auch in Assyrien belegt, doch findet man dort häufiger Grabkammern mit falschem Gewölbe oder Gräber mit kleiner Grube.

Die Keramik stellt eine Weiterentwicklung des bereits aus der Frühbronzezeit bekannten Repertoires dar. Es handelt sich jetzt zumeist um Scheibenware, die sich durch eine hohe Herstellungs-Qualität auszeichnet. Der Formenschatz umfaßt neben einfacher Gebrauchskeramik wie Töpfen und den charakteristischen Schnabelkannen (Abb. 10.6;

Orthmann 1984: Abb. 15-16) auch besonders aufwendig gearbeitete zoomorphe Trinkge-
fäße (10.7; Alkim 1968: Abb. 114-115; Orthmann 1984: 24; 215-216).

Siegel bilden innerhalb der Artefakte diejenige Fundgruppe, bei der sich mesopotamische Einflüsse deutlich nachweisen lassen. In Kültepe (N. Özgüç 1965: 15), Acemhöyük (N. Özgüç 1980: 61 ff.) und Boğazköy (Boehmer 1987: 19 ff.; 98 ff.) sind neben
den für den anatolischen Raum typischen Stempelsiegeln zahlreiche Rollsiegel und
Siegelabrollungen zutage gekommen.[19] Neben der Form des Rollsiegels, die aus dem
mesopotamischen Raum übernommen wurde, sind es die Siegelbilder, die Einflüsse nicht
nur aus Assyrien, sondern auch aus Babylonien und Syrien[20] zeigen. Zusammen mit
anatolischen Elementen zeigen sie die Verarbeitung dieser unterschiedlichen Anregungen
zu neuen Bildmotiven, in denen Götterdarstellungen, Beterfiguren, Tierfiguren und Symbole in einer eigenen Art zusammengestellt werden (Abb. 10.8). Darüberhinaus weisen
die in Acemhöyük gefundenen Siegelabrollungen des Königs Šamši-Adad I. von Assur,
der Dugedu, einer Tochter eines Königs von Mari (am mittleren Euphrat) und des Königs
Aplaḫanda von Karkamiš (N. Özgüç 1980: 62; Tunca 1993: 481 ff.) ebenso wie die
Siegelbilder selbst auf die internationalen Beziehungen hin.

Unter den zahllosen Kleinfunden, die v.a. in Kültepe / Kaneš und Acemhöyük in
den langjährigen Ausgrabungen erfaßt wurden, sind besonders die Elfenbeinobjekte hervorzuheben. Bereits in den dreißiger Jahren waren durch den Kunsthandel viele Stücke
bekannt geworden (die sog. "Pratt Ivories"). Ihre ursprüngliche Herkunft konnte jedoch
erst durch ähnliche Funde aus den Ausgrabungen in Acemhöyük in diesem Ort lokalisiert
werden (Barnett 1982: 32 ff.). Die auffallendsten Stücke bilden hier Sphingenfiguren, die
sich mit dem ägyptisch-levantinischen Raum verbinden lassen (Taf. 10.I). Eine Elfen-
beinstatuette aus einem Grab in Kültepe Ib wird dagegen als anatolische Arbeit gedeutet
(Taf. 10.II).

Die assyrische Komponente, die man in Zentralanatolien im Zeitraum der altassyrischen Handelskolonien erwarten würde, läßt sich aus dem archäologischen Befund also
nur in sehr geringem Umfang nachvollziehen. Siegelfunde bilden hier fast die einzige
Fundgruppe, die neben den Texten auf Außenkontakte hinweist. Alle anderen Aspekte
der materiellen Kultur wie Architektur, Grabformen, Keramik scheinen in einer ungebrochenen anatolischen Kontinuität zu stehen. [K.B.]

Zusammenfassung

Die schriftliche Überlieferung läßt den Schluß zu, daß in altassyrischer Zeit ein Fernhandelsnetz existierte, bei dem die Stadt Assur offenbar als Handelsdrehscheibe fungierte.
Da es nach dem archäologischen Befund (Architektur, Keramik und Bestattungssitten)
mit Ausnahme von Siegelfunden wenig Hinweise auf mesopotamische Einflüsse gibt,

---

[19] Zu den Siegeln und Siegelabrollungen aus Kültepe Schicht II s. zuletzt Teissier 1994.
[20] Daß in den altassyrischen Handelskolonien gelegentlich auch syrische Händler tätig waren, belegen
zwei Texte, die Händler aus Ebla erwähnen (Klengel 1989: 264).

kann nur aufgrund schriftlicher Quellen auf die Präsenz von Assyrern in Anatolien geschlossen werden.

Ein weiteres Problem der gemeinsamen Interpretation archäologischer Befunde und schriftlicher Quellen stellt der Zinnhandel dar. Den Texten zufolge wurde Zinn in großen Mengen über Assur nach Kültepe verhandelt. Ausgrabungen Ende der 80er Jahre ergaben, daß auch anatolische Zinnminen am Ende des 3. Jt. v. Chr. abgebaut wurden (Yener und Vandiver 1993: 207 ff.; Muhly 1993: 239 f.). Diese neuen Erkenntnisse lassen zwei Hypothesen zu: 1. Die Zinnminen in Anatolien lieferten minderwertiges Metall, so daß zusätzliches eingeführt werden mußte; 2. Die anatolischen Zinnminen versiegten gegen Ende des 3. Jt. v. Chr., was zur Suche nach neuen Quellen und zur Etablierung des Zinnhandels führte.[21] Letzte Klarheit kann hier jedoch nur eine vollständige Auswertung des gesamten Textmaterials bringen.

Bibliographie

Alkim, U.B.

1968   *Anatolien I. Von den Anfängen bis zum Ende des zweiten Jt. v. Chr.* München: Nagel Verlag.

Balkan, K.

1955   *Observations on the Chronological Problems of the Karum Kaniš.* Türk Tarih Kurumu Yayınlarından, Ser. 7, 28. Ankara: Türk Tarih Kurumu Basımevi.

Barnett, R.D.

1982   *Ancient Ivories in the Middle East.* Monographs of the Institute of Archaeology, Qedem 14. Jerusalem: The Hebrew University of Jerusalem.

Bittel, K.

1970   *Hattusha, The Capital of the Hittites.* New York: Oxford University Press.

Boehmer, R.M.

1975   "Kleinasiatische Glyptik". In W. Orthmann, Hrsg.: *Der alte Orient*, S. 437-452. Berlin: Propyläen-Verlag.

Boehmer, R.M. und H.G. Güterbock

1987   *Glyptik aus dem Stadtgebiet von Boğazköy.* Berlin: Gebrüder Mann.

Donbaz, V.

1985   "More Old Assyrian Tablets from Assur". *Akkadica* 42: 1-23.

Eidem, J.

1987-88   "Tell Leilan 1987 - A Preliminary Report. The Tell Leilan Tablets". *Annales Archéologique Arabes Syriennes* 37-38: 110-127.

Garelli, P.

1963   *Les Assyriens en Cappadoce.* Paris: Maisonneuve.

---

[21] Diese Idee geht auf G. Kryszat zurück.

Hirsch, H.

1972-1975   "Handelskolonien". In D.O. Edzard, Hrsg.: *Reallexikon der Assyriologie,* Band 4, S.
90-96. Berlin: Walter de Gruyter & Co.

Kamp, K.A. und N.Yoffee

1980   "Ethnicity in Ancient Western Asia During the Early Second Millenium B.C.: Archaeological
Assessments and Ethnoarchaelogical Prospectives". *Bulletin of the American School of
Oriental Research* 237: 85-104.

Klengel, H.

1979   *Handel und Händler im alten Orient.* Leipzig: Kohler & Amelang.

1989   "Syrischer Handel und die Texte aus Kültepe / Kaneš". In K. Emre, B. Hrouda, M. Mellink und
N. Özgüç, Hrsg.: *Anatolia and the Ancient Near East,* S. 263-268. Ankara.

Klengel-Brandt, E.

1993   "Zu einigen Siegelabrollungen auf Kültepe-Tafeln im Vorderasiatischen Museum, Berlin". In M.
Mellink, E. Porada und T. Özgüç, Hrsg.: *Aspects of Art and Iconography: Anatolia and its
Neighbors,* S. 85-90. Ankara: Türk Tarih Kurumu Basımevi.

Kraus, F.R.

1982   "'Kārum', ein Organ städtischer Selbstverwaltung der altbabylonischen Zeit". In A. Finet, Hrsg.:
Les pouvoirs locaux en Mesopotamie et dans les regions adjacentes, S. 29-42. Brüssel:
Institut des Hnates Études de Belgique.

Kühne, H.

1983   "Tall Malḥat eḍ-Ḍerū. Eine Station auf dem Weg nach Kappadokien ?". In R.M. Boehmer und H.
Hauptmann, Hrsg.: *Beiträge zur Altertumskunde Kleinasiens,* S. 299-308. Mainz: Philipp von
Zabern.

Kull, B.

1988   *Demircihüyük V. Die mittelbronzezeitliche Siedlung.* Mainz: Philipp v. Zabern.

1991   *Kleinasien. Mittelbronzezeit.* Tübinger Atlas des Vorderen Orients, Karte B II 14.

Larsen, M.T.

1976   *The Old Assyrian City-States and its Colonies.* Copenhagen: Akademisk Forlag.

1987   "Commercial Networks in the Ancient Near East". In M. Rowlands, M. Larsen und K. Kristian-
sen, Hrsg.: *Centre and Periphery in the Ancient World,* S. 47-56. Cambridge: Cambridge
University Press.

Leemans, W.F.

1972-1975   "Handel A.". In D. O. Edzard, Hrsg.: *Reallexikon der Assyriologie* Band 4, S. 82-83.
Berlin: Walter de Gruyter & Co.

Mellink, M.

1967   "Archaeology in Asia Minor. Acemhöyük". *American Journal of Archaeology* 71: 160 ff.

1971   "Archaeology in Asia Minor. Kültepe". *American Journal of Archaeology* 75: 164.

1978   "Archaeology in Asia Minor. Acemhöyük". *American Journal of Archaeology* 82: 318.

1979   "Archaeology in Asia Minor. Kültepe". *American Journal of Archaeology* 83: 333.

1981   "Archaeology in Asia Minor. Kültepe". *American Journal of Archaeology* 85: 465.

1993   "Archaeology in Asia Minor. Kültepe". *American Journal of Archaeology* 97: 111.

Muhly, J.D.

1993 "Early Bronze Age Tin and the Taurus". *American Journal of Archaeology* 97: 239-259.

Neve, P.

1982 *Büyükkale. Die Bauwerke - Grabungen 1954-1966*. Berlin: Gebrüder Mann Verlag.

Orthmann, W.

1984 "Keramik aus den ältesten Schichten von Büyükkale". In K. Bittel et al., Hrsg.: *Boğazköy VI, Funde aus den Grabungen bis 1979*, S. 9-72. Berlin: Gebrüder Mann Verlag.

Özgüç, N.

1965 *Kültepe Mühür Baskilarinda Anadolu Grubu (The Anatolian Group of Cylinder Seal Impressions from Kültepe* II). Türk Tarih Kurumu Yayinlarindan, V. Seri No. 22. Ankara: Türk Tarih Kurumu Basimevi.

1968 *Kaniş Karumu Ib Kati Mühürleri ve Mühür Baskilari (Seals and Seal Impressions of Level I b from Karum Kanish)*. Türk Tarih Kurumu Yayinlarindan, V. Seri, Sa. 25. Ankara: Türk Tarih Kurumu Basimevi.

1980 "Seal Impressions from the Palaces at Acemhöyük". In E. Porada, Hrsg.: *Ancient Art in Seals*, S. 61-101. Princeton, New Jersey: Princeton University Press.

Özgüç, T.

1959 *Kültepe-Kaniş. New Researches at the Center of the Assyrian Trade Colonies*. Türk Tarih Kurumu Yayınlarından, Ser. 5, 19. Ankara: Türk Tarih Kurumu Basımevi.

1964 "The Art and Architecture of Ancient Kanish". *Anatolia* 8: 27-48.

1965 "Excavations at Kültepe - Kaniş". *Anatolian Studies* 15: 24-25.

1986 *Kültepe - Kaniş II. New Researches at the Trading Center of the Ancient Near East*. Ankara: Türk Tarih Kurumu Basımevi.

Postgate, J.N.

1992 *Early Mesopotamia. Society and Economy at the Dawn of History*. London: Routledge.

Steiner, G.

1989 "Kültepe-Kaniš und der 'Anitta-Text'". In K. Emre, B. Hrouda, M. Mellink und N. Özgüç, Hrsg.: *Anatolia and the Ancient Near East*, S. 471 - 480. Ankara.

1993 "Acemhöyük = Kārum Zalpa 'im Meer'". In M. Mellink, E. Porada und T. Özgüç, Hrsg.: *Aspects of Art and Iconography: Anatolia and its Neighbours*, S. 481-483. Ankara: Türk Tarih Kurumu Basimevi.

Teissier, B.

1994 *Sealings and Seals on the Texts from Kültepe Kārum Level 2*. Leiden: Nederlands Instituut voor het Nabije Oosten.

Tunca, Ö.

1993 "Des inscriptions de sceaux-cylindres diverses provenant d'Acemhöyük". In M. Mellink, E. Porada und T. Özgüç, Hrsg.: *Aspects of Art and Iconography: Anatolia and its Neighbours*, S. 629-633. Ankara: Türk Tarih Kurumu Basimevi.

Veenhof, K.R.

1972 *Aspect of Old Assyrian Trade and its Terminology*. Leiden: Brill.

1976-1980 "Kaneš, kārum. A.". In D. O. Edzard, Hrsg.: *Reallexikon der Assyriologie* Band 5, S. 396-378. Berlin: Walter de Gruyter & Co.

Yener, A. und P. Vandiver

1993   "Tin Processing at Göltepe, an Early Bronze Age Site in Anatolia". *American Journal of Archaeology* 97: 207-238.

Yoffee, N.

1988   "The Collapse of Ancient Mesopotamian States and Civilizations". In N. Yoffee und G.L. Cowgill, Hrsg.: *The Collapse of Ancient States and Civilizations*, S. 44-68. Tuscon: University of Arizona Press.

Das Verhältnis zwischen Seßhaften und Nichtseßhaften in Mesopotamien am Ende des 3. und zu Beginn des 2. Jt. v. Chr.

Elisabeth Kirsch und Paul Larsen

Einleitung

Aus archäologischer Sicht bereitet die Erfassung von nichtseßhaften Gruppen besondere Probleme, da sie wenig materielle Güter mit sich führen. Für die Rekonstruktion historischer Abläufe im Alten Vorderasien ist dieses Problem umso größer, als diese Bevölkerungsgruppen, meist Kleinvieh züchtende Hirten, einen wesentlichen Bestandteil der altorientalischen Gesellschaften bildeten. In der Regel werden in der Fachliteratur solche Gruppen, die aus Keilschrifttexten bekannt sind, als Nomaden, die in Stämmen organisiert waren, bezeichnet. Aufschluß über den ökonomischen Faktor der Viehhaltung bieten detaillierte Analysen von Tierknochen, die bei Ausgrabungen von Siedlungen gefunden werden. Das Verhältnis von Knochen domestizierter gegenüber gejagten Tieren oder dasjenige von Rinder- gegenüber Schafknochen können darüber Auskunft geben, ob Kleinviehnomadismus überhaupt ein wichtiger Wirtschaftsfaktor für die Bevölkerung war. Desweiteren könnten Knochen, die in vermutlichen Nomadenlagern gefunden werden, aufgrund des Schlachtalters von Jungtieren Auskunft über die jahreszeitliche Nutzung von Nomadenlagern geben.

Cribb (1991) und Bernbeck (1993: 68-69) postulieren Strategien zukünftiger Forschung: Geländebegehungen, die speziell unter dem Aspekt der Auffindung von Nomadenlagern durchgeführt werden, bei denen also systematisch potentielles Weidegebiet abgegangen wird und dabei auf geringfügige Hinterlassenschaften wie einzelne Scherben geachtet wird, bieten eine Möglichkeit, Auskünfte über mobile Gruppen zu erhalten. Diese Informationen ermöglichen es dann, wirtschaftliche und kulturelle Verbindungen zum seßhaften Teil der Bevölkerung herzustellen.

Bislang fanden jedoch hauptsächlich schriftliche Quellen Beachtung, die ausschließlich vom seßhaften Teil der altorientalischen Gesellschaften verfaßt wurden. Damit ist die Sichtweise der städtischen Machtzentren stark in die Geschichtsschreibung eingeflossen, während eigene Quellen über das Leben der Nomaden fehlen. Keilschrifttexte in größeren Mengen, die über Verbindungen zwischen "Seßhaften" und "Nomaden" berichten, sind vor allem aus der Zeit der dritten Dynastie von Ur - gegen Ende des 3. Jt. in Babylonien - und aus der nachfolgenden altbabylonischen Zeit überliefert. Besonders die

Archive aus Mari, am mittleren Euphrat gelegen, regten zu zahlreichen, in Monographien und Einzelartikeln vorliegenden Bearbeitungen zum Thema Nomadismus an.

Bereits am Anfang des 20. Jahrhunderts bestand die Ansicht, daß Jäger und Sammler der Steinzeit sich zu seßhaften Bauern späterer Ackerbaugesellschaften entwickelten, die ihrerseits die ersten Hochkulturen hervorbrachten. Übertragen auf historische Abläufe, wurde dieses Schema in der sogenannten Völkerwellentheorie H. Wincklers übernommen, wonach die "weniger entwickelte Völkerkammer Arabien" in regelmäßigen Abständen "ihren Überschuß an Bevölkerung in die Kulturländer abschiebt", wodurch sich Wellen bilden, bei denen "die folgende die vorhergehende schiebt" (Winckler 1905: 3). Eine "Hochflut" jener semitischen Wanderungen stellte nach ihm die sogenannte amurritische Welle dar, die am Anfang des 2. Jt. v. Chr. in Mesopotamien neue Herrscherdynastien bildete.

Obwohl Wincklers Geschichtsbild längst veraltet ist, bleibt ein deutlich auszumachender Nachhall der damals formulierten Leitsätze weiterhin bestehen. So tauchen Rudimente seiner Wellentheorie gelegentlich noch in neueren Standardwerken auf.[1] Erstmals wurde gegen Ende der fünfziger Jahre mit Kuppers Arbeit (1957) die These vertreten, daß nomadisierende Kleinviehzüchter statt in Wellenbewegungen kontinuierlich in das seßhafte Kulturland einsickerten. Im Gegensatz zu Kupper setzt Luke (1965) den Akzent auf die tribale, d.h. stammesorientierte Organisation der Landbevölkerung, die sich seiner Meinung nach sowohl aus mobilen als auch seßhaften Bevölkerungsteilen zusammensetzte, die beide in Harmonie nebeneinander existieren konnten. Auftretende Konflikte sieht Luke eher in der unterschiedlichen gesellschaftlichen Organisation von Stadt und Land, da die städtische Verwaltung mit der ihr zur Verfügung stehenden Macht bestimmte Leistungen (z.B. Abgaben, Militärdienst, Frondienst usw.) von der ländlichen Bevölkerung verlangte. Ähnlich argumentiert auch Rowton (1977), indem er den ständigen Kontakt zwischen seßhafter und mobiler Bevölkerung als Bestandteil der "dimorphen Gesellschaft" beschreibt, in der zusätzlich institutionalisierte Kontakte zwischen Stamm und Staat geschaffen wurden.

Diese sowie viele andere Ansätze bleiben der Wincklerschen These noch insofern treu, als der Grundgedanke der in einer Richtung laufenden Entwicklung, vom Nomadismus zur Seßhaftigkeit, bei den genannten Autoren erhalten bleibt. Nicht weniger plausibel sind jedoch solche Vorschläge, die besagen, daß seßhafte Bevölkerungsteile auch zu mobilen Lebensweisen übergehen können (Nissen 1980; Kamp und Yoffee 1980). Statt einer einseitigen Tendenz zur Seßhaftigkeit liegt diesem Ansatz die These zugrunde, daß soziale Gruppen sich den jeweiligen Umständen anpassen. Aus dieser Perspektive lassen sich Erklärungen finden, warum im historischen Gesamtverlauf gelegentlich solche Perioden auftreten, die augenscheinlich mehr vom Nomadismus geprägt sind als andere Zeitabschnitte (Nissen 1980: 289).

---

[1] Siehe z.B. Hallo und Simpson 1971: 36. Das von Winckler verwendete Vokabular zeugt deutlich von seiner antisemitischen Haltung. Die gleichen Metaphern werden auch heute noch verwendet, wenn es darum geht, politische Sichtweisen darzulegen (z.B. "Asylantenflut").

Doch auch aus anderen Gründen kann das bisherige Geschichtsbild der Migration von Nomaden in traditionell von Seßhaften genutzte Gegenden nicht vorbehaltlos übernommen werden, ohne dafür in Frage kommende Gründe zu suchen. Die beiden folgenden Fallbeispiele aus dem Ur III-Staat und aus Mari zeigen, daß der Informationsfluß und -bedarf in Bezug auf Nomadismus gerade in solchen Perioden steigt, wenn die Gebietsinteressen zentraler Staaten ebenfalls steigen. Es werden dann Versuche seitens der Herrschenden unternommen, Kontrolle über die nomadische Bevölkerung zu gewinnen bzw. zu behalten. Nach einer Besprechung beider Fallbeispiele soll in einer kurzen Zusammenfassung ein Vergleich des überlieferten Befundes aus beiden Staaten gezogen werden.

Die Ur III-Zeit

Der historische Rahmen der Ur III-Zeit
Im Hintergrund der geschichtlichen Abläufe zu dieser Zeit steht der Kollaps des Machtmonopols von Akkad in Zentralmesopotamien und der Untergang der frühbronzezeitlichen städtischen Kulturen in Nordmesopotamien. Während für die anschließende Zeit in den dortigen städtischen Zentren weitgehend eine Besiedlungslücke festzustellen ist, konnte sich in Babylonien nach einer kurzen Phase partikularistischer Tendenzen, die gemeinhin mit den sog. *Gutäereinfällen* in Verbindung gebracht werden, eine neue Hegemonialmacht ausbilden. Ausgangspunkt war Ur, eine Stadt unweit der damaligen Küste des Persischen Golfes.

Die Machthaber dieser dritten Dynastie von Ur sollten unter einer straffen Zentralverwaltung und einer expansiven Politik den Ton im letzten Jahrhundert des 3. Jt. (2112-2004 v. Chr.) in Mesopotamien angeben.[2] Die rasche Ausdehnung des Ur III-Staates beschränkte sich zunächst auf den Kernbereich Babyloniens und verlief ohne überlieferte kriegerische Auseinandersetzung unter dem ersten Herrscher Urnammu, der sich bereits den Titel "König von Sumer und Akkad", d.h. König von Süd- und Nordbabylonien zulegte. Unter seinem Nachfolger Šulgi wurde das bürokratische System durch eine Reihe von Verwaltungsreformen gestärkt. In dessen zweiter Regierungshälfte folgten kriegerische Eroberungszüge hauptsächlich in östlichen und nordöstlichen Gebirgsgegenden jenseits des Tigris (Hallo und Simpson 1971: 81). Das Ur III-Reich sollte jedoch nicht von langer Dauer sein. Nicht einmal 30 Jahre nach Šulgi brach es am Anfang der Herrschaft des Ibbi-Sin (2028-2004 v. Chr.), anscheinend unter dem Druck äußerer Kräfte zusammen.

---

[2] Von dieser Verwaltung zeugen heute Texte, in den allermeisten Fällen Wirtschafts- und Verwaltungsurkunden, die zu Zehntausenden aus den Tempelarchiven überliefert sind. Nach den Angaben von Sigrist und Gomi (1991) sind derzeit mehr als die Hälfte der 50.000 bis 60.000 bisher bekannten Texte veröffentlicht. Zusammen bilden diese den mit Abstand größten Schriftkorpus einer historischen Periode des Alten Orients überhaupt und dokumentieren gleichzeitig die bis dahin stärkste Ausweitung des staatlichen Verwaltungsapparates innerhalb sehr kurzer Zeit; vgl. hierzu auch die von Civil (1987: 43) vorgelegten Zahlen.

Der Ur III-Staat und sein Verhältnis zu den Martu

Durch die Ausweitung der Interessensphäre des Ur III-Staates in die Gebirgsgegenden und die gleichzeitig stark angestiegene Textzahl aus dem Kernland wird erstmals vermehrt von Menschen berichtet, die in sumerischen Texten Martu (akkadisch: amurru) genannt werden. Damit wurden eine oder mehrere ethnische Gruppen bezeichnet, die nach damaliger und heutiger Auffassung in Babylonien fremd waren. Ihre Subsistenzweise beruhte primär auf der Zucht von Schafen, was unter den gegebenen ökologischen Verhältnissen, nämlich einer spärlichen Vegetationsdecke, zum häufigen Wechsel der Weiden und somit zum Nomadismus führte.

Nach den Texten hielten sich die Martu-Leute sowohl inner- als auch außerhalb des babylonischen Kernbereiches auf. Diejenigen, die sich innerhalb dieses Territoriums befanden, sind in den Verwaltungstexten fast immer unter namentlicher Angabe als Individuen aufgeführt. Im Gegensatz dazu werden diejenigen, die sich außerhalb Babyloniens aufhielten, meistens als Kollektiv erwähnt. Dies betrifft vor allem die Korrespondenz der Herrscher mit ihrem Militärpersonal und die Jahresnamen, die nach herausragenden Taten der Könige benannt wurden. In diesen Texten sind Verhaltensweisen der Martu geschildert, die nach babylonischen Maßstäben fremd und eigenartig waren. Sie werden als Leute beschrieben, die "weder Städte noch Häuser", noch "Gerste kannten" und "in Zelten lebten"; des weiteren sollen sie "rohes Fleisch gegessen" und "ihre Toten nicht bestattet" haben. Die Martu lebten in den Bergen und wurden im offiziellen Sprachgebrauch als "Feinde" behandelt, da sie "in das Land eindrangen" und sich dort "wie Wölfe" verhielten (s. Buccellati 1966: 230-232). Durch die Ausdehnung des Machtbereiches von Ur bis in die Randzonen der Berge kam es offensichtlich zum direkten Kontakt und gleichzeitig wohl auch zu Interessenskonflikten zwischen den Machthabern Mesopotamiens und den Martu. Mit dem Bau einer "Mauer" - die angeblich dazu diente, die Nomaden "fernzuhalten" - sollte bewässerbares Ackerland, das bislang als saisonales Weideland genutzt werden konnte, den Martu streitig gemacht werden.

Als die territoriale Expansion des Ur III-Staates über die Grenzen Babyloniens hinaus zu reichen begann, wurden im Zuge der o.g. Verwaltungsreformen am Ende der Regierungszeit Šulgis im babylonischen Kernbereich Annahme- und Verwaltungsstellen für besondere Güterkategorien eingerichtet. Eine davon befand sich in Puzriš-Dagan (mod. Drehem; s. Abb. 11.1), einem zentralen Umschlagplatz für Vieh, welcher im 39. Regierungsjahr des Šulgi gegründet worden war (Sigrist 1992: 13). Dort wurden, nur wenige Kilometer südöstlich des religiösen Zentrums Nippur entfernt, große Mengen Schafe u.a. auch von Martu-Leuten dem dort ansässigen "Empfangsoffizier" geliefert.[3] Die aus Puzriš-Dagan stammenden Verwaltungstexte lassen kaum auf Hirtennomadismus innerhalb des babylonischen Kernbereiches schließen. Hier befand sich vielmehr eine staatliche Annahme- und Verteilungsstelle für Abgaben, die in Form von Tieren geleistet wurden. Hier kamen beispielsweise solche Schafherden an, die als "Beute aus den Martu-

---

[3] Nach Sigrist 1992: 20; 34 wurden dort jährlich im Schnitt zwischen 50.000 und 55.000 Schafe registriert.

Bergen" bezeichnet wurden (Maeda 1992: 157). Eine wichtige Einnahmequelle bildete weiterhin eine besondere Steuer, die ausschließlich von Mitgliedern des Militärpersonals, das in der peripheren Zone außerhalb Babyloniens stationiert war, abgeliefert werden mußte.[4] Nach der Registrierung wurden die Tiere an andere Einrichtungen in die städtischen Zentren des Staates weitergeleitet. Die datierten Textbelege deuten darauf hin, daß die Lieferungen vom Ende der Regierungszeit Šulgis bis zum Anfang der Regierung des Ibbi-Sin in jährlichen Abständen in Puzriš-Dagan eintrafen (Steinkeller 1987: 36). Diese Periode stimmt mit dem Zeitraum überein, der mit den kriegerischen Vorstößen der babylonischen Herrscher in die Gebirgsregionen im Nordosten und dem Baubeginn der Martu-Mauer anfängt und mit dem Zusammenbruch unter Ibbi-Sin aufhört.

Die Martu-Mauer ist archäologisch nicht nachgewiesen. Nach ihrem Ausbau durch den vorletzten König der Dynastie, Šu-Sin, soll sie nach den Textangaben von ursprünglich 63 km auf eine Länge von 280 km erweitert worden sein und vom Abgal-Kanal (am Euphrat) bis nach Simudar gereicht haben. Die Lokalisierung dieses Ortes wird in der Gegend um den Durchbruch des Diyala durch den Ğebel Hamrin vermutet (Abb. 11.1; Wilcke 1969: 9-12).

Eng verbunden mit dem Verlauf dieser Mauer ist das Problem der Lokalisierung der Gegend, die von den Babyloniern "Martu-Berge" genannt wurde und damit die Frage nach der Herkunft dieser Leute anschneidet. Während die herkömmliche Meinung besagt, daß diese Gegend um den heutigen Ğebel Bišri (Edzard 1957, Buccellati 1966), einen Höhenzug westlich des Euphrat in Syrien, gelegen war, möchten andere Autoren diese in den Gebirgsregionen entlang der Nordostflanke Mesopotamiens lokalisieren, wobei ein angeblicher Stammeszweig der Martu, die Tidnum, in der Ur III-Zeit direkt am Ğebel Hamrin unweit des Diyala-Flusses beheimatet gewesen sein soll (Michalowski 1976: 104-124; bes. 111). Es bleibt jedoch fraglich, ob die "Martu-Berge" eine genau eingrenzbare Gegend bezeichnen oder ob damit lediglich solche Bergregionen gemeint waren, in denen Gruppen wohnten, die von den Babyloniern allgemein als Martu bezeichnet wurden.[5] Martu-Berge hätten demnach nicht nur in Zentralsyrien (Ğebel Bišri) gelegen, sondern in erster Linie im wesentlich näheren Zagrosgebirge, unmittelbar jenseits der eben angesprochenen Martu-Mauer (Abb. 11.1; Wilcke 1969: 16).

Es kann also vermutet werden, daß mit diesem Befestigungsgürtel, der gelegentlich "Mauer gegenüber dem Gebirge" oder "Mauer des Landes" genannt wurde, die babylonischen Herrscher Anspruch auf Alleinherrschaft über Regionen erhoben, die bis dahin von Kleinvieh züchtenden Nomaden genutzt werden konnten. Mit dem Bau der Mauer manifestiert sich einer der frühesten heute bekannten Versuche der Ziehung einer Grenze,

---

[4] S. Gelb 1973: 85; Steinkeller 1987: 30-31; es handelt sich dabei um eine Steuer, die seit der Regierungszeit des Šu-Sin gún.mada genannt wurde. Nach Steinkellers Erkenntnissen richtete sich die Höhe der Steuer nach dem militärischen Rang der betreffenden Personen, die sie entrichten mußten. Trotz der verhältnismäßig geringen Anzahl von Textbelegen bezüglich der Steuer meint Sigrist (1992: 100), diese sei sehr wichtig gewesen, da sie auch von einfachen Soldaten entrichtet werden mußte.
[5] So werden beispielsweise in einer Inschrift des Gudea (Statue B) sowohl Basalla (Bišri) als auch Tidnum (Hamrin) als Martu-Berge qualifiziert.

deren mögliche Funktion in erster Linie in der Festlegung zweier unterschiedlicher Wirtschaftszonen bestand.

Der archäologische Befund

Sucht man nach unabhängigen Daten, mittels derer man die besagte Ausweitung von bewässertem Ackerland in bislang weniger erschlossene Randzonen des babylonischen Kerngebietes überprüfen könnte, bieten sich als erstes die Befunde aus den großflächig angelegten Untersuchungen entlang des Unterlaufes des Diyala an (Adams 1965). Diese Gegend umfaßt einerseits weite Gebiete aus bewässerbarem Ackerland, andererseits grenzt sie in einer vergleichsweise vorgeschobenen Position direkt an die Ausläufer des Ğebel Hamrin an.

Zu den 90 Siedlungen dieser Region, die bereits in den älteren Perioden des 3. Jt. bewohnt waren, wurden für die Ur III-Zeit und die darauffolgende sogenannte Isin-Larsa-Zeit weitere 39 Neugründungen gezählt, was einem Zuwachs von 43 % entspricht. Auf die mit Häusern bebaute Fläche bezogen, kommt dies einem Anstieg von 21 % gleich.[6] Besonders deutlich ist der Zuwachs kleiner dörflicher Siedlungen, die sich zum Teil in neuen Siedlungkonzentrationen gruppieren.[7] Gleichzeitig ist ein markantes Anwachsen des lokalen Zentrums Ešnunna (mod. Tell Asmar) von 10 auf nunmehr 24 Hektar zu verzeichnen. Trotz des nur wenig bindenden Charakters dieser Zahlen wird hiermit eine Expansion des Bewässerungsfeldbaus dokumentiert, die einen wachsenden Interessenkonflikt zwischen den Nutzern der saisonal beweideten und der bewässerten Zone zur Folge haben könnte. Als Vergleich könnte man die gewonnenen Daten aus dem nördlich anschließenden Hamrin-Becken (unmittelbar nördlich des Ğebel Hamrin) anführen (Iraq Vorberichte 1979: 143). In diesem Gebiet konnte kein Anwachsen der Siedlungstätigkeit für die Ur III-Zeit festgestellt werden. Dort ist im Gegenteil seit dem Anfang des 3. Jt. eine stetige Abnahme der Siedlungszahl zu verzeichnen. Während für die vorangegangene Akkad-Zeit nur vier Siedlungen gezählt wurden, konnten in dieser Region keine Fundplätze speziell der Ur III-Zeit zugewiesen werden. Für das Diyala-Gebiet könnte angenommen werden, daß die vom Bewässerungsfeldbau lebende Bevölkerung die mobil lebenden Gruppen aus deren traditionellen Weideregionen vertrieben hatte.

Die schriftlichen Belege über die militärischen Kampagnen der Ur III-Herrscher in die Gebirgsregionen östlich des Tigris und die anschließende Erhebung von Tributen in diesen Gebieten veranschaulichen jedoch, daß der Expansionsbedarf des Ur III-Machtapparates mit dem Bau der Martu-Mauer nicht gedeckt werden konnte.

Die möglichen Folgen der Ur III-Politik

Die Abschirmung des Kernlandes wurde mit fortschreitender Zeit jedoch zunehmend zum Problem für die Herrscher von Ur, da sich mit der Eroberungs- und Steuerpolitik im

---

[6] S. hierzu die Daten bei Adams 1965: 47, Tab. 12. Die gesamte Siedlungsfläche in der Ur III / Isin-Larsa-Zeit betrug 462 ha im Vergleich zu 382 ha der vorhergehenden Datierungsperiode.

[7] Augenfällig ist beispielsweise die neue Siedlungskette entlang des sogenannten Daban-Kanals (s. Adams 1965: 48, Abb. 3).

Hinterland ein bedrohlicher Prozeß in Gang zu setzen begann. Eine grobe Entwicklung der Ereignisse, die zum Zerfall der Staatsgewalt geführt hat, könnte folgendermaßen ausgesehen haben:

Nach der Eingliederung der babylonischen Provinzen in das Verwaltungsgebiet von Ur folgte der Ausbau und die Sicherung von bewässerbarem Ackerland. In den Randzonen des Kerngebietes geschah dies durch die Schaffung von integrierten Bewässerungssystemen und dem Bau der Grenzanlagen. Darauf folgten Eroberungs- und Plünderungsfeldzüge in das gebirgige Hinterland und das Eintreiben von Abgaben durch das Militär. Die Tribute wurden in Form von Vieh, der wahrscheinlich wichtigsten ökonomischen Grundlage der dort lebenden Bevölkerung, gezahlt. Durch den Verlust der Lebensgrundlage stieg die Not der Menschen in diesen Gebieten. Eine Destabilisierung der Region war die Folge. Die um sich greifende Armut trieb Teile der ursprünglich nomadischen Bevölkerung in die Bewässerungszone, wo sie sich größere Überlebenschancen ausrechneten. Der Ausbau der Grenzanlagen wurde somit dringlicher, da Zentren wie Ešnunna bereits einem deutlichen Bevölkerungsanstieg ausgesetzt waren. Zur Entlastung der damit einhergehenden Versorgungskrise wurden Teile der Bevölkerung dem Militär eingegliedert. Da dieses jedoch weiterhin für die Eintreibung der Tribute im Hochland zuständig war, verschlimmerte sich dort die Situation zusätzlich. Während der Regierungszeit von Šu-Sin (2037-2029 v. Chr.) wurde die Martu-Mauer mehrmals ausgebaut, so daß sie auf eine Länge von 280 km anwuchs und dadurch zunehmend unkontrollierbar wurde.

Die Politik des Ur III-Staates führte ins Chaos. Im neunten Regierungsjahr des letzten Herrschers Ibbi-Sin wurde folgendes berichtet: "Jetzt sind die Martu insgesamt ins Land Sumer (Südbabylonien) eingefallen. Alle großen Festungen haben sie eingenommen" (Wilcke 1969: 13). Bereits in den vorhergehenden Jahren waren nicht nur die Randprovinzen Ešnunna und Susa vom Reich abgefallen, sondern auch die Zentren Lagaš, Umma und Nippur. Vom Ur III-Reich blieb nur noch ein Rumpfstaat übrig und die Jahre des Niedergangs waren dort von einer extremen Nahrungsmittelknappheit und einer hohen Inflation begleitet (Gomi 1984: 241). Nach den vorliegenden Betrachtungen ist demnach nicht auszuschließen, daß die eigentlichen Ursachen für diese Entwicklung nicht außerhalb Babyloniens zu suchen sind, sondern vielmehr in der Organisation des Ur III-Staates selbst.

Mari

Geschichte und politische Geographie
Geschichtlich ist die sogenannte Mari-Zeit an den Anfang des 2. Jt., ca. 1820 bis 1760 v. Chr. zu setzen. Jaḫdun-Lim war der erste Herrscher, der sich "König von Mari, Tuttul und des Landes der Ḫanäer" nannte. Er rühmte sich der Eroberung mehrerer Königreiche. Eine Stadt und ein Kanal wurden nach ihm benannt. Durch Streitigkeiten mit Machthabern im weiter östlich gelegenen Ekallatum endet seine Regierungszeit (ca. 1820-

1809). Šamši-Adad, ein Nachfolger dieser Machthaber, erobert nun seinerseits Mari. Er setzt von Šubat-Enlil (Tell Leilan) aus seine Söhne Jasmaḫ-Adad in Mari und Išme-Dagan in Ekallatum als Vizekönige ein. Noch im Todesjahr Šamši-Adads verjagt Zimri-Lim (Regierungszeit: ca. 1775 bis 1762 v. Chr.), der sich zu seiner Legitimation auf Jaḫdun-Lim als seinen Vater beruft und dessen Titel übernimmt, den Jasmaḫ-Adad vom Thron. Mit der Eroberung der Stadt Mari durch Hammurabi von Babylon endet die Regierungszeit Zimri-Lims und die Glanzzeit Maris.

Der direkte politische Einflußbereich dieser Herrscher umfaßte in etwa das Gebiet des mittleren Euphrat von Tuttul (Tell Bi'a) bis Hit und das Ḫabur-Gebiet. Durch die Regionen, die durch Vasallenverträge an Mari gebunden waren, erweitert sich der politische Einfluß der Herrscher bis fast an den Tigris im Osten, über den oberen Ḫabur im Norden, bis Karkamiš im Nordwesten. Die innere Struktur des Königreiches von Mari bestand aus verschiedenen zentralen Provinzen oder Verwaltungsbezirken und einer beträchtlichen Anzahl nahezu unabhängiger, lokaler Herrscher, die durch Verträge an die Herrscher von Mari gebunden waren. Handelsbeziehungen bestanden mit Hattuša in Zentralanatolien im Norden, mit Ugarit am Mittelmeer im Westen und mit Dilmun / Bahrain im Süden (s. Kap. 9).

Es gibt zwei Arten von Quellen, die den wirtschaftlichen Wohlstand der Region zur Mari-Zeit belegen, einerseits die ökonomischen Texte aus Mari, die ein weites Feld von Gütern und Arbeitskräften abdecken (Tribut, Handelsgüter, Steuern, königliche Geschenke), zum anderen die Ausgrabungen, die seit 1933 stattfinden. In Mari wurde ein großer Palast ausgegraben, der durch ein Feuer zerstört worden war und in dem man nicht nur die o.g. Tontafeln gefunden hat, sondern auch kunstvolle Gegenstände und Wandmalereien. Der Bau des Palastes wurde während der Herrschaft des Jaḫdun-Lim begonnen und unter Zimri-Lim zu Ende geführt.[8]

Ökologische Grundlagen

Das Reich von Mari liegt nordwestlich des bereits behandelten Gebietes der (älteren) Ur III-Herrscher am mittleren Euphrat. Das Klima dieser Region ist semi-arid mit heißen, trockenen Sommern und mäßig kalten Wintern mit geringen Niederschlägen (zwischen 100 und 200 mm pro Jahr).

Das Euphrattal ist in eine Terrasse eingetieft, die sich für den Bewässerungsfeldbau nicht eignet, einerseits aufgrund ihrer Höhe von 10 bis 40 m über dem Niveau des Flußtales und andererseits wegen ihrer zum großen Teil aus kahlen Mergel- und Gipsböden bestehenden Oberfläche. Durch einige wenige Pflanzenarten, die dort gedeihen, bietet dieses Gebiet Weidemöglichkeiten für Schafe und Ziegen, vor allem während der Regenzeit im Winter (November / Dezember). In den Wadis, die dieses Plateau durchziehen, ist gelegentliche Landwirtschaft möglich. Meist lohnt sich die Arbeit der Ernte

---

[8] Unter dem Palast des Zimri-Lim befanden sich noch die Reste von weiteren Palästen, deren Datierung bis in die Mitte des dritten Jahrtausends reicht (s. Kap. 7).

nicht, da der zu erwartende Ertrag zu gering ist, so daß man die Herden direkt die Äcker abweiden läßt.

Das Euphrattal besteht aus dem Schwemmboden des Hauptflusses und den Sedimenten der Wadis und der Nebenflüsse. Es ist relativ eben, der Boden ist potentiell fruchtbar und bei ausreichendem Regenfall oder künstlicher Bewässerung ertragreich. Ein Kanalsystem, das unter den Herrschern von Mari angelegt wurde, ermöglichte eine relativ risikofreie landwirtschaftliche Nutzung des Euphrattals. Kanäle verliefen parallel zum Euphrat von Nordwesten her bis Terqa oder verbanden den Ḫabur mit dem Euphrat.[9] Ein bis zu 10 km breiter und 100 km langer Streifen des Flußtales wurde damit für Ackerbau nutzbar gemacht.

Mit dem Bau der Kanäle und damit der Nutzbarmachung ehemaligen Weidelandes für die Landwirtschaft sahen sich die Viehzüchter gezwungen, in andere Gegenden auszuweichen. Das naheliegendste Gebiet war die das Flußtal einschließende Steppe, die jedoch für Kleinviehherden nur nutzbar ist, wenn die Technologie des Brunnenbohrens bekannt ist, um die Tiere ausreichend mit Wasser versorgen zu können. Heutzutage besteht ein regelrechtes Netzwerk solcher Brunnen, und es ist anzunehmen, daß dies zur Zeit der Mariherrscher ebenfalls der Fall war, auch wenn diese Brunnen nur selten in den schriftlichen Quellen erwähnt werden. Diese Entwicklung nennt Buccellati "die Industrialisierung der Steppe" (Buccellati 1990: 98). Bei einem solchen Szenario kann von einer Einwanderung nomadisierender Bevölkerungsgruppen nicht mehr die Rede sein, sondern es fand eher umgekehrt ein Nomadisierungsprozeß von seßhaften, Ackerbau und Viehzucht betreibenden Leuten statt. Dies steht auch im Einklang mit den schriftlichen Quellen.

Die nomadischen Stämme

Nach diesen schriftlichen Nachrichten aus Mari setzte sich die Bevölkerung des Königreiches aus städtischen und ländlichen Bevölkerungselementen zusammen, die beide in Stämmen organisiert sein konnten. Die in den Quellen hauptsächlich erwähnten Gruppen sind die Ḫanäer, die Jaminiten,[10] die Sim'aliten und die Sutäer, wobei "Ḫanäer" der Oberbegriff für eine ethnische Gruppe zu sein scheint, die sich in Sim'aliten und Jaminiten aufteilt (Charpin und Durand 1986: 152 ff.).

Sowohl die Jaminiten als auch die Sim'aliten (bzw. Ḫanäer) werden in der wissenschaftlichen Literatur als Zusammenschlüsse verschiedener Stämme betrachtet. Als Stämme werden Bevölkerungen von Orten bezeichnet, die in Texten als "Männer aus dem

---

[9] Mehrere dieser Kanäle sind in den Texten erwähnt. Der bekannteste von ihnen ist der Nar Išim Jaḫdun-Lim, der wahrscheinlich vom Ḫabur abzweigte und in der Gegend von Mari in den Euphrat mündete.

[10] Obwohl die Jaminiten der Mari-Zeit (akkadisch: DUMU.MEŠ *iaminum*) nicht mit den Benjaminiten der Bibel in Verbindung gebracht werden können, hat die Ähnlichkeit des Namens dazu geführt, die Jaminiten ebenso wie die Benjaminiten als Stamm zu bezeichnen. Im Akkadischen der Mari-Zeit ist bislang jedoch noch kein Wort belegt, das mit "Stamm" übersetzt werden könnte. Was heute als Stammesname übersetzt wird, wurde im Akkadischen sowohl als Orts- bzw. Gebietsbezeichnung als auch als Name für menschliche Gruppen verwendet.

Ort X" auftauchen. Die Stämme wiederum werden in verschiedene Clans untergliedert, die sowohl in Orten wohnen als auch sich in der Steppe aufhalten können.[11]

Die ökonomische Grundlage der Stämme war eine Kombination aus dörflicher Landwirtschaft und saisonalem Kleinvieh-Nomadismus. Die Jaminiten besiedelten Dörfer am mittleren Euphrat. Die Weidegebiete für die saisonalen Wanderungen der verschiedenen Stämme scheinen aufgeteilt gewesen zu sein. Teile der Jaminiten zogen mit ihren Tieren nach Norden, hauptsächlich in die Gegend zwischen Euphrat und Baliḫ und nach Westen bis Tadmor. Die Sim'aliten hatten ihre Weidegebiete eher am oberen Ḫabur und in dessen Quellgebiet. Der untere Ḫabur, die Gegend von Qaṭṭunan und Sagaratum, wurde von beiden genutzt (Abb. 11.1). Eine weitere ökonomische Grundlage für die Ḫanäer scheint der Militärdienst gewesen zu sein.[12] Sie erhielten als Soldaten Unterkunft, Kleidung und Verpflegung.

Die Sutäer waren in dem Gebiet, das die Mari-Herrscher kontrollierten, wahrscheinlich nicht ansässig. Ihr eigentliches Siedlungsgebiet wird südlich des Gebietes um Mari vermutet. Viehhirten der Sutäer zogen vom mittleren Euphrat aus nach Tadmor und noch weiter nach Westen und wieder zurück, durchquerten also das von Mari kontrollierte Gebiet und schienen dafür eine Art Transitgebühr abgeliefert zu haben. Ein Dorn im Auge der Regenten von Mari war, daß die Sutäer auf ihren Wanderungen bisweilen Überfälle unternahmen, was ihnen in der überlieferten Literatur und deren Interpretation den Ruf eines räuberischen Stammes einbrachte. In Regierungsdiensten tauchen die Sutäer hauptsächlich als Boten auf, wofür sie wahrscheinlich besonders geeignet waren, da sie die Wege auf Grund ihrer langen Wanderungen gut gekannt zu haben scheinen.

Stämme und Ethnizität

In der Ethnologie wird derzeit kontrovers diskutiert, ob sich ethnische Einheiten bzw. Stämme aus gemeinsamer Kultur, Sitte und Sprache einer bestimmten Anzahl relativ nahe beieinander lebender Personen "von selbst" - aus Tradition - ergeben. Dieser Ansicht steht die Meinung entgegen, daß Ethnien, wie unsere Nationalstaaten auch, einzelnen Individuen Identitäten anbieten, aus denen jedes Individuum sich jedoch potentiell lösen kann. In diesem Sinne haben Ethnien keine klar umrissenen Grenzen, und Einzelpersonen können je nach politischer Lage ihre ethnische Zugehörigkeit schnell ändern.

Staaten, die mit Bevölkerungsgruppen zu tun haben, deren hierarchische Strukturen nicht genau bekannt sind, teilen diese (oft nach geographischen Kriterien) in Gruppen ein; es werden Oberhäupter von außen bestimmt, die für das Verhalten der jeweiligen Gruppe gegenüber dem entsprechenden Staat verantwortlich sind. So handelten z.B. viele Kolonialmächte in Afrika im 19. Jahrhundert. Es entsteht dadurch im Laufe der Zeit

---

[11] Für die in der Steppe lebenden Clans gibt es in der schriftlichen Überlieferung einen extra Begriff (ḫibrum), während eine nähere Bezeichnung für die dörflichen Teile fehlt.

[12] In dieser Funktion werden Jaminiten und Sim'aliten nicht unterschieden, sondern es wird der Oberbegriff "Ḫanäer" verwendet. Luke, der Jaminiten und Ḫanäer als zwei verschiedene Stämme ansieht, interpretiert dies dahingehend, daß die beiden Gruppen ein unterschiedliches Verhältnis zu den Machthabern in Mari gehabt haben dürften (Luke 1965: 163).

innerhalb solcher von außen in ihren Grenzen festgelegten Gruppen ein Zusammengehö-
rigkeitsgefühl, das sich in der Bildung von ethnischen Gruppen äußern kann.[13]

Dafür, daß zur Mari-Zeit ähnlich verfahren wurde, sprechen mehrere Anzeichen:
Zum einen war die ethnische Zusammengehörigkeit der verschiedenen Stämme durchaus
nicht eindeutig, was daraus zu schließen ist, daß der Begriff "Ḫanäer" von den verschiedenen Schreibern nicht einheitlich benutzt wurde. So wurde zur Zeit Šamši-Adads eher
zwischen Ḫanäern und Jaminiten unterschieden, während unter Zimri-Lim mehr Belege
für den Unterschied zwischen Jaminiten und Sim'aliten auftauchen und Ḫanäer der Oberbegriff zu sein scheint. Des weiteren ist auch eine Einteilung in verschiedene geographische Einheiten für die Mari-Zeit nachweisbar, zum einen durch die Bezeichnung der
Stämme nach einzelnen Orten und zum anderen durch die Zusammenschlüsse dieser
Stämme zu sogenannten Konföderationen, die einem bestimmten Gebiet zugewiesen
werden.

Über die hierarchische Struktur der Stämme erfährt man aus den Texten nur, was
für die herrschende Oberschicht in Mari von Interesse war. Über die Stellung und Funktion einzelner Individuen innerhalb des Stammes ist jedoch aus den schriftlichen Quellen
sehr wenig bekannt.

Innerhalb eines Stammes standen wahrscheinlich die *šibūtu* (Ältesten) auf der
hierarchisch höchsten Stufe; ihr relativ seltenes Auftreten in schriftlichen Quellen könnte
darauf beruhen, daß sie nur für Entscheidungen innerhalb des Stammesverbandes zuständig waren und nicht für Verhandlungen mit den städtischen Autoritäten.

Als Vermittler zwischen der zentralisierten städtischen Macht und dem in Stämmen organisierten Bevölkerungsteil wurde das Amt des *sugāgu* eingeführt. Die deutsche
Übersetzung dieses Begriffes lautet "Scheich, Dorf-, Klanvorsteher" (von Soden, Akkadisches Handwörterbuch Band II. Wiesbaden 1972), was nicht sehr zutreffend ist, da der
diplomatische Aspekt dieses Amtes dadurch nicht zum Ausdruck gebracht wird.[14] Der
sugāgu ist sowohl für die Leitung der tribalen Gruppen im Interesse der Mari-Herrscher
(z.B. Unterstützung beim Zensus, Bereitstellung von Arbeitskräften etc.) verantwortlich
wie für die Wahrnehmung der Interessen der tribalen Gruppen am Hofe. Für dieses Amt
kommt nur ein Mensch in Frage, der sowohl von den Machthabern anerkannt wird als
auch das Vertrauen des Stammes besitzt. Er wird vermutlich aus den Reihen der Ältesten
von diesen selbst ernannt und vom König bestätigt worden sein.

Für das Amt wird eine bestimmte Summe an den Palast bezahlt. Bei der zusätzlichen jährlichen Zahlung, die der *sugāgu* am Hofe abliefern muß, handelt es sich wahrscheinlich um Steuern oder Tribute, die den Ertragsmöglichkeiten der jeweiligen Gruppe,
für die der *sugāgu* verantwortlich ist, entsprechen (Talon 1982: 58 ff.).

---

[13] Dies beschreibt C. Lentz (o.J.) für Afrika, das heutzutage als "der Kontinent der Stämme" gilt. Dieses
Bild resultiert hauptsächlich daraus, daß die schriftliche Fixierung der Erinnerung an die vorkoloniale Vergangenheit erst in den Jahren der Kolonialisierung begann und damit schon die neu geschaffenen Verhältnisse und ethnischen Kategorien mit einflossen.
[14] In Ermangelung eines adäquaten Ausdruckes bleibt der Begriff sugāgu hier ohne Übersetzung.

Die Volkszählung

Ein weiteres staatliches Kontrollmittel in der Mari-Zeit war das *tēbibtum*, das im allgemeinen mit "Reinigung" übersetzt wird.[15] Sein Zweck war die Zusammenstellung einer
Liste von Personen, die für Militärdienst und "Frondienst" geeignet waren. Das *tēbibtum*
bot ebenso die Gelegenheit, Eigentumsrechte und Verteilung des Landes neu festzulegen,
z.B von denjenigen Leuten, die vermißt wurden oder gestorben waren. Des weiteren
könnten die Listen auch als Basis für die Besteuerung gedient haben. Es handelt sich also
um eine Art Zensus, mittels dessen die administrativen Organe eine Übersicht über die
Bevölkerung behielten.

Für die Zählung wurden besondere Beamte beschäftigt. Bevor sie einen Zensus
durchführten, mußten sie einen Eid ablegen und schwören, daß sie ihre Aufgabe gewis-
senhaft ausführen würden. Danach erfaßten sie, durch Schreiber unterstützt, die Bevölkerung "bei Namen" (*šūmišam*) und "beim Dorf" (*ālišam*).

Die Häufigkeit, mit der diese administrative Tätigkeit vorgenommen wurde, ist
nicht genau feststellbar. Die Könige Šamši-Adad und Zimri-Lim benennen jeweils ein
Jahr nach der Zählung, die im Lande stattfand.[16] Sie muß aber auf Grund der vorhandenen Belege öfter durchgeführt worden sein. Obwohl der Zensus nicht ausschließlich für
die in Stämmen organisierten Gruppen eingerichtet wurde, war er ein geeignetes Mittel
für die Autoritäten in Mari, diese zu kontrollieren. Die meisten Belege, die die Zählung
von Ḥanäern und - seltener - Jaminiten erwähnen, stammen aus der Regierungszeit
Šamši-Adads. Aus Zimri-Lims Zeit sind Belege für einen Zensus der Jaminiten spärlich.[17] Die Zählungen führten zu unterschiedlichem Erfolg, je nachdem, von wem sie
vollzogen wurden und welche Gruppe gezählt wurde.

Der Zensus der Ḥanäer wurde unter Šamši-Adad ohne Schwierigkeiten durchgeführt. Es sind zumindest keine Hinweise auf Widerstand bekannt. Auf der anderen Seite
war Šamši-Adad bestrebt, keine territorialen Ansprüche der Ḥanäer zu verletzen. Er gab
Anweisungen an Jasmaḫ-Adad, seinen Sohn, die Felder am Ufer des Euphrat in der Zeit
des Zensus zu inspizieren oder zu teilen, jedoch die Ḥanäer auszusparen, damit sie nicht
verärgert würden. Es ist in den Texten aus Mari belegt, daß die Ḥanäer saisonale Step-
penbeweidung betrieben, daß sie aber ihr früheres Land wieder in Besitz nahmen, wenn
sie von der Viehweide zurückkehrten.[18] Der Zeitpunkt des Zensus ist ebenfalls aus Texten zu rekonstruieren. So wurden die Leute gezählt, wenn sie von der Weide zurückkehrten, was sich dadurch erklären läßt, daß sie sich dann wieder in staatlich kontrolliertem

---

[15] Das Verb ebēbu, von dem tēbibtu abgeleitet ist, hat ursprünglich die Bedeutung "rein sein". Es ist
jedoch nicht nur im religiösen Bereich belegt, sondern es hat auch in rechtlichem Kontext die Bedeutung
von "Eigentum oder Ansprüche einer Person klären". Nach dem Akkadischen Handwörterbuch hat es im
Bereich von Mari die Bedeutung "Musterung für Steuer und Heer". Es handelt sich dabei um ein
staatliches Kontrollmittel, das im weiteren mit Zensus übersetzt wird.
[16] In der altbabylonischen Zeit, zu der auch die Epoche der Mari-Herrscher zählt, wurden die Jahre nach
bedeutenden Ereignissen benannt.
[17] Dies könnte ein Hinweis darauf sein, daß Zimri-Lim die lokalen tribalen Strukturen besser
durchschaute, da er aus Mari war, während Šamši-Adad fremd war.
[18] Dies ist ein deutlicher Hinweis auf Transhumanz, eine Art Nomadismus, bei der ein Teil der Dorfbe-
völkerung saisonal das Dorf mit den Herden verläßt, aber regelmäßig wieder zurückkehrt.

Gebiet befanden. Mit den Jaminiten scheint es zur Regierungszeit des Šamši-Adad Schwierigkeiten gegeben zu haben. Er rät seinem Sohn Jasmaḫ-Adad, den Jaminiten den Zensus nicht aufzuzwingen, da sonst ein mit diesen befreundeter Stamm ärgerlich werden könnte. Er ordnet aber an, den *sugāgu* zu befehlen, Truppen zu schicken, ohne einen Mann zurückzulassen.

Unter Zimri-Lim ist für die Ḫanäer kein Zensus belegt. Dies ist wahrscheinlich darauf zurückzuführen, daß unter seiner Regierung in den Texten weniger zwischen Ḫanäern und Jaminiten unterschieden wurde, sondern daß der Begriff "Ḫanäer" sowohl Jaminiten als auch Sim'aliten umfaßte. Zur Zeit Zimri-Lims kann man gegenüber den Jaminiten eine andere Politik als unter Šamši-Adad beobachten. Er ordnete einen Zensus an. Der *sugāgu* erschien, und "Zähler" wurden ernannt. In einem Text wird ausgeführt, daß ausgehobene Truppen der Jaminiten nicht vollständig erschienen waren (die Zahlen stammten wahrscheinlich aus einem früheren Zensus) und daß andere Truppen zur Vervollständigung eingesetzt werden mußten. Daraus kann geschlossen werden, daß die Ausführung eines Zensus, um die Autoritäten mit verläßlichen Zahlen über Truppengrößen zu versorgen, nicht garantierte, daß die Stämme auch mit den Autoritäten zusammenarbeiteten.

Innerhalb einer zentralisierten Einheit, als die sich das Königreich von Mari in den Texten darstellt, mit einem König als Oberhaupt, der die gesamte Macht verkörpert und auf den sich alle wichtigen Entscheidungen konzentrieren, ist ein gut funktionierender Verwaltungsapparat, der die Kontrolle über die Bevölkerung hat, von großer Bedeutung. Bevölkerungsteile, die sich dieser Kontrolle durch saisonale transhumante Wanderungen entziehen, lassen sich nur schwer in ein solches System eingliedern. Durch die Einführung des Amtes des *sugāgu* und des Zensus versuchten die Herrscher, die Übersicht zu behalten. Die großen Unterschiede an Textbelegen für die Zählungen in der Regierungszeit Šamši-Adads und Zimri-Lims könnten darauf zurückzuführen sein, daß Šamši-Adad rigide Kontrollmechanismen einführen mußte. Zimri-Lim, der mit den Strukturen der locker organisierten Verbände besser vertraut war, da er aus der Gegend stammte und wahrscheinlich selbst einem der Stämme (den Sim'aliten) angehörte (s. Charpin und Durand 1986: 150), übernahm aber die von Šamši-Adad eingerichteten Strukturen zu seinem politischen und ökonomischen Vorteil, d.h. zur Kontrolle und zur einfacheren Steuereintreibung.

Schluß

Durch den gestiegenen Kontakt zwischen der Ackerbauzone und den peripheren Weidewirtschaftszonen entstanden in der Ur III- und der Mari-Zeit Probleme, für deren Lösung bis dahin kaum Anhaltspunkte überliefert sind. Beide Staaten waren von mehr oder weniger aufwendigen, in der Zone der Seßhaften gewachsenen Verwaltungsapparaten mit zentralistischen Strukturen geprägt. In beiden Fällen wurde mit unterschiedlichen Mitteln versucht, Wirtschaftszonen zu kontrollieren, die sich bis dahin weitgehend einer zentralen

Administration entziehen konnten. Während der Ur III-Staat vornehmlich militärisch vorging und ohne erkennbare Rücksicht auf die örtlichen Umstände Steuern erhob und schließlich selbst daran scheiterte, ist im Fall des inmitten der syrischen Steppe gelegenen Staates von Mari nach anfänglichen Schwierigkeiten ein besseres Anpassungsverhalten der Verwaltung bei diesem Prozess erkennbar.

Die Gründe für die unterschiedlichen Verhaltensweisen werden zum einen bei den unterschiedlichen Erfahrungswerten mit den Wirtschaftsweisen der Peripherie liegen. Andererseits waren die Machtressourcen von Mari um ein vielfaches kleiner als die von Ur, so daß dort die Bereitschaft zur Flexibilität bedeutend größer war.

Basierend auf den vorhergehenden Betrachtungen soll eine Dreiteilung der mesopotamischen Gesellschaft und ihrer Wohngebiete vorgeschlagen werden (Tab. 11.1). Der Konflikt besteht nicht zwischen "Nomaden" und "Seßhaften", sondern zwischen der verwalteten Zone, die sowohl "Stadt" als auch "Kulturland" umfaßt und der nichtverwalteten Zone, die aus "Lager" und ebenfalls "Kulturland" besteht.

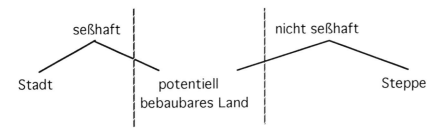

Tab. 11.1: Wohngebiete und Seßhaftigkeit in Mesopotamien

Tab. 11.2 soll zeigen, daß gerade das Verhalten der Bevölkerung dieser potentiellen Konfliktzone im "Kulturland" wichtig ist für das Funktionieren der Verwaltung und damit der Herrschaft über die in den beiden Fallbeispielen dargestellten Staaten. Denn städtische bürokratische Verwaltung ist zum physischen Überleben zunächst auf Überschußproduktion der Landbevölkerung angewiesen. Expansive Tendenzen, die nötig sind, einen immer komplexer werdenden Verwaltungsapparat am Leben zu erhalten, führen dazu, daß verstärkt Militär eingesetzt werden muß, um Steuern oder Tribut einzutreiben. Dies bedeutet weiteren Druck auf die Landbevölkerung, die dahin tendiert, entweder durch Abwanderung in "nomadische Zonen" sich der staatlichen Kontrolle zu entziehen, oder die versucht, in den Städten ein besseres Auskommen zu finden. Beide Verhaltensweisen führen dazu, daß die gesamte ländliche Produktion abnimmt, daß also der einzelne Bauer ein noch höheres Mehrprodukt erwirtschaften muß. Dadurch wird die Spirale weiter hochgeschraubt, bis die urbane Verwaltung mangels Versorgung mit Grundnahrungsmitteln zusammenbricht.

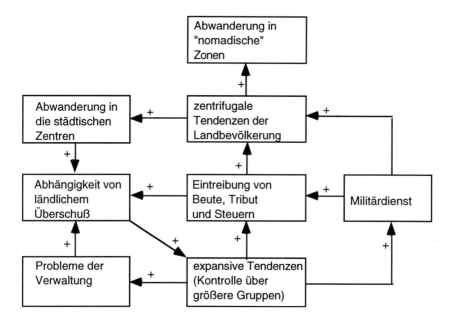

Tab. 11.2: Mechanismen, die zu verstärkter Urbanisierung und Nomadisierung führen

Abhängigkeit von ländlichem Überschuß, Eintreibung von Tributen aus eroberten Gebieten sowie die Unterhaltung eines Heeres sind Hauptfaktoren in diesem Prozeß. Šulgis Verwaltungsreformen und der Versuch der Mari-Herrscher, die Landbevölkerung mittels Volkszählung unter Kontrolle zu bekommen, zeugen davon, daß Verwaltungsprobleme entstanden sind und als solche auch erkannt wurden. Sie wurden jedoch im Falle der Ur III-Zeit nur unzulänglich gelöst, was zum relativ raschen Zusammenbruch des Reiches führte. Ob die Maßnahmen der Mari-Herrscher langfristig eine Stabilisierung des Ungleichgewichts zwischen Stadt, Kulturland und Steppe herbeigeführt hätten, ist nicht zu sagen, da Mari von Hammurabi von Babylon erobert wurde und damit die Mari-Zeit von außen beendet wurde.

Bibliographie

Adams, R.McC.

1965   *Land Behind Baghdad. A History of Settlement on the Diyala Plains*. Chicago: University of
        Chicago Press.

Bernbeck, Reinhard

1993   *Steppe als Kulturlandschaft. Das 'Aǧīǧ-Gebiet Ostsyriens vom Neolithikum bis zur
        islamischen Zeit*. Berlin: Dietrich Reimer.

Buccellati, G.

1966   *The Amorites of the Ur III Period*. Neapel: Istituto Orientale di Napoli.

Buccellati, G.

1990   "'River Bank', 'High Country', and 'Pasture Land': The Growth of Nomadism in the Middle Eu-
        phrates and the Khabur". In S. Eichler, M. Wäfler und D. Warburton, Hrsg.: *Tall al-Ḥamidiya
        2, Vorbericht 1985-1987*, S. 87-117. Freiburg (Schweiz): Vandenhoek & Ruprecht.

Charpin, D. und Durand, J.-M.

1986   "'Fils de Sim'al': les origines tribales des rois de Mari". *Revue Assyriologique* 80: 141-183.

Civil, M.

1987   "Ur III Bureaucracy: Quantitative Aspects". In M. Gibson und R. Biggs, Hrsg.: *The Organiza-
        tion of Power. Aspects of Bureaucracy in the Ancient Near East,* S. 43-53. Chicago: Studies
        in Ancient Oriental Civilization 46.

Cribb, R.

1991   *Nomads in Archaeology*. Cambridge: Cambridge University Press.

Edzard, D.O.

1957   *Die zweite Zwischenzeit Babyloniens*. Wiesbaden: Otto Harrassowitz.

Gelb, I.

1973   "Prisoners of War in Early Mesopotamia". *Journal of Near Eastern Studies* 32: 70-98.

Gomi, T.

1984   "On the Critical Economic Situation at Ur Early in the Reign of Ibbisin". *Journal of Cuneiform
        Studies* 36: 211-242.

Hallo, W.W. und Simpson, W.K.

1971   *The Ancient Near East. A History*. New York: Jovanovich.

Iraq Vorberichte

1979   "Excavations in Iraq". *Iraq* 41: 141-181.

Kamp, K.A. und N. Yoffee

1980   "Ethnicity in Ancient Western Asia during the Early Second Millennium B.C.: Archaeological
        Assessment and Ethnoarchaeological Prosepectives". *Bulletin of the American Schools of
        Oriental Research* 237: 85-104.

Kupper, J.R.

1957   *Les nomades en Mésopotamie au temps des rois de Mari*. Paris: Société d'édition 'Les Belles
        Lettres'.

Lentz, C.

o.J.   "Tribalismus" und Ethnizität in Afrika: ein Forschungsüberblick". *Sozialanthropologische
        Arbeitspapiere. Freie Universität Berlin, Institut für Ethnologie, Schwerpunkt Sozialanthro-
        pologie*. Berlin: Das Arabische Buch.

Luke, J.T.

1965   *Pastoralism and Politics in the Mari Period. A Re-Examination of the Character and
        Political Significance of the Major West Semitic Tribal Groups on the Middle Euphrates,
        ca. 1828-1758 B.C.* Ann Arbor: University Microfilms.

Maeda, T.

1992   "The Defence Zone During the Rule of the Ur III Dynasty". *Acta Sumerologica* 14: 135-172.

Michalowski, P.

1976   *The Royal Correspondence of Ur*. Ann Arbor: University Microfilms.

Nissen, H.J.

1980   "The Mobility between Settled and Non-Settled in Early Babylonia: Theory and Evidence". In
         M.-T. Barrelet, Hrsg.: *L'archéologie de l'Iraq du début de l'époque néolithique à 333 avant
         notre ère,* S. 285-290. Paris: Éditions du CNRS.

Rowton, M.

1977   "Dimorphic Structure and the Parasocial Element". *Journal of Near Eastern Studies* 36: 191-
         98.

Sigrist, M.

1992   *Drehem.* Betheshda (Maryland): CDL Press.

Sigrist, M.und Gomi, T.

1991   *The Comprehensive Catalogue of Published Ur III Tablets.* Betheshda (Maryland): CDL Press.

Steinkeller, P.

1987   "The Administrative and Economic Organization of the Ur III State: The Core and the Peri-
         phery". In M. Gibson und R.Biggs, Hrsg.: *The Organization of Power. Aspects of
         Bureaucracy in the Ancient Near East,* S. 19-41. Chicago: Studies in Ancient Oriental
         Civilization 46.

Talon, P.

1982   "La '*sugāgūtum*' à Mari: un pouvoir local récupéré". In *Les pouvoirs locaux en Mésopotamie et
         dans les régions adjacentes*, S. 54-68. Brüssel: Institut des Hautes Études de Belgique.

1986   "Les nomades et le royaume de Mari". *Akkadica* 48: 1-9.

Wilcke, C.

1969-70   "Zur Geschichte der Amurriter in der Ur-III Zeit". *Die Welt des Orients* 5: 1-31.

Winckler, H.

1905   *Auszug aus der vorderasiatischen Geschichte.* Leipzig: Hinrichs.

Migration und Assimilation im 2.Jt. v. Chr. Die Kassiten

Marlies Heinz

In der ersten Hälfte des 2. Jt. v. Chr. verändert sich die politische Landschaft Mesopotamiens nachhaltig (Abb. 12.1). Im Norden des Landes beenden die hurritischen Herrscher als neue Macht die Dominanz der Assyrer. In Mittelbabylonien wird die 1.Dynastie von Babylon nach einem Feldzug der Hethiter um 1594 v. Chr. entmachtet. Das Großreich des Hammurapi von Babylon zerfällt und nach dem Rückzug der Hethiter aus Babylonien gelingt es einer landesfremden Bevölkerung, den Kassiten, die Macht in Babylon zu ergreifen. Für die folgenden 400 Jahre stellen die vermutlich aus dem Zagros-Gebiet im Iran stammenden Kassiten die Machthaber in Mittel- und Südbabylonien.

Die Analyse der schriftlichen und materiellen Belege der Kassitenzeit zeigt das Bestreben der neuen Machthaber nach umfassender Integration in die fremde Kultur. Mit der Pflege und Restaurierung aller wichtigen babylonischen Heiligtümer stellen sie sich in die religiöse Tradition Babyloniens. Für die Abwicklung offizieller Angelegenheiten bedienen sie sich der Schrift und Sprache der Babylonier. Während die Anpassung an die babylonische Kultur vor allem in den öffentlichen Bereichen des religiösen und politischen Lebens erfolgt, lassen die schriftlichen Quellen aus dieser Zeit weiter erkennen, daß in den Bereichen des eher privaten und familiären Lebens kassitische Traditionen gewahrt wurden.

Personennamen, die Struktur der Großfamilie und die Beibehaltung kassitischer Gottheiten als persönliche Schutzgötter geben Einblicke in Aspekte der kassitischen Kultur. Bemerkenswert ist auch, daß Fachtermini aus den Bereichen der Pferdezucht und der Wagenherstellung in kassitischer Sprache in die babylonischen Texte aufgenommen wurden. Die Geschichte der Kassiten in Mesopotamien läßt sich nach dem Stand der schriftlich vorliegenden Informationen in zwei Abschnitte unterteilen.[1] Die erste Phase umfaßt einen Zeitraum von ca. 150 Jahren, in dem die Kassiten erstmals als fremde Bevölkerungsgruppe in Königsinschriften und Wirtschaftstexten der 1. Dynastie von Babylon genannt werden (Tab. 12.1). Den zweiten Abschnitt bildet der Zeitraum der kassitischen Machtausübung in Babylonien. Er beginnt mit der Machtübernahme der Kassiten in Babylon unter Agum II. (ca. 1570 v. Chr.; s. Tab. 12.1) und endet mit der elamischen Invasion in Babylonien ca. 1160 v. Chr.

---

[1] Für einen historischen Überblick über die Kassitenzeit s. Edzard 1965; Cassin 1966; Klengel 1989.

Babylonier	Hethiter	Kassiten
Hammurabi von Babylon 1792 - 1750 v. Chr.		
Samsu-iluna, Sohn des Hammurabi 1749 - 1712 v. Chr.		Erste Phase der Kassitenzeit: Beginn der Migration nach Babylonien
Samsu-ditana, letzter Machthaber der 1. Dynastie von Babylon 1626 - 1595 v. Chr.	Muršili beendet die Herrschaft der 1. Dynastie von Babylon 1594 v. Chr. - Muršili in Babylon	Ende der ersten Phase kassitischer Migration nach Babylonien
		ca. 1570 Agum II. übernimmt die Macht in Babylon zweite Phase der Kassitenzeit
		ca. 1160 v.Chr. Invasion der Elamiter in Babylonien und Ende der kassitischen Vorherrschaft

Tab. 12.1: Zur Geschichte der Kassiten

Die Auswertung kassitischer Königsinschriften, Briefe, Wirtschafts- und Rechtstexte und auch religiöser Schriften ergibt eine Dokumentation der politischen, wirtschaftlichen, religiösen und gesellschaftlichen Entwicklung in Babylonien zur Zeit der Kassitenherrschaft. Kenntnisse zum ersten Auftreten der Kassiten in Babylonien liegen aber nur aus nicht-kassitischen Quellen vor, die die "Fremden" aus der Sicht der "Einheimischen" darstellen. Dieser Blickwinkel ändert sich mit dem Beginn der zweiten Phase, in der die kassitischen Dokumente die Entwicklung des öffentlichen und privaten Lebens aus kassitischer Sicht darstellen.

Die Migration der Kassiten aus ihrem vermeintlichen Herkunftsland Iran nach Mesopotamien hat nach Ausweis der frühesten Texte mindestens ab dem Zeitraum zwischen der Regierungszeit des Sohnes von Hammurapi, Samsu-iluna (1749-1712 v. Chr.), und dem letzten Machthaber der 1. Dynastie von Babylon, Samsu-ditana (1626-1595 v. Chr.; s. Tab. 12.1) stattgefunden. Ältere Texte mit Hinweisen auf Kassiten fehlen, ein früherer Beginn der kassitischen Migration - zumindest in größerem Umfang - ist unwahrscheinlich. Folgende Nachrichten über Kassiten, über das Auftreten einzelner und über ihre Erscheinung als eine Gemeinschaft oder als "Fremde" sind aus der ersten Phase bekannt:

1. Mit Wirtschaftstexten der altbabylonischen Zeit liegen erste Hinweise auf die Ansiedlung von Kassiten in Babylonien vor. Sie erwähnen kassitische Landarbeiter, die in der Gegend um Sippar tätig waren (Abb. 12.1). Die Kassiten werden als offensichtlich nicht in die babylonische Gesellschaft integrierte Fremde bezeichnet, die dort in ghettoartigen (segregierten) Lagern lebten. In den Texten werden sowohl männliche als auch weibliche Arbeitskräfte genannt.

2. Soweit die Texte aus der altbabylonischen Zeit Hinweise auf die sozialen Strukturen der Kassiten enthalten, benennen sie die Kassiten als Gruppen, die unter der Dominanz eines bestimmten "Hauses des Herrn X" zusammengehörten. D.h. hier sind vermutlich Großfamilien und größere Verwandtschaftskomplexe unter dieser Bezeichnung "Haus des Herrn X" zusammengefaßt. Patrilineare Clan- oder Stammesstrukturen können hinter dieser Benennung vermutet werden.

3. Weitere Texte aus der Spätzeit der 1. Dynastie von Babylon erwähnen, daß Kassiten als hohe Beamte in Babylonien tätig und als solche vor allem mit der Pferdezucht betraut waren.

4. Kassiten konnten bereits während der ersten Phase ihres Auftretens in Babylonien Land erwerben.

5. Einem Wirtschaftstext aus Terqa am Euphrat zufolge war schon zur Zeit der 1. Dynastie von Babylon ein Mann mit dem kassitischen Namen Kaštiliaš (I. ?) Herrscher des Reiches von Ḫana mit der Hauptstadt Terqa (Abb. 12.1).

6. Der Sohn des Hammurapi von Babylon, Samsu-iluna, benennt eines seiner Regierungsjahre (etwa 1740 v. Chr.) als das Jahr, in dem er gegen ein Heer der Kassiten gekämpft habe. Kämpfe gegen Kassiten erwähnt auch ein Nachfolger des Samsu-iluna.

Über die Kassiten liegen somit in der ersten Phase folgende Nachrichten vor:
- Sie arbeiten als Landarbeiter, die einzeln oder als Gruppen auftreten; als solche nehmen sie hauptsächlich Funktionen mit geringem sozialem Status wahr.

- Sie leben in Gruppen vor allem in der Gegend um Sippar, werden dort als Fremde betrachtet und wohnen in ghettoartigen (segregierten) Wohngebieten bzw. Lagern.
- Clan- oder Stammesstrukturen charakterisieren die verwandtschaftlichen Beziehungen und die soziale Organisation der Kassiten, die von der der Babylonier abweicht.
- Als hohe Beamte im Dienst der 1. Dynastie von Babylon sind sie in die Administration des Aufnahmelandes integriert und dort vor allem verantwortlich für die Pferdezucht.
- Sie haben das Recht auf Land- und Bodenbesitz und stellen in Terqa den Machthaber.

Diese Texte enthalten damit bereits zahlreiche Informationen zu verschiedenen Aspekten des Migrations- und Assimilationsprozesses der Kassiten:

1. Sie geben Hinweise darauf, daß Migration stattgefunden hat;
2. sie legen die soziale und wirtschaftliche Stellung der Kassiten in dem Land dar, in das diese als Fremde einwandern;
3. sie spiegeln Aspekte der Aufnahmebedingungen wieder, die die Kassiten im Gastland vorfinden;
4. sie zeigen den Umfang an Assimilationsmöglichkeiten, den ihnen die Aufnahmegesellschaft zubilligte (Tätigkeiten mit hohem als auch niedrigem Status).

Modelle zur Erklärung von Migration und Assimilation

Die Analyse rezenter Migrations- und Assimilationsprozesse hat zur Erarbeitung modellhafter Vorstellungen über den Ablauf entsprechender Vorgänge geführt. Ein langfristiges Ziel dieser Forschung liegt darin, eine raum- und zeitunabhängige, allgemeingültige Erklärung des Migrations- und Assimilationsprozesses zu erstellen. Die Anwendung der Ergebnisse der rezenten Migrations- und Assimilationsforschung auf die in der ersten Phase der Kassitenzeit abgelaufenen Ereignisse hilft der archäologischen Forschung, entsprechende, bisher für das 2. Jt. v. Chr. in Mesopotamien weniger beachtete Ereignisse zu erhellen. Gleichzeitig liefert die Archäologie mit der Überprüfung bestehender Modelle und Hypothesen der Migrationsforschung weitere Daten für die Erarbeitung ihrer theoretischen Erklärungsversuche. Bestehende Erklärungsversuche für den Ablauf des Migrations- und Assimilationsprozesses werden hier mit drei Modellen vorgestellt (Treibel 1990).

Das älteste, das Chicagoer Modell der zwanziger Jahre erfaßte die Migrations- und Assimilationsprozesse noch relativ grob. Das Modell ging davon aus, daß nach erfolgter Migration innerhalb von 2-3 Generationen im wesentlichen drei Phasen der Assimilation durchlaufen und mit einer völligen Assimilation der ehemals Fremden im Aufnahmeland unter Aufgabe aller eigenen kulturellen Traditionen beendet sein würden.

In der ersten Phase nach der Zuwanderung entstehen nach diesem Modell in der Regel zunächst abgesonderte Wohngebiete. Die Aufnahmegesellschaft weist den Zuwanderern der ersten Generation Beschäftigungen mit niedrigem sozialem Status zu. Ein wesentlicher Versuch zur Assimilation seitens der Zugewanderten besteht in dieser Phase darin, Kenntnisse der neuen Sprache zu erwerben. Im Übergang von der ersten zur zweiten Generation findet ein Prozeß der Angleichung von Kultur und Tradition statt, wobei der eigene kulturelle Hintergrund jedoch noch nicht aufgegeben wird. Dies erfolgt nach der Theorie der Chicagoer Schule erst mit dem Aufwachsen der dritten Generation, die im Verlauf ihres Lebens die eigenen kulturellen Werte zugunsten der Traditionen im Aufnahmeland aufgibt. Die Vorstellung von einer völligen Anpassung der "Fremden" an die neue Kultur beinhaltet als Voraussetzung dabei die Bereitschaft der Alteingesessenen, diese völlige Fusion zu dulden.

Untersuchungen in den fünfziger Jahren führten zu Modifikationen des genannten Modells, bei denen vor allem von einer vollständigen Assimilation ausgegangen wird. Das sog. Stufenmodell der Assimilation (Treibel 1990) unterscheidet zwischen sozialer und kultureller Assimilation, die sich in unterschiedlichen Graden der Anpassung der Zugewanderten an die Aufnahmegesellschaft und deren Bereitschaft, diese Anpassung auch zuzulassen, unterscheiden. Kulturelle Assimilation umfaßt den Spracherwerb, die äußerliche Anpassung der MigrantInnen an die neuen Lebensumstände und die Entwicklung eines Werte- und Normenkonsenses, aber noch keine Identifikation. Letztere hängt wesentlich von der Bereitschaft der Aufnahmegesellschaft ab, die MigrantInnen zu akzeptieren und diesen damit erst die Möglichkeit zur Identifikation zu ermöglichen. Erst dadurch kann soziale Assimilation erfolgen. Die soziale Assimilation stellt also bereits eine Stufe der recht umfassenden Angleichung der Fremden an die Aufnahmegesellschaft dar, in der etwa die räumliche Trennung der Wohnbereiche aufgegeben wird, in der die ehemals Fremden mit den Mitgliedern der Aufnahmegesellschaft in sozialen Kontakt treten und in der die MigrantInnen auch in Institutionen der Aufnahmegesellschaft integriert werden. Trotz sozialer Assimilation ist aber z.B. zu beobachten, daß die sozialen Beziehungen zwischen den Fremden und den Alteingesessenen nicht der Intensität entsprechen, die sie gruppenintern haben. Es entwickelt sich also eher ein Nebeneinander mit teilweiser Anpassung in bestimmten Bereichen; die aufnehmende Gesellschaft registriert trotz verschiedener Formen der Assimilation die Fremden häufig auch nach langer Zeit noch als solche.

Neben der Unterscheidung von sozialer und kultureller Assimilation liegt die Bedeutung des Stufenmodells vor allem darin, daß die entscheidende Rolle der Aufnahmegesellschaft für eine erfolgreiche Assimilation hervorgehoben wird. Der Assimilationsprozeß wird hier nicht als eine chronologische und festgelegte Abfolge von bestimmten Schritten betrachtet, sondern als die Summe von Ereignissen verstanden, die auf unterschiedlichen Ebenen ablaufen. Unterschiedliche Schritte können durchaus gleichzeitig erfolgen, auch das Durchlaufen nur von Teilen des gesamten Prozesses ist möglich.

In der Regel findet Assimilation in unterschiedlichem Umfang und auf unterschiedlichen Ebenen statt. Die Beibehaltung eigener kultureller Traditionen ist bei allen MigrantInnen in mehr oder weniger großem Umfang zu beobachten. Sie drückt sich auf der Ebene aus, die nicht oder nur geringfügig durch den Kontakt zu der Aufnahmegesellschaft berührt wird, etwa Sprache innerhalb der eigenen Gruppen, Familienstrukturen, Namensgebung, Religion.

In einem dritten Modell wird der sog. strukturellen Assimilation eine Schlüsselstellung im Assimilationsprozeß zugeschrieben. Dabei geht es um die Frage, inwieweit sich die MigrantInnen in das Statussystem der Aufnahmegesellschaft integrieren können, d.h. vor allem, welche Möglichkeiten ihnen die Aufnahmegesellschaft zubilligt, auch prestigeträchtige berufliche Positionen einzunehmen. Die strukturelle Assimilation stellt eine intensivierte Form der sozialen Assimilation dar.

Migration und Assimilation der Kassiten

Der Versuch, mit Hilfe der Modelle Aspekte der Migration und Assimilation der Kassiten in der ersten Phase ihres Auftretens in Mesopotamien zu erfassen, geht von den babylonischen Texten aus, die Einblicke gewähren in den Eingliederungsprozeß der Kassiten in die babylonische Kultur und in den Umgang der Aufnahmegesellschaft mit den Fremden - also von den Belegen, die uns Kenntnisse über die kassitischen Landarbeiter und die Nachrichten über hohe kassitische Beamte in der babylonischen Administration vermitteln.

Die in ghettoartigen Wohngebieten um Sippar lebenden kassitischen Landarbeiter üben Funktionen mit relativ geringem sozialem Status aus. Nach dem Chicagoer Modell ist diese Konstellation typisch für die erste Phase der Assimilation. Mit der Niederlassung, also der abgeschlossenen Migration, findet eine erste äußerliche Anpassung der MigrantInnen an die fremde Umgebung statt, in der die Fremden in der Regel zunächst von den Einheimischen segregiert wohnen und, wie erwähnt, sozial niedrig bewertete Aufgaben übernehmen.

Mit der Integration kassitischer Beamter in die Administration der Babylonier erfolgt ein Schritt in Richtung der strukturellen Assimilation (Aufnahme in das Statussystem der Babylonier), die den Kassiten den Zugang zu Berufen mit höherem gesellschaftlichem Status ermöglicht. Dieser Schritt setzt voraus, daß die Kassiten die notwendigen Fähigkeiten zur Ausübung entsprechender Funktionen nachweisen können. Zugleich muß die babylonische Gesellschaft oder zumindest deren Administration die Bereitschaft zeigen, den MigrantInnen diese Integration in die Institutionen des Aufnahmelandes auch zu ermöglichen.

Die Interpretation der babylonischen Texte vor dem Hintergrund der Erkenntnisse aus der rezenten Migrations- und Assimilationsforschung macht deutlich, daß die Kassiten nach ihrer Migration und permanenten Niederlassung in Babylonien klassische Phasen der Assimilation durchlaufen haben und daß ihnen eine Aufnahmegesellschaft gegenüberstand, die Assimilation nicht nur zuließ, sondern die Integration bestimmter Kreise unter den MigrantInnen durch Aufnahme in das Statussystem sogar förderte.

Damit wird ferner deutlich, daß einige der MigrantInnen schon zur Zeit der 1. Dynastie von Babylon und noch vor der Machtübernahme der Kassiten in Babylonien Zugang zur oberen Machtebene erlangt hatten. Inwieweit mit der Möglichkeit zur strukturellen und integrativen Assimilation der Kassiten bereits die Wurzeln für die spätere Machtübernahme gelegt worden waren, kann noch nicht bestimmt werden.

Die zweite Phase der kassitischen Präsenz in Babylonien ist durch die Übernahme der politischen, wirtschaftlichen und religiösen Macht der Kassiten in Babylonien gekennzeichnet. Die erfolgreiche strukturelle Assimilation ist zu diesem Zeitpunkt für die zum Kreis der Machthabenden gehörenden Kassiten abgeschlossen. Wie die schriftlichen Belege einerseits und die archäologischen Zeugnisse auf der anderen Seite erkennen lassen, waren die Kassiten in allen Bereichen des öffentlichen Lebens bestrebt, die babylonische Kultur zu tradieren, sich als integraler Bestandteil der babylonischen Kultur zu präsentieren, den Status des Fremden abzulegen und mit dem Aufgehen in der babylonischen Tradition zugleich die Legitimität ihrer Nachfolge der babylonischen Machthaber zu unterstreichen. Umfangreiche Bauprogramme zur Erhaltung der wichtigen babylonischen Heiligtümer, die Respektierung der babylonischen Religion und die Übernahme und Tradierung der babylonischen Sprache und Schrift auf Kosten der eigenen, kassitischen Tradition dokumentieren das Bestreben der Kassiten, sich nach außen als legitime Repräsentanten der babylonischen Tradition darzustellen.

In den archäologischen Befunden dieser Periode läßt sich Kontinuität - neben Modifikationen und Neuerungen - in der kulturellen Entwicklung etwa am Beispiel der Architektur aufzeigen. Die großen Heiligtümer und Kultbauten wie der Heilige Bezirk in Ur, aber auch die Tempel und Kultanlagen in Uruk und Nippur werden umfassend restauriert. Gleichzeitig mit den Erhaltungsmaßnahmen in den traditionellen Kultorten werden dort Um- und Neubauten vorgenommen, die das Bild der altbabylonischen Zentren modifizieren. So werden die wichtigsten Bauten im Heiligen Bezirk der Stadt Ur in ihrer überlieferten Form erhalten, während das Wohnhaus der Priesterin des Mond- und Stadtgottes von Ur, das Giparu (Abb. 12.2) umgebaut und der Kultbezirk um einen neuen Tempel für die Gemahlin des Stadtgottes, Ningal, erweitert werden (Abb. 12.3).

Identifikative Assimilation, d.h. der Prozeß, in dem ein Identitätswandel mit der weiteren Angleichung an die Aufnahmegesellschaft einsetzt und die soziale Assimilation erfolgt, ist in dieser Stufe für die Kassiten erreicht. Die lange Regierungszeit und die wirtschaftliche Blüte Babyloniens unter der kassitischen Herrschaft belegen, daß zumindest auf der Ebene der Machthaber eine politisch-gesellschaftliche Akzeptanz innerhalb entscheidender Kreise der babylonischen Elite als "gleichwertige und zugehörige" Mitglieder der Aufnahmegesellschaft erreicht worden war. Zumindest im Bereich des öffentlichen gesellschaftlichen Lebens ist also von einer umfassenden kulturellen und strukturell-sozialen Assimilation der Kassiten auszugehen.

Die schriftlichen Quellen aus der Zeit der kassitischen Machtausübung in Babylonien dokumentieren aber nicht nur die öffentlich-politischen Verhältnisse, sondern ermöglichen auch Einblicke in die Bereiche des privaten und familiären Lebens. Assimilation hat in diesen Bereichen in deutlich anderem Umfang stattgefunden; bis zum Ende der politischen Dominanz der Kassiten und darüberhinaus wurden hier kassitische Traditionen bewahrt. Die eingangs erwähnten Clan- oder Stammesstrukturen, also die Organisation der Kassiten in Großfamilien, wird auch während der Zeit der kassitischen Vorherrschaft in

Babylonien nicht aufgegeben. Die Kassiten behalten ihre kassitischen Personennamen - und dies nicht nur im privaten Bereich, sondern auch dort, wo Kassiten als Vertreter der höchsten politischen Instanzen, also als Machthaber auftreten.

Trotz der nach außen demonstrierten Respektierung und Kultivierung der babylonischen Gottheiten wird die eigene kassitische Religion tradiert. Während die babylonischen Gottheiten als Überbringer und Garanten der Macht in den Königstitulaturen angeführt werden, sind es stets und ausschließlich die kassitischen Gottheiten, die für den persönlichen Schutz der kassitischen Machthaber verantwortlich bleiben und als solche auch Eingang in die offiziellen Dokumente finden.

Für den unterschiedlichen Grad der Assimilation und Integration der Kassiten auf den unterschiedlichen Ebenen des öffentlichen und privaten Lebens lassen sich Parallelen in den Ergebnissen der rezenten Migrations- und Assimilationsforschung finden. Nach deren Erkenntnissen findet Assimilation in der Regel in unterschiedlichem Umfang und auf unterschiedlichen Ebenen statt. Die Beibehaltung eigener kultureller Traditionen ist bei allen MigrantInnen in mehr oder weniger großem Umfang zu beobachten. Sie drückt sich auf der Ebene aus, die nicht oder weniger durch den Kontakt zu der Aufnahmegesellschaft berührt wird, etwa Sprache innerhalb der eigenen Gruppen, Familienstrukturen, Namensgebung, Religion.

Während eine Beeinflussung der babylonischen Kultur durch die kassitischen Traditionen im großen und ganzen nicht zu beobachten ist, bleibt der Umstand bemerkenswert, daß die Kassiten ihre Fachtermini im Zusammenhang mit Pferdezucht und Wagenbau in die babylonische Sprache übertragen haben. Das macht es wahrscheinlich, daß entsprechende Termini und die mit diesen verbundenen Handwerks- und Wirtschaftsbereiche vor dem Auftreten der Kassiten keinen wesentlichen Bestandteil der babylonischen Kultur gebildet haben, also offensichtlich in ihrer Herkunft ganz auf die kassitische Tradition zurückzuführen sind.

Diese Kenntnisse der Kassiten und die Förderung ihrer Integration zur Zeit der 1. Dynastie von Babylon stehen vermutlich in einem kausalen Zusammenhang. Eine erfolgreiche Migration mit dem Ziel der integrativen Assimilation ist wesentlich von der Bereitschaft der Aufnahmegesellschaft zur Integration der Fremden abhängig. Wie oben gezeigt, wurde die Integration bestimmter Kreise unter den Kassiten durch ihre Aufnahme in Berufe mit höherem sozialem Status gezielt gefördert. Der Grund für deren gezielte Integration ist wohl in der politischen und wirtschaftlichen Verwertbarkeit ihrer Kenntnisse in der Pferdezucht und im Wagenbau durch die Administration des Aufnahmelandes zu sehen, d.h., die MigrantInnen mußten ihrerseits dem Aufnahmeland etwas zu bieten haben, was diesem politisch und wirtschaftlich zum eigenen Vorteil gereichte.

Die Kenntnisse der Kassiten waren den Babyloniern dabei in zweierlei Hinsicht von Nutzen: Zum einen bedeutete eine fortgeschrittene Technologie bei der Konstruktion von Kriegswagen einen erheblichen Vorteil in der Kriegsführung, zum anderen entwickelten sich Pferdezucht und -handel zu einem wichtigen Wirtschaftsfaktor. So ist es also kein Zufall, daß gerade diese Kenntnisse zum sozialen Aufstieg bestimmter Kreise unter den MigrantInnen führten.

Zusammenfassung

Die hier gegebene Darstellung des Migrations- und Assimilationsprozesses der Kassiten konzentriert sich auf die Analyse des Assimilationsvorganges, dessen Verlauf anhand der schriftlich vorliegenden Informationen zu rekonstruieren ist. Daß Migration stattgefunden hat, ist der Nennung der fremden Bevölkerung (also der Kassiten) in den babylonischen Texten zu entnehmen. Ursachen und Hintergründe bzw. die Auslöser für die Migration wie auch die Formen, in denen Migration stattgefunden hat, werden dagegen auch durch die schriftlichen Belege nicht erhellt.

Der inhaltlich-thematische Schwerpunkt wird durch die Quellenlage vorgegeben. Nur durch die Existenz der Schriftquellen ist es hier möglich, kulturellen Wandel in einen kausalen Zusammenhang mit einer veränderten ethnischen Zusammensetzung der Bevölkerung Babyloniens in Verbindung zu bringen. Die archäologische Forschung befindet sich in diesem Fall in einer problematischen Ausgangssituation. Allein durch die Auswertung der archäologischen Zeugnisse wären die Aspekte Migration und Assimilation als Hintergründe für die kulturellen Veränderungen nicht erkennbar geworden.

Die sog. "Kassitenzeit", die es ohne die Kenntnisse der Schriftbelege unter dieser Bezeichnung nicht geben würde, wäre nach Ausweis der archäologischen Zeugnisse vermutlich zunächst lediglich als eine Periode betrachtet worden, die im Vergleich zur vorhergehenden altbabylonischen Zeit Modifikationen und graduelle Neuerungen im materiellen Bereich mit sich gebracht hatte. Den Schriftquellen kommt im vorliegenden Fall für die Rekonstruktion der Ereignisse eine deutlich größere Bedeutung zu als den archäologischen Belegen. Dies spiegelt sich auch in der vorliegenden Untersuchung wider.

Trotz der Kenntnisse, die wir aus den Texten über die Vorgänge in dieser Zeit gewinnen, ist die Kassitenzeit in ihrer ersten Phase noch mit vielen Unklarheiten behaftet. Hinweise auf den Prozeß der Assimilation der Fremden und die Reaktion der Babylonier auf die MigrantInnen konnten für diesen Abschnitt der kassitischen Geschichte mit Hilfe der Erkenntnisse der Migrations- und Assimilationsforschung erarbeitet werden. Dabei entsprechen die Hinweise auf getrennte Wohngebiete, die Bezeichnung der Kassiten als "Fremde" und die Ausübung sozial niedrig bewerteter Tätigkeiten den grundlegenden Aussagen der Chicagoer Schule zum Ablauf der Frühphase der Migration.

Der unterschiedliche Umfang der Assimilation auf verschiedenen Ebenen, der für den zweiten Abschnitt der Kassitenzeit zu erkennen ist, integrative und strukturelle Assimilation in den öffentlichen und administrativen Bereichen, nur teilweise Assimilation und Bewahrung eigener Traditionen im eher privaten und familiären Bereich, bestätigt eine weitere klassische Beobachtung der Migrations- und Assimilationsforschung, die besagt, daß Assimilation in der Regel nie vollständig ist, sondern stets auch mit der Bewahrung eigener Traditionen parallel läuft und daß diese verstärkt im privaten und familiären Bereich zu beobachten ist. Als wichtigste Elemente einer erfolgreichen Assimilation erweisen sich hier zum einen die Flexibilität der Einwanderer bezüglich einer Modifizierung eigener Wertvorstellungen und Identitätsmuster sowie zum anderen der Nutzen, den spezielle Kenntnisse und Fertigkeiten der "Fremden" für die autochthone Bevölkerung des Aufnahmelandes bringen können.

Bibliographie

Cassin, E.

1966   "Babylonien unter den Kassiten und das mittlere assyrische Reich". In E. Cassin, J.Bottéro und J.Vercoutter, Hrsg.: *Die altorientalischen Reiche II. Das Ende des 2. Jahrtausends*, S. 9-101. Frankfurt a. M.: Fischer.

Edzard, D.O.

1965   "Die altbabylonische Zeit". In E. Cassin, J.Bottéro und J.Vercoutter, Hrsg.: *Die Altorientalischen Reiche I. Vom Paläolithikum bis zur Mitte des 2. Jahrtausends*, S. 165-209. Frankfurt a. M.: Fischer.

Klengel, H. (Hrsg.)

1989   *Kulturgeschichte des alten Vorderasien*. Berlin: Akademie-Verlag.

Treibel, A.

1990   *Migration in modernen Gesellschaften*. Weinheim: Juventa-Verlag.

Woolley, L.C.

1965   *Ur Excavations, Vol. VIII. The Kassite Period and the Period of the Assyrian Kings*. London und Philadelphia: Trustees of the Two Museums.

Woolley, L.C. und M.E.L. Mallowan

1976   *Ur Excavations, Vol. VII. The Old Babylonian Period*. London und Philadelphia: Trustees of the Two Museums.

Prestigegüter und Politik
Aspekte internationaler Beziehungen im 2. Jt. v. Chr.

Nicola Crüsemann, Barbara Feller und Marlies Heinz

Im Verlauf des 2.Jt. v. Chr. entwickelten sich in verschiedenen Regionen des Vorderen Orients mehrere politisch etwa gleichrangige "Staaten", die seit ungefähr der Mitte des 2.Jt. v. Chr. verstärkt in engere Kontakte miteinander traten. Den Hintergrund der Beziehungen bildeten politisch-wirtschaftliche Interessen, die zu unterschiedlichen Formen des Kontaktes führten. Die Wahrnehmung der Interessen führte zu einem geistigen Austausch, zu diplomatischen Beziehungen und verschiedenen Formen des Güteraustausches, aber auch zu kriegerischen Auseinandersetzungen.

Zum Kreis der miteinander in Verbindung stehenden politischen Einheiten (Abb. 13.1) gehörten der Staat der Hethiter in Kleinasien, die in Nordmesopotamien und Nordsyrien beheimateten Hurriter / Mittani, die Assyrer, die Dynastie der Kassiten in Babylonien sowie Elam. Neben den im Fruchtbaren Halbmond selbst angesiedelten Mächten trat erstmals Ägypten in diesem Teil Vorderasiens in den Vordergrund. Mit den Hurritern / Mittani und den Hethitern konkurrierte Ägypten um die ökonomische Nutzung und politische Dominanz in Palästina und Syrien, was u.a. zu kriegerischen Auseinandersetzungen zwischen diesen Staaten führte (Klengel 1989: 234). Verbindungen entwickelten sich auch zwischen dem kassitischen Babylonien und den Ägyptern. Anders als bei den zuvor genannten Staaten basierten diese aber nicht auf Interessenkonflikten in einem umstrittenen Gebiet, sondern auf diplomatischen Kontakten und bestimmten Formen des Güteraustausches.

Der Schwerpunkt des folgenden Beitrages liegt in der Analyse möglicher Auswirkungen, die der Kontakt der erneut in dieser Region auftretenden politischen Macht Ägypten auf die kulturelle und politische Entwicklung seiner politischen Partner bzw. Gegner, also die Hethiter, die Hurriter / Mittani und die Kassiten hatte.

Die Beziehungen zwischen dem kassitischen Babylonien und Ägypten

Das Auffinden von Werkstoffen an einem Fundort, an dem - oder in dessen unmittelbarer Umgebung - der entsprechende Rohstoff lokal nicht belegt ist, ist als Nachweis für direkte oder indirekte Kontakte zwischen zwei oder mehreren Regionen zu betrachten. Das Auftreten von Objekten, die sich in ihrer Form, stilistisch und / oder technisch von dem ansonsten eher homogenen Fundspektrum eines Ortes, einer Region oder Kultur unterscheiden, verweist ebenso auf Kontakte zwischen zwei oder mehreren Regionen. Dies gilt auch für die Wiedergabe von Motiven auf Bildträgern, die in der Ikonographie der lokalen Erzeugnisse als "fremd" auffallen. Für die letztgenannten Beispiele sind neben direktem oder indirektem Kontakt, d.h. der Diffusion von Gütern und / oder Ideen als Ursache kultureller Veränderung auch kulturinterne Hintergründe nicht auszuschließen.

Treten entsprechende, als "fremd" oder zumindest als "anders" erkannte Objekte an einem Ort auf, so ist daher u.a. in Betracht zu ziehen, daß die Bewohner der Siedlung direkten oder indirekten Kontakt zu den rohstoffbesitzenden Regionen bzw. zu den Produzenten der "fremden" Güter hatten. Die Art der Kontakte kann vielfältig sein. Gehen wir von Kontakten und der Diffusion von Gütern und / oder Ideen als Ursache für deren Auftreten in einem kulturell "fremden" Kontext aus, so kommen diverse Formen des Handels für die Verbreitung der Güter ebenso in Betracht wie Raubzüge in die Herkunftsregionen der Objekte oder Rohstoffe, Tributzahlungen oder auch der Austausch von Geschenken. Sind die Herkunftsregionen der "Importe" ihrerseits bekannt, so läßt sich gegebenenfalls das Spektrum der miteinander in Verbindung stehenden Regionen rekonstruieren.

Eine Analyse des Fundspektrums der von Kassiten besiedelten Fundorte Ur, Uruk, Dur-Kurigalzu, Babylon und Nippur ergab ein vereinzeltes Auftreten von Objekten, die durch ihre Form aus dem allgemeinen Fundspektrum hervortraten und führte auch zu dem Nachweis über die Nutzung von Werkstoffen, die im rohstoffarmen Mesopotamien nicht belegt sind. Unter den Artefakten der genannten Orte sind u.a. Fragmente von Goldblechen nachzuweisen, die ursprünglich auf Objekten aus vergänglichen Werkstoffen oder verlorengegangenen Objekten aufgezogen waren. So stammen Goldschmuck und Waffen aus Metall (Kupfer oder Bronze) aus Dur Kurigalzu (heute Aqar Quf) aus dem Kontext des Palastes. Goldbleche, ein Gefäß aus Silber, Waffen aus Kupfer und Bronze, "Fayencegefäße" und ein Goldblech, das ursprünglich über den Rücken eines Skarabäus gelegt war, wurden im Nanna-Tempel in Ur aufgefunden. Skarabäen lagen auch als Beigaben in kassitischen Gräbern in Babylon. Aus Uruk - dort ebenfalls aus dem Kontext eines öffentlichen Gebäudes, dem Innin-Tempel - stammen Finger- und Ohrringe sowie Nadeln aus Kupfer. Kaurischnecken und Perlen aus Lapislazuli gehören zu den Funden, die in Wohnhäusern in Nippur freigelegt wurden. Kudurrus (Grenzsteine), die charakteristische Denkmälergattung der Kassiten, waren vereinzelt u.a. aus Diorit gefertigt.

Alle genannten Rohstoffe mußten importiert werden. Als Herkunftsregionen für Gold und Silber kommen die im westlichen Küstengebiet des Roten Meeres liegenden Landstriche in Ägypten und Nubien in Frage, im Iran die Region im Bereich des Flusses Mend. Gold war ferner aus dem Mündungsgebiet des Indus zu beziehen. Kupfervorkommen boten Ägypten und das Bergland von Oman. Gold, Silber und Kupfer sind zudem in Anatolien, Kupfer überdies im Sinai belegt, Lapislazuli-Vorkommen aus dem Gebiet von Badakhshan in Afghanistan bekannt. Diorit ist an der iranischen Küste zum Persischen

Golf zu finden, und die Herkunft der Kaurischnecken verweist auf den Bereich des Indischen Ozeans (Abb. 13.1).

Unter den Funden in Ur fällt das einen Skarabäus nachformende Goldblech in zweifacher Hinsicht auf. Der Werkstoff ist lokal nicht belegt, und zumindest die Form des Objektes ist, wie die der Skarabäen in Babylon, als "fremd" im übrigen Fundspektrum zu erkennen. Wie die "Fayencegefäße" sind auch die Skarabäen wohl aus Ägypten stammend bzw. auf ägyptische Vorbilder zurückzuführen.

Ägypten	Babylonien (Kassiten)	Anatolien (Hethiter)	Nordmesopotamien (Mittani)	
Thutmosis III. 1479-1425 v. Chr.				
Amenophis II. 1428-1400 v. Chr.			Sauštatar ca. 1420 v. Chr.	
Thutmosis IV. 1400 - 1390 v. Chr.			Artatama I. ca. 1400 v. Chr.	
Amenophis III. 1390 - 1320 v. Chr.	Kadašman-enlil 1370 - ca. 1350 v. Chr.		Šuttarna II. ca. 1380 v. Chr.	
Amenophis IV. 1352 - 1336 v. Chr.	Burnaburiaš 1350 - ca. 1320 v. Chr.	Šuppululiuma I. ca. 1355 / 45 - 1320 v. Chr.	Tušratta ca. 1365 - 1335 / 22 v. Chr.	
Tutanchamun 1332 - 1323 v. Chr.				
Ramses II. 1279 - 1212 v. Chr.		Hattušili III. ca. 1265 - 1236 v. Chr.		
Mernephtah 1223-1205 v. Chr.		Tuthalija IV. ca. 1225 v. Chr.		

Tab. 13.1: Regierungsjahre wichtiger Herrscher in Ägypten, bei den Kassiten, Mitanni und Hethitern

Hinweise auf die Einbindung der Kassiten in "internationale" Beziehungen sind so zunächst den materiellen Belegen zu entnehmen. Diese lassen Verbindungen der Kassiten über einen Raum von Iran und Persischem Golf bis zum Indus im Osten und bis Anatolien sowie Ägypten im Nordwesten und Westen theoretisch möglich erscheinen. Konkretere Hinweise auf Kontakte der Kassiten zu direkten Nachbarn und weiter entfernten Regionen enthalten die schriftlichen Belege, denen wir Auskünfte u.a. über die Hintergründe und Ziele überregionaler Kontakte entnehmen können. Diese Quellen bringen die Kassiten in Verbindung zu den Hethitern in Kleinasien, zu den Ägyptern, den Assyrern und Elamitern.

Kleinasien und Ägypten sind damit den Regionen zuzurechnen, die potentiell als Rohstoffexporteure in Frage kommen. Zugleich gehören sie zu den Regionen, über deren Kontakte mit den Kassiten uns schriftliche Belege vorliegen. Die ägyptischen Texte stellen die Quellen dar, die Einblicke in Details der internationalen Beziehungen gewähren und gleichzeitig Informationen über die Hintergründe und Organisationsformen des Güter- und Rohstoffaustausches zwischen den Herrscherhäusern der Kassiten und Ägypter enthalten.

1887 wurden in Tell el-Amarna in Ägypten mehr als 380 Tontafeln aufgefunden, die Teil eines ägyptischen Staatsarchives bildeten, dessen Texte in babylonischer Sprache abgefaßt waren (Taf. 13.I). Inhalt der Texte ist die internationale Diplomatie zwischen den Ägyptern und ihren Nachbarn im 14. Jh. v. Chr.

Unter diesen Dokumenten fanden sich insgesamt 15 Briefe der kassitischen Herrscher Kadašman-Enlil I. und Burnaburiaš II., die diese mit den ägyptischen Pharaonen Amenophis III., Amenophis IV. und Tutanchamun gewechselt hatten (s. Tab. 13.1). Kontakte zwischen Ägyptern und Kassiten sind uns jedoch schon seit der Regierungszeit des Kassiten Karaindaš und auch für die Regierungszeit des Kurigalzu I. bekannt, d.h. die uns überlieferten Briefe des Archives stellen nur die letzte Phase der Beziehungen zwischen Ägypten und dem kassitischen Babylonien dar. Die Sammlung der 15 Briefe gibt Einblick in eine Form des diplomatischen Verkehrs, in der Güteraustausch ein wesentliches Element des Kontaktes bildete. Adressat bzw. Empfänger der Briefe sind die jeweiligen ägyptischen und kassitischen Herrscher.

Der Aufbau und die Pflege diplomatischer Beziehungen zwischen den Machthabern beider Staaten wurden erst durch den Güteraustausch realisierbar. Hier handelt es sich also um eine Form des reziproken Austausches, in dem der Transfer der Güter nur Teil und Vehikel einer Beziehung mit weiteren Verpflichtungen darstellt. In diesem System des Transfers, das u.a. wesentlich zur Steigerung des eigenen Prestiges diente, gewinnt in der Regel der jeweilige Partner Ansehen, indem er der Großzügigkeit des anderen mit entsprechender oder gesteigerter Großzügigkeit begegnet. Der Austausch von Prestigegütern steht im Vordergrund. Die Definition einer Handelsware als Prestigegut basiert im wesentlichen auf der Nutzungsweise der Güter und ihrer Verteilung innerhalb der Gesellschaft. Sog. Prestigegüter gelangen in der Regel nur in den Besitz eines begrenzten Kreises von Personen, der zumeist aus der religiösen und / oder politischen Elite besteht. Die Güter sind nicht Teil des allgemeinen Wirtschaftskreislaufes. Sie werden erst zur Handelsware, wenn ihre Verwendung nicht mehr begrenzt ist, sondern in einem erweiterten Ausmaß erfolgt und wesentliches Element der Wirtschaft wird.

Wird diese Form des Güteraustausches, bei dem nicht der Austausch von lebenswichtigen Gegenstände, sondern der Wechsel von Prestigegütern im Vordergrund steht, zwischen Personen ohne persönliche und / oder verwandtschaftliche Beziehungen, also zwischen einander fremden, aber gleichrangigen Personen durchgeführt, so kann sich eine Form der negativen Reziprozität entwickeln. D.h. eine Form des Austausches, in der das Prinzip der Großzügigkeit unterhöhlt wird durch den Versuch der Partner, den jeweils größten Vorteil aus dem Tausch zu ziehen.

Stimmen die Beschwerden des Kassiten Kadašman-Enlil, wonach sein ägyptischer Partner ihm entgegen seiner Zusage, Güter von geringerem als dem versprochenen Wert schickte (Moran 1992: 7 und 19), dann liegen hier ggf. Hinweise auf eine entsprechende Entwicklung vor.

Im gegenseitigen Austausch wechselten die Ägypter und Kassiten sowohl Gegenstände als auch Rohstoffe. Von ägyptischer Seite wurden im wesentlichen der Rohstoff Gold, aber auch wertvolle Möbel und Schmuck aus Gold und Silber, besetzt mit Edelsteinen, Gefäße aus Gold und Lapislazuli, Öle, Kupferobjekte und Leinen geschickt. Die Kassiten sandten Pferde und Wagen als Tauschobjekte, ferner die Rohstoffe Lapislazuli, Karneol, Gegenstände aus Gold und Silber und Bronzeobjekte. Die Rohstoffe der letztgenannten Handelsgüter sowie die Rohstoffe Lapislazuli und Karneol waren lokal nicht vorhanden und mußten daher von den Kassiten selber zunächst importiert werden. Zudem verheiratete man Frauen des kassitischen Hofes zur Bündnissicherung zwischen den gleichstarken politischen Einheiten mit den ägyptischen Machthabern. Wie die Auflistung der Handelsgüter zeigt, schickten die Partner einander z.T. unverarbeitete Rohstoffe. Hier sind vor allem Lapislazuli und Gold zu nennen, die sie zuvor selber von den entsprechenden Handelspartnern erst bezogen hatten.

Liverani hat in seiner Untersuchung zum Amarna-Handel (1979: 22 ff.) folgende Erklärungen für dieses Phänomen. Zum einen erhöht es das Prestige desjenigen, der in der Lage ist, ein seltenes und wertvolles Gut an den Tauschpartner zu übergeben. Als solche sind die Güter zu betrachten, die zunächst importiert werden müssen, um sie dann für den Tausch zur Verfügung zu stellen. Zugleich handelt es sich nach Liverani bei der "Rücksendung" der zuvor vom selben Partner importierten Güter um eine ausgeklügelte wirtschaftliche Überlegung. Der Handelspartner, der das seltene Handelsgut zurück an seinen Herkunftsort "verschenkt", spekuliert damit, daß der dortige Handelspartner die Großzügigkeit des anderen anerkennt und (ganz nach den Regeln des Prestigegüteraustausches) von dem knappen Gut umso mehr an seinen "großzügigen" Partner zurückschickt.

Daß neben dem Prestigütertausch auf einer anderen gesellschaftlichen Ebene auch Handel im wirtschaftlichen Sinn mit Gebieten unter ägyptischer Dominanz geführt wurde, läßt der Brief El Amarna 8 (Moran 1992: 16) erkennen. Der kassitische Machthaber Burnaburiaš II beklagt sich darin bei seinem ägyptischen Partner, daß einer seiner Händler auf einer Handelsreise in Kanaan, das unter ägyptischer Dominanz stand, von dortigen Bewohnern ausgeraubt und ermordet wurde. Burnaburiaš fordert neben der Bestrafung der Mörder auch die Kompensation der verlorenen Güter durch die Ägypter und weist auf die Gefahren für weitere dieses Gebiet durchquerende Karawanen hin.

Die materiellen und schriftlichen Belege spiegeln die Kontakte und die möglichen Auswirkungen dieser Kontakte auf die kulturelle, politische und wirtschaftliche Entwicklung des kassitischen Babylonien wieder. Daß die Kassiten in ein Netzwerk internationaler Verbindungen integriert waren, ist anhand der materiellen Belege vor allem an dem Spektrum der in kassitisch besiedelten Orten aufgefundenen, jeweils lokal aber nicht nachzuweisenden Rohstoffe aufzuzeigen. Dasselbe gilt, wenn auch in geringerem Umfang, für die als "frcmd" erkannten Objekte, vor allem die Skarabäen.

Die Analyse möglicher Auswirkungen der Kontakte auf die kulturelle Entwicklung des kassitischen Babylonien ergibt mit der Untersuchung der materiellen Belege einen insgesamt negativen Befund. Eine etwaige Aufnahme ägyptischer oder ägyptisierender Bildelemente und Symbole oder stilistische Anleihen auf kassitischen Bildträgern wie den Kudurrus oder der aus Dur Kurigalzu überlieferten Wandmalerei im Palast als Hinweis auf die Beeinflussung der geistigen und religiösen Vorstellungen der Kassiten - oder der kassitischen Elite - durch die Ägypter sind uns nicht überliefert. Wenn überhaupt ägyptischer Einfluß erkennbar war, dann für eine sehr kurze Zeit in der mittelkassitischen Glyptik. Dieser Einfluß hielt jedoch nicht lange an, und schon der jüngerkassitische Stil zeigt diesen Einfluß nicht mehr. Das Fehlen dieser zuletzt genannten Merkmale spiegelt zwar sicher nur einen Teil der Realität wieder, denn die Briefe und Listen der Ägypter an die kassitischen Machthaber nennen explizit Art und Umfang der Prestigegüter, vor allem Möbel und Schmuck, die an den kassitischen Hof geschickt wurden. Daß die Kassiten um die Anfertigung kunsthandwerklicher Erzeugnisse zur Ausgestaltung kassitischer Repräsentationsbauten durch ägyptische Handwerker nachfragten, ist ebenfalls belegt (Moran 1992: 19).

Mehr als eine Mode der kassitischen Machthaber waren diese Übernahmen aus dem Ägyptischen aber wohl nicht - nach dem jetzigen Quellenstand verankerten sich ägyptische Vorstellungen trotz der Kontakte auf verschiedenen gesellschaftlichen Ebenen nicht im Alltagsleben der Kassiten und wirkten sich nicht prägend auf die überlieferten materiellen Belege aus. Das Gros der im Austausch zwischen den Machthabern genannten Güter wurde nicht Gegenstand des allgemeinen Wirtschaftskreislaufes, sondern blieb offensichtlich auf den Besitz der Elite beschränkt.

Zu Veränderungen in der Verwaltungspraxis der kassitischen Wirtschaft führte der Goldimport. Denn anders als zuvor wird der Gegenwert von Waren statt in Silber in der Kassitenzeit in Gold angegeben und Gold als Zahlungsmittel eingesetzt. Gold, obwohl ein wesentlicher Teil des Prestigegüteraustausches, war nun nicht mehr ausschließlich auf die Zirkulation innerhalb der Elite begrenzt und wurde somit Teil des allgemeinen Wirtschaftskreislaufes.

Es ist ungeklärt, ob der ägyptische Bedarf an Gütern, die die Kassiten selbst erst einführen mußten - hier sind vor allem Lapislazuli, aber auch Karneol zu nennen -, und die Erarbeitung eines lokalen Gegenwertes etwa zu einer gesteigerten Produktion lokaler Güter geführt hatte; mit allen Implikationen, die dies für die lokale Wirtschaft hatte. Ebenso ungeklärt ist die Frage, ob die Nachfrage der Ägypter nach entsprechenden Importgütern zu einer Erhöhung der kassitischen Importbemühungen geführt hatte bzw. ob die Errichtung einer Kolonie der Kassiten auf Bahrain im Persischen Golf Ergebnis, Ursache oder Motor des internationalen Handels war. [MH]

Das Mittani-Reich und Ägypten: von kriegerischen Auseinandersetzungen und diplomatischen Beziehungen

Auch das Mittani-Reich[1] spielte in den internationalen Beziehungen in der Mitte des 2. Jt. v. Chr. eine wesentliche Rolle. Spätestens unter König Sauštatar reichte der mittanische Machtbereich im Osten über Assur bis nach Arrapḫa (Kirkuk), im Westen über Alalaḫ (Tell Atchana) bis nach Ugarit (Ras Shamra). Als eine bedeutende Macht in den internationalen Beziehungen im Vorderen Orient des 2. Jt. v. Chr. - und somit auch für Ägypten interessant - kann der Mittani-Staat bis in die Regierungszeit des Königs Tušratta angesehen werden.[2]

Die Beziehungen zwischen Ägypten und Mittani, das von den Ägyptern auch mit dem semitischen Wort Nahrina, Flußland (Land im Euphratbogen), bezeichnet wird,[3] wechselten von kriegerischen Auseinandersetzungen um die Vorherrschaft in Syrien zu diplomatischen Beziehungen mit dynastischen Hochzeiten und dem dazugehörenden Austausch von Prestigegütern. Beides wissen wir hauptsächlich aus ägyptischen Quellen, wobei auch diesmal 13 Briefe des Mittani-Königs Tušratta an die Pharaonen Amenophis III. und IV. aus dem Amarna-Archiv eine herausragende Stellung einnehmen.[4] Bereits die früheste Erwähnung des neugegründeten Mittani-Staates überhaupt - in einem ägyptischen Beamtengrab aus der Zeit Thutmosis I. - deutet auf feindliche Auseinandersetzungen zwischen den beiden Staaten hin (Klinger 1988: 28 f). Aber erst zur Zeit Thutmosis III., der vehement den ägyptischen Einflußbereich in Syrien zu vergrößern suchte, wird deutlich, daß die beiden Staaten v.a. um die mittanischen Gebiete westlich des Euphrat rangen. Thutmosis III. berichtete zwar über einen erfolgreichen Zug gegen Mittani, doch gelang es bereits zwei Jahre später König Sauštatar, dieses Gebiet, einschließlich Aleppo, Alalaḫ (Tell Atchana) und Ugarit (Ras Shamra), zurückzuerobern.

Auch zwei weitere Feldzüge Ägyptens unter Amenophis II. und Thutmosis IV. waren allem Anschein nach nicht sehr erfolgreich. Vermutlich trug diese Situation mit dazu bei, daß unter Thutmosis IV. diplomatische Beziehungen zwischen den beiden Staaten aufgenommen wurden. Auch hier wurde als Bekräftigung der freundschaftlichen Verbindungen und als Bestätigung der in Syrien zwischen den beiden Staaten festgelegten Grenze eine Tochter des mittanischen Königs Artatama I. nach siebenmaligem Werben des Pharao an dessen Hof geschickt. Die langwierigen Verhandlungen deuten auf die

---

[1] Dieser Name wird häufig auch Mitanni geschrieben. S. zur unterschiedlichen Schreibweise: Wilhelm 1976: 149, Anm.1.
[2] Zur Geschichte des Mittani-Staates und der Hurriter siehe ausführlich mit weiterführender Literatur Wilhelm 1982.
[3] Für den Mittanistaat tauchen verschiedene Bezeichnungen auf. Die älteste Erwähnung dieses Staates in einer ägyptischen Quelle benutzt den Namen Maitani, aus dem sich dann Mittani entwickelt hat. Diese Bezeichnung verwenden auch die Vertreter des Mittanistaates selbst. In akkadischen Quellen taucht häufig der Name Ḫanigalbat auf; in hethitischen Texten wird außerdem vom "Lande Hurri" gesprochen (Wilhelm 1982: 34f.).
[4] Bis auf den Brief EA 24 wurden alle Briefe in akkadisch geschrieben. EA 24 ist dagegen eines der berühmtesten hurritischen Schriftzeugnisse und wird meist schlicht als der "Mittani-Brief" bezeichnet (siehe u.a. Kühne 1973: 3; Wilhelm 1982: 2).

Stärke des Mittani-Reiches hin. Die Hintergründe für die friedliche Kontaktaufnahme können vermutlich nicht nur mit geopolitischen Argumenten, nämlich der Expansion des hethitischen Reiches in Syrien und der Suche nach einem Machtausgleich seitens Mittani, in Verbindung gebracht werden. Stattdessen ist mit Wilhelm davon auszugehen, daß die "internen Verhältnisse [beider Staaten, N.C.] diffiziler wurden und weitere Expansionsversuche nicht mehr zuließen" (Wilhelm 1982: 40) und daß deutlich wurde, daß beide Mächte ähnlich stark waren und somit nur durch diplomatische Beziehungen zu einer Einigung über ihre Einflußbereiche in Syrien kommen konnten. Beide hatten großes Interesse an diesen Gebieten.

Sowohl Šuttarna II. als auch Tušratta entsandten zur Bekräftigung der ägyptisch-mittanischen Allianz Prinzessinnen an den Hof Amenophis III. Bei Tušratta wird in diesem Zusammenhang erstmals deutlich, daß der Pharao selbst um eine mittanische Prinzessin bittet (Moran 1992: 43f). Auch diesmal gibt es lange Verhandlungen um Mitgift und Geschenke, über die wir durch die im Amarna-Archiv gefundenen Briefe des Tušratta ausführlich informiert sind. Dabei wird detailliert aufgeführt, welche Prestigegüter zwischen Mittani und Ägypten ausgetauscht wurden.

Hervorzuheben sind bei den Geschenken aus Mittani Pferde, Wagen und die entsprechenden Pferdegeschirre, die bei den Ägyptern auch ansonsten als Kriegsbeute oder Tributabgaben aus dem syrischen Raum von Bedeutung waren. Neben unterschiedlichen Geräten und Waffen spielte darüberhinaus bei den mittanischen Geschenken an Ägypten verschiedenartiger Schmuck eine große Rolle. Dabei waren meist Lapislazuli als besonders wertvoller Stein, der von Mittani selbst importiert werden mußte, und zwei weitere nicht genauer zu spezifizierende Steine (hiliba und hulalu) in Gold oder Silber eingefaßt, wobei Gold überwog, obwohl in Ägypten Silber wesentlich rarer war als Gold. Als Tribut von eroberten Gebieten wurde vom ägyptischen Hof v.a. Silber verlangt. Für Mittani aber war Gold von herausragendem Wert, zumal man es v.a. von Ägypten selbst erhielt ("Rücksendung").

Auch Nachbildungen von Granatäpfeln aus Gold, Karneol und "hervorragendem" Stein wurden den Pharaonen zugesandt. Diese Frucht, die erstmals in einem botanischen Garten Thutmosis III. abgebildet wurde, galt als ein Symbol für besonderen Reichtum und gelangte vermutlich aus Vorderasien in den ägyptischen Raum. Es wird deutlich, daß nur Güter von besonderem Wert als Geschenke mit den einzelnen Briefen und als Mitgift an den ägyptischen Hof gelangten, mit denen Mittani beeindrucken und imponieren wollte. Hervorzuheben ist dabei, daß Mittani - neben Pferden - kaum unverarbeitete Materialien verschickte, stattdessen häufig Materialien, die nach Mittani selbst importiert werden mußten.

Die bedeutendste Gegenleistung, die Tušratta als Brautpreis und für die wertvollen Geschenke außer Freundschaft und gegenseitiger Unterstützung sehr nachdrücklich fordert, ist Gold, das in Ägypten seiner Meinung nach "häufiger als Staub" vorkam (Moran 1992: 48). Da er dieses, wie er schreibt, hauptsächlich für den Bau eines Mausoleums für seinen Großvater verwenden möchte, ist er an großen Mengen Roh- bzw. Barrengold interessiert. Tušratta kann nach dieser Forderung seine Enttäuschung über das zunächst gesandte bearbeitete Gold nur mühsam im Zaum halten (Moran 1992: 44). Schließlich aber wird er zufriedengestellt, und so kann auch Tatu-Ḫepa, Tušrattas Tochter, endlich nach Ägypten geschickt werden. Nebenbei bemerkt, nicht nur Prinzessinnen, sondern auch "normale" Männer und Frauen (Moran 1992: 45) wurden als "Prestigegüter" (?) von Mittani nach Ägypten verschickt.

Auch bei den beginnenden Unstimmigkeiten zwischen den beiden Staaten nach dem Tode Amenophis III. spielen zumindest vordergründig die Prestigegüter eine entscheidende Rolle. Tušratta beschwert sich hierbei, daß ihm statt der noch von Amenophis III. versprochenen Statuen aus purem Gold und Lapislazuli (Moran 1992: 87) durch dessen Nachfolger Amenophis IV. nur hölzerne, mit Goldblech überzogene Figuren zugesandt wurden. Der junge Pharao läßt sich nicht einschüchtern, was mit dem Machtverlust Mittanis v.a. durch die Expansion des hethitischen Reiches in Zusammenhang gebracht werden kann, und so werden nach einigem Hin und Her von zurückgehaltenen Diplomaten und Entsendungen von Sonderemissären die Beziehungen schließlich gänzlich abgebrochen.

Außer den erwähnten Prestigegütern wird im Rahmen der diplomatischen Beziehungen von mittanischer Seite aus zweimal das Kultbild der Göttin "Šawuška von Ninive" nach Ägypten entsandt (Moran 1992: 61f). Die Hintergründe für deren Entsendung sind nicht eindeutig geklärt. Die Deutung, daß Šawuška zu Heilzwecken nach Ägypten gesandt wurde, ist aus Analogieschlüssen entstanden und dem Brief Tušrattas nicht zu entnehmen (Kühne 1973: 37, Anm.176; Moran 1992: 60, Anm.2). Da sie auch die Göttin der Liebe und des Krieges ist und darüberhinaus den Feinden und Meineidigen mit Vertauschung der geschlechtsspezifischen Eigenschaften droht, könnte die Entsendung des Kultbildes mit den dynastischen Ehen in Verbindung stehen (s. dazu Moran 1992: 44).

Die Frage, ob es zwischen den beiden Mächten über den Austausch von Prestigegütern hinausgehende Handelsbeziehungen gab, ist nicht eindeutig zu beantworten. Dies hängt damit zusammen, daß nach Helck (1970: 461 ff.) von ägyptischer Seite ein freier Handel "weltanschaulich" nicht möglich war. In der Praxis wurden staatlich organisierte Expeditionen ausgeschickt, um die Handelsgüter abzuholen; der Gegenwert wurde als Geschenk oder "Opfer" an den zuständigen Ortsgott angesehen. Einen solchen Austausch lassen möglicherweise die großen Mengen Gold für Mittani vermuten. Und die große Karawane, die Tušratta für Amenophis IV. nach dessen Wünschen ausrüstete (Moran 1992: 97), läßt auf eine staatlich organisierte Handelsexpedition schließen.

Es muß aber auch betont werden, daß Ägypten durch seine Gebiete in Syrien kaum auf eine Versorgung mit Rohstoffen bzw. anderen Materialien durch Mittani angewiesen war. Zumal anhand der Angaben in Tušrattas Briefen zum Prestigegüteraustausch deutlich geworden ist, daß Mittani v.a. verarbeitete Materialien verschickte und somit scheinbar nicht über für Ägypten wesentliche Rohstoffe, wie umgekehrt das Gold für Mittani, verfügte.

Nach den schriftlichen Quellen kann in den Beziehungen zwischen Ägypten und Mittani ein Wandel von kriegerischen Auseinandersetzungen zu diplomatischen Bezie-

hungen, bei denen dynastische Hochzeiten und Prestigegüteraustausch eine wesentliche
Rolle spielten, festgestellt werden. Untersucht man die archäologischen Hinterlassenschaften des Mittani-Reiches auf mögliche Aussagen zu den Beziehungen zwischen beiden Staaten, stößt man rasch auf beinahe unüberwindbare Schwierigkeiten.

        · An erster Stelle ist hierbei die Fundsituation im Einflußgebiet des Mittani-Reiches
selbst zu nennen. Im Kerngebiet von Mittani, im Quellgebiet des oberen Ḫabur (Abb.
13.1), wurden bis heute - von Tell Brak abgesehen - kaum größere Siedlungen näher
untersucht und auch die Hauptstadt Waššukkanni konnte bis heute nicht eindeutig lokalisiert werden.[5] Die meisten Funde, die mit dem Reich von Maitani in Verbindung gebracht
werden können, stammen aus Siedlungen, die am äußersten Rand des mittanischen Einflußgebietes liegen: Im Westen ist dies Alalaḫ (Tell Atchana), im Osten Nuzi (Yorgan
Tepe) und Arrapḫa (Kirkuk).

        Darüber hinaus wird das Mittani-Reich zwar zurecht mit den Hurritern und deren
Kultur in einen Zusammenhang gesetzt,[6] doch konnte Barrelet in einem großangelegten
Projekt in den siebziger Jahren deutlich machen, daß es bis heute keine eindeutigen Krite-
rien zur Bestimmung hurritischer Kunst gibt (s. dazu Barrelet 1977; 1978; 1984).

        Stattdessen verdeutlicht sie anhand einiger Beispiele, daß im Einflußgebiet des
Mittani-Reiches sehr unterschiedliche Kultureinflüsse zum Tragen kamen. Dies wird ver-
ständlicher, wenn man einen Blick auf die größte Ausdehnung des Mittani-Staates wirft,
der eine ganze Reihe von vorher unabhängigen Stadtstaaten und Staaten umfaßte, in
denen größtenteils bereits eine eigene Kunst und Kultur herausgebildet worden war.
Gerade im Bereich der Levante herrschte eine multikulturelle Gesellschaft vor, in der u.a.
auch ägyptische Einflüsse bereits vor dem Mittani-Reich und seinen Beziehungen zu
Ägypten eine Rolle spielten. Von der Levante wurden auch Einflüsse aus dem Mittelmeerraum weitergeleitet. Das Mittani-Reich diente, wie im folgenden an einigen Beispielen zu zeigen ist, eher als Vermittler - z.T. zuvor modifizierter - ägyptischer Motive,
die bereits vorher im syrischen Raum zu finden waren. Dies wird möglicherweise auch in
entgegengesetzter Richtung durch ein Inventar der Geschenke des Tušratta deutlich
(Moran 1987: 51ff.), in dem Gewänder unterschiedlichen Stils (hurritischer Stil, aber
auch z.B. Hazor-Stil) an den ägyptischen Hof geschickt wurden.

        Die beiden Artefaktgruppen, die meist mit der Kultur des Mittani-Staates in
Verbindung gebracht werden, sind Siegel und Keramik. Auf den typischen Siegeln des
"common style", der weite Verbreitung findet, ist häufig ein stilisierter Baum mit Voluten
(Abb. 13.2) zu finden, ursprünglich ein Motiv der minoischen Kultur, das im syrischen
Raum seit dem Beginn des 2. Jt. vorkommt. Während des 15. / 14. Jh. werden gerade
im Gebiet des Mittani-Reiches unterschiedliche Varianten dieses Themas entwickelt und

---

[5] Zur Lokalisierung der Residenz des mittanischen Reiches siehe ausführlich Mayer 1986.
[6] Die Hurriter sind die Gruppe, die wahrscheinlich sprachlich im Nord-Syrien dieser Zeit dominierte. Es
muß in diesem Zusammenhang darauf hingewiesen werden, daß die ethnische bzw. sprachwissenschaft-
liche Bezeichnung (hurritisch), die wesentlich länger in Vorderasien eine Rolle spielte, und die historisch-
politische (mittanisch) häufig völlig unkritisch in einen Topf geworfen werden (Börker-Klähn 1988:
Anm.3).

verbreitet, von denen einige auch von ägyptischen Modellen beeinflußt sein sollen (Kepinski 1984).

Besonders hervorgehoben wird im Zusammenhang mit den mittanischen Siegeln das Motiv der geflügelten Sonnenscheibe (Abb. 13.3). Dieses ursprünglich ägyptische Motiv taucht bereits während des 18. / 17. Jh. auf syrischen Siegeln auf und wird dann in die mittanischen Glyptik übernommen. Prominentestes Beispiel ist das Siegel des mittanischen Königs Sauštatar, das auch als "dynastisches Siegel" verwendet und bereits vor der Aufnahme diplomatischer Beziehungen zwischen Mittani und Ägypten hergestellt wurde (Abb. 13.4). Durch das Mittani-Reich und seine Siegel fand das Motiv der geflügelten Sonnenscheibe weite Verbreitung, wurde - teilweise modifiziert - weit nach Osten weitergeleitet und konnte somit später zu einem wichtigen Bestandteil der neuassyrischen Glyptik werden.

Neben diesen Einzelmotiven stammt aus Nuzi die Siegelabrollung einer entu-Priesterin aus Arrapḫa in eindeutig ägyptischem Stil und Motiv (Abb. 13.5). Dies könnte ein Hinweis auf den ägyptischen Einfluß v.a. in der "upper society" durch die diplomatischen Beziehungen zwischen den beiden Staaten sein. Aus Alalaḫ stammt ein ähnliches Originalsiegel (Collon 1982: Nr. 118). Zwei weitere ägyptisierende Siegel aus Alalaḫ stammen vermutlich nicht aus den mittanischen Siedlungen selbst (Collon 1982: Nr.117 / Collon 1975: Nr.194) Gerade in Alalaḫ aber wird deutlich, daß in der älteren Schicht VII wesentlich häufiger ägyptisierende Siegel und Abrollungen als in der Zeit der mittanischen Herrschaft (Schicht IV) in Erscheinung treten.

Die typische Nuzi-Keramik zeigt deutliche Einflüsse der minoische Kunst, keine erkennbaren ägyptischen. Es bleibt noch übrig, eine Wandmalerei aus Nuzi zu erwähnen (Taf. 13.II), deren Darstellung eines Hathor-Kopfes mit Kuhohren ein möglicher Hinweis für einen direkten ägyptischen Einfluß ist, da ansonsten im syrischen bzw. vorderasiatischen Raum die Hathormaske meist mit Menschenohren und nicht wie hier mit Kuhohren abgebildet ist. Auch die Darstellung des Stierkopfes wird häufig mit ägyptischen Einflüssen in Zusammenhang gebracht, während die Palmetten eher auf Verbindungen mit Syrien schließen lassen. Als eventuell spezifisch hurritisch wird meist die Aufteilung der Malerei in einzelne Felder angesehen, so daß hier noch einmal deutlich die multikulturellen Aspekte der mittanischen Kultur zu erkennen sind (Barrelet 1978: 29-30).

Neben diesen wenigen möglichen sichtbaren ägyptischen Einflüssen auf die Kultur des Mittani-Reichs kann abschließend noch auf Alabaster- und Terrakottagefäße aus dem sog. "mittanischen Palast" von Tell Brak hingewiesen werden.[7] Die Ausgräber bezeichnen vorsichtig sowohl die Terrakottagefäße selbst als auch das Material der Alabastergefäße als möglicherweise aus Ägypten (oder zumindest Palästina) stammend.

Deutlich wird anhand der obigen Ausführungen, daß nur wenige archäologische Hinterlassenschaften eindeutig mit ägyptischen Einflüssen in Verbindung gebracht werden können. Vielmehr scheint der Mittani-Staat eher als Vermittler bestimmter Motive aus dem multikulturellen Umfeld des syrischen Raumes gedient zu haben, von denen einige

---

[7] Siehe zu Tell Brak: Oates 1987 und Illingworth 1988.

auch ägyptischen Ursprungs sind. Direkte Einflüsse sind beinahe ausschließlich bei der Wandmalerei aus Nuzi zu erkennen. Auch ein größerer Austausch von Gütern in Form von Handel konnte nicht festgestellt werden. Die wenigen Funde ägyptischen Ursprungs wurden in offiziellen Bauten gefunden, so daß diese eher mit einem Prestigegüteraustausch in Verbindung gebracht werden können. [NC]

Beziehungen zwischen Hethitern und Ägyptern im 2. Jt. v. Chr.

Ebenfalls von einem Vergleich zwischen schriftlichen Quellen und archäologischem Material ausgehend, soll versucht werden, die Beziehungen zwischen Hethitern und Ägyptern im 2. Jt. v. Chr. zu konkretisieren. Die Kontakte zwischen den beiden Reichen sind im 14. und 13. Jh. am intensivsten, wie die Archive aus Tell el-Amarna und Boğazköy eindrucksvoll unter Beweis stellen. Aber allein durch die Auswertung der archäologischen Zeugnisse spräche kaum etwas für intensivere Beziehungen zwischen den beiden Großmächten. Den Schriftquellen kommt auch in diesem Fall für die Rekonstruktion der Ereignisse eine größere Bedeutung zu als den archäologischen Belegen. Doch trotz der Kenntnisse, die aus den Texten zu gewinnen sind, stellt sich immer noch die Frage, welcher Art die Beziehungen der beiden Länder zueinander waren bzw. ob, und wenn ja inwieweit, die ägyptische Kultur die hethitische beeinflußt hat.

Erstmals greifbar werden Kontakte in den Annalen des ägyptischen Königs Thutmosis III. Er spricht von einer Lieferung von Silber, Holz und weißen Edelsteinen an das hethitische Reich (Helck 1977). Konkretere Textbelege finden sich dann wieder in der sogenannten Amarna-Zeit durch die Entdeckung des Archivs von Tell el-Amarna. Für unsere Fragestellung relevant sind die Tafeln EA 41, 42 und 44, wobei EA 41 die größte Bedeutung zukommt. Diese Tafel beeinhaltet ein Schreiben des hethitischen Königs Šuppiluliuma I. an den Pharao Ḫuria, der entweder mit Echnaton (Amenophis IV.) oder Tutanchamun gleichzusetzen ist. In diesem Brief ist von gegenseitigen Lieferungen die Rede: So schickte z.B. der ägyptische König zwei silberne Frauenstatuen und ein großes Stück Lapislazuli, während Šuppiluliuma neben einigen anderen Gegenständen einen silbernen Rhyton in Hirschgestalt sowie einen silbernen Rhyton in Widdergestalt nach Ägypten sandte (Bittel 1983: 166; Moran 1992: 114). Deutlich wird an dieser Stelle, daß es sich bei diesen Lieferungen um gegenseitige Geschenke handelt. Von einem Güteraustausch im ökonomischen Sinne, der auch der Bevölkerung zugute käme, kann also nicht die Rede sein.

Bei den in der hethitischen Hauptstadt Boğazköy entdeckten Briefen wurden auch einige mit ägyptischem "Absender" gefunden. Unter den insgesamt 27 vollständigen Briefen mit ägyptischem Briefkopf wird alleine 21mal Ramses II. als Absender genannt. Als Adressaten werden 17mal Hattušili III. bzw. seine Frau Puduḫepa erwähnt (s. dazu Edel 1952). Daran läßt sich erkennen, daß die "Ägypterbriefe" aus Boğazköy einen zeitlich recht geschlossenen Block bilden. Eine genaue Datierung läßt sich aber, genau wie bei den Amarna-Briefen, nur über den Inhalt erschließen. Die Briefe selbst tragen keinerlei Datum.

Inhaltlich beschäftigen sich die Briefe vor allem mit dem anscheinend kurz vorher vereinbarten Friedensvertrag zwischen Ramses II. und Hattušili III. 1270 v. Chr.,[8] den Vorbereitungen zur Hochzeit einer Tochter Hattušilis III. mit Ramses II. sowie mit der Bitte um Entsendung ägyptischer Ärzte und Heilmittel nach Boğazköy.

Die Verheiratung von Frauen zur Bündnissicherung war auch zwischen Hethitern und Ägyptern üblich. Auch hier waren es immer nur Frauen aus dem vorderasiatischen Raum, die nach Ägypten verheiratet wurden, niemals umgekehrt. Interessant sind neben den politischen Abkommen die Briefe eher privater Natur. So enthalten z.B. zwei Briefe, die sich mit der bevorstehenden Hochzeit (ca. 1257 v. Chr.) beschäftigen, eine Aufzählung der Mitgift: Pferde-, Rinder- und Schafherden sowie gefangene Kaškäer.[9]

Die Entsendung ägyptischer Ärzte und Heilmittel bildet einen ganz besonderen Aspekt. Nach Güterbock scheint es weder eine eigenständige hethitische Medizin noch eine medizinische Literatur gegeben zu haben.[10] Damit ließe sich zumindest erklären, warum der hethitische Hof sich in z.T. auch sehr privaten Dingen an ägyptische Ärzte wandte. So bat z.B. Hattušili III. Ramses II. um ein empfängnisförderndes Mittel für seine Schwester, aber auch um ein Mittel gegen sein Augenleiden. Das Vertrauen in die ägyptische Medizin schien so weit zu gehen, daß neben dem Hethiterkönig und seiner Familie auch Hilfe für Hattušilis Vasallen erbeten wurde. Die oben genannten Beispiele zeigen deutlich, wie sehr man am hethitischen Königshof die ärztliche Kunst der Ägypter schätzte und vielleicht sogar übernahm, da man davon ausgehen kann, daß sich ägyptische Ärzte auch längerfristig im hethitischen Reich aufgehalten haben.

Letztendlich existieren auch noch Texte, die bezeugen, daß im 14. und 13. Jh. v. Chr. ein regelmäßiger Güteraustausch zwischen beiden Ländern stattgefunden hat, wenn auch nicht immer in gleichem Maße. Gefäße aus Gold und kostbare Möbel sollen von Ägypten an den hethitischen Hof gegangen sein, Silbergefäße vom hethitischen Reich nach Ägypten, Gewänder in beide Richtungen (Bittel 1983: 166). Aber auch hier handelt es sich lediglich um Prestigegüter. Güter zur Deckung des täglichen Bedarfs oder kontinuierlichere Handelsbeziehungen tauchen in schriftlichen Quellen bis jetzt nicht auf.

Eine Fortsetzung der Korrespondenz zwischen dem Hethiterreich und Ägypten scheint nach Hattušili III. nicht mehr stattgefunden zu haben, zumindest sind in Boğazköy keine Briefe aus der Zeit nach Hattušili III. gefunden worden. Dieses sollte aber keineswegs als Indiz für einen Bruch in den Beziehungen der beiden Länder gewertet werden, da die Fundumstände in Boğazköy auch andere Überlegungen zulassen, wie

---

[8] Der Vertrag zeigt alle Merkmale eines politischen Staatsvertrages. Er legte einen Nichtangriffspakt fest, regelte die gegenseitige Unterstützung bei feindlichen Angriffen, die Auslieferung von Flüchtlingen und sicherte die Unterstützung der Thronfolgeansprüche zu. Der Originaltext des Vertrages ist keilschriftlich auf einer Silberplatte angebracht; zudem existieren in Ägypten zwei Felsinschriften des Vertrages sowie mehrere Tontafeln in Boghazköy.
[9] Angehörige eines im Norden Kleinasiens wohnenden Bergvolkes; s. Edel 1976.
[10] Symposium on Medical Lore and Practice in the Ancient Near East 1961; etwas positiver beurteilt Burde das Thema (1974: 51).

z.B. Zerstörung oder Streuung der Briefe. In einer Inschrift des ägyptischen Königs Mernephtah ist zumindest von einer Getreidelieferung an das in Hungersnot geratene hethitische Volk die Rede. Dieser Beleg läßt eher auf fortdauernde Kontakte schließen als an ein Abkühlen der Beziehungen denken.

Dieser Fülle an schriftlichen Informationen sollen nun die archäologischen Funde gegenübergestellt werden, die im Hethiterreich, v.a. in dessen Hauptstadt Boğazköy gefunden wurden.

Die archäologischen Artefakte ägyptischer Herkunft beschränken sich auf einige wenige Statuen, Vasen usw. (z.B. Bittel 1983: 162 ff.). Die Fundsituation dieser einzelnen Stücke läßt meistens auf eine Datierung in die Zeit des Mittleren Reiches (1991-1650 v. Chr.) oder in die 19. / 18. Dynastie (1552-1186 v. Chr.) schließen. Funde aus der Zeit des Mittleren Reiches lassen sich mit der Ausbreitung des ägyptischen Machtbereiches bis nach Syrien erklären. Von dort aus haben sie wahrscheinlich ihren Weg nach Mittelanatolien genommen. Die Funde aus der 19. / 18. Dynastie lassen sich wesentlich besser mit den geschichtlichen Ereignissen in Verbindung bringen, sind aus dieser Zeit doch auch Kontakte durch schriftliche Quellen bezeugt. Interessant ist in diesem Zusammenhang der Fund eines beilähnlichen Werkzeuges in Boğazköy aus dem Inventar eines der Tempel, das "eindeutig ägyptischer Herkunft ist und auf die Tätigkeit nordsyrisch bzw. ägyptischer Handwerker in Boğazköy hinweist" (Neve 1992: 29). Eine mögliche Beeinflussung auch im architektonischen Bereich bzw. in der künstlerischen Gestaltung wäre demnach nicht auszuschließen.

Damit erschöpft sich aber auch schon das Material, das als Importgut aus Ägypten in Frage kommt. Auch die Ausgrabung der Palastanlage der hethitischen Großkönige in Boğazköy brachte keine neuen Funde ans Tageslicht.

Wenn also Funde aus Ägypten selbst zu selten sind, als daß man sie für eine Beweisführung heranziehen könnte, gibt es vielleicht andere Hinweise oder Möglichkeiten, in denen sich ägyptischer Einfluß deutlich machen könnte, so z.B. in der hethitischen Kunst. Ein Beispiel könnten die sogenannten polychromen Reliefvasen aus Boğazköy sein (Fischer 1963: Tf. 129; Boehmer 1983). Sie zeigen eine für die hethitische Reliefkunst bezeichnende Darstellungsweise, die der ägyptischen sehr nahe kommt: die männlichen Gestalten im Profil mit Ausnahme des in die Vordersicht gedrehten Oberkörpers samt den Schultern, die weiblichen Gestalten dagegen alle im Profil.

Ägyptischer Einfluß läßt sich auch in den menschenköpfigen Sphingen von Alaca Höyük und Boğazköy aus dem 13.Jh. v. Chr. erkennen (Taf. 13.III). Ihre Gestaltung mit Haartracht und Locken scheint Vorbildern aus der ägyptischen Kunst entnommen worden zu sein. Allerdings lassen die menschlichen Ohren auch einen syrischen Ursprung vermuten, da die ägyptischen Vergleichsstücke alle Kuhohren tragen (Neve 1992: 62).

Neben Einflüssen in der Kunst kämen aber noch andere Bereiche in Frage. Ein Nachempfinden sakraler ägyptischer Kultanlagen repräsentiert vielleicht der in Boğazköy gefundene Teich im Bereich der sogenannten Südburg. Hier könnte man von einer Art heiligem See ausgehen, ähnlich denen in Ägypten. Die zahlreichen Votivgefäße, die in diesem Teich gefunden wurden, lassen zumindest eine sakrale Funktion vermuten (Neve 1992: 85).

Ein Konglomerat ägyptischer und hethitischer Ikonographie und Symbolik läßt sich am ehesten in Yazilikaya, der Kultanlage der hethitischen Großkönige nachweisen. Die Darstellung der Flügelsonne und der Hörnerkrone in Zusammenhang mit den Groß-königen läßt auf ein stärkeres Machtbewußtsein als vorher vorhanden schließen. Auch unter Šuppiluliuma und seinen Nachfolgern sind Darstellungen von Flügelsonnen greif-bar. Es dürfte wohl kein Zufall sein, daß sich die hethitischen Großkönige das ägyptische Symbol königlicher Macht angeeignet haben. Ob die Flügelsonne ihren Weg aber direkt oder über das Mittanireich zu den hethitischen Großkönigen genommen hat, bleibt weiter ungeklärt.

Auf eine direkte Übernahme und Einflußnahme aus dem ägyptischen Raum könn-te die mögliche Vergöttlichung des hethitischen Herrschers nicht nur nach seinem Tode, sondern schon zu seinen Lebzeiten sprechen. Deutlich wird dieses Ansinnen mit der Reliefdarstellung Tuthalijas IV., der eine Hörnerkrone trägt, das traditionelle mesopota-mische Symbol der Götter. Der Standort des Reliefs und das Motiv selbst lassen vermu-ten, daß es sich um eine Anlage zu Ehren Tuthalijas IV. handelte, der vielleicht hier schon zu Lebzeiten verehrt wurde (Neve 1992: 85; Cornelius 1976: 250 ff.). Eine Übernahme ägyptischer Machtsymbolik und -ideologie ist damit nicht völlig von der Hand zu weisen.

Zum Schluß sei noch auf eine philologische Besonderheit verwiesen. Auf einem hethitischen Ritualtext aus Boğazköy fand sich das Wort huisa - "Spiegel", das etymolo-gisch mit der Wurzel huis - "leben" zusammenhängt. Damit ergibt sich eine genaue Paral-lele zu ägyptisch uh - "leben" und uh - "Spiegel". Nach Ehelolf (1938: III, Anm. 2) zeigt diese Parallele "einmal ein greifbares Zeugnis für den Einfluß der ägyptischen Zivili-sation", da diese etymologische Beziehung eine absolute Besonderheit darstellt. [BF]

Fazit

Der Vergleich der Beziehungen der Kassiten, Hurriter / Mittani und Hethiter mit Ägypten zeigt Parallelen, die offensichtlich charakteristisch für den Umgang dieser politisch gleichrangigen Mächte miteinander waren.

Den Aufbau und die Pflege diplomatischer Kontakte begleitete in allen Fällen der Austausch bestimmter Güter, die nicht Bestandteil des allgemeinen Wirtschaftskreislaufes wurden, sondern als Prestigegüter innerhalb bestimmter Kreise der Gesellschaft zirkulier-ten. So lassen die Texte charakteristische Aspekte des Prestigegüteraustausches etwa dort erkennen, wo die Ägypter Lapislazuli, einen Rohstoff, den sie selbst erst durch Aus-tausch mit den Kassiten erhalten hatten und den die Kassiten ihrerseits importieren mußten, in den Austausch mit den Hethitern und Mittani einbeziehen. Gold wird von Ägypten als Rohstoff etwa nach Mittani geliefert und von dort in Form von Schmuck und Geräten zurückgesandt. Nicht die Anhäufung des seltenen Rohstoffes, sondern die Inte-gration desselben in den Prestigegüteraustausch erhöhte das Ansehen der Handelspartner.

Zur Festigung der politischen Beziehungen wurden zwischen den Höfen der Ägypter und ihrer Partner dynastische Heiraten arrangiert. Dabei fällt auf, daß stets "ausländische" Frauen an den ägyptischen Hof wechselten, ägyptische Frauen dagegen nicht in die Länder der Handelspartner verheiratet wurden. Nur hier nahm Ägypten offensichtlich eine dominante Position unter den ansonsten als gleichrangig zu bewertenden Partnern ein.

Die Begrenzung des Güteraustausches auf Mitglieder der jeweiligen Elite bedeutet zugleich, daß es nicht zu einer darüberhinaus gehenden gegenseitigen Prägung des alltäglichen Lebens kommt. Einflüsse, die sich in der Übernahme von Symbolen und der Verwendung von Gegenständen aus den miteinander in Kontakt stehenden Ländern ausdrücken, werden nicht zum Allgemeingut der Bevölkerung, sondern bleiben auf den Kreis der Machthaber und deren Lebensbereiche begrenzt.

In der vorliegenden Untersuchung hat die Auswertung unterschiedlicher Quellen wie Texte und Artefakte unterschiedliche Einblicke in die Beziehungen zwischen den genannten Handelspartnern ergeben. Anhand der wenigen erhaltenen Güter, die als fremd oder "anders" im jeweiligen lokalen Kontext erkannt wurden, ermöglichte es die Analyse des archäologischen Befundes, Kontakte der Regionen untereinander aufzuzeigen.

Die Auswertung der Texte dagegen führt zu Einblicken in spezifische Aspekte dieser Kontakte. Erst die Auswertung der Texte erlaubt es, "Ereignisgeschichte" im traditionellen Sinn zu schreiben und im vorliegenden Fall die Funktionen einzelner politischer Persönlichkeiten in Verbindung mit diesen Kontakten zu rekonstruieren.

Die Analyse des archäologischen Befundes eignet sich stärker zur Rekonstruktion strukturgeschichtlicher Aspekte, zur Feststellung regelmäßiger Prozesse, die die Gesellschaft als Ganzes oder die Funktion einzelner Gruppierungen betreffen. Eine in diese Richtung weisende Fragestellung wird sich in Zukunft etwa mit der Analyse der Subsistenzweisen und der Prozesse, die den kassitischen, hurritischen und hethitischen Staat "am Leben hielten", auseinandersetzen.

Bibliographie

Barrelet, M.-T.

1978   "Le 'cas hurrite' et l'archéologie". *Revue Hittite et Asianique* 36: 23-34.

Barrelet, M.-T. (Hrsg.)

1977   *Problèmes concernant les Hurrites*. Paris: Centre National de la Recherche Scientifique.

1984   *Problèmes concernant les Hurrites 2*. Paris: Éditions Recherche sur les Civilisations.

Bittel, K.

1983   *Hattuša, Hauptstadt der Hethiter*. Köln: Du Mont Verlag.

Boehmer, R.M.

1983   *Die Reliefkeramik von Boğazköy*. Berlin: Gebrüder Mann-Verlag.

Börker-Klähn, J.

1988   "Die archäologische Problematik der Hurriter-Frage und eine mögliche Lösung". In V. Haas, Hrsg.: *Hurriter und Hurritisch*, S. 211-247. Konstanz: Universitätsverlag Konstanz.

Burde, C.

1974　*Hethitische medizinische Texte*. Studien zu den Boğazköy Texten, Heft 19. Berlin: Gebrüder Mann-Verlag.

Collon, D

1975　*The Seal Impressions from Tell Atchana / Alalakh*. Neukirchen-Vluyn: Neukirchener Verlag.

1982　*The Alalakh Cylinder Seals*. Oxford: British Archaeological Reports, International Series 132.

Friedrich, C.

1976　*Geschichte der Hethiter*. Darmstadt: Wissenschaftliche Buchgesellschaft.

Edel, E.

1952　"Die Rolle der Königinnen in der hethitisch-ägyptischen Korrespondenz von Boğazköy". *Indogermanische Forschungen* 60.

1976　*Ägyptische Ärzte und ägyptische Medizin am hethitischen Königshof*. Opladen: Westdeutscher Verlag.

1983　*Der Vertrag zwischen Pharao Ramses II. und Hattušili III. von Hatti*. Gütersloh: Gütersloher Verlagshaus Gerd Mohn.

Eheolf, H.

1938　*Keilschrifturkunden aus Boğazköy XXIX*. Berlin: Staatliche Museen.

Fischer, F.

1963　*Die hethitische Keramik von Boğazköy*. Berlin: Gebrüder Mann-Verlag.

Forbes, R.J.

1971　*Studies in Ancient Technology*. Volume VIII. Leiden: Brill.

Haas, V. (Hrsg.)

1988　*Hurriter und Hurritisch*. Konstanzer Althistorische Vorträge und Forschungen, Heft 21. Konstanz: Universitätsverlag Konstanz.

Helck, W.

1970　*Die Beziehungen Ägyptens zu Vorderasien im 3. und 2. Jahrtausend v. Chr*. Wiesbaden: Harrassowitz.

1977　"Hethiter". In W. Helck und W. Westendorf, Hrsg.: *Lexikon für Ägyptologie*, Band II, Spalte 1176-1178. Wiesbaden: Harrassowitz.

Illingworth, N.J.J.

1988　"Inscriptions from Tell Brak 1986". *Iraq* 50: 87-108.

Kepinski, C.

1984　"Un motif figuratif, l'arbre stylisé à Nuzi et Alalakh, durant la période mitannienne". In M.-T. Barrelet, Hrsg.: *Problèmes concernant les Hurrites 2*, S. 199-212. Paris: Éditions Recherche sur les Civilisations.

Klengel, H.

1989　*Kulturgeschichte des alten Vorderasien*. Berlin: Akademie Verlag.

Klinger, J.

1988　"Überlegungen zu den Anfängen des Mittani-Staates". In V. Haas, Hrsg.: *Hurriter und Hurritisch*, S. 27-42. Konstanz: Universitätsverlag Konstanz.

Kühne, C.

1973   *Die Chronologie der internationalen Korrespondenz von El-Amarna*. Neukirchen-Vluyn: Neukirchner Verlag.

Liverani, M.

1979   *Three Amarna Essays*. Monographs on the Ancient Near East, Band 1, Heft 5. Malibu: Undena Publications.

Mayer, W.

1986   "Taide oder Waššukanni ? Name und Lage der Hauptstadt Mittanis". *Ugarit-Forschungen* 18: 231-236.

Moran, W.L.

1992   *The Amarna Letters*. Baltimore: Johns Hopkins University Press.

Neve, P.

1992   *Hattuša - Stadt der Götter und Tempel*. Mainz: Phillip von Zabern.

Oates, D.

1987   "Excavations at Tell Brak 1985-86". *Iraq* 49: 175-192.

Parayre, D.

1984   "A propos de la glyptique 'mitanienne': le disque ailé de Thèbes à Kirkuk et d'Alishar a Meskéné". In M.-T. Barrelet, Hrsg.: *Problèmes concernant les Hurrites 2*, S. 213-259. Paris: Éditions Recherche sur les Civilisations.

Porada, E.

1947   *Seal Impressions of Nuzi*. New Haven: Annual of the American School of Oriental Research 24.

Schroeder, O.

1914   "Die beiden neuen Tontafeln". *Mitteilungen der deutschen Orient-Gesellschaft* 55: 39-45.

Stein, D.L.

1987   *Seal Impressions on Texts from Arrapḫa and Nuzi in the Yale Babylonian Collection*. Winona Lake: Eisenbrauns.

1988   "Mythologische Inhalte der Nuzi-Glyptik". In V. Haas, Hrsg.: *Hurriter und Hurritisch*, S. 173-209. Konstanz: Universitätsverlag Konstanz.

1989   "A Reappraisal of the 'Sauštatar Letter' from Nuzi". *Zeitschrift für Assyriologie* 79: 36-60.

1994   "Mittan(n)i B. Bildkunst und Architektur". In D.O. Edzard et al., Hrsg.: Reallexikon der Assyriologie, Band 8, S. 296-299. Berlin: Walter de Gruyter.

Walser, G.

1964   *Neuere Hethiterforschung*. Wiesbaden: Franz Steiner Verlag.

Wilhelm, G.

1976   "Parratarna, Šauštatar und die absolute Datierung der Nuzi-Tafeln". *Acta Antiqua Academiae Scientiarum Hungaricae* 24: 149-161.

1982   *Grundzüge der Geschichte und Kultur der Hurriter*. Darmstadt: Wissenschaftliche Buchgesellschaft.

1994   "Mittan(n)i A. Historisch". In D.O. Edzard et al., Hrsg.: Reallexikon der Assyriologie, Band 8, S. 286-296. Berlin: Walter de Gruyter.

Das Ende der Spätbronzezeit und das "dunkle Zeitalter" im westlichen Vorderasien

Karin Bartl

Einleitung

Das Ende der spätbronzezeitlichen Staatenwelt im zentralen und östlichen Mittelmeerraum um 1200 v. Chr. und der darauffolgende Zeitabschnitt bis etwa 1000 v. Chr., häufig definiert als "dark age", "centuries of darkness" oder "dunkles Zeitalter", gehört zu jenen historischen Perioden, die aufgrund der Komplexität der vermuteten Ereignisse sowie der zahlreichen, damit verbundenen Fragen in der jüngeren Forschung wiederholt Gegenstand zusammenfassender Betrachtungen waren (Müller-Karpe 1977; Strobel 1976; Deger-Jalkotzy 1983; James et al. 1990; Ward und Joukowsky 1992; Drews 1993).

Bei der Betrachtung dieses Zeitraums sind im wesentlichen zwei Probleme zu berücksichtigen: zum einen die Frage nach Ursachen und Gründen, die zum Ende der spätbronzezeitlichen Staaten geführt haben, zum anderen die Frage nach der politisch-historischen, ökonomischen und kulturellen Entwicklung der darauffolgenden zwei Jahrhunderte, des sog. *dunklen Zeitalters.*

Ältere und neuere Zusammenfassungen verweisen hinsichtlich des erstgenannten Aspektes zumeist auf Invasionen fremder Völker, durch die der Zusammenbruch vieler Staaten plötzlich herbeigeführt worden sein soll. Die damit verbundenen, weitreichenden Zerstörungen sollen dann in den folgenden Jahrhunderten zur Entvölkerung ehemals seßhaft besiedelten Gebietes und möglicherweise einer verstärkten nomadischen Landnutzung geführt haben, woraus sich wiederum das weitgehende Fehlen materieller Relikte aus dem Zeitraum zwischen 1200 und 1150 / 1000 v. Chr. erklären ließe. Kleinteilige Regionalanalysen auf archäologischem Gebiet, neue Textfunde und theoretische Ansätze ermöglichen inzwischen weiterreichende Hypothesen, die - obwohl jeweils unterschiedliche Schwerpunkte in der Bewertung einzelner Ereignisse gesetzt wurden - doch in einem zumeist übereinstimmen: Das Ende des auf der politischen Balance einiger Großreiche beruhenden Machtsystems Ende des 13./ Anfang des 12. Jh. v. Chr. ist wohl auf das Zusammenspiel *externer* und *interner* Ereignisse zurückzuführen. Die Entwicklungen der darauffolgenden Periode basieren auf veränderten politischen, ökonomischen und technologischen Gegebenheiten, lassen sich jedoch regional innerhalb der materiellen Kultur auf ältere Traditionen zurückführen. Generell gilt jedoch, daß die pauschale Betrachtung großräumiger Einheiten in keinem Fall möglich ist und eine Synthese der Ereignisse des o.g. Zeitraums den regionalen Besonderheiten den ihnen angemessenen Stellenwert einräumen muß.

Die spätbronzezeitliche Staatenwelt im westlichen Vorderasien

Die Spätbronzezeit, d.h. etwa der Zeitraum zwischen 1500 und 1200 / 1150 v. Chr., ist im westlichen Vorderasien in politischer Hinsicht durch ein weiträumiges diplomatisches Beziehungsgeflecht der Großreiche Ägypten, Ḫatti und Mittani geprägt (Abb. 14.1; s. Kap. 13), über deren Verbindungen zahlreiche Textquellen vorliegen.

Nach dem schlecht belegten Zeitraum der "Hyksos-Herrschaft" (1650-1551 v. Chr.) begann in Ägypten mit der 18. Dynastie das Neue Reich (1551-712 v. Chr.), in dem die traditionellen Handelskontakte zu den nördlichen Nachbarn wieder verstärkt und diplomatische Beziehungen zu allen wichtigen Mächten der Region unterhalten wurden. Gleichzeitig war dieser Zeitraum durch expansionistische Tendenzen Ägyptens in Richtung Kanaan[1] gekennzeichnet, die unter Thutmosis III. (1490-1436 v. Chr.) zur Annexion dieses Gebietes führten. Die auch unter den folgenden Pharaonen weiterhin betriebene Politik der Machtausdehnung, die den syrischen Raum mit umfaßte, fand unter Ramses II. (1290-1223 v. Chr.)[2] ihren letzten Höhepunkt und zugleich ihr Ende. Gegenpart während der damit verbundenen militärischen Aktionen waren die Herrscher des hethitischen Reiches. Im Laufe des 14. Jh. v. Chr. verwandelte sich das ursprünglich auf Zentralanatolien beschränkte Königtum zu einem "Großreich", das weit über das eigentliche Kerngebiet hinausreichte. Die Annexion weiter Teile des Reiches von Mittani in Nordsyrien am Ende des 14. Jh. führte zu einem neuen Kräfteverhältnis, in dem nur noch Ägypten und Ḫatti bestimmend waren. Die Schlacht bei Qadeš (mod. Tell Nebi Mend) in Südsyrien im Jahr 1285 v. Chr. (Kuschke 1984: 31 ff.) bildete den Abschluß der langwierigen Auseinandersetzungen um die Vorherrschaft in Syrien, das damit in eine südliche ägyptische und eine nördliche hethitische Einflußsphäre unterteilt wurde. Östlich angrenzend an Ḫatti und Mittani entstand in der zweiten Hälfte des 2 Jt. in Nordmesopotamien mit dem mittelassyrischen Reich ein weiteres Machtzentrum, das den ägyptisch-hethitischen Raum nur selten direkt tangierte, jedoch in Konkakt mit jenen Reichen stand. Verbindungen zum ägyptischen Raum lassen sich auch im kassitischen Babylonien nachweisen (s. Kap. 13). Handelsbeziehungen, die vielfach archäologisch belegt sind, bestanden auch mit Zypern und dem ägäischen Raum (Klengel 1992: 84 ff.).

Diese politische Konstellation zerfällt scheinbar abrupt um 1200 v. Chr. Dieser Zeitpunkt stellt gleichzeitig das Ende der Spätbronzezeit dar. Der folgende Zeitraum des "dunklen Zeitalters", der in den einzelnen Regionen von unterschiedlicher Dauer (zwischen 100 und 300 Jahren) ist, fällt mit der "Eisenzeit I" oder "frühen Eisenzeit" (etwa 1200-1000 / 950 v. Chr.) zusammen. Erst für die anschließende Periode der Eisenzeit II

---

[1] "Kanaan" bezeichnet in der Spätbronzezeit etwa das Gebiet, das dem heutigen Israel, der Damaszene und dem Libanon entspricht (Weippert 1988: Abb.1.1).
[2] Ägyptische Daten nach Vandersleyen 1985: 446 ff.

oder mittleren Eisenzeit, die sich in ihrer territorialen Zusammensetzung deutlich von der
spätbronzezeitlichen Staatenwelt unterscheidet, ist durch eine Vielzahl philologischer und
archäologischer Quellen eine detailliertere Rekonstruktion der historisch-politischen und
kulturellen Entwicklung möglich (s. Kap. 15 und 16).

Philologische und archäologische Quellen

Obwohl die Spätbronzezeit im westlichen Vorderasien eine an Schriftquellen außerordentlich reiche Periode ist, finden sich nur relativ wenig Informationen, die mit dem Ende der
Staaten in Kleinasien und Syrien-Palästina in Verbindung gebracht werden können. Vorrangig zu nennen sind hier die seit langem bekannten Reliefs und Inschriften am Toten-
tempel von Medinet Habu in Theben, die über Angriffe fremder Völker auf Ägypten zur
Zeit Ramses III. (1197-1166 v. Chr.) berichten. Einige wenige entsprechende Keilschrifttexte sind daneben aus dem kleinasiatisch-nordsyrischen Raum bekannt geworden.
  Ebenso schwierig ist die historische Quellenlage für die Eisenzeit I. Feldzugs-
berichte des assyrischen Königs Tiglat-Pilesar I. (1115-1077 v. Chr.) sowie der Bericht
des ägyptischen Reisenden Wenamun[3] bilden für den nordsyrisch-phönikischen und
kleinasiatischen Raum fast die einzigen Belege. Informationen aus archäologischem Kontext bilden daher nicht nur eine Ergänzung zum schriftlichen Befund, sondern stellen in
der Regel die Basis für weiterreichende Interpretationen dar.

Ägypten
Die schriftlichen und bildlichen Darstellungen in Medinet Habu, auf denen die eingangs
erwähnte Hypothese der Invasion fremder Völker[4] basiert, beziehen sich auf Ereignisse
im 5. und 8. Jahr Ramses III. (1184-1153 v. Chr.).[5] Die Reliefdarstellungen zeigen Angehörige fremder Völker, gekennzeichnet durch bestimmte ikonographische Details wie
z.B. Federkronen, im Kampf mit den Ägyptern (Abb. 14.2 und 14.3). Ramses III.
rühmt sich, die Angreifer zurückgeschlagen zu haben und nennt zugleich deren Zerstörungen in nördlich gelegenen Ländern. Wörtlich heißt es:

"Ich (=der König) schütze es (=Ägypten) und wehre ihm die Neunbogenvölker ab,
die Fremdländer, die alle zusammen die Trennung vollzogen von ihren Inseln, auf-
brechend und verstreut unter die Truppen der Länder. Es konnte aber kein Land
gegen ihre Kraft bestehen, von Hatti, Qadi, Karkemisch, Arzawa und Alašia an; und
abgeschnitten von ihrem Land schlugen sie ein Lager auf zusammen im Inneren von

---

[3] Dieser Bericht soll aus dem Zeitraum der 22. Dynastie (945-825 v. Chr.) stammen, jedoch die Zeit der
20. Dynastie (1200-1085 v. Chr.) zum Gegenstand haben (Helck 1986: 1215ff.).
[4] Die hier gewählte Bezeichnung "Volk / Völker" (nach den u.g. "Neunbogenvölkern") ist synonym zum
Begriff "Stamm" zu verstehen. Da genauere Angaben über die "Fremden" fehlen, finden sich beide Begriffe
auch in der entsprechenden Literatur alternativ.
[5] Über Angriffe fremder Völker auf Ägypten wird bereits bei Ramses II. und Merenptah (1223-1214
v. Chr.) berichtet (Stadelmann 1984: 814 ff.).

Amurru, seine Leute vernichtend und sein Land, als sei es nie gewesen. Sie kamen nun, indem die Flamme vor ihnen brannte, vorwärts gegen Ägypten, ihre Zwing-burg (?). Die Philister, Zikar, Sakalus, Danu und Wasas,[6] *verbündete Länder, legten ihre Hände auf alle Länder bis uns Ende der Welt, indem ihre Herren Vertrauen hat-ten und sie zuversichtlich waren: Unser Plan gelingt. Doch die Überlegungen dieses Gottes, des Herrn der Götter, bereitet Schrecken....etc."* (Helck 1976: 14).

Diese Schilderungen sind hinsichtlich ihres historischen Wahrheitsgehaltes nicht unumstritten und wurden unterschiedlich interpretiert.[7] Ein Aspekt betrifft dabei die Her-kunft der Fremden, die aufgrund der Textstelle "von den Inseln" auch als "Seevölker" bezeichnet werden. So wird angenommen, daß mit den "Inseln" Kreta gemeint sei und ein Teil der Völker von dort stamme. Generell wird die Herkunft der "Seevölker" im westkleinasiatisch-ägäischen Raum vermutet (Dothan 1982: 21 ff.).[8] Von dort sollen sie sowohl auf dem Land- als auch auf dem Seeweg Richtung Osten bzw. Südosten gezogen sein. Als Gründe der "Wanderbewegungen" wurden u.a. auf klimatischen Katastrophen basierende wirtschaftliche Probleme im Gebiet der mykenischen Kultur Griechenlands vermutet (Strobel 1976: 173 ff.). Einen weiteren Aspekt bilden die genannten Zerstö-rungen der nördlich von Ägypten gelegenen Länder Ḫatti (=Hethiterreich), Qadi (in Kleinasien), Karkamiš (in Nordsyrien), Arzawa (in Kleinasien) und Alašia (=Zypern). Basierend auf diesen Schilderungen wurden archäologische Zerstörungshorizonte spät-bronzezeitlicher Siedlungen in Kleinasien und dem syrisch-kanaanäischen Raum generell den "Seevölkern" zugeschrieben.

Unabhängig von zahlreichen Einzelfragen lassen sich die historischen Ereignisse in Ägypten am Ende der Spätbronzezeit folgendermaßen zusammenfassen: Nachdem Teile der "Seevölker" bereits unter Ramses II. und Merenptah wiederholt mit Ägypten in kriegerische Konflikte verwickelt gewesen waren, kam es unter Ramses III. zu einem letzten Angriff der "Seevölkerkoalitionen". Diese hatten von Amurru in Nordsyrien aus die dortige Region zerstört und waren dann in Richtung Süden nach Ägypten gezogen. Ramses III. schlug sie mit seinen Truppen in einer See- und Landschlacht - beide sollen im Gebiet des östlichen Nildeltas stattgefunden haben - zurück. Angehörige der "Fremd-völker" wurden getötet oder gefangengenommen und später teilweise in ägyptischen Armeedienst gestellt. Wie aus dem Papyrus Harris I hervorgeht, siedelte Ramses III.

---

[6] Andere Schreibweisen: Philister = Peleset (plšt), Zikar = Tjekker / Tjeker (ṯkr), Sakalus = Schakalasch (šklš), Danu = Danuna (dnn), Wasas = Waschasch (wšš). Zu den bei Ramses II. und Merenptah genannten Völkern gehören außerdem die Lukka (lkk), die Schirdana (šrdn), die Turscha (trš) und die Aqijawascha (jqʻwʻš) (Stadelmann 1984: 814 ff.).

[7] Helck bezweifelte, daß es sich bei der Nennung der zerstörten Länder um die Schilderung historischer Tatsachen handele. Vielmehr stehe diese Phrase im Zusammenhang mit dem vorhergehenden Satz und betone nur allgemein im Norden geschehene Dinge. Die Aufzählung der Völkernamen sei dagegen als echte Information zu werten (Helck 1977: 15).

[8] Die meisten Stämme sollen aus dem westlichen Kleinasien und den vorgelagerten Inseln stammen. Auf-grund lautlicher Parallelen werden dabei die Lukka in Lykien vermutet und die Aqijawascha mit dem aus hethitischen Quellen bekannten Aḫḫijawa, einem Reich im westlichen Kleinasien, geglichen. Die Danuna sollen später im Gebiet von Adana gesiedelt haben, Schirdana, Turscha und Schakalasch nach Sizilien, Etrurien und Sardinien gekommen sein (Stadelmann 1984: 814 ff.).

Teile der "Fremdvölker" in Befestigungen an. Diese Ansiedlungen sollen nicht in Ägypten, sondern im ägyptisch besetzten Kanaan gelegen haben (Bietak 1993: 292-293). Während die geschilderten Ereignisse im ägyptischen Kernland selbst keine weiterreichenden Folgen gehabt zu haben scheinen (Lesko 1992: 151 ff.), kam es in der ägyptischen Provinz Kanaan zu unmittelbaren Auswirkungen.

Kanaan

Der Zeitraum zwischen 1200 und 1100 v. Chr. ist, wie die archäologischen Quellen belegen, in Kanaan durch eine sehr komplexe Entwicklung gekennzeichnet. Der bekannteste Aspekt hiervon ist das Auftreten der durch die ägyptischen Texte belegten Ansiedlungen von Teilen der "Seevölker", die unter dem Namen "Philister" zusammengefaßt werden. Dieser Gesichtspunkt ist zudem durch das Alte Testament überliefert.[9]

Die Spätbronzezeit in Kanaan ist durch eine urbane Siedlungsstruktur charakterisiert, die vielerorts starke ägyptische Einflüsse oder Übernahmen aufweist. Ab Ende des 13./ Anfang des 12. Jh. v. Chr. verändern sich die spätbronzezeitlichen Strukturen und die kanaanitische Kultur wird durch neue Entwicklungen abgelöst. Als eine der Ursachen gelten die Angriffe der "Seevölker". Die breite Basis der archäologischen Quellen in Israel führt jedoch inzwischen zu einem regional differenzierten Bild (Dever 1992: Fig.1-3.1). Zwar sind viele der großen Siedlungen, wie z.B. Hazor, Megiddo, Gezer, Beth Šean und Bethel durch Zerstörungshorizonte gekennzeichnet (Weippert 1988: 341-342), jedoch gibt es hinsichtlich des Zeitpunktes dieser Zerstörungen unterschiedliche Auffassungen. Nach neuen Untersuchungen datieren sie in verschiedenen Orten, wie z.B. Megiddo, Beth Šean, Ta'anach und Laḫiš erst in die Mitte des 12. Jh. v. Chr. Bis zu diesem Zeitpunkt sollen Teile der Provinz Kanaan noch unter ägyptischem Einfluß gestanden haben.[10] Zerstörungen am Ende der Spätbronzezeit sind in Küstenorten wie z.B. in Ašdod belegt, lassen sich jedoch auch an weiter landeinwärts gelegenen Siedlungen wie Tell Beit Mirsim und Aphek finden. Während einige Orte nach den Zerstörungen einen längeren Siedlungshiatus aufweisen, erfolgt vielerorts eine unmittelbar darauffolgende Wiederbesiedlung, die den "Philistern", also Teilen der "Seevölker" zugeschrieben wird. Die mit ihnen verbundenen materiellen Hinterlassenschaften weisen bestimmte Merkmale auf, unter denen eine besondere Art bichrom bemalter Keramik[11] (Abb. 14.5) sowie anthropoide Tonsarkophage die auffälligsten Kennzeichen darstellen. Allerdings wurde kürzlich

---

[9]   Der historische Gehalt dieser letztgenannten Belege ist jedoch, insbesondere was die Herkunft der "Philister" angeht, nur schwer zu deuten (Dothan 1982: 13 ff.).

[10] Andere Untersuchungen gehen davon aus, daß die ägyptische Herrschaft über Kanaan bereits zum Zeitpunkt der "Seevölkerinvasion" in Ägypten, d.h. im 8. Jahr Ramses III. beendet gewesen sei (s. dazu Bietak 1993: 292). Ägyptischer Einfluß innerhalb der materiellen Kultur blieb jedoch bis weit in die "Philisterzeit" hinein von Bedeutung (Dothan 1982: 296).

[11] Diese Keramik ähnelt stark der aus dem ägäischen Raum bekannten spätmykenisch / späthelladischen IIIC (Late Mycenean)- Keramik (SM IIIC oder LM IIIC). Bemalte Keramik aus dem ägäischen Raum wurde zwar bereits in der Spätbronzezeit nach Kanaan umfangreich verhandelt; bei den am Beginn der Eisenzeit hier auftretenden Gefäßen handelt es sich jedoch nicht um Importe, sondern um lokale Imitationen, die das mykenische Musterspektrum der LM IIIC-Keramik aufnehmen. Erst später entwickelt sich hieraus die sog. "Philisterkeramik", die eine gröbere Machart und vereinfachte, jedoch an LM IIIC:1b angelehnte Muster aufweist (Dothan 1982: 217; Mazar 1988: 252 ff.).

bezweifelt, daß diese und einige andere Merkmale für die Definition einer eigenständigen "Philisterkultur" ausreichen. Sowohl bemalte Keramik als auch Sarkophagformen, die in ägäischer bzw. ägyptischer Tradition stehen, sind in modifizierter Form in Kanaan bereits in der Spätbronzezeit präsent (Weippert 1988: 363 ff.). Die "Philisterstädte" konzentrierten sich zu Beginn auf die Küstenebene, wo die wichtigsten Orte Gaza, Aškelon, Ašdod, Gath und Ekron eine Pentapolis (Fünfstädtebund) bildeten.[12] Im Laufe des 11. Jh. v. Chr. erfolgte eine weitere Verbreitung von Siedlungen mit Merkmalen der "Philisterkultur", wobei deren Eigenheiten später allmählich verschwanden.

Neben der Ausbreitung der "Philister" im Küstenbereich und im angrenzenden Hinterland entstanden Anfang des 12. Jh. im zentralen Bergland und im Bereich des nördlichen Negev zahlreiche Dorfsiedlungen, die nur relativ kurz besiedelt waren. Diese werden einer anderen Bevölkerungsgruppe zugewiesen, den "Israeliten" bzw. "Proto-Israeliten". Während früher angenommen wurde, daß diese aus dem transjordanischen Gebiet gekommen seien und Kanaan nach 1200 v. Chr. gewaltsam erobert hätten, wird heute von einer "friedlichen Infiltration" gesprochen. Die Herkunft der "Proto-Israeliten" wird in Kanaan selbst vermutet.

Da zahlreiche Siedlungsneugründungen der frühen Eisenzeit in Regionen liegen, die in der Spätbronzezeit nur dünn besiedelt waren, soll es sich hier um eine durch verschiedene technologische Innovationen (s.u.) ermöglichte Veränderung des Siedlungsmusters durch einheimische Bevölkerungsgruppen gehandelt haben (Dever 1992: 103).[13]

Phönizien

Die nördlich der "Philisterstädte" gelegene Küstenregion im heutigen Libanon bildete bereits in der Spätbronzezeit eine eigenständige Region, in der sich die phönizischen Stadtstaaten entwickelten. Weder aus den schriftlichen noch aus den archäologischen Quellen lassen sich jedoch die Ereignisse um 1200 v. Chr. bisher nachvollziehen. Obwohl sich in Phönizien bereits Ende des 2. Jt. v. Chr. eine eigene (Buchstaben)schrift entwickelt hat, finden sich aus diesem Zeitraum fast keine schriftlichen Überreste (Röllig 1983: 84). Die bereits erwähnten Texte Tiglat-Pilesars I. und des Wenamun belegen jedoch, daß die phönizischen Küstenstädte zu Beginn des 11. Jh. als Handelsplätze existierten und in Kontakt mit entfernten Regionen standen. In Inschriften Ramses III., die einen Feldzug in nördliche Länder schildern, werden zwei geographische Begriffe genannt, die mit Phönizien in Verbindung gebracht werden: *Haunebut und Fenkhu*. Aufgrund verschiedener Indizien in den ägyptischen Inschriften wird angenommen, daß die phönizischen Küstenstädte möglicherweise zusammen mit den "Seevölkern" einen Aufstand gegen die ägyptische Herrschaft unternahmen. Dieses Ereignis, durch das die ägyptische Einflußnahme in Phönizien beendet wurde, soll bereits zur Zeit Merenptahs stattgefunden haben und in den Texten Ramses III. tradiert worden sein (Bikai 1992: 134 ff.).

---

[12] Ekron wird in Tel Miqne vermutet (Dothan 1985: 67 ff.).

[13] Die Gleichsetzung von materieller Kultur mit bestimmten Abstammungsgemeinschaften ist nicht unproblematisch. Die Differenzierung in Abstammungseinheiten aufgrund bestimmter materieller Aspekte dürfte eher fiktiv sein als tatsächlichen Gegebenheiten entsprechen.

Archäologisch ist der Zeitraum zwischen 1200 und 1000 v. Chr. im phönizischen Kernland bisher nur an sehr wenigen Stellen erfaßt worden. In Sarepta / Sarafand, dem einzigen bisher bekannten Ort mit einer durchlaufenden Siedlungsabfolge, fand sich kein Zerstörungshorizont am Ende der Spätbronzezeit (Anderson 1988: 433). In Tyros wurden in einer Sondage Schichten des 11. Jh. freigelegt, in denen sich zyprotische Importe fanden. Frühphönizische Befunde wurden auch in verschiedenen Orten Nordisraels festgestellt (Bikai 1992: 133).

Nordsyrien

Nordsyrien wird in den Medinet Habu-Inschriften zweimal erwähnt. Zum einen sollen die "Seevölker" von *Amurru* aus, einem Land im nordsyrischen Küstenbereich, weitere Angriffe vorgenommen haben, zum anderen wird in der Reihe der vernichteten Länder *Karkamiš* genannt, eine Region, in deren gleichnamiger Hauptstadt sich der Sitz des hethitischen Vizekönigs in Nordsyrien befand.

In der Küstenregion bildet Ugarit / Ras Shamra, im 13. Jh. v. Chr. ein hethitischer Vasallenstaat, den wichtigsten Ort, aus dem zahlreiche Schriftquellen vorliegen. Die archäologisch nachweisbare Zerstörung am Ende der Spätbronzezeit scheint sich in den spätesten Texten vom Ende des 13./ Anfang des 12. Jh. v. Chr. bereits anzukündigen. So berichtet ein Text von (Leuten auf) feindlichen Schiffen, die geplündert hätten. Wie aus der Ugarit-Korrespondenz hervorgeht, hatte die Stadt wegen dieser Angelegenheit sowohl Kontakt mit Alašia als auch über Karkamiš mit Ḫatti (Yon 1992: 116). Aus Karkamiš selbst sind aus dieser Periode keine Texte bekannt (Hawkins 1976-80: 426 ff.).

Texte, die ebenfalls auf Fremde bzw. feindliche Eindringlinge hinweisen, wurden auch in Emar gefunden, der Hauptstadt eines gleichfalls zu Ḫatti gehörenden Vasallenstaates am Euphrat. Diese wurden sowohl mit Aramäern als auch mit Teilen der "Seevölker" in Verbindung gebracht (Caubet 1992: 129-130).

Die archäologischen Quellen zeigen ein differenziertes Bild. Ugarit als wichtigster Küstenort wurde zu Beginn des 12. Jh. v. Chr. vollständig zerstört. Erst im 5. Jh. v. Chr. ließen sich dort wieder Menschen nieder. Ras Ibn Hani, in dem eine zweite Residenz des Reiches Ugarit vermutet wird, wurde ebenfalls zerstört, jedoch unmittelbar darauf wiederbesiedelt, möglicherweise von Teilen der "Seevölker" selbst. Eine Wiederbesiedlung kurz nach der Zerstörung fand auch in Ras al-Bassit statt. Andere Orte zeigen zwar Fundmaterial wie LM IIIB / LM IIIC1-Keramik, die in den Zeitraum unmittelbar nach 1200 v. Chr. datiert, weisen jedoch keine echten Siedlungsspuren auf. Zu den am Ende der Spätbronzezeit zerstörten städtischen Siedlungen gehört auch Alalaḫ / Tell Atchana (in der heutigen Türkei gelegen). Auch dieser Ort wurde nicht wieder besiedelt. In Karkamiš wurden keine Zerstörungsschichten der Spätbronzezeit erfaßt. Die älteste untersuchte Besiedlung der Eisenzeit, in der der Ort ebenfalls eine Residenz beherbergte, wird erst in das 10. Jh. v. Chr. datiert. Die aus Inschriften bekannte eisenzeitliche Königsgenealogie von Karkamiš konnte durch Funde von gesiegelten Tonbullen im südostanatolischen Lidar Höyük jedoch ergänzt werden (Abb. 14.4), was auf eine ungebrochene Kontinuität der Besiedlung nach 1200 v. Chr. hindeutet (Hawkins 1988: 99 ff.).

Siedlungskontinuität zwischen Spätbronze- und Früheisenzeit weist auch Afis auf (Maz-
zoni 1994: 146 ff.). Das bereits erwähnte Emar wurde zu Beginn des 12. Jh. v. Chr. zer-
stört und dann bis in byzantinische Zeit nicht wiederbesiedelt. Nach gegenwärtigem
Kenntnisstand scheint die früheisenzeitliche Besiedlung Syriens von nicht-urbanem
Charakter gewesen zu sein und zudem gegenüber der Spätbronzezeit nur in dezimiertem
Umfang existiert zu haben (Caubet 1992: 123 ff.).

Ḫatti

Unter den in den Medinet Habu-Texten genannten zerstörten Ländern ist Ḫatti das mit
Abstand größte, in dem sich diese Angaben zudem archäologisch bestätigen lassen. Allerdings fanden sich in der Region selbst bisher nur sehr wenige Texte aus der Zeit des letzten Großkönigs Šuppiluliuma II., die dementsprechend zu interpretieren wären. Einer
dieser Texte berichtet über eine Seeschlacht der Hethiter gegen Alašia / Zypern und einen
anschließenden Kampf (Ḫattis?) gegen die Feinde Alašias (Otten 1963: 20 ff., 1977:
73 ff.; Güterbock 1967: 73 ff.). Diese wurden als "Verbände von Seevölker-Invasoren"
gedeutet, die auf Zypern Fuß gefaßt und von dort aus Ḫatti und die verbliebenen Levante-
Staaten angegriffen haben sollen (Lehmann 1970: 61-62).

Einen weiteren Hinweis auf eine mögliche äußere Bedrohung bildet die Inschrift
an der Südburg in Boğazköy / Ḫattuša. In dieser schildert Šuppiluliuma II. Feldzüge
gegen verschiedene Länder, u.a. gegen Tarḫuntašša, einem zum Ḫattireich gehörenden
Vasallenstaat im südlichen Küstenbereich.[14] Der Grund für diese Angriffe ist nicht klar.
Es wurde vermutet, daß sie entweder mit Übergriffen des dortigen Herrschers Kurunta
auf Ḫatti zusammenhängen könnten oder vielleicht auch mit Angriffen der "Seevölker"
auf dieses Gebiet (Hoffner 1992: 48 ff.) Eine andere, von Osten, d.h. aus Assyrien kommende Bedrohung ist einem weiteren Text zu entnehmen (Otten 1983: 19-20).

Einen weiteren Beleg für externe Ereignisse, die möglicherweise mit dem Ende
des hethitischen Reiches in Verbindung gebracht werden können, bildet ein Tontafelfund
aus Ugarit. Hierbei handelt es sich um das Schreiben eines (nicht namentlich genannten)
hethitischen Großkönigs an den letzten ugaritischen Königs 'Ammurapi, in dem der erst-
genannte um Nahrungsmittel und militärische Unterstützung für Ḫatti bittet (Lehmann
1970: 47 ff.).

Archäologisch lassen sich Zerstörungen in vielen Orten des zentralen Kleinasien
nachweisen. Die Ereignisse in der hethitischen Hauptstadt Boğazköy / Ḫattuša, durch die
zahlreiche Bauten vernichtet wurden, sowie die etwa zeitgleiche Zerstörung anderer wichtiger hethitischer Orte wie Maşat, Firaktin und Karaoğlan wurden als Signal gewertet, das
den Niedergang des gesamten Reiches nach sich gezogen habe (Bittel 1977: 40 ff.). Der
auf das Ende des hethitischen Großreiches folgende Zeitraum von etwa dreihundert Jahren wurde mangels fehlender archäologischer Belege als Zeitraum ohne feste Besiedlung
gedeutet, in dem allenfalls nomadische Lebensformen weiter existierten. Erst mit dem

---

[14] Zur Lage von Tarḫuntašša vgl. Forlanini 1992.

Auftreten der aus dem Westen kommenden Phryger sollen im 8. Jh. v. Chr. wieder feste Siedlungsstrukturen entstanden sein (Akurgal 1983: 77 ff.).

Da trotz zunehmender Ausgrabungen bisher an keinem Ort im hethitischen Kerngebiet der Übergang zwischen Spätbronze- und Früheisenzeit archäologisch zweifelsfrei belegt ist, muß diese Aussage vorerst hypothetisch bleiben (s. Kap. 16).

Unter den Küstenorten weisen Tarsus (SBZ IIA) und Mersin Zerstörungen der spätbronzezeitlichen Schichten auf. In Tarsus sind die folgenden Schichten SBZ IIa und Früheisenzeit durch einfache Baustrukturen gekennzeichnet.

Zusammenfassung

Die auf ägyptischen Text- und Bildquellen basierende Hypothese externer Angriffe durch fremde Völker oder Stämme läßt sich aus anderen philologischen Quellen nur sehr bedingt entnehmen. Die spärlichen schriftlichen Hinweise auf externe Bedrohung lassen sich zudem nicht mit einem der in den Medinet Habu-Texten genannten Völker in Verbindung bringen, so daß der genaue Ablauf der Ereignisse am Ende der späten Bronzezeit sowie weiterreichende Thesen über Gründe und Verursacher für die Zustände zur damaligen Zeit aus den Textquellen allein nicht zu erschließen sind.

Die archäologischen Belege zeigen ein differenziertes Bild. In Kanaan finden sich neben Orten, in denen ein Zerstörungshorizont das Ende der Spätbronzezeit markiert, dem ein Siedlungshiatus unterschiedlicher Dauer folgt, Orte mit einer unmittelbar an die Zerstörungen anschließenden Neubesiedlung. Andere Siedlungen werden offenbar friedlich von neuen Siedlern übernommen. Parallel dazu entstehen in vorher nur dünn besiedelten Gebieten einfache Dorfstrukturen, die den möglicherweise aus Kanaan selbst stammenden "Proto-Israeliten" zugeschrieben werden. Trotz dieser Siedlungskontinuität unterscheidet sich der Zeitraum der beginnenden Eisenzeit deutlich von den urbanen Strukturen der Spätbronzezeit, so daß diese Phase unter dem Begriff "Deurbanisation" zusammengefaßt wurde (Weippert 1988: 354 ff.).[15]

Die Situation der phönikischen Küstenstädte kann nur indirekt aus äygptischen Texten erschlossen werden. Inwieweit die Phöniker tatsächlich zusammen mit Teilen der "Seevölker" gegen die ägyptische Herrschaft rebelliert haben, um die ägyptische Fremdherrschaft zu beenden, wie kürzlich vermutet wurde, ist unklar. Aufgrund der schwierigen Fundsituation in den phönizischen Küstenstädten, in denen spätbronzezeitlich-früheisenzeitliche Schichten fast nie erreicht wurden, läßt sich die Annahme einer ungebrochenen Siedlungsabfolge bisher nicht verifizieren. Allerdings weisen Schriftquellen die Orte am Anfang des 11. Jh. v. Chr. als Handelsplätze aus.

In Nordsyrien ist die Situation ambivalent. Zum einen werden wichtige Orte zerstört und trotz ihrer günstigen Lage nicht wiederbesiedelt, zum anderen findet sich, wenn auch selten, eine Siedlungskontinuität mit oder ohne Zerstörung am Ende der Spätbronzezeit. Offensichtlich ist jedoch nach gegenwärtigem Forschungsstand die Besiedlungs-

---

[15] Es wurde jedoch auch daraufhingewiesen, daß dieser Prozeß bereits in der Spätbronzezeit eingesetzt hatte, was mit den politischen Veränderungen in der 18. Dynastie zusammenhängen könnte (Weippert 1988: 267-268).

dichte im 12. und 11. Jh. gegenüber dem 13. Jh. sehr zurückgegangen und konzentrierte sich zudem nicht mehr auf urbane Zentren, sondern auf Dörfer (Caubet 1992: 130).

Im zentralen Kleinasien sind offensichtlich fast alle wichtigen Orte der hethitischen Großreichszeit gewaltsam zerstört worden. Mit dem Ende der urbanen Zentren scheint ein allgemeiner Siedlungsniedergang verbunden gewesen zu sein und zumindest im hethitischen Kerngebiet (innerhalb des Halys-Bogens) ein Siedlungshiatus unbekannter Dauer, der erst mit phrygischen Ansiedlungen im 1. Jt. v. Chr. beendet wurde. Allerdings scheinen einige Orte an der Peripherie des hethitischen Reiches auch nach dessen Ende kontinuierlich weiter besiedelt gewesen zu sein.

Interpretation des Befundes

Basierend auf den oben dargestellten Befunden wurden die beiden eingangs genannten Fragen nach den Gründen der als "Kollaps" oder "Krise" bezeichneten Ereignisse am Ende der Spätbronzezeit sowie nach Voraussetzungen, Art und Umfang der eisenzeitlichen Neubesiedlung mehrfach in einem größeren Rahmen behandelt. Die bereits genannten Angriffe oder Invasionen der "Seevölker" werden dabei inzwischen als eine von mehreren Komponenten innerhalb des historischen Ablaufs am Ende des 13. Jh. v. Chr. betrachtet, die erst im Zusammenwirken mit anderen, intern bedingten Gründen die angenommenen katastrophalen Auswirkungen hatten.

Neben Annahmen, daß regionale Naturkatastrophen, wie z.B. Erdbeben (Schaeffer 1968: 760 ff.), klimatische Veränderungen und daraus resultierend Hungersnöte (Otten 1977: 31), bzw. gesellschaftliche Ursachen, so etwa interne kriegerische Konflikte (Bittel 1970: 178) sowie waffentechnologische und kriegstechnische Entwicklungen (Drews 1993) zum Niedergang beigetragen haben könnten, wurde versucht, den Zusammenbruch als Folge eines sich über einen längeren Zeitraum entwickelnden Zerfalls des interregionalen Beziehungsgeflechtes zu deuten.

Für den kanaanäischen Raum wurde in einem systemtheoretischen Ansatz die Kausalkette folgendermaßen definiert: Bedingt durch den international zu beobachtenden Niedergang von Wirtschaft und Fernhandel wurde auch Kanaan von negativen wirtschaftlichen Veränderungen betroffen, auf die die veralteten Technologien nicht reagieren konnten. Zugleich wurde die Sozialstruktur in Kanaan durch zunehmende Konflikte zwischen einheimischen Kanaanitern und von außen kommenden Bevölkerungsgruppen wie den Ägyptern sowie später durch die "Seevölker" verändert, wobei eine überzentralisierte und unfähige Bürokratie nichts zur langfristigen Lösung der auftretenden Probleme beitragen konnte. Auch die früher als integrierende Kraft genutzte kanaanäische Religion konnte den veränderten Bedingungen nichts entgegensetzen. Die durch das Zusammenspiel der negativen Veränderung aller dieser "Subsysteme" hervorgerufene Veränderung der Balance des Gesamtsystems bildeten die Ursache, daß ursprünglich eher marginale Ereignisse wie kleinere Angriffe von außen den endgültigen "Kollaps" herbeiführten (Dever 1992: 106-107).

Eine ähnlich weitreichende Theorie, die ebenfalls auf den internen Verhältnissen der spätbronzezeitlichen Staaten beruht, wurde für den syrischen Raum entwickelt. Danach unterlag das syrische Gebiet zwei Abhängigkeitsbereichen: zum einen dem der Großreiche Ägypten und Ḫatti, zum anderen dem der lokalen Kleinkönigreiche. Die Großreiche garantierten die Stabilität der Kleinreiche, deren Herrscher ihr Territorium eigenverantwortlich verwalteten. Zentren der Kleinreiche waren die Paläste in den Hauptstädten, die auch die Organisation des interregionalen Austausches, eines typischen Kennzeichens der spätbronzezeitlichen Staaten, übernahmen. Für die Versorgung und den Unterhalt der Elite, d.h. des Palastes, wurden die Dorfgemeinschaften herangezogen. Die übermäßige Ausbeutung der dörflichen Bevölkerung führte zu verstärkter Landflucht und damit dem Anwachsen nomadischer oder halbnomadischer Bevölkerung, wodurch die ökonomische Basis für die Elite der lokalen Kleinkönigreiche geschwächt wurde. Probleme mit der Militäraristokratie, die eine bedeutende Rolle auf politischer Ebene spielte, waren weitere Aspekte des Niedergangs der Paläste. Diese internen Gründe wurden dann durch das Verschwinden der Großreiche, dessen Ursachen nicht bekannt sind, und die damit einhergehenden Unsicherheiten im Fernhandel verstärkt, die verursacht wurden durch das Fehlen von juristischen Garantien, Allianzverträgen und militärischem Schutz. Generell wird angenommen, daß die externen Ereignisse nicht die entscheidende Ursache für den Zusammenbruch bildeten, sondern nur ein Faktor unter mehreren waren (Liverani 1987: 66 ff.).

Für den hethitischen Raum liegen, bedingt durch die etwas andere Quellenlage, bisher keine derart weitreichenden Erklärungsmodelle vor. Allerdings wurde vermutet, daß interne Schwierigkeiten wie wirtschaftliche Probleme sowie militärische Konflikte im Land selbst, verursacht möglicherweise durch die Kaškäer, zum Niedergang des Großreiches beigetragen haben könnten (Bittel 1983: 45 ff.).

Allgemein scheint sich inzwischen abzuzeichnen, daß sich offenbar in allen o.g. Regionen im Laufe des 13. Jh. v. Chr. eine wirtschaftliche und politische Krise entwickelte, die durch die externen Ereignisse nur verstärkt wurde und letztendlich zum Ende der spätbronzezeitlichen Phase politischer Stabilität führte.

Der "Erneuerungsprozeß" ab dem 12. Jh. v. Chr. wird durch einige Faktoren bestimmt, die eine unmittelbare Antwort auf die Probleme am Ende der Spätbronzezeit waren. Hierzu gehören vor allem einige technologische Entwicklungen, die für die veränderte und damit effektivere Landnutzung von Bedeutung waren. Neue Bewässerungstechniken wie das Bohren von Tiefbrunnen, Terrassierung bergigen Geländes, Dammbau in Wadis sowie verstärkte Eisengewinnung und -nutzung bildeten die Basis für die restrukturierte Landwirtschaft.

Generell ist jedoch der Beginn der Eisenzeit durch dörfliche Strukturen ohne größere urbane Zentren geprägt, wobei es häufig zur Nutzung vorher nicht besiedelter Regionen kommt. Die Annahme, daß der palastorientierte, weitgehend auf Geschenkaustausch beruhende Handel der Spätbronzezeit bereits in der Eisenzeit I auf privater Basis, v.a. durch Vermittlung nomadischer Händler, in größerem Umfang stattfand, muß jedoch mangels schriftlicher und archäologischer Belege vorerst hypothetisch bleiben. Allerdings

ist anzunehmen, daß der auf Kameldomestikation basierende Fernhandel z.B. mit Süd-
arabien bereits in dieser Zeit beginnt. Mit dem Beginn des kommerziellen Austauschs tritt
auch das Profitprinzip in den Vordergrund.[16]

Neben dem ökonomischen Wandel bilden die ethnischen Veränderungen ein
wichtiges Merkmal der frühen Eisenzeit. In Kanaan sind es neben offensichtlich fremden
Völkern / Stämmen die "proto-israelitischen" Stämme, in Syrien die Aramäer, die als
autochthone Völker durch die politisch-ökonomischen Veränderungen im Laufe der folgenden Jahrhunderte zu bestimmenden Kräften innerhalb der politischen Konstellationen
der Eisenzeit werden. Im Gebiet des ehemaligen hethitischen Großreiches läßt sich eine
entsprechende Siedlungskontinuität einheimischer Stämme in der frühen Eisenzeit bisher
nur vermuten. Insbesondere im zentralanatolischen Raum ist spätestens im 8. Jh.v. Chr.
eine Neubesiedlung durch die nicht-autochthonen Phryger[17] nachweisbar.

Ein sehr weitgehender, jedoch nicht auf politisch-ökonomischen Veränderungen
basierender Ansatz zur Erklärung des "dunklen Zeitalters" im Mittelmeerraum wurde
kürzlich von einer britischen Forschergruppe präsentiert. Ausgehend von der Tatsache,
daß die materielle Kultur der mittleren Eisenzeit (ab Mitte 10. / 9.Jh. v. Chr.) vielerorts
deutliche Anklänge an spätbronzezeitliche Traditionen aufweist, wurde versucht, das ursprünglich politisch-historische Problem des Zeitraums zwischen 1200 und 1000 v. Chr.
chronologisch zu lösen (James et al. 1991). Grundlage der Überlegungen bildeten dabei
verschiedene Aspekte innerhalb der herkömmlichen ägyptischen Chronologie der Spät-
bronze- und Eisenzeit, d.h. zwischen der 20. und 26. Dynastie, insbesondere der 3. Zwischenzeit. Ergebnis der Untersuchungen war die These, daß die Dauer der 22. Dynastie
bisher als zu lang eingeschätzt worden sei und die 21. und 22. Dynastie weitgehend
gleichzeitig seien. Die "Umstrukturierung" der 3. Zwischenzeit bedeutet innerhalb der
Chronologie eine Verkürzung um 250 Jahre. Das Ende des "Neuen Reiches" läge demnach nicht um 1070 v. Chr., sondern um 825 v. Chr., womit auch das sog. "dark age"
entfallen würde. Diese neue Chronologie hätte auch Auswirkungen auf die des Neuen
Reiches, da Ramses II. demnach im 11. und nicht im 13. Jh. regiert hätte. Basierend auf
dieser veränderten ägyptischen Chronologie wurde versucht, diese auch auf die von den
Ereignissen am Ende der Spätbronzezeit betroffenen Länder des zentralen und östlichen
Mittelmeerraumes zu übertragen. Das Ende der mykenischen Zivilisation würde demnach
im 9. Jh. v. Chr. liegen und der Gründung der griechischen Staaten im 8. Jh. v. Chr. unmittelbar vorausgehen. Im kleinasiatischen Raum wäre das hethitische Reich danach allmählich durch die kleineren (späthethitisch-aramäischen) Nachfolgestaaten ersetzt
worden, die phrygische Besiedlung würde in Zentralanatolien direkt auf das Ende des
Großreiches folgen, etc.

---

[16] Das Profitprinzip als Stimulans für die Entwicklung des Handels wird auf Zypern bereits für die Spätbronzezeit vermutet (Karageorghis 1987: 49). Generell scheint jedoch in diesem Zeitraum das Austausch-
prinzip von Gabe und Gegengabe zwischen Königshäusern vorrangig gewesen zu sein (s.a. Kap. 13).

[17] Gelegentlich wurde die Herkunft der Phryger aus dem westkleinasiatischen Raum, dem Gebiet des
Reiches von Aḫḫijawa vermutet. Ihre Herkunft wird heute jedoch allgemein im thrakischen Raum angenommen.

Diese Theorie wurde jedoch von Vertretern der einzelnen Forschungsgebiete vehement abgelehnt (Kitchen et al. 1991: 235 ff.) Insbesondere in Palästina und inzwischen auch vereinzelt in Nordsyrien weisen die Befunde auf eine durchgängige Besiedlung. Auch die historischen Daten sprechen gegen eine solche verkürzte Chronologie, wie auch zahlreiche C 14-Daten damit nicht in Übereinstimmung zu bringen sind.

Bibliographie

Akurgal, E.

1983   "Das dunkle Zeitalter Kleinasiens". In S. Deger-Jalkotzy, Hrsg.: *Griechenland, die Ägäis und die Levante während der "Dark Ages"*, S. 67-80. Österreichische Akademie der Wissenschaften, Phil.-Hist. Klasse, Sitzungsberichte 418. Band. Wien: Verlag der Österreichischen Akademie der Wissenschaften.

Anderson, W.P.

1988   *Serepta I. The Late Bronze and Iron Age Strata of Area II,4.* Beyrouth: Publications de l'université Libanaise, section des études archéologiques.

Bietak, M.

1993   "The Sea Peoples and the End of the Egyptian Administration in Canaan". In A. Biram und J. Aviran, Hrsg.: *Biblical Archaeology Today*, S. 292-306. 1990, Proceedings of the Second International Congress on Biblical Archaeology, Jerusalem: Israel Exploration Society.

Bikai, P.M.

1992   "The Phoenicians". In W.A. Ward und M.S. Joukowsky , Hrsg.: *The Crisis Years: the 12th Century B.C. From Beyond the Danube to the Tigris*, S. 132-141. Dubuque, Iowa: Kendall / Hunt Publishing Co.

Bittel, K.

1970   *Hattusha. The Capital of the Hittites.* New York: Oxford University Press.

1977   "Das Ende des Hethiterreiches aufgrund archäologischer Zeugnisse". In H. Müller-Karpe, Hrsg.: *Geschichte des 13. und 12. Jahrhunderts v. Chr.*, S. 36-56. München: C.H. Beck.

1983   "Die archäologische Situation in Kleinasien um 1200 v. Chr. und während der nachfolgenden vier Jahrhunderte". In S. Deger-Jalkotzy, Hrsg.: *Griechenland, die Ägäis und die Levante während der "Dark Ages"*, S. 25-47. Österreichische Akademie der Wissenschaften, Phil.-Hist. Klasse, Sitzungsberichte 418. Band. Wien: Verlag der Österreichischen Akademie der Wissenschaften.

Caubet, A.

1992   "The Reoccupation of the Syrian Coast after the Destruction of the 'Crisis Years'". In W.A. Ward und M.S. Joukowsky, Hrsg.: *The Crisis Years: the 12th Century B.C. From Beyond the Danube to the Tigris*, S. 123-131. Dubuque, Iowa: Kendall / Hunt Publishing Co.

Deger-Jalkotzy, S. (Hrsg.)

1983   *Griechenland, die Ägäis und die Levante während der "Dark Ages"*. Österreichische Akademie der Wissenschaften, Phil.-Hist. Klasse, Sitzungsberichte 418. Band. Wien: Verlag der Österreichischen Akademie der Wissenschaften.

Dever, W.G.

1992   "The Late Bronze-Early Iron I Horizon in Syria-Palestine: Egyptians, Canaanitcs, 'Sea Peoples', and Proto-Israeilites. In W.A. Ward und M.S. Joukowsky, Hrsg.: *The Crisis Years: the 12th Century B.C. From Beyond the Danube to the Tigris*, S. 99-110. Dubuque, Iowa: Kendall / Hunt Publishing Co.

Dothan, T.

1982   *The Philistines and their Material Culture*. New Haven: Yale University Press.

1985   "Aspects of Egyptian and Philistine Presence in Canaan during the Late Bronze and Early Iron Ages". In E. Lipinski, Hrsg.: *The Land of Israel: Cross-Road of Civilisations*, S. 55-75. Leuven: Uitgeverij Peeters.

Drews, R.

1993   *The End of the Bronze Age. Changes in Warfare and the Catastrophe ca. 1200 B.C.* Princeton: Princeton University Press.

Forlanini, M.

1992   Kleinasien. Das hethitische Reich im 14.-13. Jh. v. Chr. *Tübinger Atlas des Vorderen Orients*, Karte B III 6. Wiesbaden: Ludwig Reichert.

Güterbock, H.G.

1967   "The Hittite Conquest of Cyprus Reconsidered". *Journal of Near Eastern Studies* 26: 73-81.

1992   "Survival of the Hittite Dynasty". In W.A. Ward und M.S. Joukowsky, Hrsg.: *The Crisis Years: the 12th Century B.C. From Beyond the Danube to the Tigris*, S. 53-55. Dubuque, Iowa: Kendall / Hunt Publishing Co.

Hawkins, J.D.

1988   "Kuzi-Tesub and the 'Great Kings' of Karkamiš. *Anatolian Studies* 38: 99-108.

1976-80   "Karkamiš". In D.O. Edzard et al., Hrsg.: *Reallexikon der Assyriologie*, Band 5, S. 426-446. Berlin: Walter de Gruyter.

Helck, W.

1977   "Die Seevölker in den ägyptischen Quellen". In H. Müller-Karpe, Hrsg.: *Geschichte des 13. und 12. Jahrhunderts v. Chr.*, S. 7-21. München: C.H. Beck.

1986   "Wenamun". In W. Helck und W. Westendorf, Hrsg.: *Lexikon der Ägyptologie*, Band 6, S. 1215-1217. Wiesbaden: Otto Harrassowitz.

Hoffner, H.A.

1992   The Last Days of Khattusha. In W.A. Ward und M.S. Joukowsky, Hrsg.: *The Crisis Years: the 12th Century B.C. From Beyond the Danube to the Tigris*, S. 46-52. Dubuque, Iowa: Kendall / Hunt Publishing Co.

James, P., I.J. Thorpe, N. Kokkinos, R. Morkot und J. Frankish

1991   *Centuries of Darkness. A Challenge to the conventional chronology of Old World Archaeology*. London: Jonathan Cape.

Karageorghis, V.

1987   "Handelsbeziehungen in der Späten Bronzezeit". In H. Ganselmayr und A. Pistofidis, Hrsg.: *Aphrodites Schwestern und christliches Zypern. 9000 Jahre Kultur in Zypern*, S. 45-53. Frankfurt a.M.: Eichborn Verlag.

Kitchen, K.A., B. Kemp, N. Postgate, A. Snodgrass und S. Sherratt

1991   "Review Feature: Centuries of Darkness by P. James, N. Kokkinos, N. Morkot, J. Frankish."
        Cambridge Archaeological Journal 1(2): 227-253.

Klengel, H.

1992   *Syria, 3000 to 300 B.C. A Handbook of Political History.* Berlin: Akademie-Verlag.

Kuschke, A.

1984   "Qadesch-Schlacht". In W. Helck und W. Westendorf, Hrsg.: *Lexikon der Ägyptologie*, Band 5,
        S. 31-37. Wiesbaden: Otto Harrassowitz.

Lehmann, G.

1970   "Der Untergang des hethtitischen Großreiches und die neuen Texte aus Ugarit". *Ugarit-For-
        schungen* 2: 39-74.

Lesko, L.H.

1992   "Egypt in the 12th Century B.C.". In W.A. Ward und M.S. Joukowsky, Hrsg.: *The Crisis
        Years: the 12th Century B.C. From Beyond the Danube to the Tigris*, S. 151-156. Dubuque,
        Iowa: Kendall / Hunt Publishing Co.

Liverani, M.

1987   "The Collapse of the Near Eastern Regional System at the End of the Bronze Age: the Case of
        Syria". In M. Rowlands, M. Larsen und K. Kristiansen, Hrsg.: *Centre and Periphery in the
        Ancient World*, 66-73. Cambridge: Cambridge University Press.

Müller-Karpe, H. (Hrsg.)

1977   *Geschichte des 13. und 12. Jahrhunderts v. Chr.* München: C.H. Beck-Verlag.

Mazar, I.

1988   "Some Aspects of the 'Sea Peoples' Settlements". In M. Heltzer und E. Lipinski, Hrsg.: *Society
        and Economy in the Eastern Mediterranean (1500-1000 B.C.)*, S. 251-260. Leuven:
        Uitgeverij Peeters.

Mazzoni, S.

1994   "Afis". *American Journal of Archaeology* 98: 146-149.

Otten, H.

1963   "Neue Quellen zum Ausklang des hethitischen Reiches". *Mitteilungen der deutschen Orient-
        Gesellschaft* 94: 1-23.

1977   "Das Ende des Hethiterreiches aufgrund der Boğazköy-Texte". In H. Müller-Karpe, Hrsg.:
        Geschichte des 13. und 12. Jahrhunderts v. Chr., S. 22-35. München: C.H. Beck-Verlag.

1983   "Die letzte Phase des hethitischen Großreichs nach den Texten". In S. Deger-Jalkotzy, Hrsg.:
        Griechenland, die Ägäis und die Levante während der "Dark Ages", S. 13-21. Wien: Verlag
        der Österreichischen Akademie der Wissenschaften.

Röllig, W.

1983   "On the Origins of the Phoenicians". *Berytus* 31: 79-93.

Schaeffer, C.F.A.

1968   "Commentaires sur les lettres et documents trouvés dans les bibliothèques privées d'Ugarit". In
        J. Nougayrol, F. Laroche, C. Virolleaud und C.F.A. Schaeffer, Hrsg.: *Mission de Ras Shamra,
        Vo. XVI*, 607-768. Paris: Librairie Orientaliste Paul Geuthner.

Stadelmann, R.

1984   "Seevölker". In W. Helck und W. Westendorf, Hrsg.: *Lexikon der Ägyptologie*, Band 5, S. 814-819. Wiesbaden: Otto Harrassowitz.

Strobel, A.

1976   *Der spätbronzezeitliche Seevölkersturm. Ein Forschungsüberblick mit Folgerungen zur biblischen Exodusprobelamtik.* Berlin: Walter de Gruyter.

Sürenhagen, D.

1986   "Ein Königssiegel aus Kargamiš". *Mitteilungen der deutschen Orient-Gesellschaft* 118: 183-190.

Vandersleyen, C. (Hrsg.)

1985   *Das alte Ägypten.* Berlin: Propyläen-Verlag.

Ward, W.A.und M.S. Joukowsky (Hrsg.)

1992   *The Crisis Years: the 12th Century B.C. From Beyond the Danube to the Tigris*, S. 53-55. Dubuque, Iowa: Kendall / Hunt Publishing Co.

Weippert, H.

1988   *Palästina in vorhellenistischer Zeit.* München: C.H. Beck'sche Verlagsbuchhandlung.

Yon, M.

1992   "The End of the Kingdom of Ugarit". In W.A. Ward und M.S. Joukowsky, Hrsg.: *The Crisis Years: the 12th Century B.C. From Beyond the Danube to the Tigris*, S. 53-55. Dubuque, Iowa: Kendall / Hunt Publishing Co.

Der Expansionsprozeß des neuassyrischen Reiches: Versuch einer Neubewertung

Roland Lamprichs

Einleitung[1]

Die seit langem bekannten Informationen der Bibel zur assyrischen Geschichte haben zusammen mit den Darstellungen und Inschriften auf archäologischen Funden, die seit Mitte des letzten Jahrhunderts in verstärktem Maße Europa erreichten, das heutige Bild des neuassyrischen Reiches (ca. 883-612 v. Chr.) maßgeblich mitgeprägt. Insbesondere die Darstellungen der Orthostathenreliefs aus den öffentlichen Gebäuden in Kalaḫ, Dur-Šarrukin und Ninive sowie die Entzifferung und Interpretation der Keilschrift führten vor dem Hintergrund sich bekriegender und expandierender Nationalstaaten im Europa des 19. und zu Beginn des 20. Jahrhunderts zu einem Bild von Assyrien, in dessen Mittelpunkt militärische und machtpolitische Aspekte standen.

Begriffe wie Krieg, Gewalt, Eroberung und Tribut wurden zu Synonymen für die Expansion des neuassyrischen Reiches, während gleichzeitig die historischen Abläufe häufig auf ein Wechselspiel von territorialen Gewinnen und Verlusten reduziert wurden. Versuche, die komplexen Grundlagen des assyrischen Reiches aufzudecken und zu erklären, fanden in Europa kaum statt. Ein forschungsgeschichtlicher Wandel und eine damit verbundene Relativierung des geschilderten Bildes der assyrischen Geschichte setzte erst in der jüngsten Vergangenheit ein. Interdisziplinäre Projekte und die neu aufgenommenen archäologischen Untersuchungen im heutigen Syrien, also westlich des assyrischen Kerngebietes (Abb. 15.1), bereiteten den Weg für eine Neuinterpretation der schriftlichen Quellen und materiellen Hinterlassenschaften (s. Bernbeck 1994; Liverani 1988; 1992; Maul 1992). Die Ergebnisse neuer Feldforschungen, eine erneute Beschäftigung mit den archäologischen Funden aus den assyrischen Hauptstädten und vor allem die interdiszi-

---

[1] Die vorgegebene Kürze der folgenden Darstellung machte es erforderlich, Prioritäten zu setzen. Gemäß der Zielsetzung des Buches liegen diese auf einer Betonung der historischen Zusammenhänge. Diesem Ziel mußte die in archäologischen Veröffentlichungen übliche breite Dokumentation der Quellen und Befunde ebenso zum Opfer fallen wie eine erschöpfende Auflistung der relevanten Literatur. Die im Text und der Bibliographie genannten Titel stellen nur eine exemplarische Auswahl neuerer Werke zum Thema dar. Sie ermöglichen aber anhand ihrer teilweise sehr umfangreichen Bibliographien jederzeit den Zugang zu detaillierten Informationen. Daß die Auffassungen über historische Zusammenhänge auseinanderklaffen können, liegt in der Natur der Sache.

plinäre Auswertung der schriftlichen und archäologischen Quellen in einer Weise, die
über die Darstellung von Eroberungen und Abgaben hinausgeht, zeigten, daß das bisherige Bild Assyriens den historischen Verhältnissen nicht gerecht wird. Eine vor diesem
Hintergrund durchgeführte Neubewertung der assyrischen Hinterlassenschaften in einer
von Politologen und Soziologen aufgezeigten Weise macht deutlich, daß es sich bei dem
politischen System der Assyrer um ein sehr komplexes expansives Herrschaftssystem
handelt (s. Lamprichs 1995). Die historisch und archäologisch bezeugte Annexion fremder Gebiete ist nicht, wie bisher häufig angenommen, die Folge eines einzelnen Feld-
zuges, sondern vielmehr das Ergebnis eines langwierigen, hoch komplizierten Prozesses,
der in weiten Teilen nicht nur auf militärischer, sondern auch auf "struktureller Gewalt"
basierte. Durch eine Vielzahl von Maßnahmen in den unterschiedlichsten gesellschaftlichen Bereichen wie der Ökonomie, Politik und Kommunikation wurden die Beziehungen
innerhalb der assyrischen Gesellschaft ebenso wie die Kontakte zu anderen politischen
Einheiten umgestaltet. Die positiven Auswirkungen dieses Entwicklungsprozesses, wie
beispielsweise der Zuwachs an politischer, ökonomischer und militärischer Macht, liegen
überwiegend auf Seiten der Assyrer. Das im Rahmen dieser Entwicklung bislang in den
Vordergrund gerückte militärische Potential und der historisch und archäologisch doku-
mentierte Wille zum Einsatz dieser Mittel stellen nur eine, häufig überbewertete Facette
des assyrischen Reiches und seiner Expansionspolitik dar. Zu den nicht militärischen
Maßnahmen gehören u.a. gezielt ausgewählte und zum eigenen Nutzen eingesetzte politische Koalitionen, die Gründung von assyrischen Niederlassungen, verschiedene diplomatische Aktivitäten, Verträge und dynastische Eheschließungen (s. z.B. Na'aman 1991;
Parpola und Watanabe 1988).

Als ein weiteres Ergebnis dieser Neubewertung konnte festgestellt werden, daß es
sich auch bei den für die neuassyrische Zeit so typischen Darstellungen der Orthostatenreliefs (s. Meuszynski 1981) um mehr als die bildliche Repräsentation von kriegerischen
und "religiösen" Inhalten handelt. Die Reliefs der Paläste können beispielsweise als ein
effektives, auf die imperialen Bedürfnisse abgestimmtes Instrument der Politik und Kommunikation interpretiert werden. Mit ihnen konnten potentiell sowohl die intragesell-
schaftlichen Gegensätze innerhalb des assyrischen Kerngebietes verschleiert, wie auch
die Abgrenzung und überragende machtpolitische Stellung Assyriens gegenüber verschiedenen anderen politischen Einheiten der Region vorangetrieben werden (s. Liverani 1979;
Winter 1981, 1983).

In Anlehnung an diese Erkenntnisse und die sich daraus ergebenden Möglichkeiten konzentriert sich der folgende Überblick über die neuassyrische Zeit auf die Wiedergabe und die Rekonstruktion der grundlegenden Mechanismen des assyrischen Herrschaftssystems. In einem weiteren Schritt wird der Versuch unternommen, die Orthostatenreliefs und ihre Entwicklung als einen Spiegel der neuassyrischen Expansionspolitik
zu interpretieren. Es handelt sich hierbei um plausible und sehr wahrscheinliche Aussagen. Andere Meinungen und Ergebnisse sind aber beim momentanen Forschungsstand,
trotz guter Quellenlage, nicht vollständig auszuschließen. Der Quellenlage entsprechend,
folgen die Ausführungen weitgehend der Perspektive der assyrischen Herrscher.

Assyrien während der 1. Hälfte des 1. Jt. v. Chr.: Ein Überblick

Grundlagen der assyrischen Expansion

Der Zusammenbruch des hethitischen Staates in Kleinasien und das Ende ägyptischer Herrschaft über Palästina und Südsyrien gegen Ende des 2. Jt. v. Chr. (s. Kap. 14) führen zunächst zur Entwicklung zahlreicher kleiner politischer Einheiten in Südostanatolien und Nordwestsyrien (s. Klengel 1989). Auch in den Bergregionen (nord-)östlich des Tigris ist die Herausbildung neuer politischer Zusammenschlüsse zu beobachten. Vor dem Hintergrund der allgemeinen machtpolitischen Konstellation kann davon ausgegangen werden, daß auch Assyrien die Möglichkeiten zur Neuorganisation der politischen Verhältnisse nutzte. Im Gegensatz zu anderen politischen Einheiten konnte Assyrien hierbei aber wahrscheinlich verschiedene machtpolitische Vorteile nutzen. Hierzu gehören beispielsweise hervorragende Kenntnisse wichtiger Verkehrs- und Transportwege, die sporadisch aufrechterhaltenen Kontakte mit verschiedenen Regionen der Umgebung und ihre bezeugte Fähigkeit zur verwaltungstechnischen Organisation der notwendigen Kommunikations- und Infrastruktur. Einen weiteren Faktor, der zur Ausbildung des neuassyrischen Reiches beigetragen haben könnte, stellt der bereits unter dem Herrscher Assurnaṣirpal II. (883-859 v. Chr.) beobachtete hohe Ausrüstungsstand der assyrischen Armee dar. Dieser Ausrüstungsstand im militärischen Bereich spiegelt bereits zu diesem Zeitpunkt eine starke ökonomische Position Assyriens wider.

Ebenfalls vorteilhaft auf die zeitlich folgende Entwicklung hat sich wahrscheinlich die als Wertesystem der Gesellschaft fungierende assyrische "Sicht der Welt", d.h. deren Kosmologie ausgewirkt. Die u.a. in Form "religiöser" Texte und Herrscherinschriften überlieferten gesellschaftlichen Inhalte und Werte stellen einer potentiellen Expansion nichts entgegen. Der als "König der Gesamtheit" bezeichnete Herrscher ist im Sinne dieser Kosmologie im Auftrag der Götter Kämpfer, Eroberer und Erweiterer der Reichsgrenzen sowie Empfänger von Abgaben und Geschenken. Als Repräsentant der Götter nimmt der assyrische Herrscher das "Hirtentum" über alle Völker und Länder wahr. Ein göttlicher Anspruch auf die Herrschaft über andere Länder und Menschen wird explizit ausgesprochen. Eine Ausdehnung des assyrischen Territoriums bis an die Grenzen der technischen und militärischen Möglichkeiten und gegebenenfalls darüber hinaus wird prinzipiell nicht ausgeschlossen.

Die Inbesitznahme von Territorien mit Waffengewalt durch den assyrischen Herrscher soll ebenso wie seine Stellung innerhalb der Welt durch das vorherrschende Wertesystem legitimiert werden. Die angestrebte Beherrschung der den Assyrern bekannten Welt durch den König wird mit der Erfüllung religiöser Aufgaben gleichgesetzt und somit zur theoretischen Basis des Herrschaftssystems und der Expansion erhoben.

Die übergeordneten Gründe, die zur Ausbildung dieses kosmologischen Systems führten, sind unbekannt. Es handelt sich bei den bezeugten gesellschaftlichen Werten lediglich um einen Ausdruck und die nachträgliche Legitimation für eine aus anderen Gründen geforderte Expansion. Einer von zahlreichen Gründen könnte beispielsweise in den ökologischen Gegebenheiten im Einzugsbereich der ursprünglichen Hauptstadt Assur gesehen werden. Die östlich anschließenden Ausläufer des Zagrosgebirges, die westlich anschließenden Steppengebiete und der für eine einfache und großflächige künstliche Bewässerung zu tief in die Umgebung eingeschnittenc Tigris begrenzen die zur Verfügung stehenden Ressourcen erheblich. Eine Ausweitung der ökonomischen Basis scheint hier im Gegensatz zu Babylonien nur durch die Aneignung neuer Territorien möglich gewesen zu sein. Es kann deshalb nicht endgültig ausgeschlossen werden, daß die genannten Gegebenheiten neben der historisch bezeugten, mehrmaligen Verlagerung der assyrischen Hauptstadt (Assur, Kalaḫ, Dur-Šarrukin, Ninive) auch zu einer territorialen Ausdehnung des politischen Einflußgebietes nach Westen beigetragen haben.

Funktion und Ablauf der Expansion

Von den neuassyrischen Herrschern werden im Rahmen militärischer Aufklärungskampagnen bereits bestehende Kontakte zu benachbarten Regionen aufgefrischt und neue Beziehungen geknüpft, was insgesamt positive Auswirkungen auf die Entwicklung Assyriens hatte. Die allgemeine Stellung Assyriens in der Region wird insgesamt verbessert. Die auf die mittelassyrische Zeit zurückgehenden Vorteile im Bereich der Infrastruktur werden kontinuierlich ausgebaut und die Ungleichheit zwischen Assyrien und den kontaktierten Gebieten ständig vergrößert. Assyrien nimmt die Stellung einer die Region dominierenden Zentralmacht ein und degradiert gleichzeitig die anderen politischen Einheiten, beispielsweise in Nordwestsyrien, zu relativ einflußlosen Peripheriemächten. Ungleichheit im Verhältnis zu Assyrien wird zur Basis und zum bestimmenden Faktor beim Auf- und Ausbau der weiteren Beziehungen. Die mit dieser Zentralstellung verbundene Machtposition erlaubt es den Assyrern, die gesellschaftlichen Strukturen innerhalb des Zentrums (Assyrien) und der Peripheriemächte aufzuspalten und an Hand der Kriterien von Interessenharmonie und -disharmonie neu zu organisieren (Abb. 15.2).[2] Der Einsatz von inter- und intragesellschaftlicher Propaganda wie etwa die Errichtung prunkvoller Bauten oder "zoologischer Gärten", die Gründung von assyrischen (Handels)Niederlassungen als Außenposten in den westlichen Gebieten, eine gezielte Bevölkerungsdeportation und die Ausbildung lokaler Machthaber in der assyrischen Hauptstadt führen mittelfristig zu einer Umwandlung der Kontakte, die bisher innerhalb der Zentralmacht sowie zwischen ihr und den Peripheriemächten bestehen. Das Ergebnis des Transformationsprozesses sind "Autoritätsbeziehungen", in denen einerseits die Peripheriemächte die höhere Position der Zentralmacht (Assyrien), d.h. ihre wirtschaftliche, kommunikationstechnische, politische und militärische Stellung (unreflektiert) anerkennen und in denen andererseits die Assyrer (Bevölkerung der Zentralmacht) die Differenzen zur eigenen Machtelite als gegeben hinnehmen. Die mit diesen Beziehungen für die Peripheriemächte verbundenen Nachteile, wie beispielsweise ökonomische Einbußen und ein (gradueller)

---

[2] Interessenharmonie besteht, wenn zwei Gruppen so miteinander in Verbindung stehen, daß die Differenz der Lebensbedingungen zwischen ihnen klein ist oder kleiner wird. Interessendisharmonie besteht entsprechend dann, wenn zwei Gruppen so miteinander in Verbindung stehen, daß die Differenz der Lebensbedingungen zwischen ihnen groß ist oder größer wird.

Verlust der politischen Souveränität, werden im Idealfall aufgrund der Autorität der Zentralmacht (Assyrien) akzeptiert.

Im Zusammenhang mit der Errichtung von Außenposten gelingt es der Zentralmacht darüber hinaus, die Ungleichheit innerhalb der Peripheriemächte zu forcieren und die damit verbundenen Konsequenzen zu ihrem Nutzen zu verwerten. Das Zentrum der Peripheriemacht, in der Regel ein von Assyrien dominierter Außenposten, beutet im Idealfall die eigene Peripherie (also die Peripherie der Peripheriemacht) im Auftrag der Elite der Zentralmacht (Assyrien) aus und leitet die Gewinne an letztere weiter. Die Stellung der Zentralmacht im Bereich der (Luxusgüter-)Ökonomie wird dadurch weiter erhöht, seine allgemeine Stellung wird gestärkt. Wachsender "Reichtum" Assyriens führt zum Anstieg des "Wohlstandes" und somit zur Festigung der innenpolitischen Lage innerhalb der Zentralmacht (Assyrien).

Regelmäßig durchgeführte militärische Kontrollzüge in die westlichen, zu Peripheriemächten degradierten Gebiete dienen der Sicherung der assyrischen Machtposition. Für die Peripheriemächte ist die beschriebene Form der Absicherung u.a. mit Einschränkungen bei der Aufnahme eigener politischer Beziehungen mit den Nachbarstaaten und der Kontrolle über die eigene militärische Ausrüstung verbunden. Die politische Souveränität der Peripheriemächte wird somit trotz einer weiterhin bestehenden, formellen Unabhängigkeit stark eingeschränkt. Eine Zunahme der Proteste und antiassyrischen Koalitionsbildungen der Peripheriemächte ist die Folge. Unterstützt werden derartige Aktivitäten darüber hinaus von anderen Zentralmächten der Region, die sich aufgrund der fortschreitenden Zentralstellung Assyriens zu Gegenmaßnahmen veranlaßt sehen. Das Konfliktpotential Assyriens mit anderen Zentralmächten der Region, wie beispielsweise Urartu, Ägypten oder Medien, ist aufgrund der veränderten machtpolitischen Bedeutung drastisch gestiegen.Neben den indirekt über die Peripheriemächte geführten oder durch diese ausgelösten Auseinandersetzungen kann es aufgrund der genannten Veränderungen auch zu direkten militärischen Konfrontationen zwischen den Zentralmächten kommen. Ein militärischer Erfolg Assyriens in einer derartigen Auseinandersetzung führt zu einem weiteren sprunghaften Machtzuwachs. Die Position des Siegers wird in allen Bereichen potentiell verstärkt. Eine weitere Möglichkeit, das gestiegene Konfliktpotential mit den anderen Zentralmächten abzubauen, stellen Verhandlungen über den jeweiligen Status quo dar. Der Versuch, innerhalb dieser Verhandlungen eine möglichst starke Ausgangsposition einzunehmen, führt in der Regel bereits im Vorfeld zu einer großflächigen territorialen und administrativen Angliederung der bislang nur indirekt abhängigen Gebiete durch die verhandelnden Zentralmächte. Durch die Integration großer Teile Syriens und Nordpalästinas in das assyrische Reich und die (indirekte) Anerkennung des so geschaffenen territorialen Status quo durch Ägypten und Phrygien gelingt es beispielsweise dem assyrischen Herrscher Sargon II., die Gefahr erneuter antiassyrischer Koalitionsbildungen in dieser Region erheblich einzuschränken.

Zu ähnlichen Folgeerscheinungen können auch die militärischen Aktionen der Zentralmacht führen, die durch die Proteste und Koalitionsbildungen der Peripheriemächte ausgelöst wurden. Je nach Entwicklungsstand der Beziehungen folgt auf die militärische Niederschlagung derartiger Aufstände eine direkte territoriale und administrative Angliederung der Region. Die militärischen Auseinandersetzungen erhöhen darüber hinaus die Zentralstellung Assyriens im Bereich des Militärwesens und wirken sich somit insgesamt positiv auf die Stellung Assyriens aus. Eine Institutionalisierung bestehender Beziehungen, die sich beispielsweise in der Installierung eines Marionettenregimes durch den assyrischen Herrscher in einer Peripheriemacht äußern kann, führt aber auch zu einem weiteren Ausbau des Verwaltungsapparates in Assyrien.

Für die betroffenen Peripheriemächte ist die Institutionalisierung mit weiteren erheblichen Einschränkungen im Bereich der Verfügungsgewalt über die außen- und innenpolitische Kommunikation und der eigenen administrativen und militärischen Stellung verbunden. Die innen- und außenpolitische Souveränität wird weiter eingeschränkt. Eigene politische und wirtschaftliche Entscheidungen können von der Peripheriemacht nicht mehr getroffen werden. Maßgeblich sind nun ausschließlich die Bestimmungen der Zentralmacht, die die Entscheidungen trifft. Die Peripheriemacht ist zum Werkzeug der Zentralmacht geworden und liefert im Idealfall ausschließlich Gehorsam.

Die Bereitschaft der Peripheriemächte zum Protest gegen die Zentralmacht steigt mit solchen Maßnahmen weiter an. Etwaige Zusammenschlüsse und Aufstände führen nach dem Scheitern verschiedener auf lokaler Ebene unternommener Versuche der Konfliktvermeidung und -bewältigung zu einem erneuten militärischen Eingreifen der Zentralmacht. Die bereits beschriebenen Auswirkungen dieser Maßnahmen wiederholen sich und verstärken sich entsprechend. Das Ausmaß der Expansion kann, wie bereits angedeutet, von den Verhandlungen zwischen den Zentralmächten beeinflußt werden, die den gegenwärtigen territorialen Status quo zum Inhalt haben. Der mit dieser Form der Expansion verbundene zusätzliche Ausbau des Verwaltungsaufwandes führt dazu, daß der Anteil der Bevölkerung, der außerhalb der direkten landwirtschaftlichen Produktion tätig ist, drastisch anwächst. Der Bedarf an Überschüssen jeglicher Art erhöht sich somit weiter. Die Abgaben der Peripheriemächte werden essentiell. Dies führt einerseits zu einer verstärkten Konzentration auf die aus den Peripheriegebieten gewonnenen, dort für die Zentralmacht leicht verfügbaren Güter und andererseits, wahrscheinlich in erheblich geringerem Ausmaß, zu einer stärkeren Belastung der Peripherie des Zentrums durch das Zentrum der Zentralmacht. Darüber hinaus wird innerhalb der bereits kontaktierten Gebiete der allgemeine Erwerb von Menschen und Waren weiter erhöht. Übersteigt der Bedarf der Zentralmacht die allgemeine Leistungsfähigkeit der betroffenen Regionen, so wird mit militärischen Aktionen versucht, neue Gebiete entsprechend zu erschließen, und der bislang beschriebene Kreislauf beginnt erneut.

Auch die Angliederung von ehemaligen Peripheriemächten an Assyrien hat ähnliche Folgen. Die entsprechenden Gebiete werden in das Land Assur integriert und müssen sich u.a. am Unterhalt seiner Tempel beteiligen. Hierbei handelt es sich wahrscheinlich nicht um die Abgabe wertvoller Güter oder Schätze, sondern um Lebensmittel zur allgemeinen Versorgung der entsprechenden gesellschaftlichen Gruppen innerhalb des Zentrums (s. z.B. Postgate 1992). Die genauen ökonomischen Verpflichtungen werden von einem regionalen Verwaltungsbeamten im Auftrag des Königs festgelegt und überwacht.

Eine Beschränkung auf Luxusgüter, die ausschließlich für den engen Kreis der Machtelite bestimmt waren, gibt es hier nicht mehr. Die bisherigen, aus kostbaren Gegenständen bestehenden, für den Herrscher und seine Elite bestimmten Abgaben der (ehemaligen) Peripheriemächte fallen mit der direkten administrativen und territorialen Angliederung zumindest in Teilbereichen weg. Ein Ausgleich für die mit dieser Form der Veränderungen verbundenen Engpässe innerhalb der Elite der Zentralmacht kann nur durch die Erschließung neuer Peripheriemächte erreicht werden. Die dazu notwendige Kontaktaufnahme zu neuen Gebieten setzt den im Rahmen dieses Abschnitts beschriebenen Prozeß der Expansion erneut in Gang (s. Lamprichs 1995).

Gleiche Folgen hat auch die bereits genannte Konzentration auf lokale Güter der Peripheriemacht. Der unregulierte Erwerb derartiger Güter beschleunigt die Zerstörung von Ressourcen und internen Strukturen innerhalb der betroffenen Gebiete. Dies wiederum führt mittelfristig zu einer Verringerung des Potentials an Wirtschafts- und Luxusgütern innerhalb der Peripheriemächte und ist für die Zentralmacht mit Engpässen verbunden, die sich negativ auf die Stellung im Bereich der (Luxusgüter)-ökonomie auswirken. Ein Ausgleich kann auch hier nur durch die Kontaktaufnahme mit neuen Gebieten geschaffen werden, die im Rahmen der geschilderten Maßnahmen zu neuen Peripheriemächten werden. Als ein Beispiel für die beschriebene Entwicklung kann der intensive Erwerb von Elfenbein und Elfenbeinarbeiten der Assyrer in den Regionen Nordwestsyriens herangezogen werden. Der unkontrollierte Erwerb derartiger Güter hat wahrscheinlich einen erheblichen Beitrag zur endgültigen Vernichtung des in Syrien zu dieser Zeit in Restbeständen noch lebenden Elefanten geleistet.

Um die mit dem ständig wachsenden Verbrauch potentiell verbundene Instabilität des ganzen Systems mittelfristig zu begrenzen, ist im Idealfall eine exakte Abstimmung zwischen Bedarf und konkreten Fähigkeiten notwendig. Einerseits müssen die Einnahmen ausreichen, um den gesamten Apparat zu unterhalten, andererseits darf der Erwerb von Waren und Menschen die Grundlagen der Peripherie nicht vollständig zerstören. Ein derartiges Gleichgewicht zwischen den eigenen Kapazitäten und den politischen Zielen kann sehr zerbrechlich sein. Übersteigen die Schwierigkeiten (z.B. Proteste) beim Erwerb die Fähigkeiten des Überbaus, so wird die Funktion des Systems nachhaltig gestört. Die äußeren Grenzen wären somit überschritten.

Grenzen der Expansion

Die Hintergründe des sogenannten Unterganges des neuassyrischen Reiches sind ebenso wie die seiner Genese unbekannt. Jedwede Ausführungen zu diesem Punkt bleiben bis zu einem gewissen Grad spekulativ. Festgehalten werden kann bislang lediglich, daß es sich um einen äußerst komplexen, auch von stochastischen, d.h. zufälligen Vorgängen geprägten Prozeß handelt, der seinen Ursprung in der assyrischen Variante der Expansion hat. Die auf eine "Welt"beherrschung ausgelegte Ideologie der assyrischen Herrscher nimmt keine Rücksicht auf die konkreten Fähigkeiten und Möglichkeiten der assyrischen Gesellschaft. Eine Anpassung der territorialen Ausdehnung an die jeweiligen Fähigkeiten des Herrschaftssystems ist somit nicht dauerhaft gewährleistet. Das Überschreiten bestimmter Grenzen, die die Stabilität des Systems garantieren, ist vorprogrammiert. Wird das Gleichgewicht des Systems auf diese Weise gestört, ist ein Machtverlust die Folge. Die Fähigkeit zur internen und externen Krisenbewältigung ist nicht mehr in vollem Umfang gewährleistet. Schwächen in einem Bereich können nicht mehr problemlos durch Stärken in anderen Gebieten ausgeglichen werden, da die Struktur des Systems Brüche aufweist. Ein von Zufällen gesteuerter Prozeß, der die Folgen dieser Entwicklung mit verschiedenen externen, von Assyrien kaum zu beinflussenden Faktoren (z.B. Mißernten; neue Zentralmächte) und weiteren, in ihrer Zusammensetzung unbekannten Parametern verbindet, führt mittelfristig dazu, daß die Probleme eine systemimmanente Schwelle überschreiten und die tragende Struktur vollständig zusammenbricht. Für Assyrien ist dies gleichbedeutend mit dem Verlust der Zentralstellung und dem Zusammenbruch der bislang herrschenden Ideologie.

Die Darstellungen auf den Orthostatenreliefs als Spiegelbild des neuassyrischen Herrschaftssystems: Das Beispiel des Nordwestpalastes in Nimrud

Allgemeines

Die Regierungszeit des Herrschers Assurnaṣirpal II. (ca. 883-856 v. Chr.) ist eng mit der Verlegung der assyrischen Hauptstadt von Assur nach Nimrud, dem Kalaḫ des Alten Testaments, verbunden. Das Siedlungsgebiet von Kalaḫ wurde von Assurnasirpal II. in eine mit Mauern bewehrte, ca. 360 ha große Stadt umgewandelt. Auf dem bereits vorhandenen Siedlungshügel der alten Ortschaft errichtete er u.a. einen Palastkomplex, der von zahlreichen religiösen Institutionen umgeben wurde. Palast und Tempel wurden räumlich von der Unterstadt getrennt, in der wahrscheinlich ein Großteil der übrigen Bevölkerung lebte. Diese Aufteilung einer Stadt in Zitadelle und Unterstadt unterscheidet sich stark von dem aus Assur bekannten topographisch weniger stark differenzierten Schema (s. Levine 1986). Die politische Relevanz der öffentlichen Gebäude und der wahrscheinlich von der gesellschaftlichen Machtelite bewohnten Wohnhäuser auf der Zitadelle hat sich verändert. Die gesellschaftliche Stellung der Bewohner, die auf der Zitadelle residieren, wird nicht nur durch die Architektur, sondern auch durch die erhöhte Lage bildhaft verdeutlicht und legitimiert. Die Gebäude der Zitadelle erhalten eine über die rein institutionelle Funktion hinausgehende Aufgabe. Die Palastbewohner können mit ihnen politische Ideen und Herrschaftsansprüche sinnfällig machen (s. Warnke 1984). Die von der Stadt abgeschlossene, aber dennoch allgegenwärtige Lage des Palastes auf der Zitadelle führt zu einem städtebaulichen Arrangement, das bereits durch seine Größe und Monumentalität die Übermittlung grundlegender Säulen der gesellschaftlichen Ordnung gestattet.

Dieser der Architektur potentiell innewohnende Sinngehalt wird in Kalaḫ und den zeitlich späteren Residenzen Dur Šarrukin und Ninive darüber hinaus durch eine bildliche Durchgestaltung der Gebäude weiter spezifiziert. Erstmalig in Assyrien sind in diesen Gebäuden u.a. die Wände des Thronsaales einschließlich der Fassade sowie zahlreiche weitere Teile des Palastes mit verschiedenen reliefierten Orthostatenplatten verkleidet (s. z.B. Meuszynski 1981). Die absolute Höhe der einzelnen Platten im Thronsaalbereich des Palastes von Assurnasirpal II. in Kalaḫ beträgt ca. 2,7 m; die lichte Höhe ca. 2,2 bis 2,3 m, da die einzelnen Orthostaten aus Stabilitätsgründen in den Boden eingelassen worden waren. Mit dieser Höhe nahmen sie in visueller Hinsicht einen großen Teil des Blickfeldes einer im Raum befindlichen erwachsenen Person ein. Die Reliefs selbst waren ganz oder teilweise bemalt. Jedes der Reliefs im Thronsaal ist in der Mitte mit einer vollständigen Version der sogenannten Standardinschrift, einem Keilschrifttext von 18- 26 Zeilen versehen. Der Text gibt die Titulatur und einige Unternehmungen des Königs wieder. Während die waagerecht angebrachte Inschrift auf den Reliefs mit "narrativen Darstellungen" (Abb. 15.3) innerhalb des Thronsaales als Trenner zwischen zwei Registern fungiert, ist sie auf den Orthostaten mit "magisch-rituellen" Inhalten (Abb. 15.4) auf die jeweilige Darstellung geschrieben. Im sogenannten Thronsaalbereich des Nordwestpalastes dominieren im Gegensatz zu den meisten anderen Gebäudeteilen die Darstellungen mit "narrativem" Charakter.

Das Programm der Reliefs im Thronsaalbereich
Einem potentiellen Besucher, der sich von dem als "öffentlich" eingestuften Hof A (Abb. 15.5) auf den Thronsaal (B) zubewegte, sind an der Thronsaalfassade wahrscheinlich neben den Reliefs und den verschiedenen Genien und Türwächterfiguren, die die drei Zugänge zum Thronsaal flankieren, besonders die beiden vorspringenden Tortürme des Hauptzuganges "ED" aufgefallen. Unabhängig vom Inhalt der Darstellungen konnte allein durch die Dimensionen des Hofes, des Thronsaales, der menschlichen und halbmenschlichen Figuren, der Reliefs und Wandmalereien eine durch den gezielten Einsatz von Licht noch verstärkte Wirkung erzielt werden, die mit der späteren, vom Alten Testament erwähnten Reaktion (Jona 1, 1-16) von Jona in bezug auf Ninive (vgl. Jona 3, 3- 10) nur unzureichend beschrieben ist. Die erhaltenen Fragmente der Reliefs mit narrativen Darstellungen an der Thronsaalfront geben in erster Linie eine Prozession von Menschen wieder, die sich im westlichen Teil in W-O Richtung auf eine Darstellung des Königs zubewegt. Einige der wiedergegebenen Personen können anhand von turbanähnlichen Kopfbedeckungen und sonstigen Kleidungsstücken als "Nicht-Assyrer" aus den westlichen Gebieten (Bit Adini, Karkamiš, Phönizien) identifiziert werden. Auf einem Tablett tragen sie u.a. Ohrringe, Pektorale und Armreifen, andere werden von exotischen Tieren wie beispielsweise von Affen begleitet (Abb. 15.6).

Die besondere Hervorhebung der Durchgänge zum Thronsaal durch Tortürme und Türwächterfiguren betont eine interne Grenze, die mit dem Eintritt in den Thronsaal überschritten wird. Die an den Zugängen positionierten Türhüterfiguren und Genien aus einer anderen als der natürlichen Welt machen einen Betrachter darüber hinaus besonders empfänglich für einen hinter dieser Grenze folgenden inhaltsgeladenen Raum wie den Thronsaal. Bei den Türwächterfiguren handelt es sich um Abbilder von Wesen, für die es im Alltag nichts vergleichbares gab. Alleine die Herstellung eines solchen bis zu 30 Tonnen, bei Sanherib bis 50 Tonnen schweren Kolosses setzt den Zugriff auf ein großes

Potential an Arbeitskräften voraus und macht erneut die ökonomische Zentralstellung Assyriens deutlich.

Folgt man einem potentiellen Besucher weiter auf seinem Weg in den Thronsaal des Nordwestpalastcs, so bekommt er als eine der ersten Informationen wahrscheinlich die zwischen den Beinen aller Türhüterfiguren des Thronsaales angebrachte Inschrift zu Gesicht. Als nächstes steht dieser Besucher des Nordwestpalastes auf einem ebenfalls mit einer Inschrift versehenen Schwellenstein und blickt auf die um die Wand laufende Standardinschrift der narrativen Reliefs. Geht man davon aus, daß die Kenntnis der Schrift auf das Personal der Verwaltungsbereiche von Tempel und Palast beschränkt war und in der Regel nur diejenigen die Inschrift lesen konnten, die ihren Inhalt sowieso kannten, so ist anzunehmen, daß die Inschriften auch auf einer nonverbalen Ebene gewirkt haben. Da beispielsweise nur der König die Macht und die Ressourcen zur Anfertigung derartiger Schriften besaß, repräsentieren sie auch für den Schriftunkundigen seine enorme Stärke und Macht. Den Angehörigen des Hofes dokumentieren sie auf der anderen Seite die Fähigkeit des Königs, unbegrenzt Informationen zu speichern, und für den König selbst sind sie die Versicherung, daß seine Taten der Nachwelt erhalten bleiben. Die zentrale Stellung der assyrischen Elite im Bereich des Kommunikationswesens wird betont.

Hat der potentielle Besucher den Thronsaal erst einmal betreten, dann wird seine Aufmerksamkeit durch den anwesenden König und das hinter ihm befindliche Relief mit einer "magisch-rituellen" Darstellung (Abb. 15.7) auf das Wesentliche gelenkt. Auf seinem weiteren Weg in Richtung auf den Thron wird er mit den im Sinne moderner Reklamebilder strukturierten narrativen Darstellungen der Wände konfrontiert (z.B. Abb. 15.8). In diesen nach dem Schema Subjekt-Objekt-Prädikat aufgebauten, auf den Besucher einwirkenden Bildsequenzen wird das Subjekt, der König, nicht verändert. Entsprechend charakterisieren die vom Verb wiedergegebenen Themen immer den König als Subjekt der Handlung. In der visuellen Wiedergabe wird der König (Subjekt) in der Regel am linken Rand dargestellt, das Objekt seiner Aufmerksamkeit oder Aktion, beispielsweise eine Stadt oder ein Land folgt als nächstes und erst am Ende der Sequenz wird das Verb sichtbar (z.B. er erobert: Gefallene, Opfer etc.). Die durch diese Struktur erzielte Aussage "Der König tat X" beziehungsweise "Ich, Assurnaṣirpal tat X" wird durch den gezielten Einbau von Landschaftsmerkmalen und Kleidung ihrer Einseitigkeit beraubt. Für den Besucher werden die Darstellungen durch die Einbettung in eine für ihn aufgrund der allgemeinen Daseinserfahrung bekannte natürliche Umgebung zur genauen Wiedergabe realer Ereignisse. Die kulturelle Nachricht, das heißt die Macht des Königs und des Staates, wird dargestellt in einem historischen Ereignis und der Fähigkeit, die Natur zu beherrschen.

Diese Strukturierung der Darstellungen erlaubt es, daß jeder den Thronsaal durchschreitende Besucher mindestens mit folgenden Eigenschaften und Funktionen des Königs konfrontiert wird:
1. Der König als erfolgreicher Krieger und Feldherr. Siegreich in zahlreichen Gebieten (Abb. 15.9).
2. Der König als furchtloser und tapferer Jäger. Er bändigt die wilde Natur. (Abb. 15.8).

3. Der König als legitimer, von den Göttern unterstützter Herrscher (sitzend oder stehend dargestellt) bildet den Mittelpunkt jeder gesellschaftlichen Ordnung (Abb. 15.7).

Die Reliefs als integraler Bestandteil des Thronsaales und des sie umgebenden kulturellen Kontexts aus Architektur und Schrift werden zum monumentalen Ausdruck des assyrischen Königtums und zum Symbol für das Idealbild des neuassyrischen Staates. Der Thronsaal des Nordwestpalastes in Kalaḫ stellt somit eine künstlich geschaffene Botschaft an alle diejenigen dar, die die zum Ausdruck gebrachte Nachricht akzeptieren müssen, damit die Stabilität des Staates und die Rolle der Herrschenden gesichert wird und bleibt. Es handelt sich sowohl um einen Ausdruck der herrschenden Ideologie wie auch des existierenden oder erwünschten Status quo. Es ist ein Propagandamittel der Herrschenden, das nicht nur auf die Erziehung und Manipulation fremder Besucher, sondern auch auf diejenige der einheimischen Bevölkerung und vor allem auch der Elite des Palastes abzielt (z.B. Liverani 1979; Winter 1981, 1983).

Die Entwicklung der Darstellungen
Wie eine Analyse der nachfolgenden Palastbauten zeigt, weisen die am Anfang und am Ende der archäologisch belegten Entwicklung stehenden narrativen Darstellungen Assyriens zahlreiche inhaltliche und konzeptuelle Parallelen auf (z.B. Russell 1985). Die in dieser Kontinuität zum Ausdruck gebrachte kulturelle Verwurzelung sowie die Inhalte der narrativen Darstellungen, ihr Organisationsschema und ihre Integration in monumentale Baueinheiten bestätigen, daß das am Nordwestpalast herausgearbeitete Konzept u.a. auf die Übermittlung von bestimmten Botschaften aus dem Bereich des Königtums und der Staatsideologie an verschiedene Zielgruppen ausgerichtet war. Die Darstellungen der Reliefs und ihre Anordnung sind auf keinen Fall in erster Linie als Ausdruck einer persönlichen Eigenart des Herrschers zu interpretieren. Sie dienen vielmehr der Neuorganisation intra- und intergesellschaftlicher Beziehungsmuster anhand von Kriterien wie Interessenharmonie und -disharmonie.

Der zu beobachtende kontinuierliche Rückgang "magisch-religiöser" Themen auf den Reliefs bei den Nachfolgern des Assurnaṣirpal II. zugunsten der narrativen Darstellungen kann aus der allgemeinen historischen Entwicklung des neuassyrischen Reiches abgeleitet werden. Schwierigkeiten bei der Eingliederung und Anbindung einer in Folge des Expansionsprozesses stark heterogenen Bevölkerung in das neuassyrische Reich schaffen das Bedürfnis nach einem der neuen Situation gerecht werdenden, allgemein verständlichen, leicht zu manipulierenden Kommunikationsmittel. Während die "magisch-rituellen" Darstellungen zur Entschlüsselung ein großes Vorwissen bezüglich des Inhaltes verlangen, können die narrativen Darstellungen in ihren Grundinhalten ohne besondere Vorkenntnisse auf der Basis der allgemeinen Daseinserfahrung dekodiert werden. Eine Kenntnis des allgemeinen Kontextes reicht bei letzteren bereits aus, um den Inhalt aus den Darstellungen abzulesen.

Da ein Betrachter den dargestellten Inhalt nicht im voraus kennen muß, ist er jedoch auch nicht in der Lage, gezielte Manipulationen wahrzunehmen. Die narrativen

Darstellungen sind somit ein allgemein verständliches, leicht zu manipulierendes, den imperialen Bedürfnissen angepaßtes Kommunikationsmittel.

Bibliographie

Bernbeck, R.
1994   *Steppe als Kulturlandschaft.* Berlin: Dietrich Reimer.

Lamprichs, R.
1995   *Die Westexpansion des neuassyrischen Reiches. Eine Strukturanalyse.* Neukirchen-Vluyn: Neukirchner Verlag.

Liverani, M.
1979   "The Ideology of the Assyrian Empire". *Mesopotamia* 7: 297-318.
1988   "The Growth of the Assyrian Empire in the Ḫabur / Middle Euphrates Area: A New Paradigm". *State Archives of Assyria Bulletin* 2 (2): 81-98.
1992   *Studies on the Annals of Ashurnaṣirpal II. 2. Topographical Analysis.* Rom: Università di Roma, Quaderni di Geografica Storica 4.

Klengel, H. (Hrsg.)
1989   *Kulturgeschichte des alten Vorderasien.* Berlin: Akademie-Verlag.

Levine, L.D.
1986   "Cities as Ideology: The Neo-Assyrian Centres of Aḫḫur, Nimrud and Nineveh". *Bulletin of the Canadian Society of Mesopotamian Studies* 12: 1-7.

Maul, S.M.
1992   *Die Inschriften von Tall Bderi.* Berlin: Dietrich Reimer.

Meuszynski, J.
1981   *Die Rekonstruktion der Reliefdarstellungen und ihrer Anordnung im Nordwestpalast von Kalḫu (Nimrud).* 2 Bände. Mainz: Philipp von Zabern.

Na'aman, N.
1991   "Forced Participation in Alliances in the Course of Assyrian Campaigns to the West". *Scripta Hierasolymitana* 33: 80-98.

Paley, S.M. und R.P. Sobolewski
1987   *The Reconstruction of the Relief Representations and their Positions in the Northwest-Palace at Kalḫu (Nimrūd) II.* Mainz: Philipp von Zabern.

Parpola, S. und K. Watanabe
1988   *Neo-Assyrian Treaties and Loyalty Oaths.* State Archives of Assyria II. Helsinki: University Press.

Postgate, J.N.
1992   "The Land of Assur and the Yoke of Assur". *World Archaeology* 23 (3): 247-263.

Russel, J.M.
1985   *Sennacherib's 'Palace Without Rival': A Programmatic Study of Texts and Images in a Late Assyrian Palace.* Ann Arbor: University Microfilms.

Warnke, M. (Hrsg.)

1984   *Politische Architektur in Europa vom Mittelalter bis heute - Repräsentation und Gemeinschaft*. Köln: DuMont Buchverlag.

Winter, I.J.

1981   "Royal Rhetoric and the Development of Historical Narrative in Neo-Assyrian Relief". *Studies in Visual Communication* 2: 2-38.

1983   "The Program of the Throneroom of Assurnasirpal II." In P.O. Harper und H. Pittman, Hrsg.: *Essays on Near Eastern Art and Archaeology in Honor of C.K. Wilkinson*, S. 15-33. New York: Metropolitan Museum of Art.

Mitteleisenzeitliche Kulturen im kleinasiatisch-nordsyrischen Raum

Karin Bartl

Einleitung

Nach dem Ende der Spätbronzezeit um 1200 v. Chr. und den vielerorts bisher nur schwer nachvollziehbaren Ereignissen der darauffolgenden Jahrhunderte bildet die mittlere Eisenzeit zwischen der Mitte des 10. und der Mitte des 6. Jh. v. Chr. in vieler Hinsicht einen Neubeginn der altorientalischen Geschichte und zugleich ihren letzten Höhepunkt. Die daran anschließende, durch die Eroberungen der Achämeniden gekennzeichnete späte Eisenzeit (550-320 v. Chr.) stellt zumindest in historisch-politischer Hinsicht einen Einschnitt dar, während Abgrenzungen innerhalb der materiellen Kultur weniger eindeutig sind.

Im westlichen Vorderasien ist die erste Hälfte des 1. Jt. v. Chr. vor allem durch den Aufstieg Assyriens und dessen expansionistische Tendenzen gekennzeichnet. Traditionell wird diese Periode in mehrere größere Zeitabschnitte untergliedert, die die Beziehungen zwischen Assyrien und der übrigen vorderasiatischen Staatenwelt definieren (s. Abb. 15.1).

Die erste Phase im 10. und beginnenden 9. Jh. ist eine Periode, in der in vielen Regionen Vorderasiens kleinere, selbstständige Reiche existieren, deren Entstehung in den meisten Fällen in die "frühe Eisenzeit" zurückreichen dürfte. Die bereits hier einsetzende assyrische Eroberungspolitik führte in der Regel noch nicht zu dauerhaften Annexionen. Die zweite Phase im 9. bis zum Ende des 8. Jh. ist gekennzeichnet durch den Aufstieg Assyriens zu einer überregionalen Macht, die zunehmend Einfluß auf die Länder im näheren und weiteren Umkreis nimmt, wobei deren Selbständigkeit mehr und mehr beschnitten wird. Am Ende dieses Zeitabschnitts steht die vollständige Unterwerfung fast aller Kleinreiche der Phase 1. In der dritten Phase vom Ende des 8. bis Ende des 7. Jh. befinden sich weite Teile Vorderasiens unter assyrischer Herrschaft. Diese Zeitspanne endet mit dem Zusammenbruch des assyrischen Staatswesens 612 v. Chr. und dem Aufstieg des spätbabylonischen Reiches (612-539 v. Chr.; s. Kap. 18).

In der ersten und zweiten Phase ist der vordere Orient durch eine weitgehende Regionalisierung charakterisiert, die sich auch in der materiellen Kultur abzeichnet. Neben Babylonien und Elam im Süden Assyriens sind im Westen die Staaten Palästinas und der Levanteküste, im südostanatolisch-nordsyrischen Raum die sog. späthethitisch-aramäischen Kleinstaaten, das Königreich Phrygien in Zentralanatolien und das Reich von Urartu im Gebiet des heutigen Ostanatoliens, Nordwest-Irans und Armeniens als größere, selbständige politische Einheiten zu nennen (Abb. 16.1).

Die mittlere Eisenzeit ist ein Zeithorizont, aus dem in allen o.g. Gebieten neben archäologischen auch schriftliche Quellen vorliegen. Letztere sind jedoch wegen ihrer teilweise geringen Anzahl und ihrer beschränkten Themengruppen von geringerer Aussagekraft als zeitgleiche assyrische Inschriften, die in der Regel sehr viel detailliertere Schilderungen bieten. Letztere bilden daher für das Verständnis historisch-politischer und wirtschaftlicher Zusammenhänge zwischen Assyrien und seinen Nachbarn die wichtigste Quelle. Durch die Konzentration auf assyrische Belange sowie das weitgehende Fehlen von Nachrichten über die internen Verhältnisse der Nachbarregionen in diesen Textbelegen bleiben jedoch für viele Bereiche Überlieferungslücken bestehen. Den archäologischen Denkmälern kommt daher auch in dieser historischen Periode ein hoher Stellenwert für die Rekonstruktion eines umfassenden Geschichtsbildes zu. Allerdings steht die Erforschung vieler damit zusammenhängender Aspekte, z.B. der sozio-ökonomischen Situation der regionalen Einheiten, erst am Anfang. Auch Art und Umfang interregionaler Beziehungen zwischen den verschiedenen Staaten, die neben den auf Assyrien konzentrierten Verbindungen bestanden haben dürften, sind bisher erst undeutlich erkennbar.

Die politisch-kulturellen Einheiten (Abb. 16.1)

Späthethitisch-aramäische Fürstentümer
Nordsyrien und Südostanatolien, die im 14. Jh. v. Chr. dem hethitischen Großreich eingegliedert worden waren, wurden Ende des 13. Jh. v. Chr. ebenso wie das hethitische Kerngebiet in weiten Teilen von den Ereignissen betroffen, die zum Ende der spätbronzezeitlichen Staatenwelt geführt hatten. Der archäologische und schriftliche Befund weist für den folgenden Zeitraum von etwa 250 Jahren eine weitgehende Überlieferungslücke auf (s. Kap. 14). Ausnahmen bilden Karkamiš, der ehemalige Sitz des hethitischen Vizekönigs in Nordsyrien und Malatya / Melidu am oberen Euphrat, die beide, wie Schriftquellen belegen, auch nach der Spätbronzezeit wahrscheinlich kontinuierlich besiedelt waren (Hawkins 1988: 99 ff.). In fast allen anderen bisher bekannten Orten des nordsyrisch-südostanatolischen Raumes läßt sich dauerhafte Besiedlung erst wieder ab dem 10. / 9. Jh. v. Chr. nachweisen. In einem Gebiet, das Teile des östlichen Taurus, seine südlichen Ausläufer sowie die nordsyrisch-nordmesopotamische Region zwischen dem Mittelmeer und dem Ḫabur umfaßt, entstehen zu diesem Zeitpunkt die späthethitisch-aramäischen Fürstentümer Melidu, Kummuḫi, Gurgum, Karkamiš, Pattina, Hama, Qu'e, Tabal sowie Bit Baḫiani, Bit Adini, Bit Agusi und Sam'al.

Wie bereits erwähnt, sind historisch-politische Zusammenhänge aus den einheimischen Textquellen nicht zu entnehmen. Die aus der Region bekannten hieroglyphenluwischen und aramäischen Inschriften gehen über die Nennung von Herrschernamen, für die sich teilweise Synchronismen in assyrischen Inschriften finden (s. Wäfler 1980-81:

84), zumeist nicht wesentlich hinaus. Aus assyrischen Inschriften ist bekannt, daß seit dem Ende des 10. Jh. v. Chr. von Assur aus regelmäßige Feldzüge in die westlichen Gebiete stattfanden,[1] die der Annexion und späteren Integration der Region in das assyrische Reich dienten. Besonders hervorzuheben sind dabei die militärischen Aktionen unter der Regentschaft Salmanassars III. (858-824 v. Chr.), Tiglatpilesars III. (744-727 v. Chr.) sowie Sargons II. (721-705 v. Chr.; Klengel 1992: 187 ff.). Mehrmals kam es dabei während dieses Zeitraums zu antiassyrischen Koalitionen verschiedener Kleinstaaten. Auch diese konnten jedoch langfristig die assyrische Usurpation nicht verhindern, so daß am Ende der Herrrschaftszeit Sargons II. weite Teile des westlichen Vorderasiens unter assyrischer Kontrolle standen und in das Reich integriert waren (Kessler 1991).

Als einer der Gründe für die assyrische Westexpansion gilt der für das rohstoffarme Assyrien notwendige Zugang zu bestimmten Ressourcen, die sich im anatolischen Raum befinden (Wäfler 1980-81: 86 ff.). Neuere Untersuchungen zeigen darüberhinaus, daß dem durch Texte und Funde zum Ausdruck gebrachten hegemonialen Konzept bestimmte Mechanismen zugrundeliegen, die eine permanente Erweiterung des Herrschaftsgebietes notwendig machen (s. Kap.15).

Die umfangreichen Abgaben der eroberten und annektierten Gebiete bildeten einen wesentlichen Aspekt im assyrischen Wirtschaftsleben. Rohstoffe, Fertigwaren sowie Kriegsgefangene und Deportierte, die zu Arbeiten in Assyrien, z.B. beim Bau der Paläste in den verschiedenen Hauptstädten herangezogen wurden, stellten eine Basis des assyrischen Reichtums und des vorübergehenden Erfolges dar.

Die archäologische Untersuchung der späthethitisch-aramäischen Anlagen begann bereits Ende des 19. Jh und wurde bis in die dreißiger Jahre dieses Jahrhunderts recht intensiv fortgesetzt.[2] Zu nennen sind hier Zincirli / Sam'al, Sakcegözü, Tell Halaf / Guzana, Ğerablus / Karkamiš, Arslan Taş / Hadatu, Tell Ahmar / Til Barsip,[3] Malatya / Melidu, Tell Tainat, Karatepe,[4] Tell Rifa'at / Arpad sowie der Tempel von Ain Dara.[5] Die neuere Forschung in Südostanatolien und Nordsyrien hat sich, bedingt durch die Konzentration auf ältere Siedlungsperioden, bisher nur punktuell mit der Eisenzeit befaßt. Wichtige Orte sind in diesem Zusammenhang die in Südostanatolien gelegenen Orte Tille (French 1990: 311ff.; 1991: 337 ff.), Lidar Höyük (Hauptmann 1987-90: 15) und Girnavaz (Akyurt 1992: 267 ff.) sowie in Syrien neben Tell Abou Danné (Lebeau 1983) die assyrische Provinzhauptstadt Tell Šeh Hamad / Dur-Katlimmu am unteren Habur (Kühne 1989-90: 308 ff.). Tell Afis (Mazzoni 1994: 146 ff.) in Nordwestsyrien, Lidar Höyük und Tille gehören zu den wenigen Orte, in denen sich die bereits für Karkamiš vermutete Siedlungskontinuität zwischen Spätbronze- und Eisenzeit auch archäologisch feststellen läßt.

---

[1] Zu den Inschriften s. Orthmann 1971:169 ff.
[2] Für ausführliche Literaturangaben s. Hrouda 1971: 221 ff.; Orthmann 1971.
[3] In Til Barsip wurden 1988 neue Ausgrabungen begonnen (Bunnens 1990).
[4] S. zuletzt Çambel 1993: 495 ff.
[5] Der Tempel von Ain Dara ist wahrscheinlich eine ältere Anlage und datiert möglicherweise in den Zeitraum zwischen 1200 und 1000 v. Chr., also in die "Frühe Eisenzeit" (Orthmann 1993: 250).

Die Siedlungsstruktur der meisten späthethitisch-aramäischen Orte folgt in der Regel dem Schema einer erhöht, auf einer natürlichen oder künstlichen Erhebung liegenden Oberstadt (Zitadelle) und einer sich um den Hügel gruppierenden Unterstadt, was der Unterteilung in palatialen und domestikalen Bereich entspricht. Umfangreichere Flächengrabungen fanden nur auf den Zitadellenhügeln statt (Abb. 16.2 und 16.3). Die auf den Hügeln freigelegte Steinarchitektur ist von offiziellem Charakter, wie Gebäudegröße, Bauart und die häufig auftretende Grundrißform des "bit ḫilani", eines auch aus assyrischen Texten bekannten Bautyps (Abb. 16.4), nahelegen. Die Sockelmauern vieler Bauten, insbesondere der Toranlagen, weisen häufig eine Verkleidung aus reliefierten und / oder unreliefierten Orthostaten auf.

Während der Entdeckungszeit zu Beginn unseres Jahrhunderts war die genaue zeitliche Einordnung der Bauten schwierig, da nur wenige eindeutig datierende Funde wie z.B. Bauinschriften vorliegen. Zumeist konnte nur allgemein der Zeitraum zwischen dem 9. und 7. Jh. genannt werden. Basierend auf stilkritischen Analysen der Orthostatenreliefs, die teilweise aus in situ-Befunden, teilweise jedoch auch aus sekundärer Fundlage stammen, wurde für die späthethitisch-aramäischen Fürstentümer eine interne Chronologie erstellt (Orthmann 1971; Genge 1979), die die ältesten, aus Karkamiš stammenden Stücke in das 10. Jh. v. Chr. wies.

Generell läßt sich feststellen, daß es sich bei den späthethitisch-aramäischen Zitadellenbebauungen um geplante Anlagen handelt, die mit hohem personellem Aufwand errichtet wurden. Die verwendeten Steine mußten in entfernten Steinbrüchen abgebaut und zum Bauplatz transportiert werden. So wird z.B. angenommen, daß der Basalt für die Bauskulpturen in Zincirli, Sakcegözü und Ain Dara aus den Steinbrüchen in Yesemek stammt (Alkim 1978: 192). Spezialisierte Handwerker verarbeiteten dann die bossierten Steine vor Ort. Möglicherweise gab es zentrale Fertigungsstätten für bauplastische Arbeiten. Das Auftreten von formal nahezu identischer Bauplastik in weit voneinander entfernten Orten wie Tell Taynat und Zincirli (Taf. 16.I und 16.II) könnte ein Hinweis darauf sein.[6]

Alle Reliefdarstellungen wie auch die verschiedentlich daneben auftretenden Rundplastiken zeichnen sich durch eine starke Stilisierung und die Vernachlässigung von Details aus, was gelegentlich den Vergleich mit der zeitgleichen neuassyrischen Kunst des 9. und 8. Jh. v. Chr. herausforderte. Diese unterscheidet sich vor allem durch den dem narrativen Zweck der Darstellung angemessenen Detailreichtum deutlich von den späthethitisch-aramäischen Objekten (Taf. 16.III). Innerhalb der Motive lassen sich offizielle (königliche Prozessionen), sakrale (Göttermotive) und profane (Tierkapelle) Darstellungen unterscheiden. Insbesondere in den ikonographischen Details der Götterdarstellungen sind Anklänge an Motive des 2. Jt. v. Chr., speziell der hethitischen Großreichszeit, unübersehbar.

Obwohl die archäologischen Ausgrabungen eine Vielzahl von Fakten erbracht haben, ist es relativ schwierig, ihnen Informationen über die interne politische, soziale

---

[6] Es wurde vermutet, daß der Palast von Tell Taynat vom gleichen Baumeister wie das Gebäude K in Zincirli errichtet worden sei (Naumann 1971: 416).

und ökonomische Struktur der späthethitischen bzw. aramäischen Reiche zu entnehmen. Wie die Inschriften aus Karkamiš und Zincirli[7] belegen, stand an der Spitze der jeweiligen Reiche offensichtlich die zentrale Institution eines Königs. Weitere politische und administrative Instanzen innerhalb der Gesellschaft lassen sich für den Zeitraum vor der assyrischen Annexion nur schwer erkennen. In assyrischer Zeit wurde ein Verwaltungssystem aus Zivil- und Militärbeamten etabliert, an dessen Spitze ein Statthalter stehen konnte, der für die Nutzung der lokalen Ressourcen im assyrischen Sinne verantwortlich war (Labat 1967: 42-43).

Ebenso unklar wie die genaue Herrschaftsstruktur ist auch die Flächenausdehnung dieser Staaten sowie ihre ökonomische Basis. Gelegentlich werden die politischen Einheiten als "Stadtstaaten" angesprochen (Hrouda 1971: 252). Hierbei müßte es sich per Definition um den zentralen Ort und sein Umland unbestimmter Größe handeln, dessen Ressourcen zur Versorgung des Zentrums dienten. Möglicherweise bestanden die Fürstentümer jedoch aus einem größeren Territorium mit einem Hauptzentrum und kleineren Subzentren, wie das Beispiel Sam'al mit Zincirli als Residenz und Sakcegözü als untergeordnetem Ort zeigt (Winter 1973: 210 ff.).

Hinsichtlich der wirtschaftlichen Basis kann, aufgrund archäologischer Untersuchungen älterer Perioden allgemein eine kombinierte Felder- und Weidewirtschaft angenommen werden. Die Absenz bestimmter Merkmale, wie z.B. zentraler Vorratseinrichtungen im Zitadellengebiet, wie sie aus Urartu belegt sind (s.u.), deutet auf eine individuelle Subsistenzwirtschaft. Unklar ist, wie den in dieser Region häufiger auftretenden klimatischen Schwankungen begegnet wurde. Intensivierte Landwirtschaft mit Hilfe von künstlicher Bewässerung wurde bisher nicht nachgewiesen.[8]

Urartu

Unter dem Begriff "Urartu" wird seit dem 9. Jh. in assyrischen Quellen eine aus verschiedenen Stämmen bestehende Koalition unter der Herrschaft eines zentralen Königs verstanden, deren zentrales Gebiet die Ebene von Van mit der Hauptstadt Tušpa im heutigen Ostanatolien bildete.[9] Das urartäische Herrschaftsgebiet, bestehend aus dem Gebirgsland des östlichen Taurus und den nördlichen Zagrosausläufern mit zahlreichen kleineren und größeren Ebenen ist eine schwer zugängliche Region, die nur durch einige Paßstraßen zu erreichen ist. Die klimatischen Bedingungen entsprechen mit relativ kühlen Sommern und strengen, schneereichen Wintern denen einer Hochgebirgsregion.

Die historische Überlieferung kann sich außer auf die assyrischen Schriftquellen auch auf urartäische Texte stützen. Bei den letztgenannten handelt es sich fast ausschließ-

---

[7] Orthmann 1971: 169; zu Karkamiš s. Hawkins 1980: 426 ff.; zu Zincirli / Sam'al s. Landsberger 1948.

[8] Auch die zahlreichen neueren archäologischen Oberflächenuntersuchungen im nordsyrisch-südostanatolischen Raum haben bisher nur relativ wenig Hinweise für die eisenzeitliche Besiedlung und Landnutzung Nordsyriens erbracht. Eine Ausnahme bilden die Untersuchungen in der Region des unteren Ḫabur, die in der mittleren Eisenzeit als Provinz zum neuassyrischen Reich gehörte. Hier wird für das 7. Jh. v. Chr. eine ausgedehnte Bewässerungswirtschaft angenommen (Kühne 1990: 193 ff.).

[9] Der Begriff "Urartu" ersetzt die älteren assyrischen Benennungen "Uruatri" oder "Nairi-Länder" für die Region zwischen oberem Euphrat und oberem Zab (Zimansky 1985: 49).

lich um Monumentalinschriften, die in urartäischer Sprache mit assyrischen Schriftzeichen in Felsen oder Steinbauten eingemeißelt wurden. Königsannalen liegen nur von Argišti I. (785 / 780 - ca. 760 v. Chr.) und Sarduri II. (ca. 760 - ca. 730 v. Chr.)[10] vor. Tontafeln finden sich dagegen nur in sehr geringem Umfang (Zimansky 1985: 5-6). Die zahlreichen Funde gesiegelter und ungesiegelter Tonbullen werden als administrative Kontrollmittel für die Nahrungsmittelproduktion gedeutet (Kroll 1980: 30).

Urartu, dessen Ursprünge als eigenständiges Staatswesen im Dunkeln liegen, tritt in den Quellen erst durch Auseinandersetzungen mit Assyrien im 9. Jh. deutlicher hervor.[11] Dieser Zeitraum ist auch in Urartu durch expansionistische Tendenzen gekennzeichnet, deren Höhepunkt mit der urartäischen Machtausdehnung Mitte des 8. Jh. erreicht ist, als der Staat im Westen bis zum Euphratbogen reichte, im Norden die Sevansee-Ebene umfaßte und im Osten den Urmia-See einschloß (Röllig 1992). Als Expansionsgründe werden u.a. Faktoren wie Sicherheitsbestrebungen und die Erzielung materiellen Profits vermutet. Kriegsbeute in Form von Geräten und Vieh sowie Gefangennahme, Deportation und Zwangsarbeit großer Bevölkerungsgruppen bildeten die Basis für die Erhöhung der Produktivität in der Landwirtschaft und waren zugleich Voraussetzung für die Schaffung großer Bauanlagen (Zimansky 1985: 53-54; Tab. 8).

Durch seine territoriale Ausdehnung war Urartu zu einem auch politisch-militärisch gewichtigen Faktor innerhalb der eisenzeitlichen Staatenwelt Vorderasiens geworden, der verschiedentlich auch in die assyrischen Auseinandersetzungen mit den späthethitisch-aramäischen Staaten involviert war. Unter den zahlreichen assyrischen Militäroperationen gegen Urartu ist die letzte große Aktion, der 8. Feldzug Sargons II. im Jahr 714 v. Chr., von den Assyrern in Wort und Bild besonders detailliert dokumentiert. Die Zerstörung des Haupttempels der wichtigsten urartäischen Gottheit Ḫaldi in Musasir[12] und die dort errungenen ungeheuren Beutemengen[13] bildeten den Kern der Darstellungen (Abb. 16.5; Kessler 1986: 66 ff.).

Trotz des von Assyrien beanspruchten Sieges stand Urartu nie unter direkter assyrischer Kontrolle. Einer der Gründe dafür könnte die Topographie des Landes gewesen sein, die eine dauerhafte Einflußnahme erschwerte. Urartu blieb bis zum Ende seiner Geschichte ein selbständiges Staatswesen, das erst durch grundlegende Veränderungen in der Region, die mit dem Auftauchen neuer Völker am Ende des 7. Jh. in Verbindung gebracht werden, verschwand (Kessler 1986: 74-75).

Der Beginn der Urartu-Forschung liegt bereits in der ersten Hälfte des 19. Jh. Einen ersten Höhepunkt bildeten jedoch erst die Forschungsreisen von C.-F. Lehmann-

---

10 Daten nach Salvini, Xenia 17,1986: Zeittafel.

11 Es wird angenommen, daß die häufigen assyrischen Plünderungszüge gegen Uruatri im Zeitraum zwischen den 13. und 9. Jh. v. Chr. Anlaß für den Zusammenschluß der autonomen Stämme zu einem Staat gewesen seien. Der späte Zeitpunkt für diese zentralistische Entwicklung soll mit der zunehmenden assyrischen Aggression im 9. Jh. v. Chr. zusammenhängen (Zimansky 1985: 48 ff.).

12 Musasir soll mit dem modernen Mudjesir im nordirakischen Kurdistan identisch sein (Boehmer 1973: 479 ff.).

13 Die Aufzählung umfaßt neben zahllosen Gold- und Silberobjekten große Mengen von Elfenbein-, Holz- und Bronzeartefakten sowie viele Statuen (Luckenbill 1927: 95 ff.).

Haupt und W. Belck Ende des 19. Jh., durch die zahlreiche Fels- und Bauinschriften bekannt wurden. Die dabei unternommenen Ausgrabungen in Toprakkale (urart. Rusaḫinili / Rusa-Stadt), wo bereits in den achtziger Jahren des letzten Jahrhunderts einige Schürfungen durchgeführt worden waren, stehen am Beginn der archäologischen Erforschung (Wartke 1990). Seit den dreißiger Jahren werden Grabungen an den Zitadellen von Karmir Blur (urart. Teišebaini), Arinberd (urart. Irpuni) und Armavir (urart. Argištihinili) in Armenien durchgeführt. Weitere umfangreichere Arbeiten in der Türkei wurden jedoch erst in den fünfziger Jahren wieder aufgenommen. Hier sind besonders die Orte Çavuştepe, Adilcevaz, Patnos, Kayalidere und Altıntepe zu nennen. Daneben fanden seit den sechziger Jahren zahlreiche Oberflächenuntersuchungen urartäischer Burganlagen in Iranisch-Azerbaidjan statt, wobei an den Festungen Bastam und Zendan-i Suleiman auch umfassende Ausgrabungen durchgeführt wurden.[14] Auch neuere Arbeiten in der Vansee-Region widmen sich der Untersuchung von Burganlagen (Tarhan und Sevin 1992: 407 ff.; Belli 1992: 441 ff.; Çilingiroğlu 1992a: 431 ff.). Diese systematischen Ausgrabungen bilden die Basis für die Erforschung der urartäischen Kultur in ihrem historisch-chronologischen Kontext. Das ist umso wichtiger, als vor allem in Ostanatolien durch Raubgrabungen zahlreiche Objekte aus ihrem urspünglichen Kontext entfernt wurden und eine chronologische Einordnung des Materials daher oft nur sehr bedingt möglich ist (Wartke 1993:33).

Die Konzentration der archäologischen Urartu-Forschung auf die Untersuchung von befestigten Zitadellen ermöglicht inzwischen einen recht detaillierten Überblick über deren Bau- und Konstruktionsweise. Es handelt sich in der Regel um ummauerte Anlagen, die auf abgearbeiteten Felsristen errichtet wurden und deren Außenmauern aus einem Fundament gut behauener Steinquader mit aufgehendem Lehmziegelmauerwerk bestanden (Kroll 1980: 23). Innerhalb der Burgen lagen offizielle Bauten, Tempelanlagen, umfangreiche Magazine und Werkstätten (Abb. 16.6 und 16.7). Wohnsiedlungen befanden sich am Fuß des Burgberges, wie die Beispiele Bastam, Van und Karmir Blur zeigen. Die Ergebnisse der Ausgrabungen in Karmir Blur / Teišebaini, das im 7. Jh. durch Rusa II. gegründet wurde, geben ein besonders detailliertes Bild einer urartäischen Burganlage. Die Festung war Sitz einer Garnison sowie Verwaltungs- und Produktionszentrum. Aus Tributen stammende Rohstoffe wurden auf der Zitadelle verarbeitet und später in die Hauptstadt Tušpa geschickt (Piotrovskii 1980: 138 ff.). Die gleichförmigen Bauten der Wohnstadt unterhalb der Zitadelle werden hier als geplante Anlage für umgesiedelte Bevölkerungsteile gedeutet (Piotrovskii 1980: 169). Andernorts ist jedoch die Kenntnis über einfache domestikale Strukturen bisher relativ gering. Nur sehr vereinzelt sind bisher größere Profanbauten und dörfliche Siedlungen freigelegt worden. In Norşun-Tepe an der westlichen Peripherie des urartäischen Reiches wurde ein regelmäßig strukturierter Gebäudegrundriß freigelegt, der als "Herrensitz" angesprochen wird (Hauptmann 1969-70: 67). Sakralbauten wie in Altıntepe (Abb. 16.8) und Toprakkale entsprechen dem aus den assyrischen Reliefs bekannten Quadratschema des Ḫaldi-Tem-

---

14 Einen umfassenden Überblick über den archäologischen und philologischen Denkmälerbestand bis Anfang der siebziger Jahre bieten Kleiss und Hauptmann 1976.

pels in Musasir. Zu den systematisch untersuchten Grabanlagen gehören Kammergräber in Altıntepe und Nekropolen mit verschiedenen Grabtypen in Van-Dilkaya (Çilingiroğlu 1987: 233 ff.; 1992b: 477 ff.).

Unter den Artefakten sind vor allem die Bronzefunde hervorzuheben. Es handelt sich dabei um Gefäße, Geräte, Waffen und zahlreiche Objekte, die mit Rüstungen zu verbinden sind, wie z.B. figurativ verzierte Gürtelbleche (Abb. 16.9 und 16.10). Viele Motive weisen in ihrer Ikonographie auf assyrischen Einfluß hin (Wartke 1993: 170). In technischer Hinsicht und auch hinsichtlich der Anzahl überkommener Objekte stellt die urartäische Toreutik einen Höhepunkt altorientalischer Metallverarbeitungskunst dar.

Die zahlreichen, nur mit erheblichem personellem Aufwand zu errichtenden und bewirtschaftenden Burganlagen dokumentieren, daß eine große Personenzahl für diese Arbeiten rekrutiert worden sein muß. Wie bereits erwähnt, belegen die urartäischen Königsannalen, daß die unternommenen Feldzüge dem Zweck der Gebietsannexion und der Sklavenrekrutierung dienten. Die durch Deportierte errichteten Burganlagen waren Teil einer dezentralen Herrschaftsstruktur mit einzelnen Provinzen, die eine Vielzahl von Gouverneuren unter der Herrschaft eines Königs vereinte (Zimansky 1985: 94). Neben ihrer Funktion als Herrschersitze dienten die Zitadellen in Krisenzeiten wohl auch als Fluchtburgen.

Daneben dürften jedoch in den Talebenen dörfliche Siedlungen vorhanden gewesen sein, von denen aus die landwirtschaftliche Nutzung der Täler erfolgte. Das ausgeklügelte urartäische Bewässerungssystem mit Hilfe von Kanälen und Dämmen (Burney 1972: 179 ff.) weist jedenfalls auf eine sehr entwickelte Agrikultur hin, die auf die permanente Präsenz der Betreiber und Nutzer angewiesen war. Die landwirtschaftlichen Erträge bildeten zum großen Teil die Basis einer "Palastwirtschaft", durch die große Bevölkerungsteile zentral mit Nahrungsmitteln versorgt wurden (Wartke 1993: 83).

Phrygien

Das zentralanatolische Phrygien läßt sich historisch erst im 8. Jh. v. Chr. nachweisen. In assyrischen Texten werden ein Volk namens "Muški" und sein König namens "Mita" genannt. Aufgrund der Namensähnlichkeit zwischen dem aus der Antike bekannten "Midas" und "Mita" schloß man auf den Synchronismus "Muški" = "Phrygien".[15] Das Auftauchen der Phryger in unterschiedlichem historischem Kontext hat in der Vergangenheit zu verschiedenen Hypothesen über weitreichende Wanderbewegungen geführt. Allgemein wird heute angenommen, daß die Phryger zu den nicht-autochthonen Stämmen Kleinasiens gehören und nach den Ereignissen um 1200 v. Chr. aus dem thrakischen Raum eingewandert sind (Mellink 1993: 621). Im Laufe der nächsten dreihundert Jahre wurden sie zur dominierenden Bevölkerungsgruppe des zentralanatolischen Hochplateaus, wobei jedoch bisher nicht deutlich ist, in welchem Umfang "einheimische", d.h. in der hethitischen Tradition stehende Völker nach 1200 dort noch ansässig waren.

---

[15] Die Volks- oder Stammesbezeichnung "Muški" taucht bereits in assyrischen Texten aus der Zeit Tiglatpilesars I. (1115-1077 v. Chr.) auf, wo ihre Ansiedlung im Gebiet des oberen Euphrats im heutigen Ostanatolien beschrieben wird (Luckenbill 1926: §221, 74).

Das phrygische Siedlungsgebiet läßt sich in drei Bereiche untergliedern: Zentralphrygien mit der Hauptstadt Gordion, Westphrygien mit Midasstadt-Yazilikaya als einem Zentrum und Ostphrygien mit den wichtigen Orten Boğazköy und Alişar (Prayon 1987: Abb. 1).[16] Die letztgenannte Region entspricht dem Kerngebiet des hethitischen Reiches im 2. Jt. v. Chr. Die genaue Ausdehnung des Landes in ungewiß. Tabal und Urartu bilden die Nachbarn im Süden und Osten.

Neben den assyrischen Schriftbelegen sind aus Phrygien selbst Texte in einer dem Frühgriechischen ähnlichen Schrift bekannt. Aus der frühphrygischen Zeit finden sich jedoch nur wenige Beispiele, denen sich zudem keine Informationen über historisch-politische Entwicklungen entnehmen lassen (Brixhe und Lejeune 1984). Die von antiken Autoren, wie z.B. Herodot, überlieferten Nachrichten beziehen sich erst auf den Zeitraum ab dem 5. Jh. v. Chr. In historischer Hinsicht ist daher aus der frühphrygischen Zeit nur wenig bekannt.

Mita von Muški war zur Regierungszeit Sargons II. und Tiglat-Pilesars III. mehrfach in antiassyrische Koalitionen verwickelt und gilt häufig als deren Initiator. Ende des 8. Jh. mußte jedoch auch Phrygien die assyrische Oberhoheit anerkennen. Die bald darauf erfolgte Zerstörung der phrygischen Hauptstadt Gordion, die auf Kimmerereinfälle zurückgeführt wird, bedeutete jedoch offensichtlich auch das Ende der phrygisch-assyrischen Beziehungen. In der darauffolgenden Zeit vom Ende des 7. bis Mitte des 6. Jh. geriet Phrygien unter den Einfluß der westkleinasiatischen Lyder. Nach der persischen Eroberung Mitte des 6. Jh. bildete Phrygien, das zu diesem Zeitpunkt wohl in kleinere Fürstentümer unterteilt war, einen Pufferstaat zwischen Lydern und Persern.

Das Gebiet Phrygiens, insbesondere der Siedlungshügel Yassihöyük, in dem schon früh die phrygische Hauptstadt Gordion identifiziert werden konnte, wurde Ende des 19. Jahrhunderts erstmals intensiver untersucht. In den dreißiger bis fünfziger Jahren waren dann die in Zentral- und Westphrygien gelegenen Siedlungen, Felsfassaden und Freiluftaltäre das Ziel ausgedehnter Regionalforschungen. Die seit 1950 wiederaufgenommenen Ausgrabungen in Gordion bilden jedoch nach wie vor das Zentrum der Phrygienforschung, obwohl phrygische Schichten auch in einigen anderen Siedlungshügeln wie Alişar Hüyük (von der Osten 1937) und Boğazköy (Neve 1982) in größerem Umfang freigelegt wurden.

Die Ausgrabungsergebnisse in Gordion haben neben weitreichenden Erkenntnissen über die phrygische Zeit auch den andernorts bisher nicht faßbaren Übergang zwischen Spätbronze- und Früheisenzeit beleuchtet, wobei jedoch bisher nicht klar ist, ob ein durchgehender Siedlungshiatus am Ende der Spätbronzezeit vorliegt (Sams und Voigt 1989: 80-81). Großflächig archäologisch erfaßt wurde dann der Zeitraum vom 8. bis zum 4. Jh. v. Chr. Der darauffolgende Niedergang wird auf ein Erdbeben zurückgeführt. In frühphrygischer (8. Jh.) und mittelphrygischer Zeit (Ende 7. - Anfang 4. Jh.) ist das zentrale Stadtgebiet mit seinem Palastareal durch die geplante Errichtung großer Megaronbauten (Abb. 16.11), einer in Westkleinasien und dem ägäischen Raum seit dem 3.

---

[16] Zur Problematik der geographisch-kulturellen Abgrenzung zwischen Phrygien und den Nachbarregionen s. Muscarella 1988a: 417-418.

Jt. v. Chr. geläufigen Bauform, gekennzeichnet. Die monumentalen Anlagen, zu denen sowohl Repräsentationsbauten als auch Vorratsräume und Produktionsstätten für Nahrungsmittel gehören, basieren auf einem geplanten Schema und unterlagen vielfachen Veränderungen und Umbauten, wobei die starke Kontinuität innerhalb der Baustrukturen über einen Zeitraum von mehreren Jahrhunderten auffällig ist (de Vries 1990: 371 ff.).

Die in Boğazköy und Alişar festgestellten Architekturbefunde unterscheiden sich deutlich von den gordischen Anlagen. Die in Boğazköy erfaßte Wohnbebauung folgt in einfacherer Ausprägung ebenfalls dem Megaron-Schema, während die als "Palast" gedeutete, größere Baustruktur auf Büyükkale eine unregelmäßige Anlage mit Innenhof bildet (Abb. 16. 12 und 16. 13; Neve 1982: 142 ff.). Die Zitadelle von Alişar weist innerhalb der starken Ummauerung nur wenige repräsentative Bauten auf (von der Osten 1937: 1 ff.).

Die in Gordion und auch andernorts, z.B. in Ankara nachgewiesenen Tumulusbestattungen bilden eine Besonderheit im kleinasiatischen Raum, die mit der Einwanderung thrakischer Stämme Ende des 2. Jt. in Verbindung gebracht wird. Die Grabkammern der Tumuli in Gordion wiesen ein reiches Inventar mit Holzmöbeln, Metall- und Keramikgefäßen sowie zahlreichen kleineren Objekten auf. Der größte Grabhügel MM, in dem man das Skelett eines etwa sechzigjährigen Mannes fand, wird als Grab des Midas gedeutet (Young 1981: 271-272).

Objekte des Kunsthandwerks haben aufgrund der offensichtlichen Einflüsse anderer zeitgleicher Kulturen aus dem Osten und Westen in der Vergangenheit häufig die Frage nach der "Eigenständigkeit" phrygischer Kultur aufgeworfen. Der außerordentlich hohe handwerkliche Standard läßt sich in allen Artefaktgruppen nachweisen. Prunkmöbel sowie Bronzegefäße und -geräte bilden dabei die auffälligsten Objektgruppen aus den Grabkammern. Bemalte Keramik und Elfenbeinarbeiten wurden in zahlreichen Varianten im Palastareal Gordions gefunden. Relativ selten sind Rund- und Flachbilder. Ab der mittelphrygischen Zeit, d.h. vom Ende des 7. Jh. v. Chr. an, lassen sich verstärkt Kontakte zum griechisch-ägäischen Raum nachweisen, die sich in entsprechenden Importen oder in formalen Anleihen etwa in der Plastik ausdrücken. Die in Boğazköy gefundene Statue der Kybele, der phrygischen Hauptgöttin, aus dem 6. Jh. (Taf. 16.IV), zeigt entsprechende Bezüge (Prayon 1987: 41 ff.).

Inwieweit sich die Unterschiede in der materiellen Kultur Gordions zu der der anderen o.g. Orten auf die unterschiedlichen Funktionen bzw. "Ränge" der Siedlungen (Hauptzentrum / Königsresidenz gegen lokales Zentrum) zurückführen lassen oder ob in den einzelnen Reichsteilen verschiedene lokale Traditionen dafür verantwortlich sind - möglicherweise auf verschiedenen Ethnien basierend -, ist momentan nicht zu entscheiden. Generell gilt jedoch Phrygien als Mittler zwischen der orientalischen Welt und dem griechischen Raum.[17]

---

[17] Unter den Kleinfunden und der Plastik lassen sich neben nordsyrischen auch assyrisch-urartäische, kypro-phönikische, griechische, persisch-achämenidische und lydische Importe nachweisen (Prayon 1987:183).

Obwohl die Ausgrabungen in Gordion eine überwältigende Fülle von Informationen erbracht haben, lassen sich hinsichtlich administrativer und sozio-ökonomischer Merkmale bisher nur wenige Aussagen treffen. Daß im 8. Jh. ein zentraler Herrscher an der Spitze des Reiches stand, zeigen die wiederholten Nennungen des Mita in assyrischen Texten. Die relativ große Ausdehnung des Reiches und die in Ost- und Westphrygien festgestellten Zitadellen von Boğazköy, Alişar und Midas-Stadt dürften Hınweise auf die Existenz von kleineren Zentren sein. Ob diese eher autonom existierten oder ob es sich um einen zentral organisierten Staat handelte, ist nicht deutlich. Möglicherweise existierte in Phrygien vor dem 8. Jh. eine ähnlich kleinteilige Herrschaftsform, wie sie für das benachbarte Tabal belegt ist.[18] Planung und Ausführung einer Monumentalanlage wie des Palastareals von Gordion, Rohstoffimporte für die Fertigung von Luxusgütern und handwerkliche Spezialisierung, die sich aus den Artefakten ablesen lassen, weisen auf einen hohen Organisationsgrad innerhalb der Gesellschaft hin, der sich jedoch vorerst nicht weiter spezifizieren läßt.

Interregionale Beziehungen

Aus den schriftlichen Quellen des 9. und 8. Jh. lassen sich sowohl die politischen Kontakte zwischen Assyrien und seinen Nachbarn ablesen als auch die temporären Verbindungen zwischen den von Assyrien bedrohten Regionen untereinander. Einige der kleinasiatischen Staaten Nordsyriens wie Melidu und Kummuḫi waren Urartu bereits im 9. Jh. tributpflichtig, standen also in einem Abhängigkeitsverhältnis. Tabal war ebenfalls zeitweise Ziel urartäischer Vorstöße, geriet jedoch nicht unter dessen Herrschaft: Die zeitweilige Kontrolle Urartus über Teile der Kleinfürstentümer fand in der Mitte des 8. Jh. Ausdruck in einer gemeinsamen anti-assyrischen Koalition. Anti-assyrische Bündnisse bestimmten auch die Verbindungen zwischen Phrygien und verschiedenen späthethitischen Staaten am Ende des 8. Jh. Ob diese temporären Kontakte jedoch eine breitere Basis hatten, läßt sich nicht entscheiden.

Aus dem archäologischen Kontext lassen sich interregionale Beziehungen zwar ebenfalls ablesen, jedoch ist auch hier die Definition von deren Art und Umfang schwierig. Neben Artefakten, die sich im jeweiligen Umfeld eindeutig als Importe klassifizieren lassen, finden sich zahlreiche Elemente in Architektur und Kunst, aus denen sich fremde Einflüsse nur indirekt, d.h. aufgrund stilkritischer und ikonographischer Vergleiche ablesen lassen. Häufig ist die Frage nach deren Ursprungsgebiet jedoch nicht eindeutig zu beantworten.

Eine besondere Rolle hinsichtlich des stilistischen Einflusses auf andere Regionen wird Werken aus dem nordsyrischen Raum zuerkannt. Die sich dort offensichtlich aus der Tradition von Kulturen des 2. Jt. v. Chr. entwickelnden Architekturmerkmale und

---

[18] Tabal war im 9. Jh. v. Chr. in eine Vielzahl autonomer Fürstentümer unterteilt, die im 8. Jh. v. Chr. jedoch offensichtlich unter einer zentralen Königsherrschaft zusammengeschlossen wurden (Wäfler 1983: 181 ff.).

die Formensprache haben offensichtlich auf die stilistische Entwicklung benachbarter Regionen eingewirkt. So wird z.B. angenommen, daß die nordsyrische Bauplastik (Relieforthostaten und Sphingen) eines der Vorbilder für die seit dem 9. Jh. v. Chr. auftretenden monumentalen Wandreliefs in assyrischen Palästen bildete. Ebenso scheint die Gebäudeform des sog. "bit ḫilani" eine nordsyrische Entwicklung zu sein, die in Assyrien in modifizierter Form Anwendung fand (Winter 1987: 357). Ähnlichkeiten zu nordsyrischen Reliefs lassen sich auch bei einigen in Gordion gefundenen reliefierten Orthostatenplatten belegen (Sams 1989: 447).

Neben diesen indirekt erschlossenen Einflüssen sind bestimmte Fundkategorien direkt auf Nordsyrien zurückführen. Die bekannteste Gruppe bilden hierbei Elfenbeinschnitzereien, die in großer Zahl in der assyrischen Hauptstadt Nimrud gefunden wurden. Die als "nordsyrisch" angesprochenen Stücke sind durch stilistische Merkmale, wie z.B. eine bestimmte Art der Gesichtszeichnung, charakterisiert, wie sie auch auf späthethitisch-aramäischen Reliefs auftreten (Abb. 16.14). Entweder wurden diese Stücke direkt in Nordsyrien gefertigt (Winter 1973: 282 ff.) oder vor Ort durch nordsyrische Handwerker hergestellt. Elfenbein, das sehr wahrscheinlich von Elefantenpopulationen der nordsyrischen Flußauenwälder stammte, kam als Rohmaterial und in verarbeiteter Form im Rahmen von Abgaben nach Assyrien. Elfenbeinobjekte, die stilistisch nach Nordsyrien verweisen, wurden auch in Gordion gefunden (Abb. 16.15; Young 1962: 166). Offensichtlich gab es jedoch in Gordion bereits in frühphrygischer Zeit eine eigene Fertigung, wie zahlreiche unbearbeitete Elfenbeinstücke belegen (Young 1964: 287).

Nordsyrische Einflüsse werden auch bei der Entwicklung der phrygischen Vasenmalerei vermutet. Sowohl Musterelemente auf Gefäßen des phrygischen sog. "Silhouettenstils" als auch Kraterformen (Abb. 16.16 und 16.17) sollen Übernahmen aus dem nordsyrischen Raum des 2. und 1. Jt. v. Chr. sein. Parallelen bestehen zu Alalaḫ und dem Yunus-Friedhof bei Karkamiš (Sams 1971: 355 ff.).

Eine Fertigung im nordsyrischen Raum wird vielfach auch bei bestimmten, in Phrygien gefundenen Bronzeobjekten vermutet. Es handelt sich hier v.a. um große Kessel mit Stier- oder Menschenkopfattaschen (sog. Assur-Attaschen; Abb. 16.18).[19] Diese Kessel, von denen sehr ähnliche Beispiele auch aus Urartu stammen, haben eine weite Verbreitung, wie entsprechende Funde in Olympia und Etrurien zeigen. Sie wurden lange Zeit als urartäische Produkte angesprochen (Piotrovskii 1967: 36 ff.). Aufgrund stilistischer Ähnlichkeiten der Attaschen mit späthethitisch-aramäischen Reliefdarstellungen wurde später jedoch ihr Ursprung in Nordsyrien angenommen (Herrmann 1966; Muscarella 1989: 340 ff.; Sams 1993: 549).[20] Aus dieser Region sind jedoch bis heute nur sehr wenige Bronzeobjekte bekannt geworden. Die nächstgelegenen Kupferminen,

---

[19] Anhand der zahlreichen Funde aus Gordion wurde nachgewiesen, daß neben importierten Bronzeobjekten viele Gefäße und Geräte offensichtlich aus phrygischer Produktion stammen (Muscarella 1988b: 183 ff.).

[20] Generell wird heute davon ausgegangen, daß die urartäische Toreutik nur in Urartu selbst und den angrenzenden nördlichen und nordwestlichen Gebieten von Bedeutung war, jedoch keinen Einfluß auf die Metallverarbeitung Zentralanatoliens, Nordsyriens und des Mittelmeerraums ausgeübt hat (Seidl 1988: 172).

die auch im Altertum schon ausgebeutet wurden, befinden sich in Ergani-Maden im Gebiet der Tigrisquellen (de Jesus 1980: Map 21) sowie auf Zypern. Offenbar hatten viele nordsyrische Staaten Zugang zu den Ressourcen. Aus assyrischen und urartäischen Texten geht jedenfalls hervor, daß große Mengen von Kupfer und anderen Metallen aus dem nordsyrischen Raum als Tribut oder Beute nach Assyrien und Urartu kamen (Winter 1988: 202). Das bisherige Fehlen metallverarbeitender Werkstätten im archäologischen Kontext Nordsyriens erschwert den Nachweis von möglichen Fertigungsstätten. Die Funde von Bronzekesseln mit Stierkopfattaschen in einem Tumulus in der Nähe von Niğde im Gebiet Tabals (Akkaya 1991: 25 ff.) könnten jedoch darauf hindeuten, daß sich in dieser Region (Hrouda 1971: 262) oder, wie auch vermutet wurde, in Melidu, Kummuḫi oder Qu'e Zentren für Metallverarbeitung befunden haben (van Loon 1966: 108).

Phrygische Objekte in späthethitisch-aramäischem und urartäischem Kontext treten ebenfalls nicht besonders häufig auf. Aus dem benachbarten Tabal sind Keramik-funde z.B. aus Kültepe (Özgüç 1971) und Göllüdağ (Tezcan 1992:15ff.) bekannt.[21] Phrygische Keramikgefäße wurden auch in Karkamiš / Yunus-Friedhof gefunden (Woolley 1939-40: Pl. 12). In Urartu belegen phrygische Fibeln (Abb. 16.19), die generell eine weite Verbreitung haben (Muscarella 1967: 58 ff.), sowie Askoi (Piotrovskii 1980: Abb. 59) Kontakte nach Westen. Nordsyrischer Ursprung wurde bei urartäischen Elfenbeinfunden vermutet (Winter 1973: 385-386).

Diese auf archäologischer Basis nachgewiesenen direkten Kontakte führen zur Frage nach den dahinterstehenden Austauschmechanismen. Bei den erfaßten Artefakt-gruppen fremder Provenienz handelt es sich fast ausschließlich um Objekte, die der Kate-gorie "Luxusgüter" zuzuordnen sind. Die Fundkontexte verweisen häufig auf Gräber oder offizielle Bereiche. Ein dem sog. "Prestigegüteraustausch" entsprechender "Han-del", wie er auf Palastebene im 2. Jt. v. Chr. gut belegt ist, ist in sehr reduzierter Form auch hier anzunehmen (Winter 1988: 209-210; s. Kap. 13).

Während der Handel zwischen Assyrien und seinen Nachbarn einen einseitigen Transfer von Gütern in Richtung Assyrien darstellte, der auf Beutegut aus den Feldzügen und erzwungenen Abgaben basierte, scheint es sich beim Austausch innerhalb der assyri-schen Nachbarregionen um einen nur gelegentlichen, nicht professionell organisierten Austausch gehandelt zu haben. Der geringe Umfang der ausgetauschten Güter könnte jedenfalls als entsprechendes Indiz hierfür verstanden werden. Das fast vollständige Fehlen schriftlicher Nachrichten über Handelsbeziehungen innerhalb und außerhalb Assyriens könnte ebenfalls entsprechend gedeutet werden (Leemans 1972-75: 87-88).[22]

Inwieweit die phönizischen Städte Handelsbeziehungen mit den nördlich gele-genen Kleinstaaten unterhielten und ob die seit dem 8. Jh. v. Chr. an der Levanteküste nachweisbaren Griechen entsprechende Verbindungen hatten, wie verschiedentlich ange-nommen wurde, läßt sich ebenfalls bislang nicht entscheiden.

---

[21] Aus dem Gebiet von Tabal sind auch mehrere phrygische Inschriften bekanntgeworden (Brixhe und Le-jeune 1984: Abb. S.X; Varinlioğlu 1991: 29; Brixhe 1991: 37 ff.).
[22] Ein Textbeleg aus Ninive aus dem 7. Jh. verweist auf die Existenz von nordsyrischen Händlern (Winter 1988: 212).

Unter den genannten regionalen Einheiten agierte Urartu teilweise nach ähnlichen Prinzipien wie Assyrien. Abgabenleistungen unterworfener Völker bildeten auch dort einen wesentlichen Teil der Staatseinnahmen. Neben der durch die Ausbeutung eigener bzw. annektierter Ressourcen ermöglichten Autarkie bildete sicher auch die Unzugänglichkeit des Geländes einen wesentlichen Grund für die relativ spärlichen Belege urartäischer Außenkontakte.

Auch die Beziehungen zwischen Phrygien und Nordsyrien weisen nicht auf regelmäßigen Austausch oder kontinuierliche Handelskontakte hin. Mit Ausnahme von Elfenbein, das offensichtlich auch in Rohform importiert wurde, sowie Bronzeobjekten lassen sich keine weiteren Importe aus Nordsyrien erkennen. Daß jedoch zahlreiche Anregungen aus der Region übernommen wurden, ist unbestreitbar. Die eigenständige Verarbeitung solcher und anderer Anregungen bilden ein Charakteristikum phrygischer Kultur.

Obwohl sich also sowohl politische als auch kulturelle Kontakte zwischen Assyrien, Urartu, Nordsyrien und Phrygien über einen Zeitraum von etwa zweihundert Jahren deutlich abzeichnen, gibt es bisher nur wenige Indizien für Handelsaktivitäten, die über einen erzwungenen einseitigen Transfer von Rohstoffen und Objekten in Richtung Assyrien hinausweisen. Daß jedoch überregionale, von kleineren Staaten betriebene Handelsnetze im 8. Jh. v. Chr. noch existiert haben, geht aus neueren Textbelegen hervor, die südarabische Handelskarawanen am mittleren Euphrat nennen (Cavigneaux und Ismail 1990: 339).

Bibliographie

Akkaya, M.

1991   "Objets phrygiens en bronze du tumulus de Kaynarca". In B. le Guen-Pollet und O. Pelon, Hrsg.: *La Cappadoce méridionale jusqu`à la fin de l`époque Romaine. Etat des recherches*, S.25-28. Paris: Éditions Recherches sur les Civilisations.

Akyurt, M., B. Devam, H. Erkanal und T. Ökse

1992   "1991 Girnavaz Kazilari". *Kazi Sonuçlari Toplantasi* 14 (1): 267-280.

Alkim, U.B.

1968-69   *Anatolien I. Von den Anfängen bis zum Ende des 2. Jahrtausends v. Chr.* München: Nagel Verlag.

Barnett, R.D.

1982   *Ancient Ivories in the Middle East.* Jerusalem: Monographs of the Institute of Archaeology, The Hebrew University of Jerusalem (QEDEM 14).

Belli, O.

1992   "1991 Yılı Anzaf Urartu Kaleleri Kazisi". *Kazi Sonuçlari Toplantasi* 14(1): 441-468.

Bittel, K.

1959   "Untersuchungen auf Büyükkale". *Mitteilungen der deutschen Orient-Gesellschaft* 91: 57-72.

1970   *Hattusha. The Capital of the Hittites.* New York: Oxford University Press.

Beran, T.

1963   "Eine Kultstätte phrygischer Zeit in Boğazköy". *Mitteilungen der deutschen Orient-Gesellschaft* 94: 33-52.

Boehmer, R.M.

1973   "Forschungen in und um Mudjesir (Irakisch-Kurdistan)". *Archäologischer Anzeiger*, 479-521.

1979   *Die Kleinfunde der Unterstadt von Boğazköy, Boğazköy-Ḫattuša*. Berlin: Gebrüder Mann Verlag.

Bossert, H.T.

1942   *Altanatolien. Kunst und Handwerk in Kleinasien von den Anfängen bis zum völligen Aufgehen in der griechischen Kunst*. Berlin: Ernst Wasmuth.

Brixhe, C.

1991   "Les inscriptions paléo-phrygiennes de Tyane: leur intéret linguistique et historique". In B. le Guen-Pollet und O. Pelon, Hrsg: *La Cappadoce méridionale jusqu'à la fin de l'époque Romaine. État des recherches*, S. 37-48. Paris: Éditions Recherches sur les Civilisations.

Brixhe, C. und M. Lejeune

1984   *Corpus des inscriptions paléo-phrygiennes*. Paris: Éditions Recherche sur les Civilisations.

Bunnens, G.

1990   *Tell Ahmar: 1988 Season*. Abr Nahrain, Supplement Series 2. Leuven: Uitgeverij Peeters.

Burney, C.

1972   "Urartian Irrigation Works". *Anatolian Studies* 22: 179-186.

Çambel, H.

1993   "Das Freilichtmuseum von Karatepe-Aslantaş". *Istanbuler Mitteilungen* 43: 495-509.

Cavigneaux, A. und B.K. Ismail

1990   "Die Statthalter von Suḫu und Mari im 8. Jh. v. Chr. anhand neuer Texte aus den irakischen Grabungen im Staugebiet des Qadissiya-Damms". *Baghdader Mitteilungen* 21: 321-456.

Çilingiroğlu, A.

1987   "Van-Dilkaya Höyüğü Kazisi". *Kazi Sonuçlari Toplantasi* 9 (1): 229-247.

1992a   "Van Ayanis (Ağartı Kalesi Kazilari, 1990-1991". *Kazi Sonuçlari Toplantasi* 14 (1): 431-439.

1992b   "Van-Dilkaya Höyüğü Kazilari Kapaniş". *Kazi Sonuçlari Toplantasi* 14(1): 469-491.

de Vries, K.

1990   "The Gordion Excavation Seasons of 1969-1973 and Subsequent Research". *American Journal of Archaeology* 94: 371-406.

French, D.H.

1990   "Tille Höyük 1989". *Kazi Sonuçlari Toplantasi* 12(1): 311-323.

1991   "Tille 1990". *Kazi Sonuçlari Toplantasi* 13(1): 337-352.

Genge, H.

1979   *Nordsyrisch-südanatolische Reliefs. Eine archäologische Untersuchung. Datierung und Bestimmung 1.2*. Kongelige Danske Videnskabernes Selskab. Historisk-filosofiske Meddeler 49 / 1.2. Kopenhagen: Munksgaard in Kommission.

Hauptmann, H.

1969-70   "Norşun-Tepe. Historische Geographie und Ergebnisse der Grabungen 1968 / 69". *Istanbuler Mitteilungen* 19 / 20: 21-78.

Hauptmann, H.

1987-90 "Lidar Höyük". In D.O. Edzard et al, Hrsg.: *Reallexikon der Assyriologie,* Band 7, S. 15-16. Berlin: Walter de Gruyter & Co.

Hawkins, J.D.

1980 "Karkamiš". In D.O. Edzard et al., Hrsg.: *Reallexikon der Assyriologie,* Band 5, S. 426-446.

1988 "Kuzi-Tešub and the 'Great Kings' of Karkamiš". *Anatolian Studies* 38: 99-108.

Herrmann, H.-V.

1966 "Urartu und Griechenland". *Jahrbuch des Deutschen Archäologischen Instituts* 81: 79-141.

Hrouda, B.

1971 *Vorderasien I. Mesopotamien, Babylonien, Iran und Anatolien.* München: C.H. Beck'sche Verlagsbuchhandlung.

de Jesus, P.S.

1980 *The Development of Prehistoric Mining and Metallurgy in Anatolia.* Oxford: British Archaeological Reports, International Series 74 (2).

Kessler, K.

1986 "Zu den Beziehungen zwischen Urartu und Mesopotamien". In V. Haas, Hrsg.: *Das Reich Urartu. Ein altorientalischer Staat im 1. Jahrtausend v. Chr.,* S. 59-86. Konstanz: Universitätsverlag Konstanz. Konstanzer Altorientalische Symposien Bd. 1, Xenia 17.

1991 Das neuassyrische Reich der Sargoniden (720-612 v. Chr.) und das neubabylonische Reich (612-539 v. Chr.). *Tübinger Atlas des Vorderen Orients,* Karte B IV 13. Tübingen.

Kleiss, W.

1988 *Bastam II. Ausgrabungen in den urartäischen Anlagen 1977-1978.* Berlin: Gebrüder Mann.

Kleiss, W., und H. Hauptmann

1976 *Topographische Karte von Urartu. Verzeichnis der Fundorte und Bibliographie.* Archäologische Mitteilungen aus Iran, Ergänzungsband 3. Berlin: Dietrich Reimer.

Klengel, H.

1992 *Syria 3000 to 300 B.C. A Handbook of Political History.* Berlin: Akademie-Verlag.

Kroll, S.

1980 *Urartu. Ein wiederentdeckter Rivale Assyriens.* Katalog zur Sonderausstellung. Westfälisches Landesmuseum für Vor- und Frühgeschichte, Landschaftsverband Westfalen-Lippe.

Kühne, H.

1990 "Ein Bewässerungssystem des ersten Jahrtausends v. Chr. am Unteren Ḫābūr". In B. Geyer, Hrsg.: *Techniques et pratiques hydro-agricoles traditionelles en domaine irrigué,* S. 193-215. Paris: Librairie Orientaliste Paul Geuthner.

1989-90 "Tall Šeḫ Ḥamad". *Archiv für Orientforschung* 36-37: 308-322.

Labat, R.

1967 "Assyrien und seine Nachbarländer (Babylonien, Elam, Iran) von 1000 bis 617 v. Chr.". In E. Cassin, J. Bottéro und J. Vercoutter, Hrsg.: *Die Altorientalischen Reiche III. Die erste Hälfte des 1. Jahrtausends.* S. 9-111. Frankfurt a.M.: Fischer.

Landsberger, B.

1948 *Sam'al. Studien zur Entdeckung der Ruinenstätte Karatepe.* Ankara: Veröffentlichung der Türkischen Historischen Gesellschaft VII. Serie, Nr. 16

Lebeau, M.

1983   *La céramique de l'age de Fer II-III à Tell Abou Danné et ses rapports avec la céramique contemporaine en Syrie*. Paris: Éditions Recherche sur les Civilisations, Cahier Nr. 12.

Leemans, W.F.

1972-75   "Handel". In D.O. Edzard et al., Hrsg.: *Reallexikon der Assyriologie* Band 4, S. 76-90. Berlin: Walter de Gruyter.

van Loon, M.N.

1966   *Urartian Art. Its Distinctive Traits in the Light of New Excavations*. Istanbul: Uitgaven van het Nederlands Historisch-Archaeologisch Instituut te Istanbul XX.

Luckenbill, D.D.

1926   *Ancient Records of Assyria and Babylonia. Vol.I: Historical Records of Assyria from the Earliest Times to Sargon*. Chicago: University of Chicago Press.

1927   *Ancient Records of Assyria and Babylonia. Vol.II: Historical Records of Assyria from Sargon to the End*. Chicago: University of Chicago Press.

Luschan, F. von

1898   *Ausgrabungen in Sendschirli, Band II. Ausgrabungsbericht und Architektur*. Berlin: W. Spemann.

Mazzoni, S.

1994   "Afis". *American Journal of Archaeology* 98: 146-149.

Mellink, M.

1993   *The Native Kingdoms of Anatolia*. In J. Boardman, Hrsg.: *The Cambridge Ancient History*, 2. Auflage, Vol. III, Teil 2, S. 619-665. Cambridge: Cambridge University Press.

Muscarella, O.W.

1967   *Phrygian Fibulae from Gordion*. London: Bernard Quatrich Ltd.

1988a   *Bronze and Iron. Ancient Near Eastern Artifacts in the Metropolitan Museum of Art*. New York: The Metropolitan Museum of Art.

1988b   "The Background to the Phrygian Bronze Industry". In J. Curtis, Hrsg.: *Bronzeworking Centres of Western Asia c. 1000-539 B.C.*, S. 177-192. London: British Museum with Kegan & Paul.

1989   "King Midas of Phrygia and the Greeks". In K. Emre, M. Mellink, B. Hrouda und N. Özgüç, Hrsg.: *Anatolia and the Ancient Near East*, S. 333-344. Ankara.

Naumann, R.

1955   *Architektur Kleinasiens. Von ihren Anfängen bis zum Endedes hethitischen Reiches*. 2., erw. Auflage. Tübingen: Ernst Wasmuth.

Neve, P.

1982   *Büyükkale. Die Bauwerke. Grabungen 1954-1966*. Berlin: Gebrüder Mann.

Oppenheim, M. von

1943   *Tell Halaf, Band I. Die prähistorischen Funde*. (Bearbeitet von H. Schmidt). Berlin: Walter de Gruyter & Co.

Orthmann, W.

1971   *Untersuchungen zur späthethitischen Kunst*. Bonn: Rudolf Habelt Verlag.

1993   "Zur Datierung des Ištar-Reliefs aus Tell Ain Dārā". *Istanbuler Mitteilungen* 43: 245-251.

von der Osten, H.H.

1937   *The Alishar Hüyük, Seasons of 1930-32, II.* Chicago: University of Chicago Press.

Özgüç, T.

1971   *Kültepe and its Vicinity in the Iron Age.* Ankara: Türk Tarih Kurumu Yayinlarindan V. Seri, No. 29.

Parpola, S.

1987   *State Archives of Assyria, Band I. Correspondence of Sargon II, Pt. I, Letters from Assyria and the West.* Helsinki: Helsinki University Press.

Piotrovskii, B.B.

1967   *Urartu. The Kingdom of Van and its Art.* London: Evely Adams & Mackay.

1980   *Urartu. Die großen Kulturen der Welt.* München: Wilhelm Heyne Verlag.

Prayon, F.

1987   *Phrygische Plastik. Die früheisenzeitliche Bildkunst Zentral-Anatoliens und ihre Beziehungen zu Griechenland und zum alten Orient.* Tübingen: Ernst Wasmuth.

Röllig, W.

1992   *Östliches Kleinasien. Das Urartäerreich (9.-7. Jahrhundert v. Chr.).* Tübinger Atlas des Vorderen Orients, Karte B IV 12. Wiesbaden: Ludwig Reichert.

Sams, G.K.

1971   The Phrygian Painted Pottery of Early Iron Age Gordion and its Anatolian Setting. Ann Arbor: University Microfilms.

1989   "Sculpted Orthostates at Gordion". In K. Emre, M. Mellink, B. Hrouda und N. Özgüç, Hrsg.: *Anatolia and the Ancient Near East*, S. 447-454.

1990   "The Gordion Excavation Seasons of 1969-1973 and Subsequent Research". *American Journal of Archaeology* 94: 371-406.

1993   "Gordion and the Near East in the Early Phrygian Period". In M. Mellink, E. Porada und T. Özgüç, Hrsg.: *Aspects of Art and Iconography: Anatolia and its Neighbours*, S. 549-555. Ankara: Türk Tarih Kurumu Basimevi.

Sams, G.K. und M.M. Voigt

1989   "Work at Gordion in 1988". *Kazi Sonuçlari Toplantasi* 9(2): 77-105.

Seidl, U.

1988   "Urartu as a Bronzeworking Centre". In J. Curtis, Hrsg.: *Bronzeworking Centres of Western Asia, c. 1000-539 B.C.*, S. 169-175. London: British Museum und Keagan & Paul.

Tarhan, M.T. und V. Sevin

1992   "Van Kalesi ve Eski Van Seri Kazilari, 1991". *Kazi Sonuçlari Toplantasi* 14(1): 407-429.

Tezcan, B.

1992   "1969 Göllüdağ Kazisi". *Türk Arkeoloji Dergisi* 30: 1-30.

Varinlioğlu, E.

1991   "Deciphering a Phrygian Inscription from Tyana". In B. le Guen-Pollet und O. Pelon, Hrsg.: *La Cappadoce méridionale jusqu'à la fin de l'époque Romaine. État des recherches*, S. 37-48. Paris: Éditions Recherches sur les Civilisations.

Wäfler, M.

1980-81 "Zum urartäisch-assyrischen Westkonflikt". *Acta Praehistoria et Archaeologia* 11-12: 79-81.

1983 "Zu Lage und Status von Tabal". *Orientalia* N.S. 52: 194-200.

Wartke, R.-B.

1990 *Toprakkale. Untersuchungen zu den Metallobjekten im Vorderasiatischen Museum zu Berlin*. Berlin: Akademie-Verlag.

1993 *Urartu. Das Reich am Ararat*. Mainz: Philipp von Zabern.

Winter, I.

1973 *North Syria in the Early First Millennium B.C. with Special Reference to Ivory Carving*. Ann Arbor: University Microfilms.

1987 "Art as Evidence for Interaction: Relations Between the Assyrian Empire and North Syria". In H.J. Nissen und J. Renger, Hrsg.: *Mesopotamien und seine Nachbarn. Politische und kulturelle Wechselbeziehungen im alten Vorderasien vom 4. bis 1. Jahrtausend v. Chr.*, S. 355-382. Berlin: Dietrich Reimer.

1988 "North Syria as a Bronzeworking Centre in the Early First Millennium BC: Luxury Commodities at Home and Abroad". In J. Curtis, Hrsg.: *Bronzeworking Centres of Western Asia, c. 1000-539 B.C.*, S. 193-225. London: British Museum und Kegan & Paul.

Wirth, E.

1971 *Syrien. Eine geographische Landeskunde*. Darmstadt: Wissenschaftliche Buchgesellschaft.

Woolley, L.

1921 *Carcemish. Report on the Excavations at Jerablus on Behalf of the British Museum, Pt. II. The Town Defences*. Oxford: Oxford University Press.

1939-40 "The Iron-Age Graves at Carchemish". *Liverpool Annals of Archaeology and Anthropology* 26: 11-37.

Young, R.S.

1962 "The 1961 Campaign at Gordion". *American Journal of Archaeology* 66: 153-168.

1964 "The 1963 Campaigns at Gordion". *American Journal of Archaeology* 68: 279-292.

1981 *Three Great Early Tumuli. The Gordion Excavations Final Reports, Vol. 1*. Philadelphia: University of Pennsylvania Museum.

Zimansky, P.E.

1985 *Ecology and Empire: The Structure of the Urartian State*. Chicago: University of Chicago Press.

Zum Stand der Archäologie in Palästina

Gunnar Lehmann

Auf den ersten Blick gibt es keinen Grund, warum sich die Archäologie Palästinas von der übrigen Archäologie Vorderasiens auf besondere Weise unterscheiden sollte. Geographisch hebt sich das Land nicht außergewöhnlich aus dem Nahen Osten hervor. Und doch nahm die Archäologie hier aufgrund der überragenden Bedeutung der Bibel für die westliche Kulturgeschichte in vielen Bereichen eine eigene Entwicklung.

Zum Forschungsgebiet und zur Forschungsgeschichte

Als "Palästina" verstehen wir in diesem Zusammenhang das Territorium des modernen Staates Israel, die besetzten Gebiete und die autonomen Regionen von Gaza und Jericho. Damit ist keine politische Stellungnahme gegen Israel verbunden, sondern ein Begriff gewählt, der seit spätestens dem 18. Jahrhundert in der wissenschaftlichen Literatur Verwendung findet.

Das Gebiet, das hier behandelt wird, ist damit durch moderne Grenzen definiert. Die alten Kulturen, die sich in Palästina entwickelten, griffen in den verschiedenen Epochen der Geschichte oft weit über diese eng definierten Grenzen hinweg. Die Kulturgeschichte hat an unseren modernen Grenzen nie halt gemacht, und die Kultur Palästinas ist in den vergangenen Jahrtausenden von Ägypten und Vorderasien stark beeinflußt worden. Zwischen Syrien und Mesopotamien einerseits und Ägypten andererseits gelegen, ist Palästina eigentlich immer ein Randbereich gewesen, der geographisch in sich stark differenziert ist und der stets gleichzeitig Heimat mehrerer Völker, Sprachen und Religionen war.

Seit dem Paläolithikum besiedelt, entwickelte sich Palästina vor allem seit der Bronzezeit im Austausch mit den umliegenden Kulturen und Gesellschaften. Die Integration Palästinas in die Mittelmeerwelt seit der späten Eisenzeit schuf in römischer Zeit den Hintergrund für die Verbreitung des Judentums und Christentums weit über die Grenzen Palästinas hinaus. Damit ist der Ausgangspunkt gesetzt für das besondere Interesse der westlichen christlichen Kulturen an der Geschichte und der Archäologie Palästinas.

Spätestens seit dem 19. Jahrhundert entwickelt sich in Westeuropa und in den USA eine besondere Kombination von regionalem Interesse an Palästina und am Nahen Osten insgesamt. Es handelt sich um eine Mischung von politischen, wissenschaftlichen und religiösen Interessen. Archäologie und Geographie stehen dabei in der Regel im Dienst des Imperialismus und der religiösen Kräfte in den westlichen Gesellschaften. Der Westen verfügte in dieser Zeit über die wirtschaftlichen und organisatorischen Kapazitäten, diese Interessen im Nahen Osten wahrzunehmen. Den Rahmen für die frühesten wissenschaftlichen Expeditionen in den Nahen Osten bilden nicht selten militärische Interventionen wie die Napoleons I. (1798 - 99) und Napoleons III. (1860).

In der zweiten Hälfte des 19. Jahrhunderts wird die Erforschung Palästinas von europäischen und amerikanischen Forschungsgesellschaften bestimmt, die oft Offiziere als Forschungsreisende entsenden. Zu den wichtigsten Gesellschaften zählen der britische Palestine Exploration Fund (gegründet 1865), die American Palestine Exploration Society (1870), der Deutsche Verein zur Erforschung Palästinas (1877) und die American Schools of Oriental Research (1900).

Das Forschungsinteresse konzentriert sich in dieser Zeit neben Ägypten und Mesopotamien deutlich auf Palästina. Weder die archäologischen Überreste im Land noch die politischen Hintergründe reichen aus, diese Gewichtung zu erklären. Neben Ägypten und Mesopotamien nimmt sich Palästina archäologisch als eine ärmliche Randprovinz aus. Das besondere Interesse des Westens an Palästina muß in religiöser Motivation und in der gesellschaftlichen Bedeutung der biblischen Überlieferung gesucht werden.

Dementsprechend lesen sich Ausschnitte aus den Grundsatzerklärungen dieser Gesellschaften, deren Bindungen an Konfessionen und Kirchen unterschiedlich stark ausgeprägt war. Der Palestine Exploration Fund hatte sich 1865 in seinem Programm darauf festgelegt: "1. Daß, was immer unternommen werden soll, auf wissenschaftlichen Grundsätzen basieren muß; 2. Daß die Gesellschaft als solche sich der Kontroversen enthalten sollte; 3. Daß sie weder als religiöse Gesellschaft begonnen noch als solche geführt werden soll." Die amerikanische Palestine Exploration Society schreibt 1870 in ihrer ersten Veröffentlichung programmatisch: Das Ziel der Gesellschaft sei "die Illustration und Verteidigung der Bibel. ... Der moderne Skeptizismus stellt die [historische] Wirklichkeit der Bibel in Frage. ... Was immer deshalb die biblische Geschichte in bezug auf Zeit, Ort und Umstände als tatsächlich erweist, ist eine Zurückweisung des Unglaubens".

Während die amerikanische Palestine Exploration Society klar zur Verteidigung von Glauben und Kirche aufruft, beschränkt sich der britische Palestine Exploration Fund auf ein säkular gehaltenes Programm, das eine Illustration der Bibel und des Heiligen Landes durch Forschung vorsieht - womit den gesellschaftlichen Grundlagen der anglikanischen Kirche objektiv nicht weniger gedient wurde.

Bemerkenswert ist das breite landeskundliche Interesse der wissenschaftlichen Gesellschaften: Archäologie, Topographie, Geologie, physische Geographie, Sitten und Gebräuche wurden erforscht. Der Palestine Exploration Fund hat diesen umfassenden Anspruch auch in umfassender Weise ausgeführt: mit dem monumentalen "Survey of Western Palestine" (Conder et al. 1881, 1882, 1883, 1884). Der Survey-Publikation fehlt jedoch das heute entscheidende Datierungsinstrument, die Keramikchronologie. Eine erste verbindliche Keramiktypologie für Palästina wurde erst nach der Veröffentlichung des "Survey of Western Palestine" um 1890 von Flinders Petrie entwickelt.

Die Arbeit der wissenschaftlichen Gesellschaften, die von ihren Heimatländern aus operierten, wurde um die Jahrhundertwende durch die Gründung von Forschungsinstituten in Jerusalem ergänzt, mit denen Wissenschaftler eine Art europäischen Wohnsitz im Nahen Osten erhielten.

Die bedeutensten Institute sind die École Biblique et Archéologique (gegründet 1890), die American Schools of Oriental Research (1901) und das Deutsche Evangelische Institut für Altertumswissenschaft des Heiligen Landes (1902).

Die dadurch entstehenden Forschungsmöglichkeiten führten in kurzer Zeit zu einer Forschungsdichte im Lande sowie zu einer Konzentration von Bibliotheken und Wissenschaftlern in Jerusalem, die damals in keinem anderen Land des Nahen Ostens erreicht wurde. In diesen Jahren entwickelten die Briten mit Flinders Petrie in Palästina die besten Grabungs- und Surveymethoden des Nahen Ostens. Die Stratigraphie, Keramiktypologie und die sorgfältigen Publikationen ihrer Grabungen waren in ihrer Zeit beispielhaft und unerreicht im übrigen Nahen Osten.

Mit der Errichtung des britischen Mandats über Palästina nach dem 1. Weltkrieg verbesserten sich die Forschungsbedingungen noch mehr. Eine leistungsfähige Antikenverwaltung wurde eingerichtet und ein systematischer Denkmalschutz aller Fundstellen angestrebt. Zwischen 1918 und 1948 fanden zahlreiche Grabungen in den Schlüsselfundstellen Palästinas statt. Zu den bedeutendsten Grabungen dieser Zeit zählen Tell Abu Hawwam, 'Athlit, Megiddo, Beth Šean, Beitin, Ai, Tell el-Ful, Beth Šemeš, Jericho, Tell Beit Mirsim und Laḥiš (s. Abb. 17.1).

Damit entwickelte sich in Palästina ein archäologischer Forschungsvorsprung gegenüber anderen Regionen des Nahen Ostens. In der Mandatsperiode wurden die Fundamente der archäologischen Chronologie, der Keramiktypologie und der historischen Topographie ausgebaut. Für eine Randregion des Nahen Ostens war damit ein Forschungsstand erreicht, der sich damals nur mit den Ländern Europas vergleichen ließ.

Neuere archäologische Forschungen

Nach 1948 wurden zum einen ältere Grabungen nach längerer Unterbrechung neu aufgenommen, um mit verbesserten Grabungsmethoden Probleme zu lösen, die die älteren Untersuchungen aufgeworfen hatten. Zu diesen Grabungen (Abb. 17.1) zählten u.a. Sichem (G.E. Wright 1956-69), Ta'anach (P. Lapp 1963-68), Ai (J.A. Callaway 1964-72) Gezer (G.E. Wright, W.G. Dever, J. Seger 1964-73), Tell el-Hesi (D.G. Rose, L.E. Toombs 1970-83) und Jericho (K. Kenyon 1952-58). Zum anderen wurden neue Grabungen begonnen, darunter Tell el-Far'a Nord (R. de Vaux 1946-60) und chalkolithische Fundstellen bei Beerscheba (J. Perrot 1951-60). Prähistorische Grabungen fanden in Sha'ar ha-Golan (1949-52), in der Kebara Höhle (1951-57), im Nahal Oren (1954-60) und in 'Ubeidiya (1960-74) statt. Die israelischen Grabungen in Hazor (1955-58) unter Y. Yadin wurden zur "Schule" der israelischen Archäologie. Weitere wichtige Grabungen waren Tel Erani (S. Yeivin 1956-61), En Gedi (B. Mazar 1961-65), Ašdod (M. Dothan

1962-72), Arad (R. Amiran seit 1962), Tel Beerscheba (Aharoni 1969-75, Herzog 1976), Deir el-Balah (T. Dothan 1972-82) und Dan (A. Biran seit 1966). Nach dem Krieg von 1967 wurden Ausgrabungen in der Jerusalemer Altstadt durchgeführt. Zu den besonderen israelischen Grabungen gehören die Untersuchungen in den Höhlen um Qumran am Toten Meer und in Massada, das zu einer nationalen Legende für den Staat Israel wurde (Silberman 1990).

Aber nicht nur Ausgrabungen, sondern auch systematische archäologische Oberflächenuntersuchungen wurden im ganzen Land durch den Archaeological Survey of Israel durchgeführt. Diese Untersuchungen, die zu Studien wie Israel Finkelsteins "Archaeology of the Israelite Settlement" (1988) führten, machten die Bedeutung der Archäologie für das Verständnis der ideologischen Konstruktion deutlich, die in der Theologie die "israelitische Frühzeit" genannt wird.

Archäologie wird heute in vier Universitäten in Israel (Jerusalem, Tel Aviv, Haifa und Beerscheba) unterrichtet. In den besetzten Gebieten wird Archäologie an der al-Quds University in Jerusalem und an der Bir Zeit University gelehrt. Daneben bestehen die internationalen Institute in Jerusalem weiter fort. Die Stadt hat damit eine im Nahen Osten einmalige Konzentration von nationalen und internationalen archäologischen Forschungsinstituten, Museen, Lehranstalten und Bibliotheken.

Nach dem 2.Weltkrieg kristallisierte sich eine Grabungsmethode heraus, die von Y. Aharoni in der Grabung von Beerscheba und von J. Seger in Gezer beispielhaft angewandt worden ist. Unabhängig von einzelnen Differenzen ist man sich im wesentlichen einig darüber, wie Befunde dokumentiert und wie Funde geborgen werden sollen.

Die biblische Landeskunde, die früher vor allem eine historische Topographie war und darauf zielte, biblische Orte zu lokalisieren, hat sich gründlich geändert. Heute handelt es sich dabei um Paläodemographie, historische Siedlungsgeographie und funktionale Regionalanalysen. Damit werden vor allem die wirtschaftliche und gesellschaftliche Komplexität der antiken Kulturen und ihre geographischen Manifestationen untersucht. Die deutsche Biblische Archäologie, zu deren Domäne die biblische Landeskunde jahrzehntelang gehörte, hat den Anschluß an diese Entwicklungen bisher zu wenig gesucht.

Ein weiteres aktuelles Merkmal der Palästina-Archäologie sind heute Großgrabungen. In Beth Šean und in Caesarea Maritima finden seit einigen Jahren Ausgrabungen statt, deren gewaltige Grabungsflächen sich nur mit den Dimensionen der Grabungen des 19. Jahrhunderts vergleichen lassen. Ganze Stadtteile sollen in kurzer Zeit wissenschaftlich ausgegraben werden. Die beiden genannten Projekte sind Arbeitsbeschaffungsmaßnahmen des Staates Israel, die Arbeitsplätze und archäologische Touristenattraktionen schaffen sollen. Als Archäologen haben wir hier sicherzustellen, daß die wissenschaftliche Seite dieser Großprojekte nicht einem wirtschaftlichen oder politischen Primat untergeordnet wird, zumal wir immer öfter in diesen und ähnlichen Projekten Bulldozer an der Arbeit sehen.

Damit wird ein Bereich gestreift, der zunehmend mehr Aufmerksamkeit in Israel erfährt. Gemeint ist die Rolle der Öffentlichkeit. Biblische Archäologie hat eine große und interessierte Öffentlichkeit. Ausgrabungen in Israel werden mehr und mehr dem Massentourismus geöffnet, ohne daß das Problem ausreichend diskutiert wird, welche Interpretation der Vergangenheit der Öffentlichkeit präsentiert wird und welchen Einfluß das öffentliche Interesse und der Massentourismus auf die Arbeit der Altertumswissenschaft in Israel und den besetzten Gebieten haben.

Die Entwicklung der Palästina-Archäologie seit dem 2. Weltkrieg hat Seymour Gitin (1993) in sechs Thesen zusammengefaßt:

1. Archäologie in Palästina beschäftigt sich heute nicht mehr hauptsächlich mit der Identifikation biblischer Ortslagen und den damit verbundenen historischen und chronologischen Problemen, sondern mit funktionalen Regionalanalysen und problemorientierten Projekten zur materiellen Kultur des alten Palästinas.

2. Die Archäologie Palästinas ist heute ein multidisziplinäres Unternehmen, an dem Sprachwissenschaft, Kulturanthropologie, Archäologie und Naturwissenschaften mitarbeiten.

3. Während bis Anfang der siebziger Jahre Ausgrabungen hauptsächlich von Theologen durchgeführt worden sind, sind heute vornehmlich ausgebildete Archäologen am Werk.

4. Während früher mit Lohnarbeitern gegraben wurde, arbeitet man heute in den Forschungsprojekten mit Archäologie-Studenten und Volontären.

5. Früher wurden Grabungen und Surveys hauptsächlich von ausländischen Institutionen durchgeführt, während sie heute meistens von israelischen Institutionen veranstaltet werden.

6. Archäologische akademische Forschung in Israel und den besetzten Gebieten wurde früher fast ausschließlich von ausländischen Institutionen organisiert. Heute spielen die Auslandsinstitute immer noch eine wichtige Rolle, die akademische Hauptarbeit in Israel wird inzwischen aber von israelischen Universitäten geleistet.

Archäologie und Theologie

Ein besonderes Problem der Palästina-Archäologie bilden die Beziehungen zwischen Archäologen und Theologen, sowohl christlichen als auch jüdischen. Am Anfang der Forschung standen die bereits erwähnten wissenschaftlichen Gesellschaften, Institutionen und Persönlichkeiten, die dem religiösen Establishment verbunden waren. Das frühe Forschungsinteresse an Palästina war breit und reichte u.a. vom Bibelstudium über Topographie, Archäologie, Geologie bis zu Botanik und Zoologie. Es gab im Grunde kaum etwas im Lande, für das sich die Forschung nicht interessierte. Dieses Konglomerat, das Biblische Archäologie genannt wurde, sollte allerdings in erster Linie historische Zusammenhänge der Bibel klären.

Immer wieder haben Theologen darauf hin gewiesen, daß es ihnen nicht darauf ankommt, die Bibel zu beweisen. Glaube sei etwas, was sich nicht beweisen lasse. Und doch finden sich in der Biblischen Archäologie oft apologetische Elemente. So hatte die amerikanische Palestine Exploration Society 1870 noch klar von einer "Zurückweisung des Unglaubens" als einem ihrer Ziele gesprochen. William Dever weist darauf hin, daß auch der wahre Gründungsvater der Biblischen Archäologie, W.F. Albright, vor allem daran interessiert war, die grundsätzliche Historizität der biblischen Erzählungen zu belegen, besonders für die israelitische Frühgeschichte (ca. 1200 bis 1000 v. Chr.).

Seit dem Beginn des 20. Jahrhunderts läßt sich in der Archäologie des Nahen Ostens allgemein so etwas wie eine "Emanzipation", eine Verselbständigung der Archäologie beobachten. War die Archäologie im 19. Jahrhundert noch eine Hilfswissenschaft der Geschichtswissenschaft, eine Lieferantin für Inschriften oder Ausstellungsobjekte für die großen nationalen Museen, so begann sie nach dem 1. Weltkrieg eine Wissenschaft mit eigener Theorie, Methodologie und eigenem Ausbildungsgang zu werden. Dieser Prozeß gründete sich nicht zuletzt auf die zunehmende Spezialisierung des Faches und seine wachsende Literatur. In Palästina war die Archäologie zu Anfang noch ganz Fragestellungen untergeordnet, die sich aus dem Bibelstudium ergaben. Spätestens mit der Mandatsverwaltung setzt dann auch in Palästina ein Prozeß der Verselbständigung ein. Die Antikenverwaltung der Mandatsregierung entwickelte einen Denkmalschutz für die materiellen Überreste aller Perioden Palästinas, vom Paläolithikum bis zur osmanischen Epoche. Dabei wurde formal den historischen Epochen des Alten und Neuen Testaments keine besondere Rolle eingeräumt.

Diese Entwicklung setzte sich besonders nach dem 2. Weltkrieg in der israelischen und britischen Archäologie fort, die als säkularisiert gelten können: Ihre Fachleute sind ausgebildete Archäologen. In den USA und in Deutschland sind die Fachleute für Biblische Archäologie fast ausschließlich Theologen, dies gilt in gewissem Umfang auch für Frankreich. Spätestens seit den siebziger Jahren, als Folge der Theorie- und Methoden-Diskussionen in der Archäologie der sechziger Jahre, verselbständigte sich die Archäologie in Palästina von einer Hilfswissenschaft der Theologie zu einer eigenständigen Palästina-Archäologie. Damit ist eine regional ausgerichtete Wissenschaft der materiellen Kulturen Palästinas gemeint, die nicht in erster Linie der Illustration der Bibel dient, sondern den Anschluß an die Theorie, die Methoden und die Forschungen der übrigen archäologischen Fächer wie z.B. die vorderasiatische, klassische oder prähistorische Archäologie sucht.

Wichtigen Anteil an dieser Entwicklung hatte der Streit um die "Biblische Archäologie", der in den siebziger und achtziger Jahren besonders von William Dever ausgefochten wurde (s. Dever 1981). In den achtziger Jahren hatte Dever den "Tod der Biblischen Archäologie" konstatiert. Gestorben war die Biblische Archäologie nach Dever vor allem, weil sie ihr wichtigstes Ziel nicht erfüllen konnte: die Historizität der israelitischen Frühzeit zu belegen.

Die Grabungen bestätigten nämlich nicht einfach die Bibel, sondern führten zu manchen Irritationen. Besonders die Frühgeschichte Israels erschien archäologisch in einem anderen Licht, als es die biblischen Texte erwarten ließen. Die Ereignisse des Buchs Josua etwa, vor allem die Erzählungen von der Landnahme durch die Israeliten, waren traditionell an den Übergang von der Späten Bronzezeit zur Eisenzeit datiert wor-

den. Bei den Grabungen in Jericho stellte sich dann aber heraus, daß es dort keine spätbronzezeitlichen Stadtmauern gab, die unter den Posaunenklängen der Israeliten hätten
zusammenbrechen können, ja, daß es überhaupt an substantiellen Befunden aus dieser
Zeit fehlte. Auch in Ai (modern et-Tell) fehlten Reste einer Zerstörung am Ende der
Späten Bronzezeit. Martin Noth deutete die biblischen Berichte als ätiologische Legenden,
die in viel späterer Zeit während der Eisenzeit den Zustand Jerichos und Ais erklären und
in einen Bezug zur eigenen heldenhaften Vergangenheit stellen sollten.

In den letzten 50 Jahren wurde immer deutlicher, daß die Beziehungen zwischen
der biblischen Überlieferung und dem archäologischen Befund sehr komplex sind. "Zwei
Jahrhunderte kritischer Arbeit am Alten Testament haben gezeigt, daß die Hebräische
Bibel zum größten Teil nach der Rückkehr aus dem babylonischen Exil nach 538 v. Chr.
ausformuliert worden ist. Es existieren kaum Texte aus vorstaatlicher Zeit Israels, sondern nur verschiedene Arten der Überlieferungen, die jedoch nachexilisch gedeutet werden. Selbst die Quellen aus der Königszeit, die manches historisch verwertbares Material
enthalten, sind auf die Erklärung nachexilischer Gegebenheiten und die Bewältigung der
nationalen Katastrophe von 587 v. Chr. hin orientiert. So ist die Hebräische Bibel in
erster Linie nicht als Geschichtsbuch, sondern als Dokument mit ideologisch-theologi-
schen Intentionen, das geschichtliche Quellen verarbeitet, zu bewerten" (Soggin 1991).

Die Historizität der Bücher Josua, Richter oder Samuel entspricht der Historizität
des Nibelungenliedes. Die tatsächliche Authenzität der Hebräischen Bibel liegt gerade in
den politischen und religiösen Intentionen, die ihre Verfasser und Bearbeiter in nachexilischer Zeit vermitteln wollen und die ihrerseits von hohem historischen Interesse sind.
Nach der politischen Demütigung durch die Babylonier wollte man das "nationale"
Selbstbewußtsein, ja die "Nation" selbst wiederherstellen, indem man sich auf eine groß-
artige Vergangenheit berief. Gestützt auf erhaltene schriftliche und mündliche Quellen
wurde diese Vergangenheit im 5. und 4. Jh. v. Chr. eigentlich erst "erfunden", tatsächlich hatte es sie so nie gegeben (s. Anderson 1993).

Je mehr sich so die Historizität der biblischen Darstellung der israelitischen Frühzeit als fraglich herausstellt, desto mehr Gewicht erhalten die archäologischen Befunde
für diese Zeit. Die Komplexität der Beziehungen von Archäologie und Theologie erfordert
daher eine sorgfältig strukturierte Zusammenarbeit zwischen Palästina-Archäologie und
Bibelwissenschaften. Erst diese Verbindung ließe sich als "Biblische Archäologie" neuen
Typs bezeichnen, wenn man überhaupt den Begriff "Biblische Archäologie" retten will.

Perspektiven

Dever forderte in den achtziger Jahren eine säkulare "syrisch-palästinische Archäologie",
die sich konsequent von der Theologie zu trennen habe und die eine eigene, unabhängige
Wissenschaft von der materiellen Kultur Palästinas, mit eigener Theorie, Methodologie
und Ausbildung zu sein habe. Erst nach einer erfolgreichen institutionalisierten Trennung
von Archäologie und Theologie könnten die beiden Disziplinen wieder fruchtbar mitein-

ander zusammenarbeiten. Die "syrisch-palästinische Archäologie" hätte damit den Anschluß an die lebhaften theoretischen und methodologischen Diskussionen gefunden, die
außerhalb der Biblischen Archäologie (alten Typs) in den übrigen archäologischen
Fächern seit den sechziger Jahren vor allem im angelsächsischen Raum geführt werden.

Inzwischen hat der Streit um die Biblische Archäologie bereits zu manchen theoretischen und methodologischen Ergebnissen geführt - ohne daß der Begriff "Biblische
Archäologie" aufgegeben worden ist. Nach wie vor wird die amerikanische Archäologie
Palästinas überwiegend von religiösen Institutionen organisiert und unterstützt. Und doch
manifestiert sich in den oben aufgeführten sechs Thesen von Seymour Gitin eine "eman-
zipierte" Palästina-Archäologie der neunziger Jahre, eine eigenständige Wissenschaft der
materiellen Kultur Palästinas, ganz im Sinne von Devers "syrisch-palästinischer Archäologie": Sie ist nicht mehr Hilfswissenschaft der Exegese oder Lieferantin von Inschriften
und Anschauungsobjekten für die Illustration der Bibel. Auch in ihren Forschungen über
das 2. und 1. Jt. v. Chr. wendet sie sich mehr und mehr Fragestellungen zu, die sich
nicht nur aus dem Bibelstudium ergeben. An der Fachliteratur der letzten 15 Jahre läßt
sich auch ablesen, daß die wichtigsten Innovationen, Anregungen und Projekte der letzten
Jahre in der Palästina-Archäologie vor säkularem Hintergrund entstanden sind: in britischen, amerikanischen und vor allem israelischen Universitäten, wobei für die USA einzuschränken ist, daß die Palästina-Archäologie dort am fruchtbarsten ist, wo sie Anschluß
an die amerikanische Kulturanthropologie findet.

Für die Palästina-Archäologie wird die Bibel eine der wichtigsten historischen
Texte bleiben, eine unerläßliche Quelle, mit der es zu arbeiten gilt. Es muß aber deutlich
gemacht werden, daß Theologen nicht mehr nebenbei Archäologen sein können, genauso
wenig wie Archäologen nebenbei historische Textkritik leisten können. Es muß zur
Kenntnis genommen werden, daß sich die Schere zwischen beiden Fächern weit geöffnet
hat. Sowohl in der Theologie als auch in der Archäologie erscheinen jährlich über 20.000
neue Literaturtitel, die nur noch Spezialisten übersehen können. Die Entwicklungen in
Theorie und Methodik sind so umfangreich, daß eine planmäßige Zusammenarbeit zwischen Theologie und Archäologie in einer gemeinsamen Biblischen Archäologie unerläß-
lich ist. Sonst wird die Arbeit dilettantisch. Leider findet diese Zusammenarbeit nicht ausreichend genug statt.

Wer in Deutschland das Fach Biblische Archäologie studieren will, muß Theologie belegen. Wer dagegen Vorderasiatische Archäologie studiert, wird kaum etwas über
die Archäologie Palästinas hören. Die Vorderasiatische Altertumskunde hat die Archäologie Palästinas mit Ausnahme von Jordanien ganz und gar den Theologen überlassen. Es
gibt keine Ausgrabungen der Vorderasiatische Altertumskunde westlich des Jordans. Das
liegt vor allem an den bisherigen politischen Bedingungen, unter denen eine Arbeit in
Israel die Arbeit in arabischen Ländern ausgeschlossen hat. Aber gerade die arabischen
Länder sind traditionell das Hauptarbeitsgebiet der Vorderasiatische Altertumskunde.

Vielleicht befürchten Vorderasiatische Archäologen auch, daß es ihnen an ausrei-
chender Bibelkenntnis mangelt. Inzwischen wächst der Forschungsstand. Heute finden in
Palästina mehr Grabungen statt als im ganzen übrigen Nahen Osten. Es wird mehr über

die Archäologie Palästinas publiziert als über jede andere archäologische Provinz des Nahen Ostens. Mit diesem Fortschritt halten die meisten Vorderasiatischen Archäologen in Deutschland nicht Schritt. Palästina wird von ihnen auf eine merkwürdige Art und Weise ausgeblendet.

Wer aber meinte, deutsche Theologen würden die Archäologen in Israel ersetzen, sieht sich getäuscht. Deutschen Theologen haben bisher kaum in Israel gegraben. Das von der EKD unterhaltene Deutsche Evangelische Institut für Altertumswissenschaft liegt in Ost-Jerusalem, in den besetzten Gebieten, und hat vor 1991 keine archäologischen Untersuchungen in Israel durchgeführt, sondern fast ausschließlich in Jordanien gearbeitet. Auch das bedeutenste deutsche theologische Institut für Biblische Archäologie in Tübingen gräbt ausschließlich in Jordanien. Da die archäologische Arbeit in den besetzten Gebieten durch das Völkerrecht verwehrt ist, schließt sich auch diese Region Palästinas für Archäologen aus. Die deutsche archäologische Forschung ist momentan dabei, sich aus einem der bedeutensten archäologischen Forschungsgebiete des Nahen Ostens zu verabschieden. Hoffnung auf Änderung bringt vielleicht der Friedensprozeß zwischen Israel, den Palästinensern und den arabischen Staaten. Damit hätte dieser für andere existentielle Vorgang auch auf das deutsche akademische System Auswirkungen.

Bibliographie

Aharoni, Y.

1982   *The Archaeology of the Land of Israel.* Philadelphia: Westminster Press.

Anderson, B.

1993   *Die Erfindung der Nation: zur Karriere eines erfolgreichen Konzepts.* Frankfurt a.M.: Campus.

Ben-Tor, A. (Hrsg.)

1992   *The Archaeology of Ancient Israel.* New Haven: Yale University Press.

Conder, C.R., H.H. Kitchener, C. Warren und C.L. Warren

1881   *Survey of Western Palestine 1. Galilee.* London: Palestine Exploration Fund.

1882   *Survey of Western Palestine 2. Samaria.* London: Palestine Exploration Fund.

1883   *Survey of Western Palestine 3. Judaea.* London: Palestine Exploration Fund.

1884   *Survey of Western Palestine 4. Jerusalem.* London: Palestine Exploration Fund.

Dever, W.G.

1981   "The Impact of the New Archaeology on Syro-Palestinian Archaeology". *Bulletin of the American Schools of Oriental Research* 242: 15-30.

Fritz, V.

1985   *Einführung in die biblische Archäologie.* Darmstadt: Wissenschaftliche Buchgesellschaft.

Gitin, S.

1993   "Perspective on Israel". In M.E. Lane, Hrsg.: *The State of Archaeology: An American Perspective.* Washington D.C.: Council of American Overseas Research Centers, Occasional Papers 1.

Keel, O., M. Küchler und C. Uehlinger

1982   *Orte und Landschaften der Bibel*. Band 1. Köln: Benzinger.

1984   *Orte und Landschaften der Bibel*. Band 2. Köln: Benzinger.

Kuhnen, H.P.

1990   *Palästina in griechisch-römischer Zeit*. München: C.H. Beck'sche Verlagsbuchhandlung.

Mazar, A.

1990   *Archaeology of the Land of the Bible, 10.000-586 B.C.E.* New York: Doubleday.

Silberman, N.A.

1990   *Between Past and Present: Archaeology, Ideology, and Nationalism in the Modern Middle East*. New York: Henry Holt & Co.

Soggin, J.A.

1991   *Einführung in die Geschichte Israels und Judas*. Darmstadt: Wissenschaftliche Buch-gesellschaft.

Stern, E. (Hrsg.)

1993   *New Encyclopedia of Archaeological Excavations in the Holy Land*. Jerusalem: Israel Exploration Society.

Weippert, H.

1988   *Palästina in vorhellenistischer Zeit*. München: C.H. Beck'sche Verlagsbuchhandlung.

Siehst Du die Zeichen an der Wand ?
Zum Ende altorientalischer Kultur

Stefan R. Hauser

> Die Mitternacht zog näher schon;
>
> In stummer Ruh lag Babylon.
>
> Nur oben in des Königs Schloß,
>
> da flackerts, da lärmt des Königs Troß.
>
> Dort oben in dem Königssaal
>
> Belsatzar hielt sein Königsmahl.

So beginnt Heinrich Heines berühmte Ballade über den Hochmut des Bel-šar-ušur, der als Sohn des Königs Nabu-na'id (Nabonid) stellvertretend die Regierungsgeschäfte des damals größten Imperium der Welt führte. Das Ende dieses sogenannten neubabylonischen[1] Reiches wird traditionell als Endpunkt altorientalischer Geschichte gewählt. Dies hat seinen Grund zum einen darin, daß zu dieser Zeit zum letzten Mal eine mesopotamische Herrscherdynastie die Macht in diesem Raum innehat, zum anderen darin, daß mit ihr die für die mesopotamischen Kulturen kennzeichnenden Rollsiegel und Keilschriftliteratur eine letzte Blüte erleben.

Daneben tritt aber vor allem eine wissenschaftsgeschichtliche Begründung in den Vordergrund. Denn mit der Ausweitung ihres Herrschaftsgebietes bis nach Griechenland fungiert die nachfolgende Achaimenidendynastie als Bindeglied zwischen altorientalischer und griechischer Geschichte. Die traditionelle, europazentrierte Geschichtsschreibung wechselt damit den Blickwinkel ebenso wie den Schauplatz. Das Momentum der Geschichte wird nun im Okzident mit der griechischen Demokratie, Philosophie und Kunst gesehen. Der Orient wird zur "Umwelt der Griechen" (Orthmann 1975: 15) degradiert und im folgenden in die Rolle des Gegners gedrängt (Perserkriege der Griechen, Partherkriege der Römer, Kreuzzüge).

---

[1] Mit dieser Bezeichnung wird der archäologischen Tradition gefolgt, die den Begriff politisch, d.h. als Benennung der Herrschaftszeit der Dynastie der Chaldäer (625-539 v.Chr.) verwendet. Die Philologie benutzt den Begriff "neubabylonisch" für den Zeitraum von ca. 1000-626 v. Chr., dem Ende der assyrischen Oberherrschaft. Danach beginnt philologisch die spätbabylonische Zeit, die auch die nachfolgenden Achaimeniden- und Seleukidendynastien bis zum Ende der Keilschrifttradition umfaßt. Dieser Einteilung fehlt daher die historisch-politische Trennschärfe. Der Begriff "neubabylonisch" für die chaldäische Dynastie ist hingegen ein fast programmatischer Name.

Erst in der Folge der Entkolonialisierung der letzten dreißig Jahre lösen sich die Altertumswissenschaften von einigen dieser Vorurteile, die während der Gründungsphase der modernen Geschichtswissenschaften im 19. Jh. durch den vorherrschenden Nationalismus und Kolonialismus bedingt waren. Diese waren verbunden mit dem Gefühl bzw. einer Gewißheit kultureller Überlegenheit, das die Griechen und Römer als "Ahnen" der eigenen Zivilisation einschloß. Durch die geänderte Sicht wird nun der Blick auf die Eigenwertigkeit orientalischer Kulturen und ihrer Geschichte frei.

Die Bedeutung Babylons

Die Ballade Heines, die auf einer Erzählung aus dem alttestamentlichen Buch Daniel (Kapitel 5) beruht, die während der "Babylonischen Gefangenschaft" der Judäer entstand, führt direkt in die Metropole der damaligen Welt, nach Babylon.

Babylon ist unter den wichtigsten Städten von Sumer und Akkad, der Region, die wir heute nach griechischer Tradition Babylonien nennen (Abb. 18.1), eine späte Gründung, deren Aufstieg mit der (altbabylonischen) Dynastie Hammurabis begann. Mit den Städten waren jeweils bestimmte Gottheiten verbunden, die in einem komplizierten Bedeutungsgeflecht in einem Pantheon vereint wurden. Der politische Aufstieg Babylons spiegelt sich denn auch in der Bedeutungszunahme, die der Stadtgott Marduk innerhalb des Götterhimmels erlebte.[2]

Durch einen Synkretismus mit dem erstgeborenen Sohn des wichtigen Gottes Enki (sumerisch Ea) fand Marduk Aufnahme in das akkadisch-sumerische Pantheon. Enki, der Gott des lebenswichtigen Süß-/Grundwassers, war in der Stadt Eridu beheimatet, die traditionell als älteste Stadt Sumers galt. Über die neu konzipierte, genealogische Verbindung der beiden städtischen Götterhimmel wurde später von gelehrter, und vor allem interessengelenkter theologischer Literatur die ehrwürdige Tradition der Stadt Eridu, die politisch und wirtschaftlich unbedeutend geworden war, auf Babylon übertragen. Zu einem nicht genau bestimmbaren Zeitpunkt wurde dann der Stadtteil von Babylon, in dem die Haupttempel standen, Eridu genannt. Im 12. Jh. v. Chr. lösten Babylon und Marduk sogar Nippur und Enlil als wichtigstes Kultzentrum bzw. obersten Gott ab. Babylon als das "neue Eridu" war nun religiöses wie politisches Zentrum Mittel- und Südmesopotamiens.

Ausdruck davon und vielleicht literarisch-theologische Begründung dafür ist der Weltschöpfungsmythos "Enuma Eliš", in dem geschildert wird, wie der junge Gott Marduk die anderen Götter vor der Göttin des Meerwassers, Tiamat, schützt, aus deren Leib Himmel und Erde formt, Pflanzen, Tiere und Menschen erschafft und sich dann mit den anderen Göttern in seinem Tempel Esangila in Babylon zum Feiern niederläßt.[3]

---

[2] In zeitgenössischen Quellen wird das Verhältnis gerade andersherum gesehen. Dem Aufstieg Marduks folgt demnach derjenige seiner Stadt Babylon.
[3] Die Assyrer ersetzten später in ihrer Version Marduk durch den Gott Assur, um dessen Primat zu begründen.

Es scheint genau diese traditionelle Ehrwürdigkeit Babylons, aber auch der anderen babylonischen Kultzentren gewesen zu sein, die die Assyrer in den Jahrhunderten ihrer Oberherrschaft respektiert haben. Andererseits bot sich Babylon so stets als Ziel wie Zentrum von (wie auch immer motivierten) Unabhängigkeitsbewegungen oder Machtbestrebungen an, die 626 v. Chr. mit dem Beginn der chaldäischen, neubabylonischen Dynastie von Erfolg gekrönt wurden.

Babylonien zur neuassyrischen Zeit

Insgesamt stellt sich die babylonische Geschichte am Anfang des 1. Jt. v. Chr. als archäologisch wie philologisch schlecht belegte Periode dar. Der archäologische Befund für die ersten Jahrhunderte des 1. Jt. ist in Babylonien gering. Dies hängt zum Teil mit der bisherigen Auswahl der Grabungsorte und ihrer Publikation zusammen. Eine für die Feindatierung wichtige Keramikabfolge konnte z.B. erst kürzlich erstellt werden (Armstrong 1989). Zum anderen wurden in großräumigen Surveys nur wenige Siedlungen dieser Zeit aufgefunden (Adams 1981). Mag dies zu geringen Teilen darin begründet sein, daß die Keramik, durch die die Orte bei Surveys datiert werden, für die fragliche Zeit weitgehend unbekannt war, so läßt sich dennoch eine allgemein geringe Besiedlung feststellen, die mit einer geringen Zahl von gefundenen Texten korrespondiert. Babylonien erscheint daher in der Mitte des 8. Jh. v. Chr. als dünn besiedelt, verarmt und politisch fragmentiert in rivalisierende Stämme und traditionelle städtische Gruppen (Brinkman 1984: 37, 123).

So scheint es die Unsicherheit der wichtigen Handelsrouten nach Süden gewesen zu sein, die den Assyrerkönig Tiglat-Pilesar III. 745 bewog, gegen die aramäischen Stämme vorzugehen und den neuen babylonischen König Nabu-naṣir (Nabunassar) zu unterstützen. Nabu-naṣirs Thronbesteigung 747 v. Chr. stellt einen wichtigen Wendepunkt in der babylonischen (Überlieferungs-)Geschichte dar. Denn von seinem ersten Regierungsjahr an sind uns bis in das 3. Jh. v. Chr. babylonische Chroniken bekannt. In diesen wird unter der Angabe des Regierungsjahres der Herrscher ein lakonischer Bericht über die Ereignisse des Jahres gegeben. Dabei unterscheiden sich die Chroniken im Tonfall vollständig von den stark subjektiven, die eigenen Siege erhöhenden Inschriften der assyrischen Könige. Die Schreiber versuchten offenbar nicht, ihre Leser von einer bestimmten Idee zu überzeugen, sondern scheinen von einem genuinen Interesse an Geschichte (Grayson 1975: 11) bzw. am Festhalten wichtiger Ereignisse, die Babylon oder seinen König direkt betrafen und ohne "nationalistische" Verdrehungen aufgezeichnet wurden, geführt worden zu sein (Grayson 1975: 10).

Dies mag teilweise an den Quellen für jene Chroniken liegen, den astronomischen Tagebüchern. In diesen akkadisch *naṣaru ša gine*, "regelmäßige Beobachtung", genannten Texten hielten eigens dafür angestellte "Beobachter" täglich Mond- und Sonnenauf- bzw. -untergang, Sternkonstellationen und besondere Himmelserscheinungen fest. Zusätzlich wurden der Wasserstand des Euphrat sowie Wind- und Wetterbeobachtungen aufgezeichnet.[4] In den Texten, die üblicherweise zu Halbjahresberichten zusammengefaßt wurden, finden sich außerdem Aufzeichnungen über Kaufpreisentwicklung und wichtige politische Ereignisse.

Wie lakonisch die Tagebücher berichten, läßt sich am Beispiel des ältesten erhaltenen Textes zeigen, der für den 27. Tag des Monats Adar (651 v. Chr.) zunächst die Erscheinung eines besonders leuchtenden Regenbogens und einen leichten Flußanstieg vermeldet und dann erwähnt, daß bei Hiritu in der Provinz Sippar die Truppen Babyloniens und Assyriens miteinander kämpften, die Truppen Babyloniens sich zurückzogen und schwer geschlagen wurden (Sachs und Hunger 1988: 44 f.).

Diese Kämpfe waren Teil eines der beinahe periodisch wiederkehrenden Kriege zwischen Assyrern und Babyloniern, die in den Jahren zwischen 745 und 612 immer wieder auftraten. Tiglat-Pilesar III. hatte nach seinem Feldzug von 745, der die Regierung Nabu-naṣirs in Babylon stützte, den traditionellen Titel *König von Sumer und Akkad*, d.h. König von Babylonien, angenommen und damit seinen Anspruch auf Oberhoheit deutlich gemacht. Inwieweit er diesen durchsetzte, ist nicht bekannt. Am babylonischen Neujahrstag 729 v. Chr., nach dem Tode des Chaldäers Nabu-naṣir, während des Neujahrsrituals "ergriff Tiglat-Pilesar die Hand Marduks" und wurde so unmittelbarer babylonischer König. Danach übten die assyrischen Könige in Babylon entweder in Personalunion direkt oder über die Einsetzung von Vizekönigen auch die Königsgewalt in Babylonien aus.

Wenngleich die Herrschaft immer wieder vor allem von chaldäischen Stammesfürsten herausgefordert und im Falle von Merodach-Baladan sogar für gut zehn Jahre (721-710) erlangt wurde, blieb Babylonien bis zum Tode Assurbanipals (Regierungszeit 668-627) unter assyrischer Oberherrschaft. Allerdings fanden die Assyrer keinen rechten Weg, Babylonien in ihr Imperium einzubeziehen (Frame 1992: 252). Im Gegenteil behielt Babylonien gegenüber den anderen Provinzen des assyrischen Reiches einen Sonderstatus, der nicht zuletzt der wichtigen wirtschaftlichen Rolle der Region sowohl für die Landwirtschaft als auch für den Fernhandel mit dem iranischen Hochland, mit Elam und dem Golfgebiet geschuldet gewesen sein wird (vgl. Abb. 18.1). Ebenso wesentlich scheint die Betrachtung Babyloniens durch die Assyrer als ältere, eng verwandte Kultur mit gleicher Schrift, weitgehend übereinstimmender Literatur und vor allem verwandtem Pantheon gewesen zu sein. Eine so empfundene kulturelle und historische Gemeinsamkeit bzw. Seniorität der Städte und Götter Babyloniens verhinderte eine Gleichbehandlung mit den "fremden Gebieten" im Westen und Norden, die die Assyrer erobert und tributpflichtig gemacht hatten. Im Gegenteil wurden die babylonischen Städte von Abgaben und Dienstpflichten befreit. Die alten Tempelzentren von Sumer und Akkad wie Sippar, Nippur, Uruk und Ur wurden während der neuassyrischen Regentschaft gepflegt und teilweise sogar ausgebaut. Den Sonderstatus spiegelt auch die weitgehende nominelle Beibehaltung des babylonischen Königtums wieder, auch wenn der assyrische König

---

[4] Nicht verzeichnet wurde ein blauer, wolkenloser Himmel, da dies als Normalzustand galt und darin nichts Bemerkenswertes, "Beobachtbares" zu finden war.

dieses Amt in Personalunion ausübte. Vergleichbar könnte die Sprachregelung in Ägypten sein, wo der Pharao den Titel "Herrscher von Unter- und Oberägypten" trug.

Die neubabylonische Dynastie der Chaldäer

Der Widerstand gegen die Assyrer wurde in erster Linie von Fürsten chaldäischer, Anfang des 1. Jt. v. Chr. nach Südbabylonien eingewanderter Stämme angeführt und von dem östlich angrenzenden Elam aus unterstützt. Nach dem Tode des Assurbanipal bestieg nach einem Jahr innerer Unruhen 625 der Chaldäer Nabupolassar als Gründer der neubabylonischen (chaldäischen) Dynastie den Thron in Babylon (Tab. 18.1). Während über seine Herkunft wenig bekannt ist - er selbst nennt sich *apil lā mammani*, Sohn eines Niemand - werden die folgenden Ereignisse durch verschiedene Chroniken ausführlich beleuchtet. Zunächst wurden die Assyrer aus Babylonien vertrieben, dann wurde von Medern und Babyloniern das assyrische Kernland mit den Hauptorten Assur und Ninive 614 bis 612 v. Chr. erobert. Die letzte Residenz der Assyrerkönige, Harran, wurde 610 eingenommen.

Die Meder, ein seit dem 9. Jh. v. Chr. aus assyrischen Quellen bekannter iranischer Stammesverband, dehnten ihre Eroberungen anschließend nach Anatolien aus. Nachdem sie 585 mit den Lydern Frieden geschlossen hatten, reichte ihr - möglicherweise föderales - Staatengebilde vom Halys bis weit in den Iran (Abb. 18.1). Während die Meder also von Assyrien aus weiter nach Anatolien vorstießen und Gebiete eroberten, die westlich des assyrischen Reiches gelegen hatten, traten die Babylonier das Erbe des assyrischen Reiches im Süden und Westen an.

Schon fünf Jahre nach Nabupolassars Zerstörung von Harran bekämpfte der Kronprinz Nebukadnezar in Westsyrien erfolgreich die Ägypter, die ebenfalls die Gunst der Stunde für weite Annexionen genutzt hatten. Nachdem er 604 König geworden war, was er bis 562 blieb, führte Nebukadnezar diese Kämpfe in der Nachfolge der assyrischen Könige Asarhaddon und Assurbanipal fort. In diesem Zusammenhang wurde auch Judäa mit seiner Hauptstadt Jerusalem 597 erobert (2. Könige 24, 1-5; 10-16) und nach einem Aufstand und zweijähriger Belagerung 587 / 86 vollständig zerstört, die Bevölkerung nach Babylon deportiert.

Die Hauptstadt am Euphrat, Babylon, wurde großzügig ausgebaut (Abb. 18.2). Drei Paläste und eine 12 km lange äußere Stadtmauer ließ Nebukadnezar neu anlegen, die Tempel und die innere Stadtmauer erneuern. Die Mauern der Innenstadt auf dem östlichen Euphratufer formten in etwa ein Quadrat von 1,2 km Seitenlänge. Auf jeder Seite führten zwei Tore in die Stadt, die bis auf das Tor des Königs nach den Hauptgöttern benannt sind. Durch seine Wiedererrichtung im Vorderasiatischen Museum Berlin bekannt geworden ist das Ištar-Tor, das wie die zugehörige Prozessionsstraße in seiner letzten Bauphase mit glasierten Formziegeln verziert war. Diese zeigen Reihen schreitender Löwen, Stiere und Fabeltiere, sogenannte *Mušḫuššu*, die dem Marduk als Symboltiere zuzuordnen sind (Abb. 18.4).

Chaldäische, neubabylonische Dynastie

625 - 605 Nabupolassar
604 - 562 Nebukadnezar II. (Nabu-kudurri-usur)
559 - 556 Neriglissar
555 - 539 Nabonıd (Nabu-na'id)
                (Belsazar, Bel-šar-ušur)

12. Oktober 539 ziehen persische Truppen in Babylon ein

Achaimenidendynastie

ca. 600 - 559 Kambyses I.
558 - 530 Kyros II.
530 - 522 Kambyses II.
522 - 486 Dareios I.
486 - 465 Xerxes
465 - 424 Artaxerxes I.
423 - 405 Dareios II.
404 - 359 Artaxerxes II.
358 - 337 Artaxerxes III.
335 - 330 Dareios III.

333 - 323 Alexander von Makedonien

Tab. 18.1: Herrscherliste der neubabylonischen und der Achaimeniden-Dynastie

Zusammen mit den hängenden Gärten galt die Stadtmauer in der Antike als Weltwunder der Baukunst. Die hängenden Gärten, die Diodoros ausführlich beschreibt, vermutete der Ausgräber Robert Koldewey, der von 1899 bis 1917 in Babylon arbeitete, in einer Substruktion im Nordosten des Südpalastes des Nebukadnezar (Abb. 18.3; Koldewey 1990: 99-107). Wie aber Tontafelfunde an dieser Stelle, u.a. eine Liste der Rationen für die deportierten Judäer zeigen, war hier ein großer Speicher. Die hängenden Gärten sind daher noch nicht lokalisiert.

Das berühmteste Bauwerk Babylons aber ist "der Turm von Babel", die Zikkurat, *E-temen-anki*, mit dem Hochtempel des Marduk (Taf. 18.I). Von dem früher achtstöckigen Bauwerk mit 91 m Seitenlänge ist heute nur der Kern erhalten. Die gebrannten Ziegel des Mantels wurden im letzten Jahrhundert für einen Staudammbau entfernt.

Der großzügige Ausbau der Tempel beschränkte sich während des 6. Jh. nicht auf Babylon. Allgemein ist ein starkes Ansteigen der Siedlungszahl zu beobachten. Auch die Zentren Borsippa, Kiš, Nippur und Uruk erlebten umfangreiche Ausbesserungen. In Ur ließ Nebukadnezar u.a. die Stadtmauer und verschiedene Tempelbezirke erneuern. Nabonid (555-539), ein Anhänger des Mondgottes, ließ dessen Zikkurat wiedererrichten, restaurierte weitere Tempel und baute für seine Tochter, die Hohepriesterin von Ur, einen Palast. In Harran, der assyrischen Königsresidenz und Stadt des Mondgottes Sin, ließ er unter Bezugnahme auf den Assyrer Assurbanipal den Tempel des Sin, in dem Nabonids Mutter Priesterin gewesen war, wiedererrichten. Danach zog sich Nabonid (aus nach wie vor unklaren Gründen) für zehn Jahre nach Tema in die arabische Wüste zurück.

Babylonien war zu dieser Zeit "ein politisch geschlossenes, wirtschaftlich verbundenes und kulturell einheitliches Territorium" (Högemann 1992: 142). Das neubabylonische Reich umfaßte Mesopotamien, Syrien und Phönizien (Abb. 18.1). In Phönizien grenzte es an Ägypten und im Südosten an das elamische Reich mit der Hauptstadt Susa. Nördlich und östlich davon lag das medische Reich, das außerdem das östliche Anatolien umfaßte. Seine Hauptstadt war Ekbatana. Westlich des Halys lag Lydien, das bis zur ionischen Westküste Kleinasiens reichte. Zwanzig Jahre später sollte sich die politische Landkarte vollständig verändert haben. Die Regierungsgeschäfte in Babylon überließ Nabonid für die Zeit seines Aufenthaltes in Tema seinem Sohn, dem Kronprinzen Belsazar. Dieser ist der "König", der nach dem Buch Daniel (betrunken) Gott gelästert hat. Um mit Heines Worten fortzufahren:

Jehovah ! dir künd ich auf ewig Hohn -
Ich bin der König von Babylon !
Doch kaum das grause Wort verklang,
Dem König wards heimlich im Busen bang.
Das gellende Lachen verstummte zumal;
Es wurde leichenstill im Saal.
Und sieh ! und sieh ! an weißer Wand
Da kams hervor wie Menschenhand;
Und schrieb, und schrieb an weißer Wand
Buchstaben von Feuer, und schrieb und schwand.

Die seltsamen Zeichen an der Wand wußte Daniel als "Mene Mene Tekel" zu lesen und deutete sie als Ankündigung des Untergangs des neubabylonischen Reiches. Und wirklich blieben dem aus Tema zurückgekehrten Nabonid nur noch vier Regierungsjahre, bevor der Perser Kyros, aus dem Geschlecht der Achaimeniden, Babylon eroberte.

Der Aufstieg der persischen Achaimeniden

Persische Stämme werden erstmals im 9. Jh. v. Chr. in assyrischen Quellen genannt. Vom 7. Jh. an wird die heutige iranische Provinz Fars (Parsua) dann nach ihnen benannt, führt aber auch noch den älteren Namen Anšan.

553 erhob sich der Perser Kyros, König von Anšan (bzw. Parsua) und Nachfahre eines Achaimenes, gegen die Meder und konnte sie 550 besiegen (s. Tab. 18.1). Drei Jahre später, Kyros hatte auch Parthien, Hyrkanien und Elam erobert, wandte sich

Kroisos, durch seine Mißinterpretation eines delphischen Orakels fehlgeleitet, gegen die Perser und zerstörte damit sein Lyderreich im Herzen Anatoliens. Kyros aber eroberte schnell ganz Kleinasien, bevor er sich Ostiran und Baktrien zuwandte. Als sich die persischen Truppen anschließend gegen Babylonien wandten, beherrschte Kyros schon ein Reich, dessen Größe selbst das assyrische weit übertraf. Nach kurzen Kämpfen zogen am 12. Oktober 539 v. Chr. persische Truppen in Babylon ein, und Kyros wurde bei seiner Ankunft, 17 Tage später, den propagandistischen Quellen zufolge, freudig von der Bevölkerung begrüßt.

Die Achaimeniden dehnten ihr Reich jedoch noch aus. Unter Kyros' Nachfolger Kambyses wurde 525 Ägypten erobert, und 517 erreichten die Truppen des Dareios I. (522-486) Gebiete am Indus im Osten und Makedonien im Westen. Nur durch wenige Aufstände erschüttert, verblieb das Reich in diesem Zustand bis zur Eroberung Alexanders von Makedonien. Erstmals sind damit alle in diesem Buch behandelten Gebiete unter einer Herrschaft zusammengeschlossen.

Fortsetzung oder Wandel in Mesopotamien ?

Das neubabylonischen Reich war mit der Eroberung durch Kyros Teil eines sehr viel größeren Herrschaftsgebietes geworden, das bis nach Griechenland im Westen und Indien im Osten reichte. Dieser Umstand sowie die Übernahme der Macht durch eine iranische Herrscherschicht wurden oft als Endbedingung für die Geschichte "des Alten Orients" mit Mesopotamien als Zentrum ausgemacht. Sollte diese Vorstellung der Wirklichkeit entsprechen, müßte sich aber ein tiefgreifender Wandel in Babylonien feststellen lassen.

Ganz im Gegenteil rechtfertigt Kyros aber die Ergreifung der Macht in Babylon (in dem sogenannten Kyros-Zylinder) mit seiner Erwählung durch Marduk. Nabonid habe hohe Abgaben gefordert, den Kult des Sin betrieben und den für Marduk vernachlässigt. So habe er das Verderben von Babylon betrieben und die Menschen mit seinem Joch zugrunde gerichtet. Deshalb habe Marduk in allen Ländern nach einem gerechten König gesucht. "Da ergriff er mit seiner Hand Kyros, den König von Anšan, sprach seine Berufung aus, für das Fürstentum des gesamten Alls nannte er seinen Namen" (Z. 12, Übersetzung nach Berger 1975: 195). Ob auch die anderen Eroberungen von Kyros vor Ort unter Berufung auf die jeweiligen Götter begründet wurden, ist wegen der fehlenden textlichen Überlieferungen nicht bekannt.[5]

Daß ein Bruch in Babylonien politisch nicht gewollt war, läßt sich auch daran erkennen, daß sich Kyros in Babylon *šar Babilim šar māt Šu-me-ri ù Akka-di-i* ("König von Babylon, König des Landes Sumer und Akkad"; Kyroszylinder Z. 20) nennt und sich so in die babylonische Tradition stellt, die er auch sonst pflegte. So nutzte er die Paläste weiter, die Tempel wurden weiterhin versorgt und ausgebessert. Unter Kyros er-

---

[5] Zu den Quellen bezüglich Babylonien s. Kuhrt 1990.

hielt z.B. Ur die alte Größe und Prosperität der Blütezeit des späten 3. Jt. wieder. Der Niedergang der Stadt im 4. Jh., den der Ausgräber in der Ersetzung des Mondgottes durch den zoroastrischen Glauben unter den späteren Achaimeniden begründet sah (Woolley 1962: XI), ist dadurch verursacht, daß der Euphrat seinen Lauf veränderte und Ur nicht mehr berührte.

Weitergeführt wurden auch die astronomischen Tagebücher in Babylon. Die Wissenschaften, vor allem Mathematik und Astronomie, erlebten jetzt ihren Höhepunkt. Bis ins späte 5. Jh. hinein scheint sich die Astronomie auf das Aufzeichnen des Beobachteten beschränkt zu haben. Doch dann begann die Vorhersage von Sternkonstellationen sowie eine regelmäßige Einfügung eines Schaltmonats in den Kalender, so daß nun jedes Jahr gleich lang war. Außerdem wurden im 5. Jh. die Sternbilder des heute noch üblichen Tierkreises kanonisiert. Astronomie und Astrologie waren miteinander verbunden. Eine bestimmte Sternkonstellation konnte auf Kriege oder andere Übel hindeuten. Vom 5. Jh. an sind neben solchen Deutungen für Könige auch persönliche Horoskope bekannt.

Entgegen solchem wissenschaftlichen Fortschritt sind Veränderungen in der Wirtschaft, den Besitz- und Produktionsverhältnissen einschneidende Wandlungen. Über diese Verhältnisse informieren uns zahlreiche Wirtschaftstexte aus Tempel- und Familienarchiven. Doch sind die Keilschrifttexte den Grabungen entsprechend sehr ungleichmäßig verteilt und erschweren die Beschreibung. So liegen z.B. aus Babylon Texte der Tempelverwaltungen nicht vor, während tausende von Privaturkunden gefunden wurden. In Uruk hingegen beleuchten ca. 7000 Tontafeln den Betrieb des Kultzentrums Eanna zwischen 626 und 520.

Insgesamt zeigt sich, daß die Tempel große Wirtschaftszentren waren, die reichen Besitz vor allem an Land und Schafen hatten, den sie zum größten Teil verpachteten. Eanna z.B. besaß zwischen 100.000 und 150.000 Schafe. Ein Teil der Tempeleinkünfte wurde dem Palast als "Nahrung des Königs" überwiesen. Zu den Tempeln gehörten neben den Priestern und der ausgedehnten Verwaltung auch zahlreiche Handwerker vom Tischler bis zum Goldschmied. Obwohl diese freie Bürger waren, arbeiteten sie ausschließlich für den Tempel, von dem sie das Material und Rationen als Lohn gestellt bekamen. Allgemein wurden die Berufe vererbt (Kümmel 1979).

Neben den Tempelarchiven weisen private Archive auf die Aktivitäten privater Händler und Geldverleiher hin. Große Kredit- und Handelshäuser wie z.B. das der Familie Egibi aus Nippur, deren Texte zwischen 580 und 495 entstanden, hatten Handelskontakte bis nach Fars und Syrien. Textfunde von dort liegen aber bislang nur in geringer Zahl vor.

Die babylonischen Archive enthalten Kaufverträge, Quittungen, Zahlungsversprechen, Pacht- und Mietvereinbarungen, Protokolle über Vergleiche, Streitverzichtsurkunden, nur wenige Geschäftsbriefe, aber auch familienrechtliche Vereinbarungen: Eheverträge, Adoptionen, Schenkungen, Erbteilungen usw. Der Wortlaut der einzelnen Arten von Urkunden war stark standardisiert. Man kann von regelrechten Formularen sprechen. "Gemeinsam ist allen Typen von Geschäftsurkunden die regelmässige Angabe von Ort und Zeitpunkt der Ausstellung und von den Namen der Zeugen" (Krecher 1970: 6).

Zeugen, aber auch Richter oder Schreiber, bestätigten dann die Urkunden mit ihren Siegeln. Dabei fanden zunehmend Stempelsiegel Verwendung, die die für Mesopotamien typischen Rollsiegel verdrängten.

Wirtschaftstexte sind v.a. für die Zeit von Nebukadnezars 1. Regierungsjahr bis zu Dareios I. (626-486 v. Chr.) belegt. Erst nach Xerxes wird ihre Zahl geringer, was oft auf eine politische Veränderung zurückgeführt wurde. Wahrscheinlich ist dies aber wie die Verwendung der Stempelsiegel vor allem durch die fortschreitende Aramäisierung der Schrift bedingt. Aramäisch löste nämlich im 1. Jt. v. Chr. zunehmend Assyrisch und Babylonisch als Umgangssprache und als leichter zu erlernende Umgangsschrift ab. Da die aramäische Buchstabenschrift aber hauptsächlich auf vergängliche Materialien wie Papyrus und Leder geschrieben wurde, nimmt mit zunehmendem Anteil aramäischer Texte die Gesamtzahl der heutzutage auffindbaren Schriftstücke ab. Mußten am Ende des 8. Jh. babylonische Verwaltungsbeamte schon ermahnt werden, Aramäisch nicht in offiziellen Schreiben zu benutzen, so wurde es im Achaimenidenreich die meistverbreitete Schrift, für die sich Beispiele selbst in Ägypten fanden. Andererseits konnten die Rollsiegel nicht auf Leder oder Papyrus abgerollt werden, während die Stempelsiegel auch auf kleinen, an die Dokumente angehängten Tonstücken Platz fanden und deshalb die Rollsiegel ablösten. Die Ablösung der für altorientalische Kulturen als typisch angesehenen Keilschrift und Rollsiegel begann also schon vor den Achaimeniden. Die Änderungen vollziehen sich somit langsam und sind nicht mit dem Machtwechsel oder einer "Iranisierung" zu verbinden.

Umfassende Unterschiede zwischen der neubabylonischen und der achaimenidischen Zeit sind im Wirtschaftsbereich bislang nicht beobachtet worden. Ein wichtiger Unterschied besteht jedoch darin, daß das achaimenidische Babylonien nicht mehr steuerfrei war. Im Gegenteil sind die babylonischen Steuern die höchsten aller Provinzen, da dort am meisten Ertrag erwirtschaftet wurde.

Staatliche Dokumente oder Texte zu den Aktivitäten von Satrapen (Provinzgouverneure) sind aus Babylonien völlig unbekannt. 40.000 elamisch geschriebene Texte aus Persepolis geben für dieselbe Zeit Einblicke in die Verwaltung der Provinz Fars mit ihrem Warentransfer und Steueraufkommen. Hier gehört sehr viel Land der Familie des Königs. Die Verwaltung ist in viele Stufen unterteilt, an deren Ende Arbeiter und Sklaven in Gruppen von 10 oder 100 Mann mit einem "Anführer" (Koch 1990: 246) stehen. Ähnliche Einteilungen sind für die neubabylonische Zeit in Babylonien bekannt. Die interne Verwaltung Babyloniens scheint ebenso wie diejenige anderer Provinzen (Vogelsang 1992) generell von den Achaimeniden übernommen worden zu sein. Dabei konnten auch Einheimische als hohe Funktionäre auftreten, wie das private Archiv des Belšunu aus Babylon beschreibt. Dieser war, obwohl nicht Perser, zumindest zwischen 421 und 414 ortsansässiger Gouverneur von Babylon, nicht aber von Babylonien (Stolper 1988: 195 ff.). Die höheren Provinzgouverneure (Satrapen) hielten sich hingegen offenbar viel am Hof des Königs auf.

Für die Achaimenidenzeit lassen sich in Babylonien zahlreiche Zuwanderer feststellen, die häufig auch in der Verwaltung tätig waren. Die multikulturelle Seite babylonischer Städte war jedoch keineswegs erst in dieser Zeit entstanden. Städte wie Nippur und Babylon waren schon im 7. und 6. Jh. v. Chr. als kosmopolitisch bekannt und beherbergten auswärtige Gelehrte ebenso wie Händler aus Persien, Medien, Phönizien, Ägypten, Lydien und Griechenland. Im Murašu-Archiv in Nippur (Stolper 1985) sind ca. ein Drittel aller Namen nicht-babylonisch, vor allem persisch (Dandamayev 1992: 170). Allerdings sind diese Bewohner nach der babylonischen Kommunalverfassung nicht mit den gleichen Rechten ausgestattet gewesen wie die Einheimischen, von denen die Bürger (*mār-banê*), nicht aber die Sklaven[6] und andere nicht mit vollen Rechten ausgestattete Personen, an einer öffentlichen Selbstverwaltung (*puḫru*) teilnehmen konnten. Diese hatten auch die Rechtssprechung in Fragen von Besitz und Familienrecht. Stärkere Gruppen von Immigranten wiederum wurden durch sogenannte "Ältere" vertreten. Auch hier griffen die Achaimeniden nicht in bestehende Strukturen ein. Es genügte ihnen offenbar, die politische Kontrolle und die entsprechenden wirtschaftlichen Vorteile zu haben.

Ideologie und Selbstdarstellung

Wie in Mesopotamien, so ist auch in den anderen Teilen des Achaimenidenreiches, von Baktrien bis Ionien, weder ein wesentlicher Wechsel in der lokalen Verwaltung noch in den materiellen Äußerungen zu vermerken. Bezüglich der materiellen Hinterlassenschaften stellt sich so das Problem, das Material der einzelnen politisch definierten Perioden voneinander zu trennen. Insbesondere für Alltagsgegenstände wie Keramik ist die Datierung nicht nur wegen fehlender Grabungen schwierig. Aber auch bei Luxusgütern fällt dies in Mesopotamien wie in Syrien, der Türkei, dem Iran und Ägypten oft nicht leicht. Es ist beinahe kennzeichnend, daß die Achaimenidenzeit sich nahezu überall als Fortsetzung des Vorherigen kaum abhebt.

Dies wurde oft als Schwäche der Perser gewertet, die ihre Kultur nicht durchzusetzen wußten bzw. kulturell unterlegen gewesen seien. Dabei ist allerdings zu fragen, wonach denn gesucht werden soll ? Warum soll sich z.B. Keramik ändern, wenn die Herrscherdynastie wechselt ? Die Gegenstände, von denen eine Änderung erwartet werden kann, sind auf den direkt ideologisch beeinflußten Bereich zu begrenzen, d.h. staatlich kontrollierte Münzprägung, Reliefs oder Silberschalen sowie offizielle Siegel.

Dementsprechend werden z.B. die kurz zuvor in Lydien erfundenen Münzen, die nur im westlichen Teil des Reiches umliefen und nicht im Osten eingeführt wurden, wo die Wirtschaft anders organisiert war, von den Achaimeniden genutzt. Auf den Münzen erscheint jetzt jedoch ein persisches Motiv mit altorientalischen Vorläufern, der jagende König (Abb. 18.5). Auch sonst hatten die Achaimeniden keine Bedenken, an alte Traditionen anzuknüpfen, was sich z.B. mit der Dareiosstatue im ägyptischen Stil unterstrei-

---

6 "Sklaven" tauchen vielfach in diversen Funktionen auf, die einer engen Auslegung des Begriffes entgegenstehen. Sie tätigen Rechtsgeschäfte mit anderen Sklaven oder Freien, konnten Gläubiger oder Schuldner werden, sie konnten mieten, vermieten und selber Immobilien oder Sklaven besitzen. Sie zahlten allerdings Abgaben.

chen läßt (Taf. 18.II). Damit unterscheidet sich offenbar die Ideologie der Achaimeniden von derjenigen ihrer mesopotamischen Vorläufer, den neuassyrischen und neubabylonischen Herrschern.

Die Herrschaft der Assyrer ist durch militärische Unterdrückung eroberter Gebiete sowie Ausbeutung und massenhafte Deportation unterworfener Völker zugunsten der Bevölkerung des assyrischen Kernlandes gekennzeichnet. Ideologisch berufen sich die assyrischen Könige vor allem auf den Stadt- und Landesgott Assur, der allerdings in der neuassyrischen Zeit nicht als unumschränkter Herrscher des Pantheons gesehen wird. Ihren bildlichen Niederschlag findet die Ideologie des assyrischen Imperialismus in den Steinreliefs der königlichen Paläste, auf denen der immer siegreiche König, von dem bogenschießenden Gott Assur geleitet, die Vernichtung der feindlichen Völker kommandiert oder deren (Ab-)Gaben empfängt.

Nur Babylonien bringen die Assyrer wegen der Kultur und ihrer Verehrung für die babylonischen Götter Achtung entgegen. Dies und die Wirtschaftskraft Babyloniens verhindern, daß die Region in einen peripheren Status zurückfällt. Babylon bleibt nach Ninive die wichtigste Stadt des assyrischen Reiches.

Daher übernehmen die neubabylonischen Chaldäer ein relativ intaktes Zentrum, auf dessen Tradition sie sich berufen. Ausdruck findet die neue Weltsicht in einer Weltkarte des 6. Jh., die in Sippar gefunden wurde. Die Erde schwimmt, wie in den etwas späteren Vorstellungen der griechischen Vorsokratiker, als Scheibe auf dem "Bitterfluß", einem Ozean. Babylon aber liegt als Zentrum in der Mitte der Welt.

Während die Assyrer ihren Gott Assur als siegreichen Reichsgott, aber auch Nabu und den Götterhimmel Babyloniens verehrten, konzentrieren die Chaldäer immer mehr Eigenschaften auch anderer Götter auf Marduk. Als weitere Hauptgötter treten nun Nabu, der von einem Gott der Schreibkunst zu einer kosmischen Gottheit gewandelt wurde, sowie der Mondgott Sin auf. Die Legitimation der neubabylonischen Könige ist die Erwählung durch Marduk. Dynastische Gründe spielen offenbar nicht die wichtigste Rolle. Schon Nabupolassar bezeichnet sich als "Sohn eines Niemand, den Marduk unter dem Volk nicht sah". Neriglissar, der den Sohn Nebukadnezars entmachtete, war kein Familienmitglied, Nabonid möglicherweise nicht einmal Chaldäer. Während die Assyrer versuchten, an die babylonische Tradition anzuknüpfen, geben die Chaldäer vor Nabonid Assyrien dem Vergessen preis, reduzieren es zu einer Peripherie. Assyrien wird zerschlagen, seine Hauptstädte werden zerstört und die Götter(sitze)[7] vergessen. Ideologisch stehen weniger die assyrischen Begriffe des Eroberers und Erweiterers der Grenzen im Vordergrund als die Vorstellung vom *šar mēšarim*, dem "König der Gerechtigkeit", und dem *rē'û*, "Hirten".[8] Bewegte Kampfszenen sind uns dementsprechend aus Babylon

---

[7] Die Ausnahme des Heiligtums des Mondgottes in Harran wurde erwähnt. Bevor Nabonid dies restaurierte, lag es aber ca. 55 Jahre brach. Nabonid bezog sich daher in Abkehr von der sonstigen babylonischen Politik explizit auf den Assyrer Assurbanipal als Vorgänger.

[8] Unabhängig davon suchten beide Dynastien ihre Legitimität durch erhebliche Bauarbeiten an Tempeln und in den jeweiligen Hauptstädten zu unterstreichen.

nicht in Kunstwerken überliefert. Die neubabylonischen Paläste wiederholen mit Reihen langsam schreitender Löwen in geringerer Zahl die Darstellungen des Ištar-Tores.

Deportationen aus anderen Gebieten scheinen aber dennoch, wie das Beispiel der Judäer und die Rationenlisten anderer Gruppen in Babylon zeigen, ebenfalls ausgiebig praktiziert worden zu sein. Fremde Götter werden insoweit akzeptiert, als die jeweiligen Gläubigen auf diese schwören müssen (2. Chronik 36, 13).

Im Gegensatz dazu entließ Kyros sofort nach seiner Eroberung Babylons alle Deportierten in ihre Heimatländer und ließ sie ihre Götterstatuen mitnehmen, ein politischer Schachzug, der ihm mit geringem Aufwand viele Verbündete und einen guten Leumund verschaffte. Die vielen verschiedenen alten Kulturen in einem politischen System zu vereinen, blieb dennoch das zentrale Problem des Achaimenidenreiches. Die auffallende Stabilität wird in erster Linie auf die allgemeine Toleranz der Herrscher gegenüber Religionen, Sprachen und Schriften zurückgeführt.[9]

So reagierten die Achaimeniden auf die Vielsprachigkeit ihres Reiches mit der Abfassung gleicher Inschriften in verschiedenen Sprachen. Dieser Praxis auf den Reliefs des Dareios in Bisutun (Taf. 18.III), Persepolis und Naqš-i Rustam verdanken wir die Entzifferung der Keilschrift. Die Vielsprachigkeit beschränkt sich aber nicht auf repräsentative Königsinschriften, sondern spiegelt sich auch in den erhaltenen Texten in den Provinzen und den Funden in der neuen Hauptstadt Persepolis, wo neben den dominierenden elamischen Texten auch solche in Aramäisch, Griechisch, Phrygisch und Spätbabylonisch gefunden wurden. Die Abfassung von offiziellen Texten in lokalen Sprachen hatte symbolischen wie pragmatischen Wert, indem sie eine Verbindung mit der jeweiligen Region zeigte und lokale Vielfalt unter einheitlicher Herrschaft zuließ (Root 1991: 4-6).

Ebenfalls programmatisch könnte die rege Reisetätigkeit der Achaimeniden interpretiert werden, die ihre Herrschaft abwechselnd von ihrer eigentlichen Hauptstadt Persepolis und den alten Hauptstädten der Meder, Elamer und Babylonier, nämlich Ekbatana (Hamadan), Susa und Babylon ausübten. Erst Alexander verlegte die Hauptstadt wieder von Persepolis, das er völlig zerstören ließ, nach Babylon.

Neben der dynastischen Tradition und der Wirksamkeit ihrer Macht, d.h. physischen und psychischen Fähigkeiten sowie Taten, die zur Bewahrung der universalen Ordnung dienen, z.B. Kriegszüge oder Kanalbauten, legitimierten sich auch die Achaimeniden vor allem über ihre Erwählung und Investitur durch einen Gott (s. zu diesem Fragenkomplex Ahn 1992). Der Gott, auf den sich die Achaimeniden berufen, ist der zoroastrische Gott Ahura Mazda. Obwohl auch er von Nebengöttern begleitet wird und die Praxis vermutlich eine Vielzahl von Göttern bereithielt (Wiesehöfer 1993: 147), ist hier ein entscheidender Schritt zum Monotheismus getan. Ein wesentlicher Unterschied zu den älteren Hauptgöttern Assur oder Marduk ist, daß Ahura Mazda kein Stadtgott ist,

---

[9] Nach Meinung von Dandamayev (1992: 166-168) greift der Begriff religiöser Toleranz nicht weit genug, da die Achaimeniden in allen ihren Ländern die jeweiligen Götter mitverehrten, um deren Unterstützung zu erhalten, d.h. (für Dandamayev) auch an sie glaubten. Das muß nicht der Fall sein. Jedoch glaubten die Achaimeniden offenbar zumindest, daß es nichts schaden könne, den fremden Göttern zu opfern. Als Gewinn konnte ja überdies zumindest mit der Sympathie der Anhänger dieser Götter gerechnet werden.

d.h. sein Anspruch kollidiert nicht zwangsläufig mit anderen Göttern. Mit ihm ist stattdessen ein abstraktes Konzept strikter Dualität von Gut und Böse, Licht und Finsternis verbunden.

Ein abstraktes Konzept von Herrschaft zeigen auch die bildlichen Darstellungen der offiziellen Kunst. Wie die verschiedenen Sprachen, so sind auch verschiedene, adaptierte Kunststile dazu da, die Ideologie zu transportieren, in deren Mittelpunkt der König steht. Der König ist die staatliche Präsenz. Er ist der allgewaltige Bogenschütze auf Münzen (Abb. 18.5), Bezwinger der wilden Tiere (Taf. 18.IV) und aufständischen Individuen (in Bisutun, Taf. 18.III; Root 1979). Er steht als Opfernder (auf allen Reliefs königlicher Gräber) vor Ahura Mazda, dessen Wohltaten er empfängt. Er ist der König der Welt, dem die Völker des Reiches huldigen (Abb. 18.6),[10] ihm helfen, den Palast zu bauen, dessen Thron die Völker tragen (Abb. 18.6) und der die Gaben seiner Untertanen erhält (in Persepolis, Taf. 18.V).

Bei diesen Darstellungen ist aber kaum eine persönliche Note zu spüren. Es dominiert der dynastische Aspekt. Das Konzept ist wichtiger als das Individuum. Hinter all diesem steht eine Ideologie umfassender Harmonie und Kontrolle, die durch eine Verbindung mit den Bereichen der Frömmigkeit, Herrschaft und astralen Kräften eine geistige und kosmische Autorität vermittelt, die überzeugender ist als jede durch militärische Kraft gewonnene Macht sein kann (Root 1979: 310f.). In Verbindung mit der Freiheit in Religion und Gebräuchen, die unterhalb der Schwelle der Macht liegen, sorgt diese Autorität für die Stabilität des Achaimenidenreiches. Die Multikulturalität des Achaimenidenreiches, die nicht unterdrückt, sondern gefördert wird, solange sie nicht die Herrschaft in Frage stellt, erweist sich so nicht als Schwäche der Regierenden, sondern als Stärke.

Es ist kennzeichnend für den Erfolg der achaimenidischen Toleranz gegenüber lokalen Traditionen, daß nur wenige Aufstände während ihrer zweihundertjährigen Herrschaft belegt sind. Effektive Kontrolle war vermutlich nur mit Hilfe des vorher existierenden Systems (vgl. auch Vogelsang 1992, der im Iran eine Übernahme des medischen Systems sieht) und seinen Repräsentanten, von denen eventuell die obersten Spitzen ersetzt wurden, zu erlangen.

Wenn man argumentiert, daß die Verwaltung ohne die älteren Herrschaftsverhältnisse nicht unaufwendig gesichert werden konnte, führt das zu dem Schluß, daß die alten Repräsentanten hinreichend am System verdienten und sich daher loyal verhielten. Für genauere Aussagen ist die Erforschung der lokalen politischen Bedingungen jedoch nicht weit genug fortgeschritten.[11] Die Frage nach der Kontinuität unter der Achaimenidenherrschaft ist somit zweigeteilt zu beantworten. Auf lokaler Ebene unterstützten die Achaimeniden in den eroberten Gebieten die jeweilige traditionelle Verwaltung und Kultur mit ihren Sprachen, Schriften, Göttern und künstlerischen wie ideologischen Ausdrucksfor-

---

[10] Zur Bestimmung der einzelnen Völker anhand der Tracht und der beigefügten Inschriften auf dem Sockel der Dareiosstatue (Taf. 18.II) und der Reliefs in Persepolis s. Walser 1966; Roaf 1974; Calmeyer 1983a. Die Völkerlisten stimmen nicht mit den vorliegenden Listen der Satrapien überein (Calmeyer 1982, 1983b; Petit 1990).

[11] Vgl. die Beiträge in Sancisi-Weerdenburg und Kuhrt 1990; 1991.

men. Gleichzeitig schufen sie aber überregional ein einheitliches ideologisches System, in dessen Zentrum das dynastische Königtum als unumschränkte Herrschaft unter dem Schutz Ahura Mazdas, eines übergeordneten Gottes, steht.

Ausblick: der hellenisierte Orient

Noch stärker drückt sich der Wille, nur die Oberherrschaft in einem existierenden System zu übernehmen, bei Alexander aus. Obwohl die griechischen Quellen uns mitteilen, er hätte mit seinem Feldzug Vergeltung für die Versuche der Perser, Griechenland zu erobern, üben wollen, sprechen die Fakten dafür, in ihm eher einen - allerdings aus der Peripherie kommenden - Thronprätendenten zu sehen. Zum einen ließ er die Verwaltungsstrukturen des Achaimenidenreiches weitgehend intakt, ließ sogar Satrapen im Amt, zum anderen übernahm er Politik und sogar Zeremoniell der Achaimeniden. Außerdem heiratete er mit Stateira eine achaimenidische Prinzessin, bevor er in Babylon 323 v. Chr. starb. Nicht umsonst gilt er in der orientalischen Überlieferung als der letzte König der alten Dynastie.

Die Zerschlagung des Achaimenidenreiches in mehrere Teile wurde dann erst von seinen Nachfolgern in den sprichwörtlich gewordenen Diadochenkämpfen vollzogen. Dadurch wurde geopolitisch teilweise wieder der Status der Mitte des 6. Jh. erreicht, der Baktrien und Griechenland wieder selbständig werden ließ. Wie die Pharaonen und neubabylonischen Chaldäer kämpften die Ptolemäer von Ägypten aus mit den Seleukiden, deren Herrschaft sich über Mesopotamien und Syrien erstreckte, um Phönizien.

In sich aber wiederholten auch die neuen Reiche nicht nur die Strukturen des Achaimenidenreiches. So wie Ptolemaios in Ägypten in die Rolle eines Pharao schlüpfte, wurden die Seleukiden zu Nachfolgern der Babylonier. Antiochos I., dessen Vater Seleukos 312 die Seleukidendynastie begründet hatte, ließ z.B. Ezida, den Tempel des Nabu in Borsippa, und Esangila, den Tempel Marduks in Babylon, wieder aufrichten, wobei er nach altem mesopotamischen Ritual den ersten Ziegel fertigte. Auch über die Kompilation der Geschichte der babylonischen Könige versuchten die Seleukiden, die außerdem die wissenschaftliche Keilschriftliteratur förderten, an mesopotamische Vorstellungen anzuknüpfen (vgl. Kuhrt und Sherwin-White 1987).

Die nachfolgende Dynastie der parthischen Arsakiden berief sich nicht auf diese Traditionen, zeigte aber eine besondere Toleranz gegenüber lokalen Traditionen, Sprachen und Göttern. So stammt der späteste Beleg für den kultischen Betrieb im Marduk-Tempel Babylons aus dem Jahr 93 v. Chr., der jüngste bekannte Keilschrifttext, ein astronomischer Text aus Babylon, sogar erst von 75 n. Chr. Wenngleich Seleukia am Tigris Babylon zu diesem Zeitpunkt schon lange den Rang als "Zentrum der Welt" abgelaufen hatte, zeigt sich bei Seleukiden wie Arsakiden die Fortführung einer altorientalischen Tradition, die griechische Elemente aufnimmt, aber sich insgesamt nur langsam und gemäßigt wandelt. So sind nicht nur die persischen Achaimeniden als Vertreter altorientalischer Kultur einzuschätzen. Daß selbst die Seleukiden weniger als griechischhellenistische denn als orientalische Herrscher zu betrachten sind, ist eine erst in jüngerer Zeit erfolgte Korrektur des anfangs erwähnten, europazentrierten Geschichtsbildes (s. Sherwin-White und Kuhrt 1993).

Wenngleich also Heines Gedicht nach der Deutung des Menetekels endet

Belsatzar ward aber in selbiger Nacht
Von seinen Knechten umgebracht

- das Ende altorientalischer Kultur bedeutete dies nicht.

Bibliographie

Adams, R. McC.

1981   *Heartland of Cities. Surveys of Ancient Settlement and Land Use on the Central Floodplain of the Euphrates*. Chicago: Chicago University Press.

Ahn, G.

1992   *Religiöse Herrscherlegitimation im achämenidischen Iran. Die Vorraussetzungen und die Struktur ihrer Argumentation*. Acta Iranica 31. Leiden: Brill.

Armstrong, J. A.

1989   *The Archaeology of Nippur from the Decline of the Kassite Kingdom until the Rise of the Neo-Babylonian Empire*. Dissertation, University of Chicago.

Berger, P.-R.

1975   "Der Kyros-Zylinder mit dem Zusatzfragment BIN II Nr. 32 und die akkadischen Personennamen im Danielbuch". *Zeitschrift für Assyriologie* 64: 192 - 234.

Brinkman, J. A.

1984   *Prelude to Empire. Babylonian Society and Politics, 747-626 B.C.* Philadelphia: Occasional Publications of the Babylonian Fund, Nr. 7.

Calmeyer, P.

1982   "Zur Genese altiranischer Motive VIII. Die 'statistische Landcharte des Perserreiches' - I." *Archäologische Mitteilungen aus dem Iran* 15: 109-187.

1983a   "Zur Rechtfertigung einiger großköniglicher Inschriften und Darstellungen: die Yauna". In H. Koch und D.N. Mackenzie, Hrsg.: *Kunst, Kultur und Geschichte der Achämeniden und ihr Nachleben*, S. 153-167. Berlin: Dietrich Reimer.

1983b   "Zur Genese altiranischer Motive VIII. Die 'statistische Landcharte des Perserreiches' - II." *Archäologische Mitteilungen aus dem Iran* 16: 141-222.

Dandamayev, M. A.

1992   *Iranians in Achemenid Babylonia*. Columbia Lectures on Iranian Studies 6. Costa Mesa, CA: Mazda Publications.

Frame, G.

1992 *Babylonia 689 - 627 B.C. A Political History.* Istanbul: Nederlands Historisch- Archaeologisch Instituut te Istanbul.

George, A. R.

1992 *Babylonian Topographical Texts.* Orientalia Lovaniensia Analecta 40. Leuven: Uitgeverij Peeters.

Grayson, A. K.

1975 *Assyrian and Babylonian Chronicles.* Locust Valley, N.Y.: J.J. Augustin.

Heinrich, E.

1982 *Die Tempel und Heiligtümer im alten Mesopotamien.* Berlin: Walter de Gruyter.

Högemann, P.

1992 *Das alte Vorderasien und die Achämeniden. Ein Beitrag zur Herodot-Analyse.* Wiesbaden: Dr. Ludwig Reichert.

Kessler, K.

1991 "Die Assyrer". In B. Hrouda, Hrsg.: *Der alte Orient*, S. 112-185. Gütersloh: C. Bertelsmann.

Koch, H.

1990 *Verwaltung und Wirtschaft im persischen Kernland zur Zeit der Achämeniden.* Wiesbaden: Ludwig Reichert.

Koldewey, R.

1931 *Die Königsburgen von Babylon I. Die Südburg.* Leipzig: Hinrichs.

1990 *Das wieder erstehende Babylon.* Fünfte, überarbeitete Auflage, hrsg. von B. Hrouda. München: C.H. Beck.

Krecher, J.

1970 *Das Geschäftshaus Egibi in Babylon in neubabylonischer und achämenidischer Zeit.* Habilitationsschrift, Universität Münster.

Kümmel, H. M.

1979 *Familie, Beruf und Amt im spätbabylonischen Uruk.* Berlin: Gebrüder Mann.

Kuhrt, A.

1990 "Achaemenid Babylonia: Sources and Problems." In H. Sancisi-Weerdenburg und A. Kuhrt, Hrsg.: *Achaemenid History IV. Centre and Periphery. Proceedings of the Groningen 1986 Achaemenid History Workshop*, S. 177-194. Leiden: Nederlands Historisch-Archaeologisch Instituut te Istanbul.

Kuhrt, A. und S. Sherwin-White (Hrsg.)

1987 *Hellenism in the East. The Interaction of Greek and Non-Greek Civilizations from Syria to Central Asia after Alexander.* Los Angeles: University of California Press.

Orthmann, W. (Hrsg.)

1975 *Der alte Orient.* Berlin: Propyläen Verlag.

Osten, v.d. H.H.

1956 *Die Welt der Perser.* Stuttgart: Gustav Klipper-Verlag.

Petit, Th.

1990 *Satrapes et satrapies dans l'empire achéménide de Cyrus le grand à Xerxès Ier.* Liège: Bibiothèque de la faculté de philosophie et lettres de l'université de Liège, Fasc. 154.

Roaf, M.

1974   "The Subject People on the Base of the Statue of Darius". *Cahiers de la délégation française en Iran* 4: 73-160.

Root, M. C.

1979   *The King and Kingship in Achaemenid Art. Essays on the Creation of an Iconography of Empire*. Leiden: Brill.

1991   "From the Heart: Powerful Persianisms in the Art of the Western Empire". In H. Sancisi-Weerdenburg und A. Kuhrt, Hrsg.: *Achaemenid History VI. Asia Minor and Egypt: Old Cultures in a New Empire*, S. 1-29. Leiden: Nederlands Instituut voor het Nabije Oosten.

Sachs, A. J. und H. Hunger

1988   *Astronomical Diaries and Related Texts from Babylonia, Vol. I-II*. Wien: Österreichische Akademie der Wissenschaften, Phil.-Hist. Klasse, Denkschriften.

Sancisi-Weerdenburg, H. und A. Kuhrt (Hrsg.)

1990   *Achaemenid History IV. Centre and Periphery. Proceedings of the Groningen 1986 Achaemenid History Workshop*. Leiden: Nederlands Historisch-Archaeologisch Instituut te Istanbul.

1991   *Achaemenid History VI. Asia Minor and Egypt: Old Cultures in a New Empire*. Leiden: Nederlands Instituut voor het Nabije Oosten.

Schmid, H.G.

1995   *Die Zikkurat von Babylon*. Mainz: Philipp von Zabern.

Sherwin-White, S. und A. Kuhrt

1993   *From Samarkand to Sardis. A New Approach to the Seleucid Empire*. London: Duckworth.

Stolper, M.W.

1985   *Entrepreneurs and Empire. The Murašû Archive, the Murašû Firm, and Persian Rule in Babylonia*. Leiden: Nederlands Historisch-Archaeologisch Instituut te Istanbul.

1990   "The Kasr Archive". In H. Sancisi-Weerdenburg und A. Kuhrt, Hrsg.: *Achaemenid History IV. Centre and Periphery. Proceedings of the Groningen 1986 Achaemenid History Workshop*, S. 195-205. Leiden: Nederlands Historisch-Archaeologisch Instituut te Istanbul.

Stronach, D.

1989   "Early Achaemenid Coinage: Perspectives from the Homeland". *Iranica Antiqua* 24: 255-283.

Vogelsang, W.J.

1992   *The Rise and Organisation of the Achaemenid Empire. The Eastern Iranian Evidence*. Leiden: Brill.

Von der Osten, H.H.

1956   *Die Welt der Perser*. Stuttgart: Gustav Klipper Verlag.

Walser, G.

1966   *Die Völkerschaften auf den Reliefs von Persepolis. Historische Studien über den sogenannten Tributzug an der Apadanatreppe*. Berlin: Gebrüder Mann.

Wiesehöfer, J.

1993   *Das antike Persien von 550 v. Chr. bis 650 n. Chr.* Zürich: Artemis und Winkler.

Woolley, L.

1962   *The Neo-Babylonian and Persian Periods. Ur Excavations Vol. IX*. London und Philadelphia: Trustees of the Museums.

Register der Orts-, Götter- und Personennamen

Abb. 1.1   Karte mit im Text erwähnten Fundorten

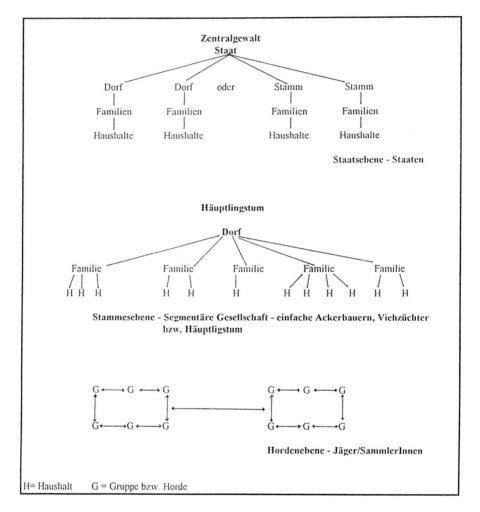

Abb.1.2   Organisationsformen einfacher Gesellschaften

14-C Daten calibriert	südl. Levante Sinai, Transjordanien	zentr. Levante Palästina	Damaszener Becken	Mittlerer Euphrat	Anatolien
6000		Shaar Ha Golan			
	'Ain Ghazal (Yar.)	**Yarmoukien**			
	Wadi Tbeik	Atlil	Abu Hureyra 2 C		?
	'Ain Ghazal	**PPN C**			
	Beidha B				
7000					
	Beidha A	**Spätes PPN B**		Bouqras	
	'Ain Ghazal	Abu Gosh			
		Nahal Oren	Abu Hureyra 2 B		
		Beisamun			**Taurus**
8000		Jericho PPN B	**Mittleres PPN B**		**PPN B**
	Harafien	Munhata	Mureybet IV B	Nemrik	
		Sultanien	**Frühes PPN B**		
		Jericho PPN A	Mureybet IV A		Cayönü (früh)
		Netive Hagedud	Mureybet III A		
9000	Abu Madi	Jericho (proto-	**Mureybétien**		Nevala Cori
	Khiamien	neolithhisch)			
		El Khiam	Mureybet II		
				Qermez Dere	
10000			Mureybet I B		
		Spätes Natufien			
		Mallaha (recent)	Mureybet I A		
	Rosh Zin		Abu Hureyra I A-C		
11000					?
		Hyonim			
		el Wad			
		Mallaha (ancien)			
		Frühes Natufien			
12000					
13000	Ein Aqev	**Geometrisches Kebarien**			
		Ein Gev I			

Abb. 1.3   Chronologietabelle des Neolithikums der Levante

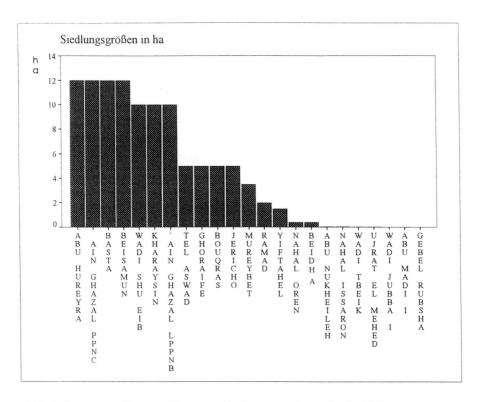

Abb.1.4   Siedlungsgrößen verschiedener Fundorte des PPN B

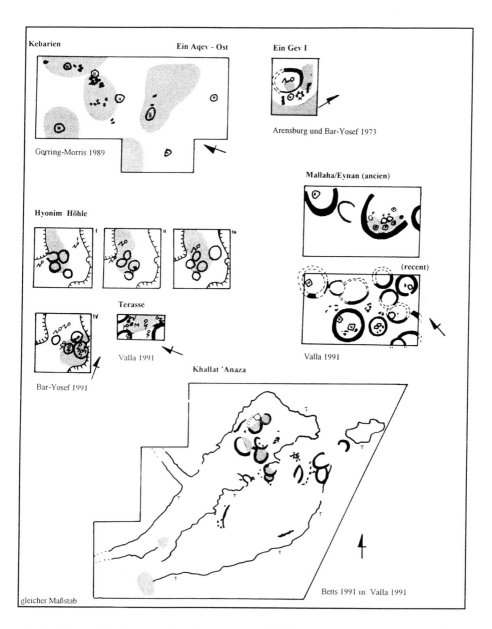

Abb.1.5 Siedlungen des Kebarien und Natufien

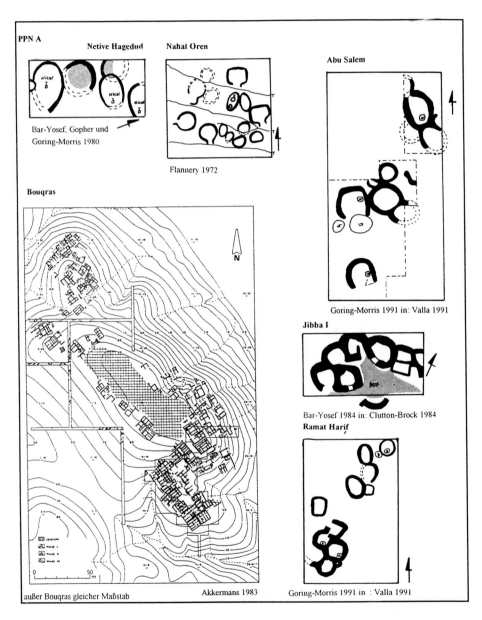

Abb.1.6   Siedlungen des PPN A und PPN B

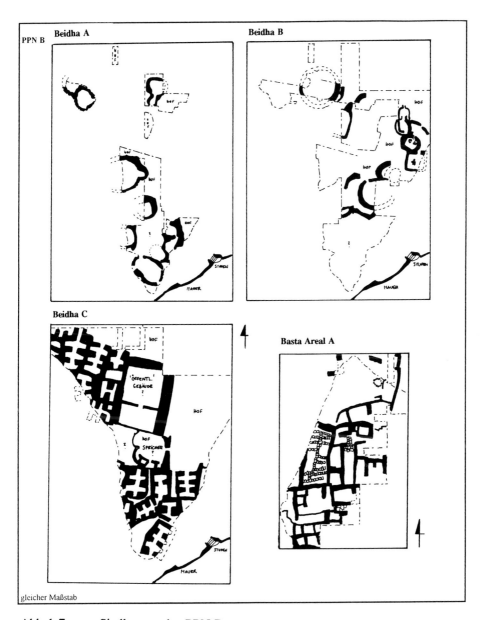

Abb.1.7   Siedlungen des PPN B

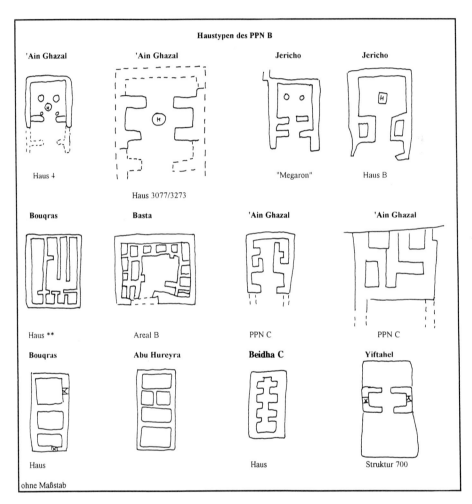

Abb. 1.8   Haustypen des PPN B

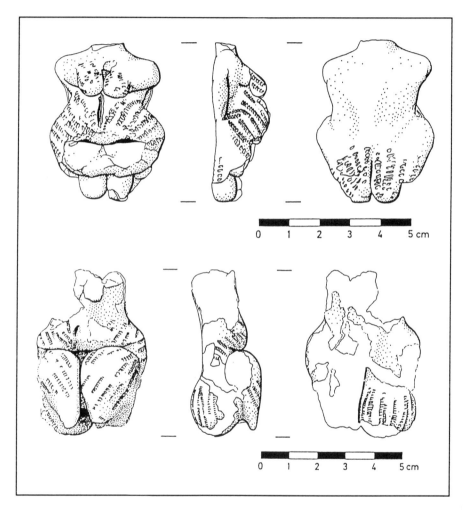

Abb.1.9   "Venusstatuetten" aus 'Ain Ghazal

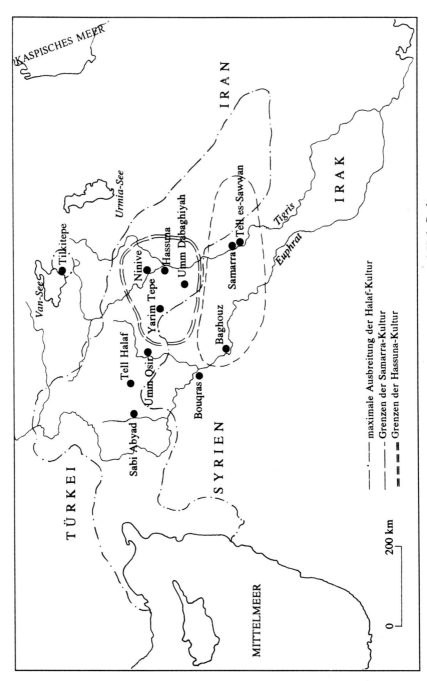

Abb. 2.1   Karte mit wichtigen Fundorten der Hassuna-, Samarra- und Halafkultur

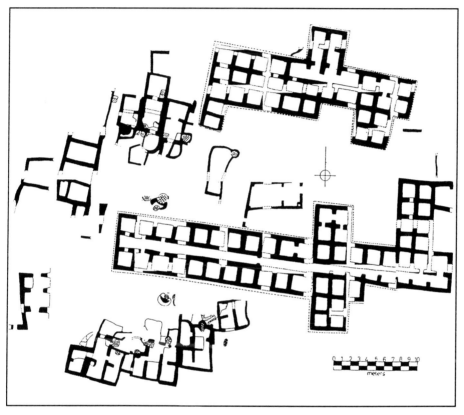

Abb.2.2   Plan des Dorfes Umm Dabaghiyah, Schicht III,
             mit langgestreckten Speichergebäuden

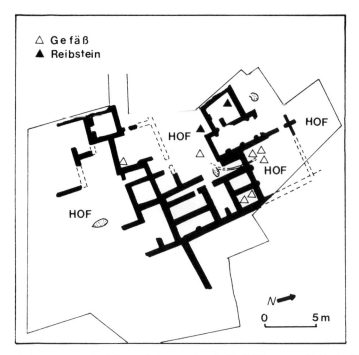

Abb.2.3   Agglutinierende Bauweise in Tell Hassuna: Schicht IV

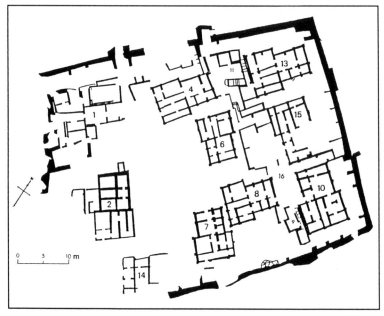

Abb.2.4   Tell es-Sawwan, Schicht IIIA: einzeln stehende Häuser und
             Verteidigungsmauer

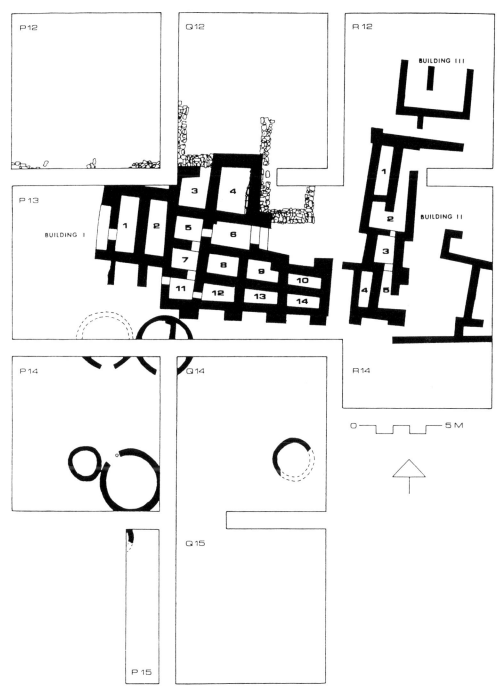

Abb. 2.5   Nischengegliedertes Gebäude der Halaf-Zeit aus Tell Sabi Abyad (Schicht 3)

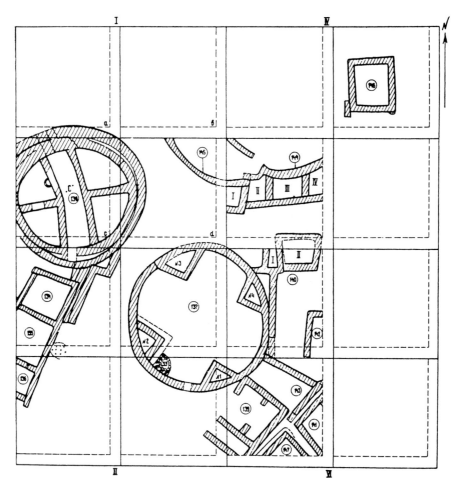

Abb.2.6   Tholoi mit Raumteilern aus Yarim Tepe III, Halaf-Zeit

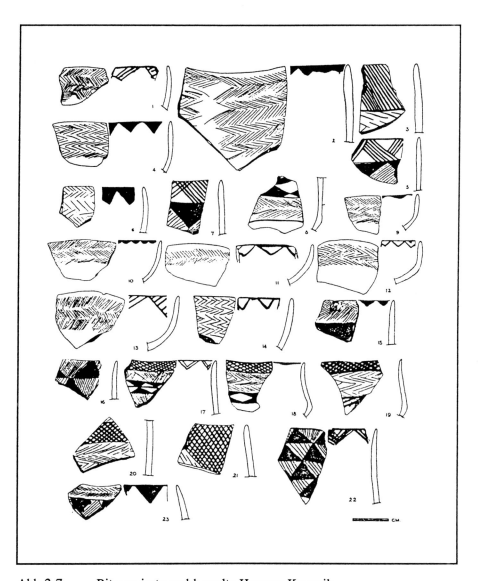

Abb. 2.7   Ritzverzierte und bemalte Hassuna-Keramik

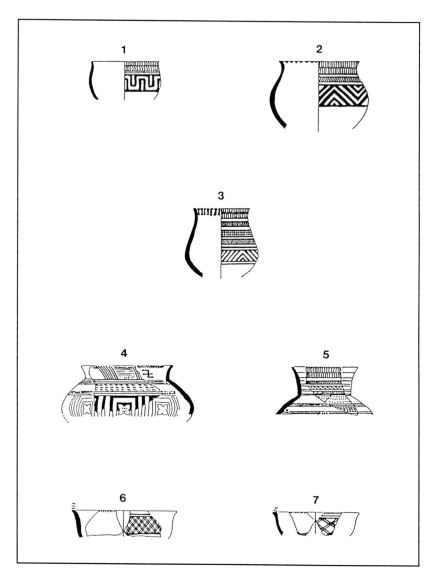

Abb.2.8   Samarra-Keramik aus Samarra und Tell es-Sawwan

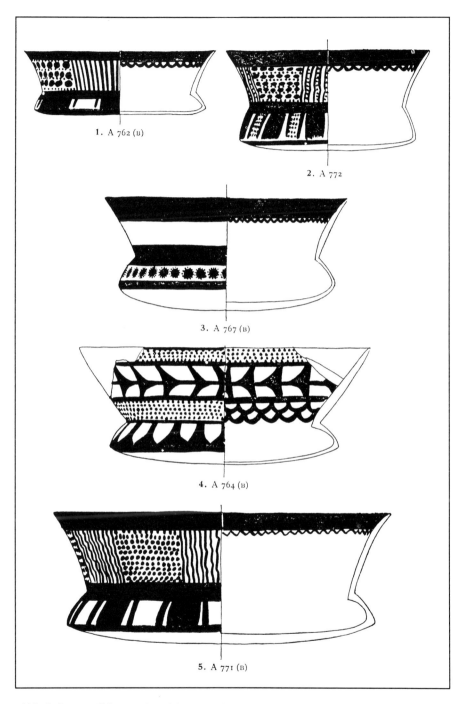

1. A 762 (B)

2. A 772

3. A 767 (B)

4. A 764 (B)

5. A 771 (B)

Abb.2.9   "Cream Bowls" aus Tell Arpachiyah

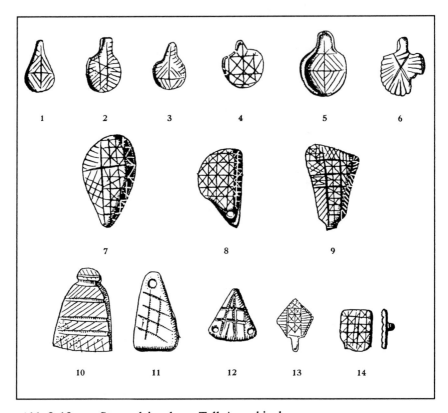

Abb.2.10   Stempelsiegel aus Tell Arpachiyah

Abb.3.1   Karte mit dem Verbreitungsgebiet der 'Obed-Kultur

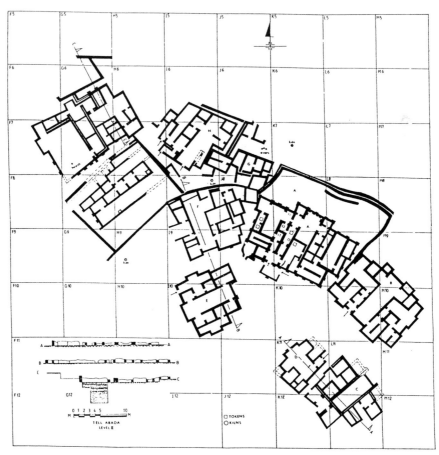

Abb.3.2   Dorfplan von Abada, Schicht II

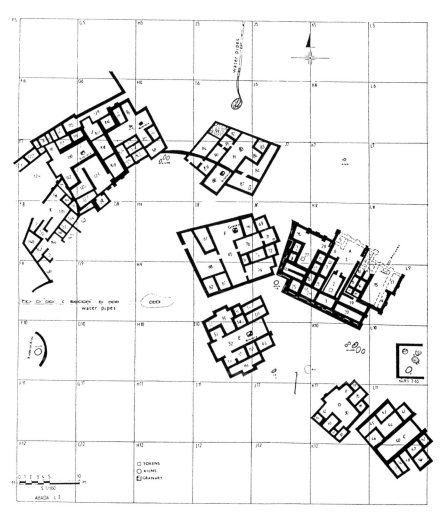

Abb. 3.3.   Abada, Schicht I, mit Installationen im Zentralraum der Häuser

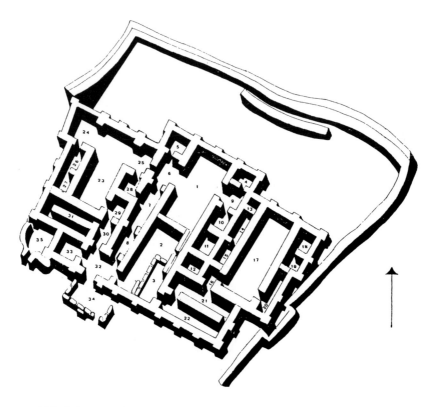

Abb.3.4   Plan von Haus A aus Abada, Schicht II

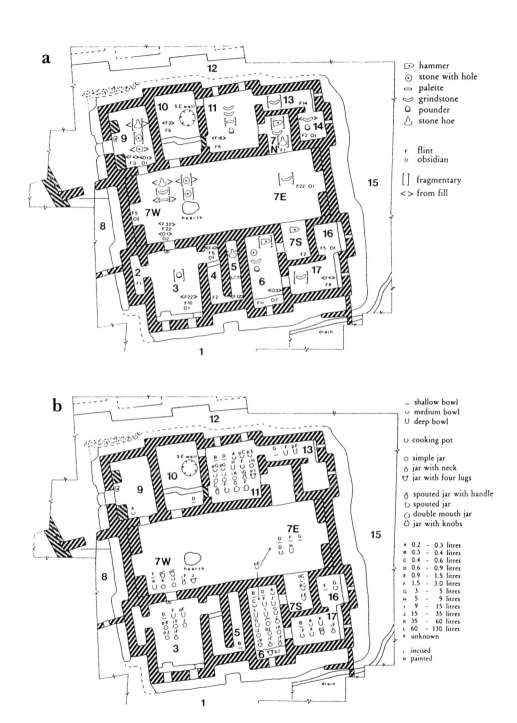

Abb.3.5   Fundverteilung im verbrannten Haus von Tell Madhhur

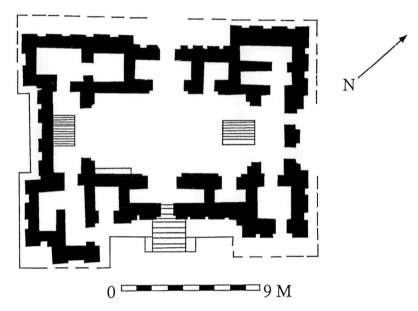

Abb.3.6   Tempel der Schicht VII in Eridu

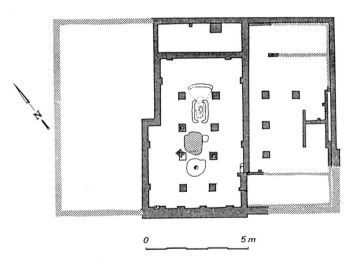

Abb.3.7   Wohnhaus mit Stützsäulen in der Raummitte aus Tell Oueili

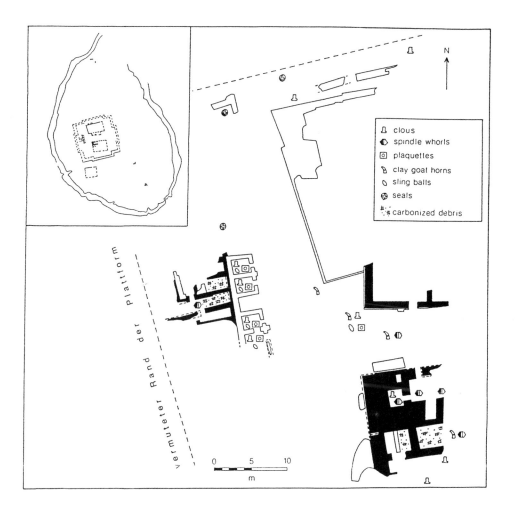

Abb.3.8   Plattform mit öffentlichem Gebäude in Susa, Susa-A-Zeit

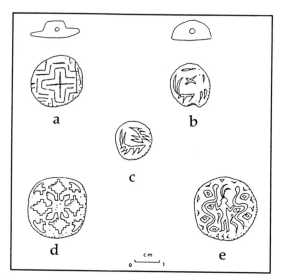

Abb.3.9   Stempelsiegel des 5.Jts. aus der Susiana
             (a-c = einfache Siegel; d-e = komplexe Siegel)

Abb.3.10   Bemalte Becher aus dem Susa-A-Friedhof in Susa

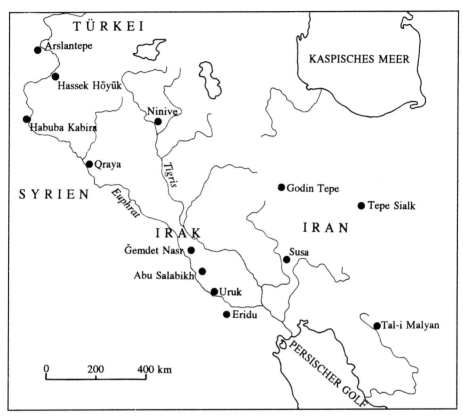

Abb.4.1   Karte wichtiger Uruk-Orte und "Kolonien"

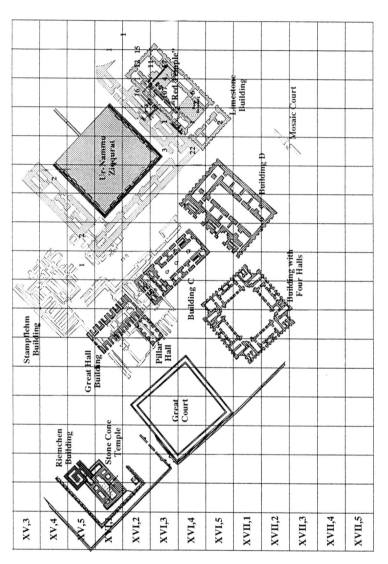

Abb. 4.2   Späturuk-zeitliche öffentliche Gebäude des Zentralbezirks aus Uruk
(die Urnammu-Zikkurat ist ein späterer Bau); 1 Quadrat = 20 x 20 m

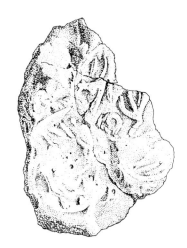

Abb.4.3   Tontafel mit Zahlzeichen
           aus Habuba Kabira

Abb.4.4   Gesiegelter Türverschluß aus ungebranntem Lehm (Fundort Arslantepe)

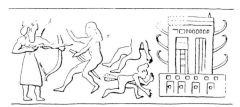

Abb.4.5   Siegelfigur mit Herrscherfigur als Krieger

Abb.4.6   Siegelfigur mit Herrscherfigur vor besiegten Gefangenen

Abb.4.7   Siegelabrollung mit Herrscherfigur als Ernährer der Tiere

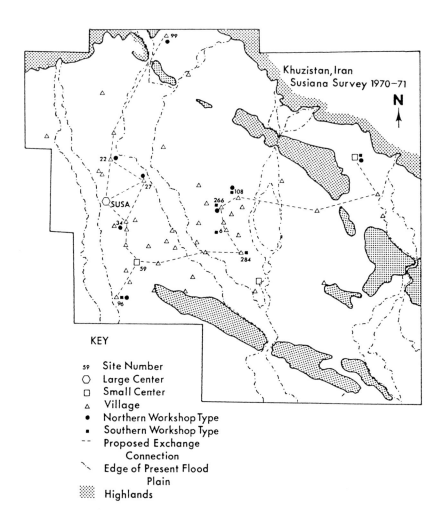

Abb.4.8 Karte der frühuruk-zeitlichen Susiana mit dreistufigem Siedlungssystem

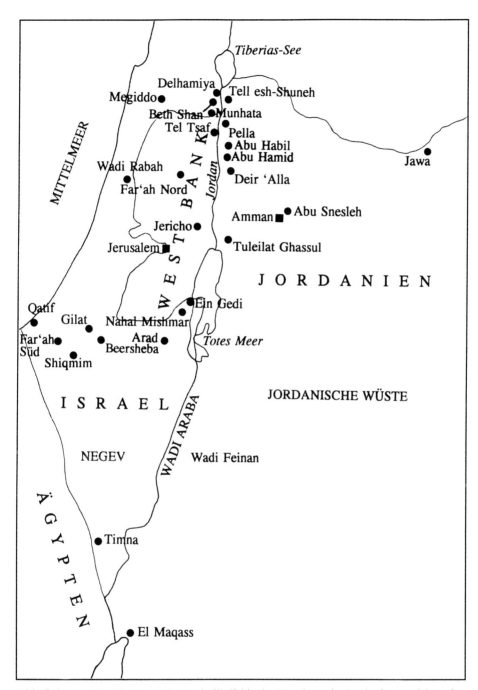

Abb. 5.1   Im Text erwähnte chalkolithische Fundorte in Jordanien und Israel

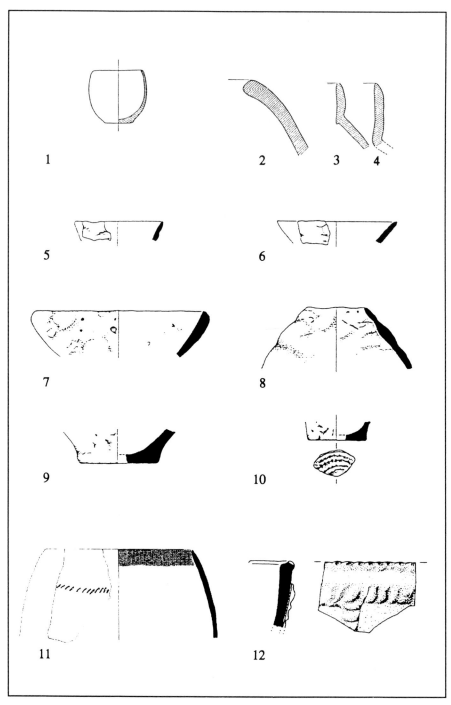

Abb.5.2   Früh- und mittelchalkolithische Keramik (1-4 Wadi Rabah-Kultur, 5-10
           Qatafian-Kultur, 11-12 Ghassul-Kultur/Abu Hamid)

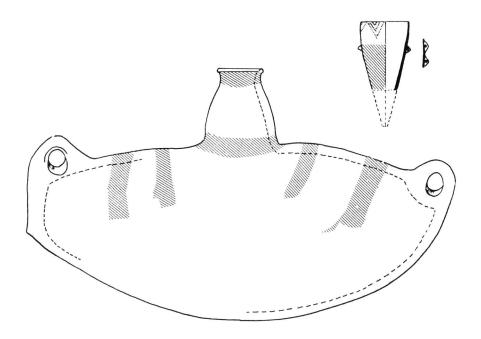

Abb.5.3   Spätchalkolithische Keramik - Buttergefäß und Trinkbecher

Abb.5.4   Jagdstrukturen in der Wüste ("desert kites")

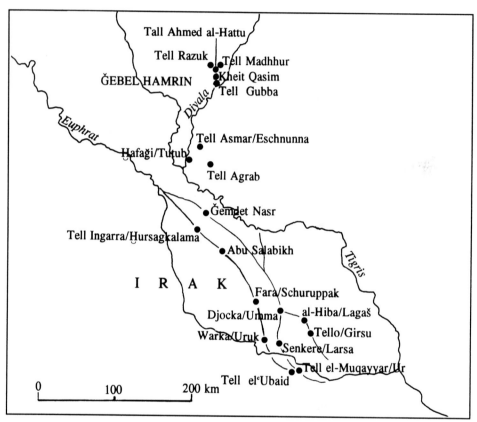

Abb. 6.1   Im Text erwähnte Fundorte und rekonstruierte Wasserläufe der
             frühdynastischen Zeit in Babylonien

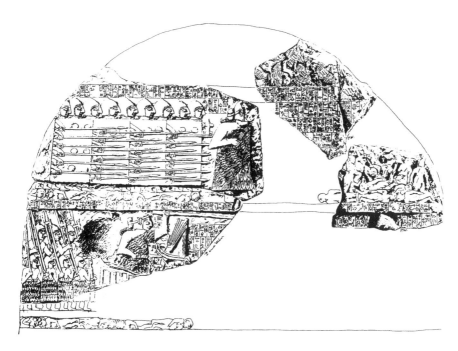

Abb. 6.2   Obere Hälfte der Geierstele des Eannatum aus Girsu

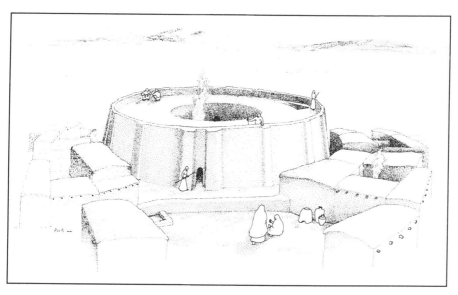

Abb. 6.3   Rundbau von Tell Razuk

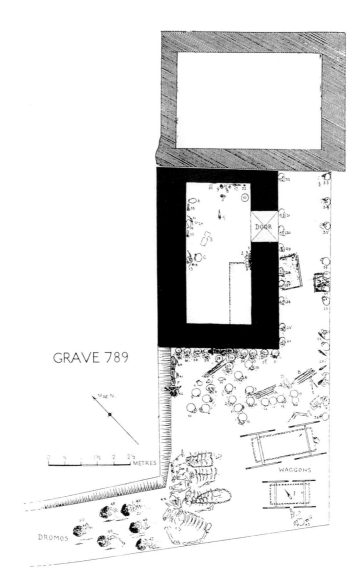

Abb. 6.4   Gefolgschaftsbestattung im Königsfriedhof von Ur

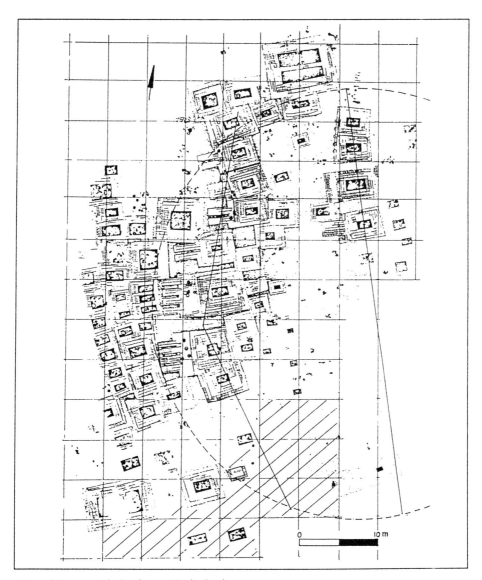

Abb. 6.5   Friedhof von Kheit Qasim

Abb. 6.6   "Bâtiment Sumérien Archaique B 33" in Larsa

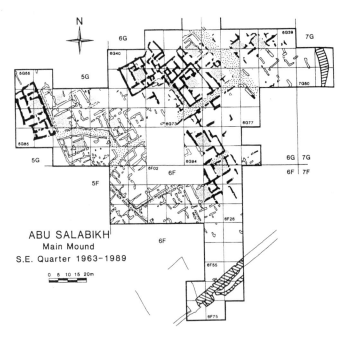

Abb. 6.7   Schürfungs- und Grabungsbefunde im "South-Eastern Quarter" des
              Haupthügels von Abu Salabikh

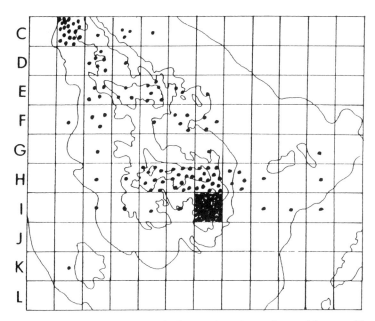

Abb. 6.8   Verteilung der Tontafelfunde über das Ruinengebiet von Fara

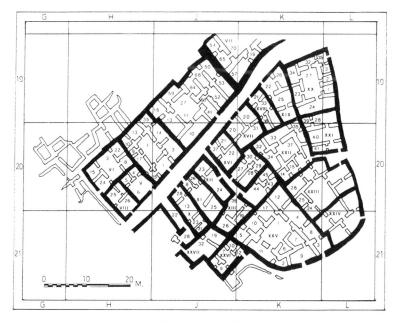

Abb. 6.9   Jüngste Phase der Häuserschicht V von Tell Asmar

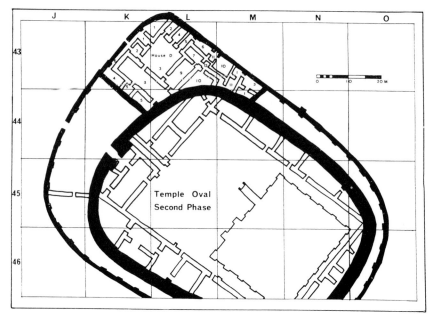

Abb. 6.10   Tempeloval II in Ḫafaği

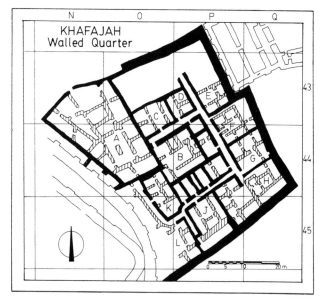

Abb. 6.11   "Walled Quarter" in Ḫafaği mit Wohneinheiten A-L

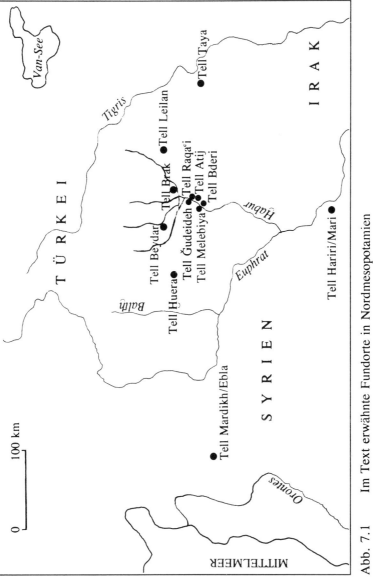

Abb. 7.1   Im Text erwähnte Fundorte in Nordmesopotamien

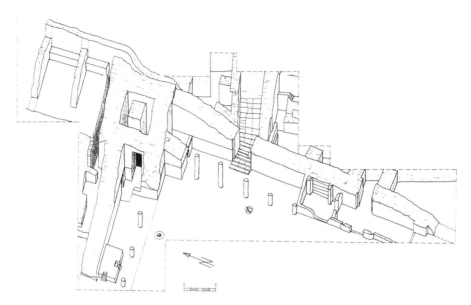

Abb. 7.2   Palast G in Ebla

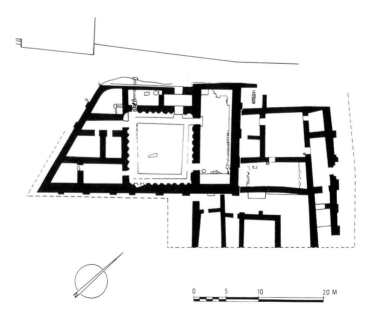

Abb. 7.3a   Ishtarat- und Ninizaza-Tempel in Mari

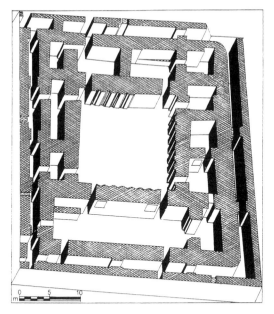

Abb. 7.3b   Palastheiligtum in Mari

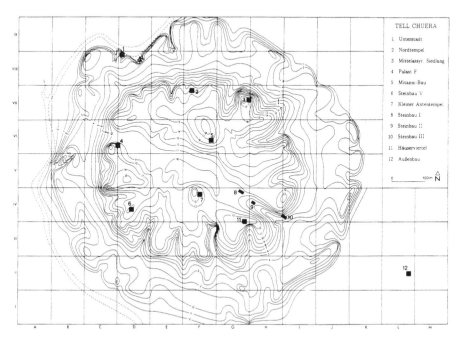

Abb. 7.4   Kranzhügel Tell Huera

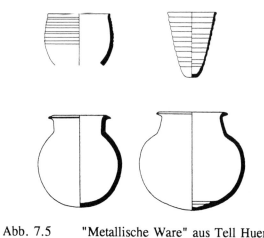

Abb. 7.5   "Metallische Ware" aus Tell Huera

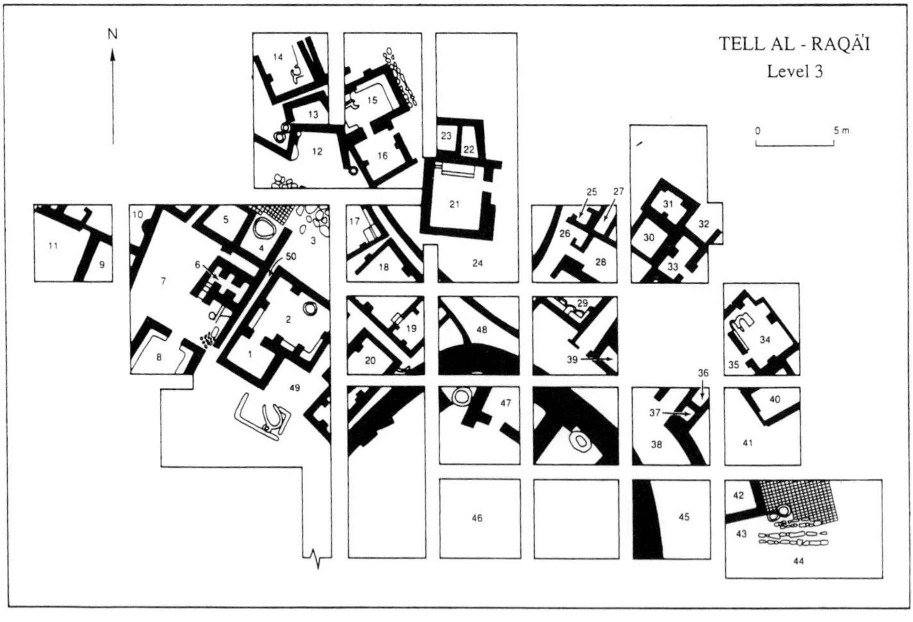

Abb. 7.6   "Rounded Building" in Tell Raqaʿi

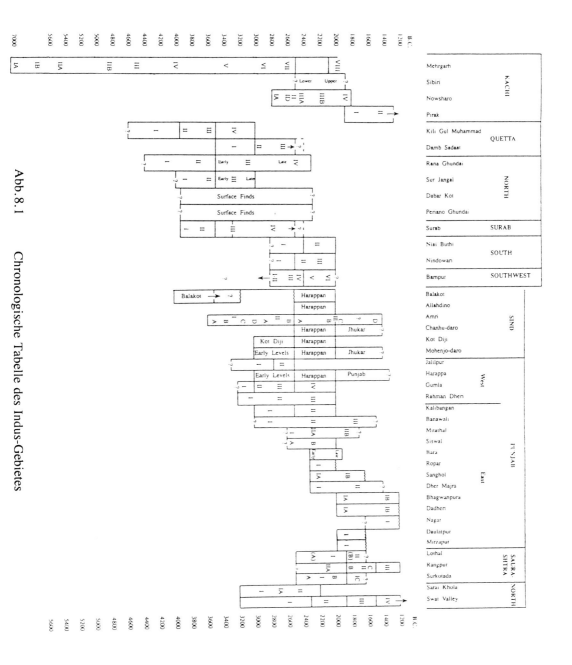

Abb. 8.1 Chronologische Tabelle des Indus-Gebietes

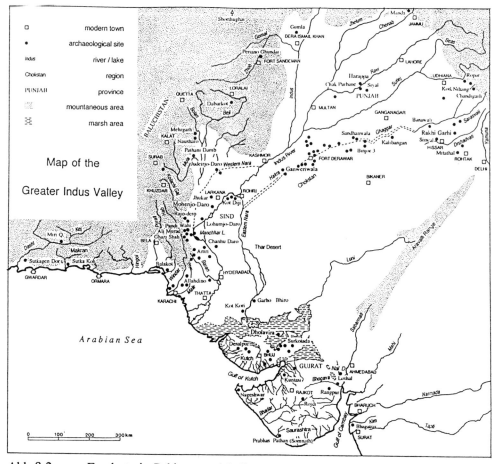

Abb.8.2   Fundorte in Pakistan und Indien

	Mehrgarh			Balakot		Nausharo		M-D		Pirak
	I	II	III-VII		Jalilpur		Harappa		Sibri	

Wild

	Mg I	II	III-VII	Balakot	Jalilpur	Nausharo	Harappa	M-D	Sibri	Pirak
Elaphas maximus (Indian elephant)	?	+					+	+		?
Rhinoceros unicornis (one-horned rhinoceros)						+	+			
Equus hemionus (khur, onager)	+	+	+	+			?	?	+	+
Sus scrofa (wild boar)	+	+	+	+		+	+	+		+
Axis axis (chital, spotted deer)	+		?							
Axis porcinus (hog deer)						+	+			
Cervus duvauceli (barasingha, swamp deer)	+	+	+			+	+			?
Boselaphus tragocamelus (nilgai, blue bull)	+	+	+			+	+	+		
Bos primigenius (wild cattle)	+	+								
Bubalus arnee (wild water buffalo)	+		?	?			?	?		
Antilope cervicapra (blackbuck)	+	+	+	+						
Gazella bennetti (chinkara, gazelle)	+	+	+	+			?		+	+
Capra aegagrus (wild goat)	+	+		?			?			
Ovis orientalis (urial, wild sheep)	+	+		?			+			

Domestic

	Mg I	II	III-VII	Balakot	Jalilpur	Nausharo	Harappa	M-D	Sibri	Pirak
Equus caballus (horse)										+
Equus asinus (donkey)										+
Camelus bactrianus (two-humped camel)							?		?	+
Bos indicus (zebu, humped cattle)	+		+	+		+	+	+	+	?
Bos taurus (non-humped cattle)				?			?		?	?
Bubalus bubalis (domestic water buffalo)			?	?			?		?	
Capra hircus (domestic goat)	+		+	+			+	+		+
Ovis aries (domestic sheep)	+	+	+	+			+		+	+

Abb. 8.3   Fauna im Indusgebiet

	7000 Mehrgarh					2500 Harappan	2000 BC Pirak
	I	II	V	VI	VII	Sibri	I

Generally spring-harvested crops

Triticum sp. (wheats)

	I	II	V	VI	VII	Sibri	I
T. monococcum (einkorn)	+		+			+	
T. turgidum subsp. *dicoccum* (emmer)	+		+			+	
T. turgidum cf. conv. *durum* (hard wheat)	+						
T. aestivum // *aestivum* subsp. *compactum* (bread/club wheat)		+		+		+	+
T. aestivum subsp. *sphaerococcum* ("shot" wheat)		+		+		+	

Hordeum sp. (barleys)

	I	II	V	VI	VII	Sibri	I
H. vulgare subsp. *spontaneum* (wild 2-row barley)	+						
H. vulgare subsp. *distichum* (cultivated 2-row hulled barley)	+						
H. vulgare subsp. *vulgare* (6-row hulled barley)						+	
H. vulgare subsp. *vulgare* var. *nudum* (6-row naked barley)	+	+	+	+		+	
H. vulgare subsp. *sphaerococcum* (6-row naked "shot" barley)	+	+	+	+		+	
Avena sp. (oats)						+	
Pisum sp. (pea)						+	
Lens culinaris (lentil)						+	
Cicer arietinum (chickpea)						+	
Linum usitatissimum (flax/linseed)						+	
Zizyphus jujuba (jujube)	+	+				?	+
Brassica juncea (brown mustard)						?	

Generally summer // fall-harvested crops

	I	II	V	VI	VII	Sibri	I
Oryza sativa (rice)						?	+
Sorghum sp. (sorghum)							+
Panicum miliaceum (proso millet)							+
Vitis vinifera (grape)						+	+
Gossypium sp. (cotton)			?			+	+
Phoenix dactylifera (date)	+	+				+	

Abb. 8.4   Flora im Indusgebiet

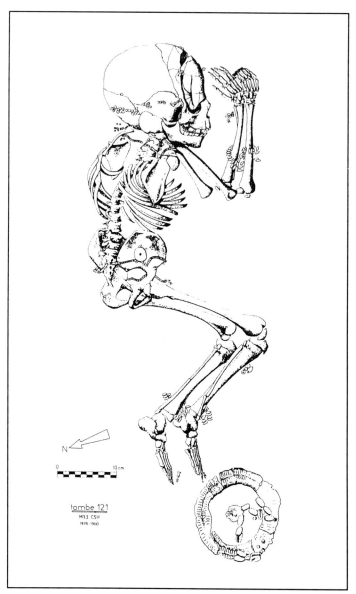

Abb.8.5   Neolithische Bestattung in Mehrgarh

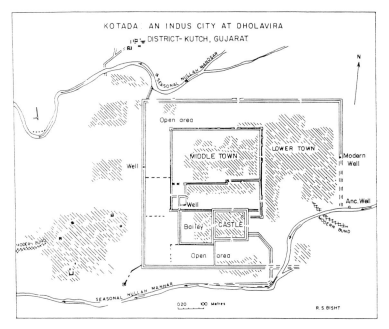

Abb. 8.6   Dholavira

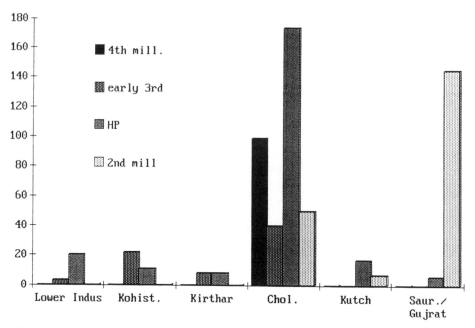

Abb.8.7   Anzahl der Siedlungen nach Periode und Region

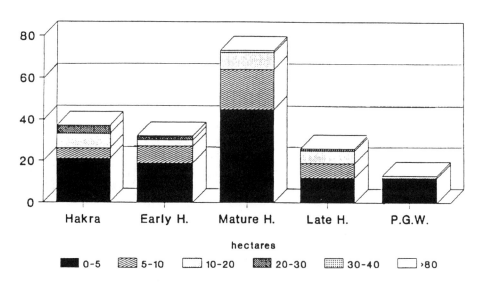

Abb.8.8   Größenwachstum der Siedlungen in Ghaggar-Hakra-Gebiet nach Perioden

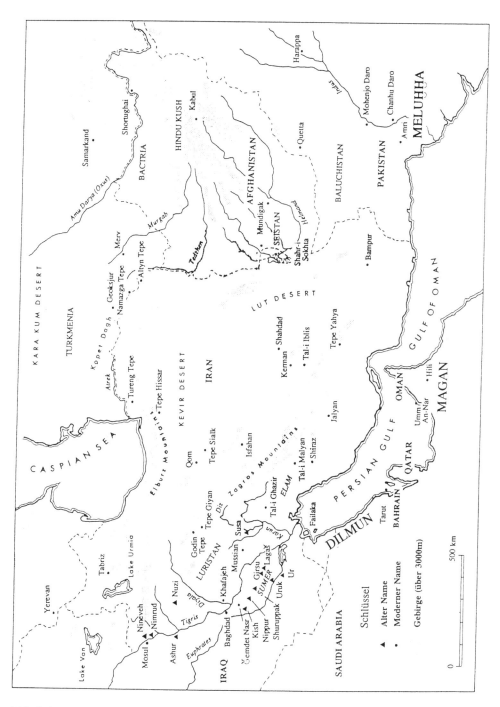

Abb. 9.1   Karte der wichtigsten Fundorte

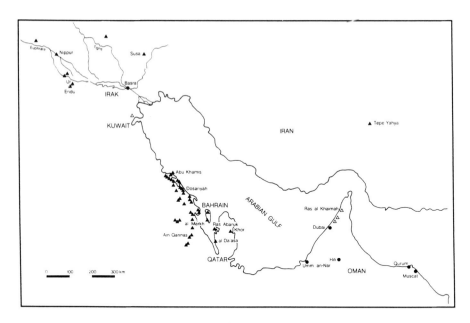

Abb.9.2   Fundorte der 'Obed-Zeit am Persischen Golf

Abb.9.3   Fundorte in Magan: Umm an-Nar-Zeit

Abb.9.4   Fundorte in Magan: Wadi Suq-Zeit

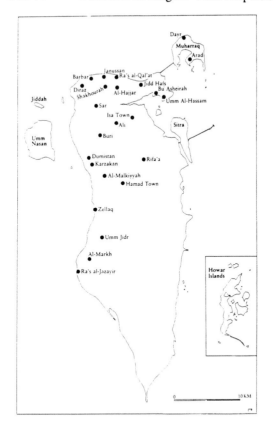

Abb.9.5   Fundorte auf Bahrain

ZEIT	MESOPOTAMIEN	BAHRAIN	BARBAR	FAILAKA	MAGAN	MELUHHA
3200	Uruk					
3000	Gemdet Nasr				Hafit-Zeit	Früh-Harappa
		Streufunde			Hili 8,1	Mehrgarh VI,VII, Nausharo,
	ED I				II a (Umm an-Nar-Zeit)	Kot Diji,
						Amri, Harappa)
	ED II	Festland, Tarut			II b	
					II c1	
2500	ED III	Keramik		Steingefäß	II c2	Reif-Harappa
						(Harappa,
					II d	Mohenjo-Daro,
	Akkad				II e	Amri,
						Lothal A
		City I			Hili Nord A, II f	
	Ur III				R.al-Junayz, R.al-Hadd	spät-Harappa
		IIA	Tempel Ia,b		II g; Tell Abraq,Shimal	(Mehrgarh VIII)
2000					Wadi Suq-Zeit	
		IIB, Saar	Temp. IIa,b	1		
	Isin			2A	Hili 8 III, Tell Abraq	Nach-Harappa
	Larsa	IIC		2B	Shimal	(regional: Harappa
			NE-Tempel		.	Cemetery H,
	altbabylonisch	IIF		3A	.	Amri III D,
					.	Lothal B)
1600	Kassiten				.	
		IIIA		3B	.	
		IIIB		4A		

Abb. 9.6　　　Chronologische Übersicht

ZEIT	URUK	UR	AKKAD	LAGASH	ISIN	LARSA	BABYLON	EBLA/MARI	ELAM
3200	Uruk-Zeit	Archaische Texte							Proto-elamisch
3000	Jemdat Nasr-Zeit								
	Frühdynast.Zeit								
	Gilgamesh								
2500	Lugalzagesi	I. Dynastie (ca. 2475-2400)		I. Dynastie Urnanshe (ca. 2520)				Ebla Texte	
				Lugalanda					
				Urukagina (ca. 2355)					
			Sargon (2340-2284)						
			Rimush (2284-2275)						
			Manishtushu (2275-2260)						
			Naramsin (2260-2223)						
			Sharkalisharri (2223-2198)						Kutik-Inshushinak
			6 Könige bis 2159						
		III. Dynastie: Ur-Nammu (2111-2094)		Gudea (2144-2124)					
	Utuhengal (2116-2110)	Shulgi (2093-2046)							
		Amarsuin (2045-2037)							
		Shushin (2036-2028)							
		(Ibbisin 2027-2003)			Ishbierra (2017-1985)				
2000						Gungunum (1941-1933)			
						Abisare (1905-1895)			
						Sumu'el (1894-1866)			
	Sinkashid (1865-1833)					Waradsin (1834-1823)		Jahdunlim (1825-1819)	
						Rimsin (1822-1763)		Jasmahadad	
							Hammurabi (1792-1750)	Zimrilim (1782-1759)	
						"Meerland" Dynastie	Samsuiluna (1749-1712)		
1700									Kutir-Nahhunte

Abb.9.7 Chronologische Übersicht über im Text genannte Herrscher

IMPORTE	ED III	Akkad.	Gudea	Ur-III	Isin/ Larsa	ababyl.
Diorit		Ma	Ma			
Algamish u.a. Steine			Me	Ma	/ T	
Lapislazuli	xx	xx	Me		/ T	
Karneol	xx	xx	Me	Seehdl.	/ T	
Kupfer	T	Ma	Ma,Me	Me	/ T	T
Zinn			Me	Me?		
Gold			Me		/ T	
Metall			Me			
Elfenbein	x	x	x	x	/ T	x
Schildplatt				x	/ T	
Kauri					/ T	x
Fischaugen					/ T	x
Ebenholz			Me			
Khalub-Holz, Mesh-Khalub			x	x	x	x
Meerholz			Me-	x		Me-
Mes-Holz				Me-,Ma-	Ma-/	Ma-
Makkan-Rohr					/ x	x
Möbel				Ma-	Me-/	Me-
Harz	T-			T-	x	
Zwiebeln	T-			Ma-		
Datteln						T-
andere Pflanzen				x		
Zaza-Kühe (Büffel)		Siegel				
Ziegen, Schweine	Ma:D					
Meluhha-Cloisonné, -stein					-stein	x
Leinen	T-					

Abb.9.8   **Importe nach Mesopotamien aus Ländern am 'Unteren Meer'. Abkürzungen: Me = Meluhha, Ma = Magan, T = Dilmun, Me-, Ma-, D = Herkunft, x = erwähnt, xx = archäologisch nachgewiesen**

EXPORTE	ED III	Akkad.	Gudea	Ur-III	Isin/ Larsa	ababyl.
Gerste	T			Ma		T
Weizen					/ x	
Emmer	T					
Mehl	T					
Schweineschmalz	T					
Sesamöl				Ma	T /	T
Wolle				Ma, T		
Stoffe	T		Ma	Ma	T /	T
Salböl					T /	
Salbe	T					
Weißzeder	T					
Harz					T /	
Äpfel					T /	
Silber	T					T

Abb.9.9   Exporte aus Mesopotamien zum Unteren Meer

ZEIT/HERRSCHER	DILMUN	MAGAN	MELUHHA
ED III			
Ur-Nanshe	Schiffe, Joch		
Eannatum	x		
AKKAD-ZEIT			
Sargon	Schiffe	Schiffe	Schiffe
Rimush			Schlacht Iran?
Manishtusu		Sieg, en, Beute	
Naram-Suin		Sieg, en, Beute	
Sharkallisharri	Gerste, Bier f. Tilmuniter		Öl f. Gendarm,
	Schiff, Kranke		Passagier e. Schiffs
ohne Jahr	Schiffe		Dolmetscher
			Strafe f. Melluhiter
II. DYNASTIE VON LAGASH			
Gudea	Joch, Schiffe bringen Holz	-do-	-do-
III. DYNASTIE VON UR			
Ur-Nammu		Schiffe in Nanna´s Hand	
Shulgi		lugal Magan	
		70 Arbeiter laden Säcke	
		nach Magan um (Girsu)	
Amarsuin	Hammel für Amoriter	Mehl für Maganschiffbauer	
	aus Dilmun	in Girsu (Amoriter)	
Shushin		Meer v. Magan	
Ishbierra		Meer v. Magan, Tribut ?	
Ibbisin			
ohne Jahr	Mehl für Gesandte	Güter zum Dichtmachen	
	aus Dilmun	eines Maganschiffs	
		Bier, Mehl, Öl für Gesandten	
		nach Magan	
ISIN			
LARSA			
Rim-Sin	Güter zum Ausbessern		
	eines Dilmunschiffs		
ABABYLONISCH			
Shamshi-Adad	Gesandter aus Dilmun		
Hammurabi	Karawane nach Dilmun		
aus Mari	Hammel für Gesandte aus Dilmun		

Abb.9.10   Andere Erwähnungen von Dilmun, Magan und Meluhha

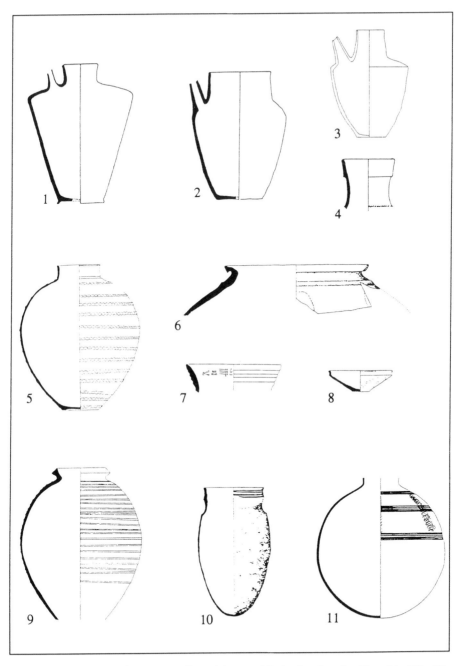

Abb. 9.11   Keramik aus Saudi-Arabien und Bahrain: Jemdat-Nasr bis City II
             (s. Legende S. 343)

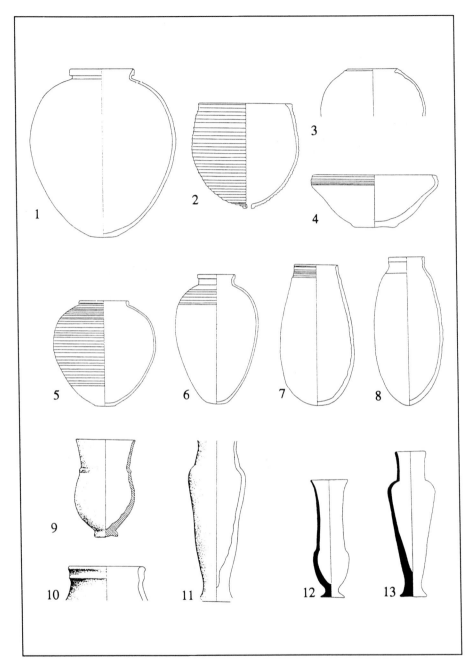

Abb.9.12   Keramik aus Failaka und Bahrain: Failaka 1 bis 4 (s. Legende S.343)

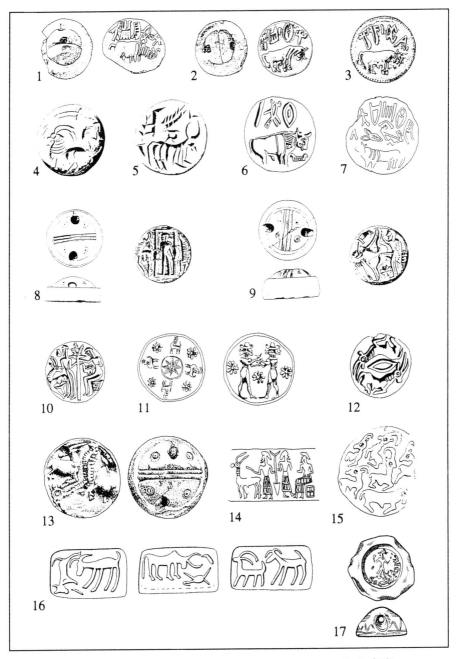

Abb. 9.13   "Persian Gulf"- und Dilmun-Siegel (s. Legende S. 343)

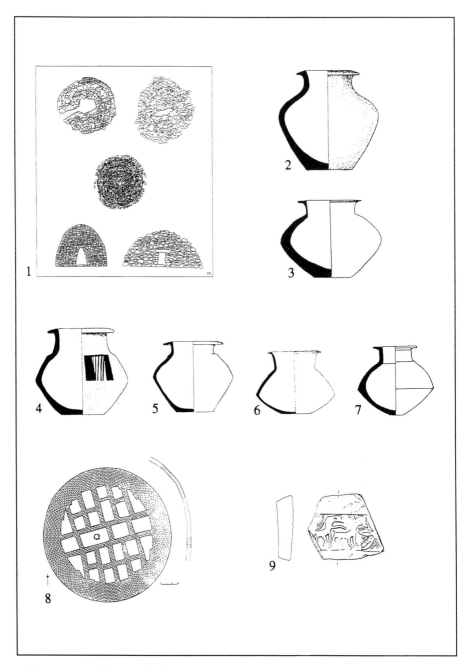

Abb.9.14   Magan: Hafit- bis Umm an-Nar-Zeit (s. Legende S. 343)

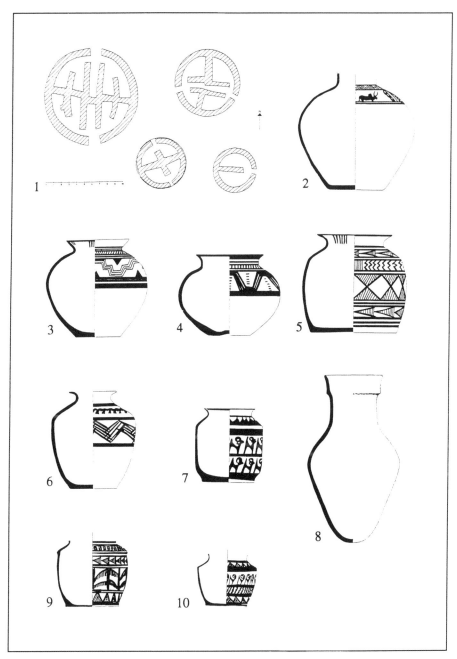

Abb.9.15   Magan: Umm an-Nar-Zeit (s. Legende S. 343)

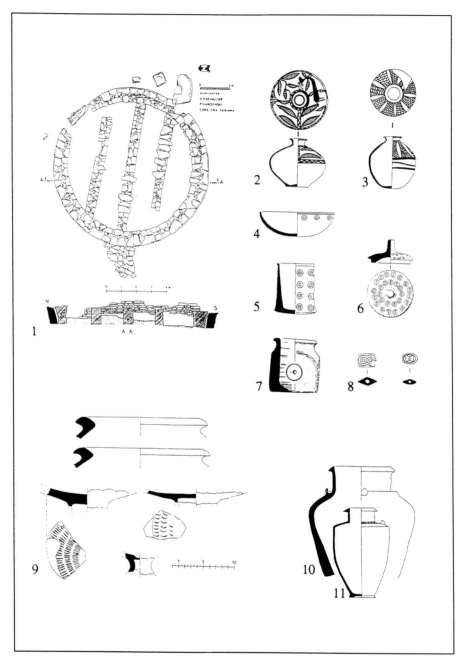

Abb.9.16   Magan: Umm an-Nar-Zeit (s. Legende S. 343)

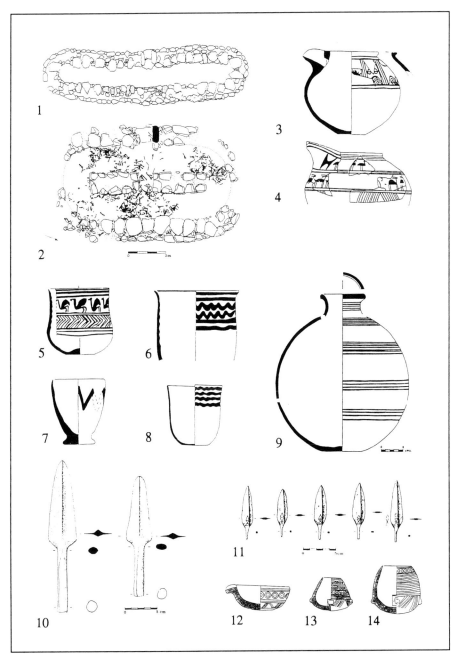

Abb.9.17   Magan: Wadi Suq-Zeit (s. Legende S. 343)

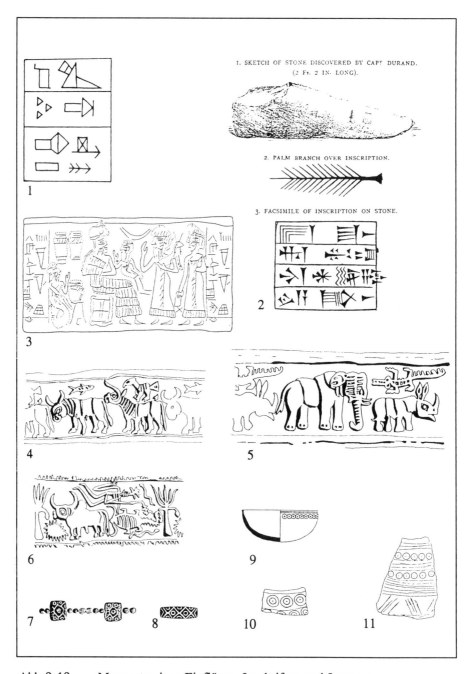

Abb.9.18   Mesopotamien: Einflüsse, Inschriften und Importe

LEGENDEN ZU DEN ABBILDUNGEN 9.11-9.18

Abb.9.11   1-2. Abqaiq: Frühdynastische "brown ware"; 3. Dharan: Tüllengefäß; 4.Dharan: Frühdynastische "Brown ware"; 5. Qal'at al-Bahrain, City I: charakteristische "chain-ridged" Keramik; 6. Qal'at al-Bahrain, City I: Umm an-Nar appliqué Keramik; 7. Qal'at al-Bahrain, City IB: Keramik der "Mesopotamian Tradition"; 8. Qal'at al-Bahrain, City I: charakteristische Schale; 9. Qal'at al-Bahrain, City II: charakteristische "red-ridged" Keramik; 10. Qal'at al-Bahrain, City II: charakteristische Grabkeramik; 11. Qal'at al-Bahrain, City IIA-C: Gefäß der "Eastern Tradition"

Abb.9.12   1. Failaka 1-2: Barbar-Tradition; 2. Failaka 2: Barbar-Tradition; 3. Failaka 2a: Barbar-Tradition; 4. Failaka 3a: Barbar-Tradition; 5. Failaka 2b: Barbar-Tradition; 6. Failaka 2b: Barbar-Tradition; 7. Failaka 3a: Mesopotamische Tradition; 8. Failaka 4a: Mesopotamische Tradition; 9. Failaka 3b: Mespotamische Tradition (altbab.); 10. Failaka 4a: Mesopotamische Tradition (kassit.); 11. Failaka 4a: Mesopotamische Tradition (kassit.); 12. Qal'at al-Bahrain, City III; 13. Qal'at al-Bahrain, City III

Abb.9.13   1-3. Ur: Golf-Siegel; 4-5. Qal'at al-Bahrain, City IIa: Golf-Siegel; 6. Mohenjo-Daro: Golf-Siegel; 7. Failaka: Proto-Dilmun-Siegel mit Indusschrift; 8-9. Bahrain, Barbar-Tempel: Dilmun-Siegel Stil IA; 10. Bahrain, Barbar-Tempel: Dilmun-Siegel Stil IA; 11. Failaka: Doppelseitiges Dilmun-Siegel Stil III; 12. Susa: Dilmun-Siegel Stil IA; 13. Lothal: Dilmun-Siegel Stil IA; 14. Susa: Rollsiegel mit Dilmun-Motiv; 15. Susa: Abdruck eines Dilmun-Siegels; 16. Maysar (Oman): Prismatisches Siegel; 17. Tell Abraq (VAE): Siegel aus Wadi Suq Kontext

Abb.9.14   1. Hafit- und Bienenkorbgräber; 2. Djebel Hafit-Grab 1320:"red brown ware"; 3. Ur: Frühdynastisch IB; 4. Djebel Hafit Cairn I; 5. Ibri (Oman):"red brown ware"; 6. Djebel Hafit Grab 1321: grünliche Ware; 7. Ur: protodynastisch; 8. Hili: Umm an-Nar Wohnturm; 9. Umm an-Nar, Siedlung: frühdynastisch III-zeitliche Siegelabrollung auf Keramik

Abb.9.15   1. Umm an-Nar, Friedhof: Grundrisse; 2-3. Umm an-Nar, Grab V: Black on Red Ware; 4-5. Umm an-Nar, Grab V: Painted Grey Ware; 6. Umm an-Nar, Grab I: Black on Red Ware; 7. Umm an-Nar, Grab I: Painted Grey Ware; 8. Umm an-Nar, Grab I: Red-Brown Ware; Frühdynastisch III, Import?; 9-10. Hili-Garten (Buraimi), Umm an-Nar Grab: Painted Grey Ware

Abb.9.16   1. Hili Nord, Grab A: Grundriß; 2-3. Hili Nord, Grab A: Black on Red Ware, 2:"Indusmotiv"; 4-6. Hili Nord, Grab A: Chloritgefäße, série récente; 7. Hili Nord, Grab A:"Kosmetikflakon" aus Chlorit (aus Baktrien?); 8. Hili Nord, Grab A: Geätzte Karneolperlen (aus dem Industal); 9. Hili 8, Siedlung: "Induskeramik" Hili IIf und III; 10. Hili 8, Siedlung: "Mesopotamian-like" Ware, Periode IB; 11. Ur: Protodynastisch

Abb.9.17   1. Shimal: Grab 101; 2. Shimal: Grab 103; 3-4. Wadi Suq: charakteristische Grabkeramik; 5-7,9. Shimal, Grab 6: charakteristische Grabkeramik; 8. Hili, Grab B; 10. Shimal, Grab 102: Speerspitzen; 11. Shimal, Grab 102: Pfeilspitzen; 12. Shimal, Grab 103: Chloritgefäß; 13. Shimal, Grab 99: Chloritgefäße

Abb.9.18   1. Inschrift: Ur-Nanshe von Lagash; 2. Inschrift: kassitisch (entdeckt von Durand); 3. Akkadisches Siegel: Shu-ilushu; 4-6. Siegel im "indischen Stil" aus Tell Suliemeh, Tell Asmar und Ur; 7-8. Geätzte Karneolperlen aus Ur; 9. Chloritgefäß aus Ur: Umm an-Nar-Zeit (série récente); 10-11. Chloritgefäß aus Uruk: Wadi Suq-Zeit (série tardive)

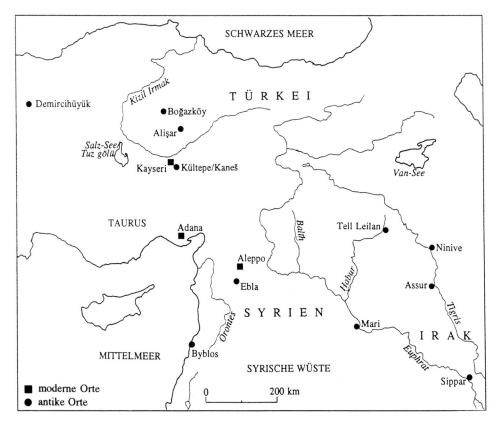

Abb. 10.1   Karte mit im Text genannten Fundorten des 2. Jahrtausends v. Chr.

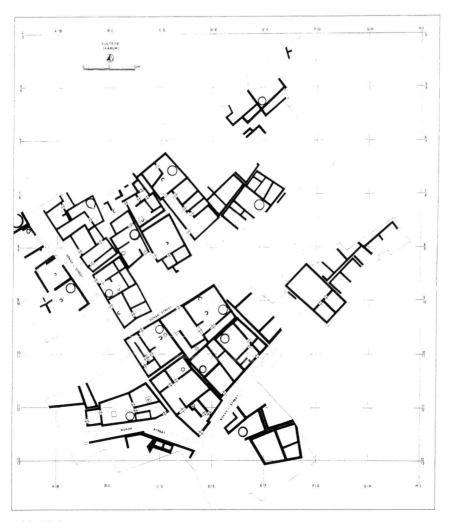

Abb.10.2   Kültepe - Baustrukturen in karūm Kaneš

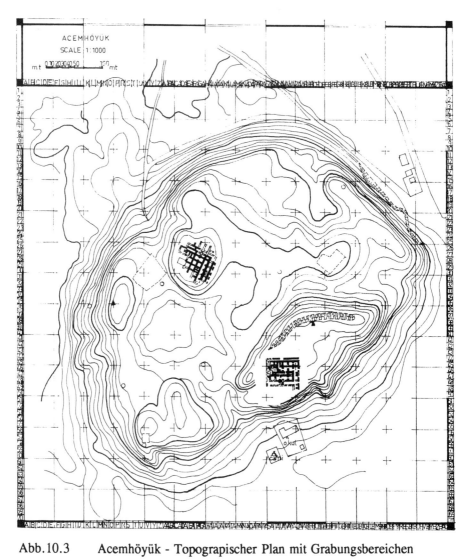

Abb.10.3   Acemhöyük - Topograpischer Plan mit Grabungsbereichen

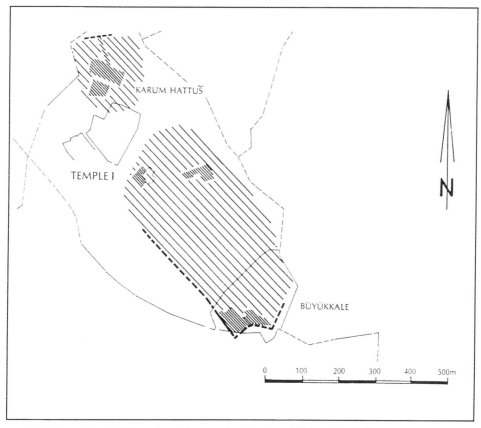

Abb. 10.4   Boğazköy - Ausdehnung der karūmzeitlichen Besiedlung

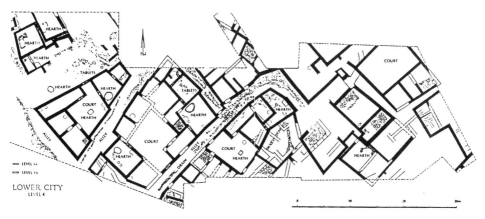

Abb. 10.5   Boğazköy - Baustrukturen in karūm Hattuš

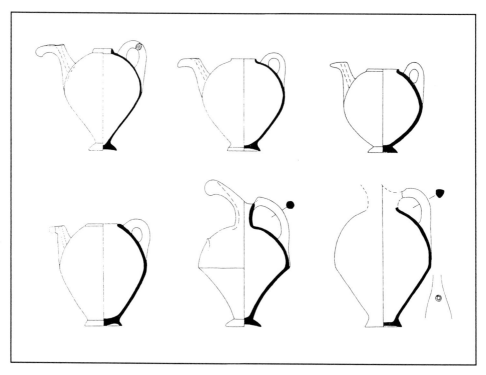

Abb. 10.6   Gebrauchskeramik der karūm-Zeit aus Boğazköy, Schicht 4d

Abb. 10.7   Kultgefäße der karūm-Zeit aus Boğazköy, Schicht 4d

1

2

3

4

Abb.10.8   Siegel der karūm-Zeit (1 - neusumerische Szene mit kappadokischen Elemen-
             ten; 2 - syrische Gruppe; 3 - anatolische Gruppe; 4 - altassyrische Gruppe)

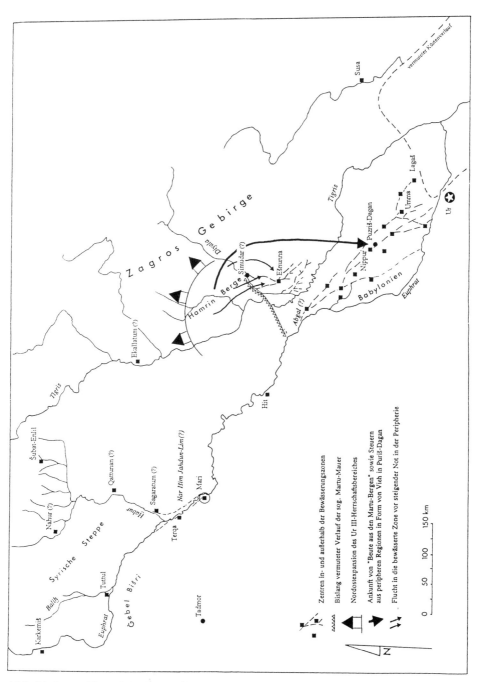

Abb.11.1   Karte Mesopotamiens mit im Text erwähnten Fundorten

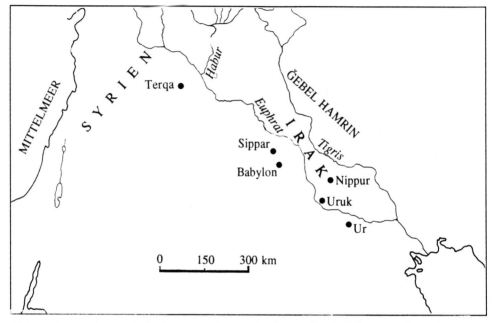

Abb.12.1   Karte mit im Text erwähnten Fundorten des 2. Jahrtausends v. Chr.

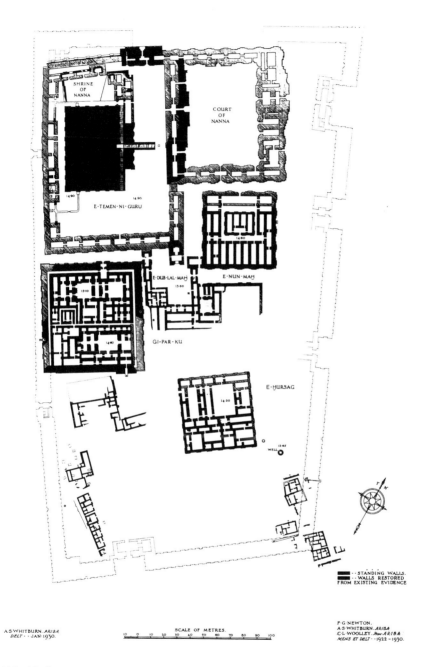

Abb. 12. 2   Ur - Temenosbereich in der Larsa-Zeit

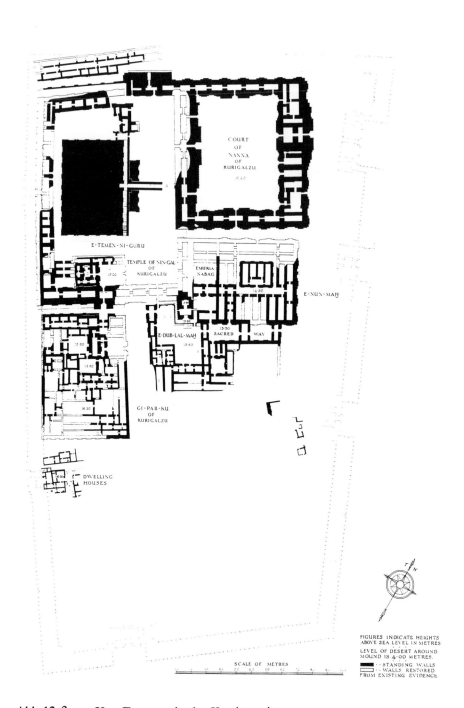

Abb.12.3   Ur - Temenos in der Kassitenzeit

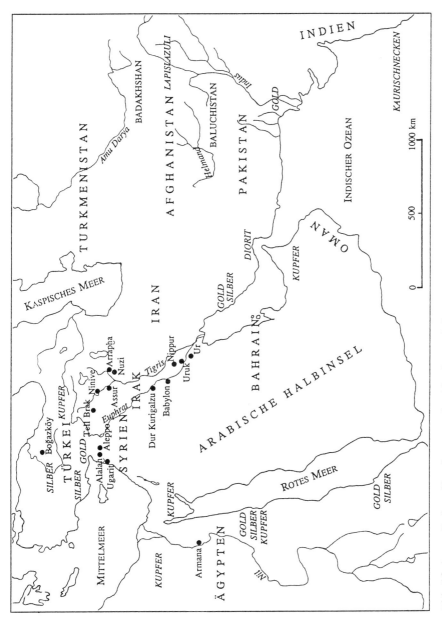

Abb. 13.1   Rohstoffvorkommen im Vorderen Orient

Abb.13.2   Mittani-Siegel des "common style" mit Volutenbaumdarstellung
             aus Nuzi

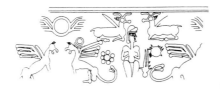

Abb.13.3   Mittani-Siegel des "common style" mit geflügelter Sonnenscheibe

Abb.13.4   Siegel des Königs Sauštatar

Abb.13.5   Abrollung des Siegels einer entu-Priesterin aus Nuzi

Abb. 14.1   Spätbronzezeitliche und früheisenzeitliche Fundorte im westlichen Vorderasien

Abb. 14.2   Reliefdarstellung aus Medinet Habu - Landschlacht zwischen Ramses III
             und den "Seevölkern"

Abb. 14.3   Reliefdarstellungen aus Medinet Habu
               (a - gefangene Philister; b - gefangene Tjekker)

Abb. 14.4   Siegelabdruck des Kuzi-Tešub, König von Karkamiš, auf einer Tonbulla
               aus Lidar Höyük

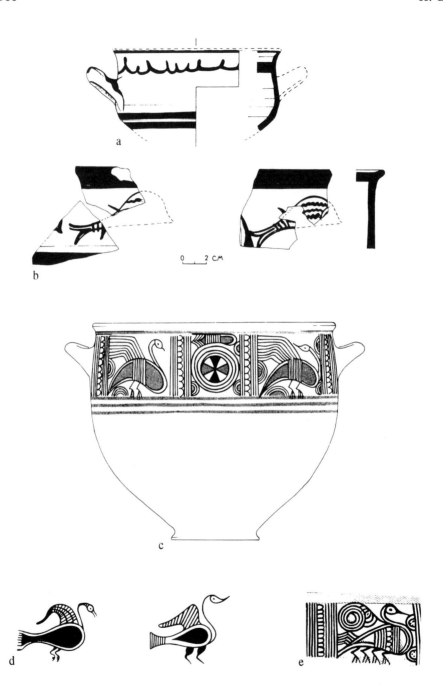

Abb. 14.5   Keramik der Eisenzeit I in Palästina (a-b lokale Mykenisch IIIC:1-Keramik aus
             Ašdod; c - "Philister"-Keramik aus Azor; d - Vogelmotive der mykenischen
             Keramik; e - Vogelmotiv der "Philisterkeramik"

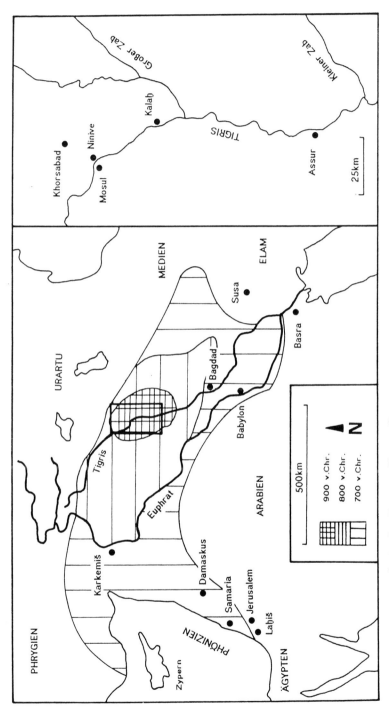

Abb. 15.1   Karte mit den im Text erwähnten Orten

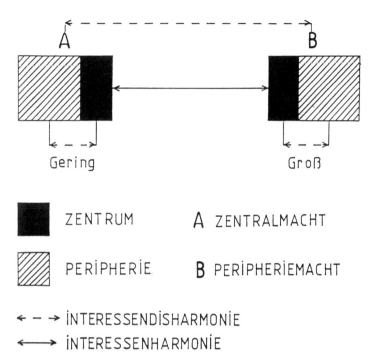

Abb. 15.2   Kriterien für ein expansives Herrschaftssystem. Idealzustand der
             Beziehungen zwischen Zentral- und Peripheriemacht

Abb. 15.3   Beispiel für die Abfolge einer sog. Kriegs- und Eroberungsszene

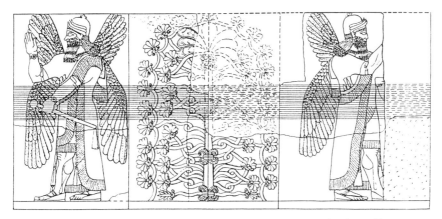

Abb.15.4   Sog. heiliger Baum mit anschließender Geniendarstellung

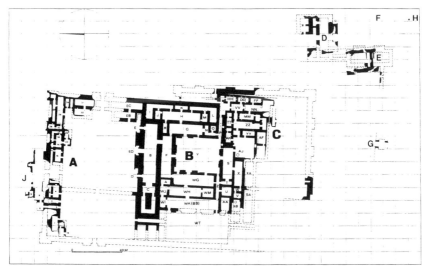

Abb.15.5   Der Nordwestpalast in Nimrud - Übersichtsplan

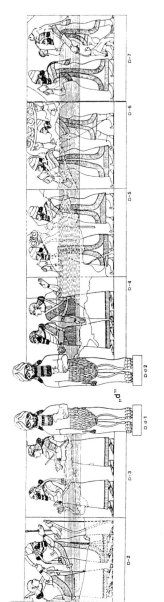

Abb. 15.6   Hof A, Bereich D: die Reliefs der Thronsaalfassade

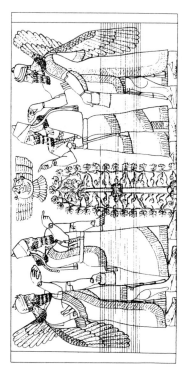

Abb. 15.7   Sog. heiliger Baum flankiert von Genien und einer Königsdarstellung

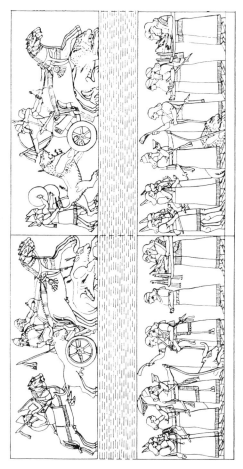

Abb. 15.8   Beispiel für die Abfolge einer sog. Tierjagdszene

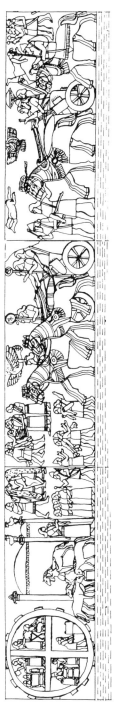

Abb. 15.9   Rückkehr des assyrischen Königs in das eigene Lager

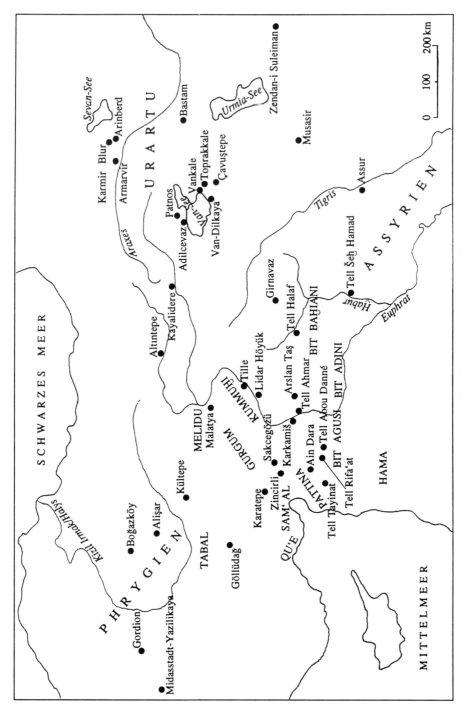

Abb. 16.1   Politisch-kulturelle Einheiten des 1. Jt. in Nordsyrien und Anatolien

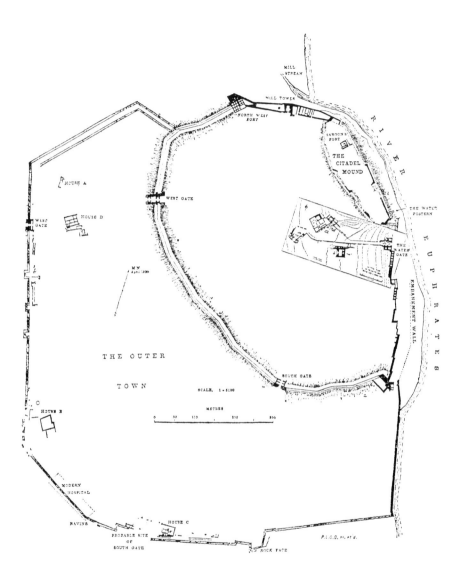

Abb.16.2   Zitadelle und Stadtgebiet von **Karkamiš**

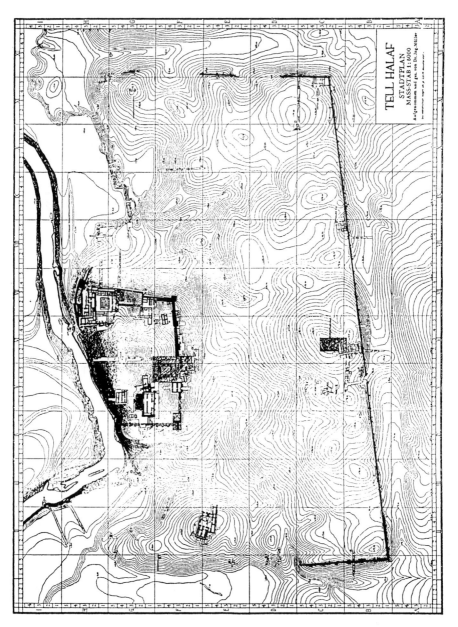

Abb. 16.3   Zitadelle und Stadtgebiet von Tell Halaf

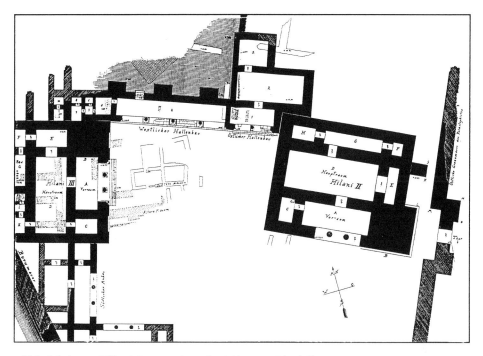

Abb. 16.4   Hilani-Bauten der Zitadelle von Zincirli

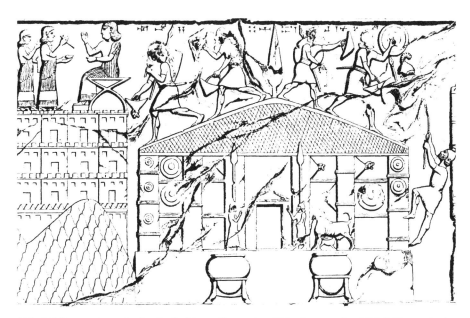

Abb. 16.5   Assyrische Reliefdarstellung der Plünderung des Ḫaldi-Tempels in
Musasir

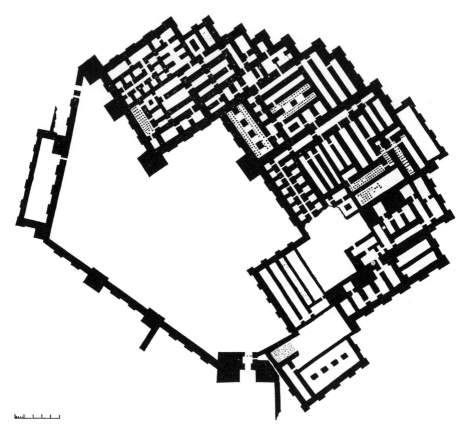

Abb.16.6   Zitadelle von Karmir Blur

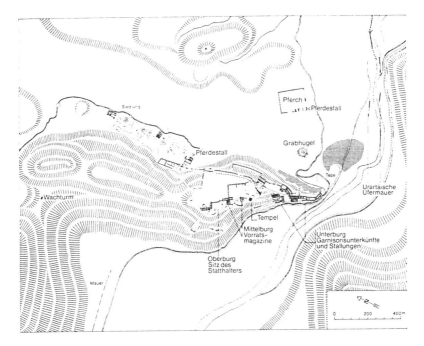

Abb.16.7   Plan der Festung und Siedlung von Bastam

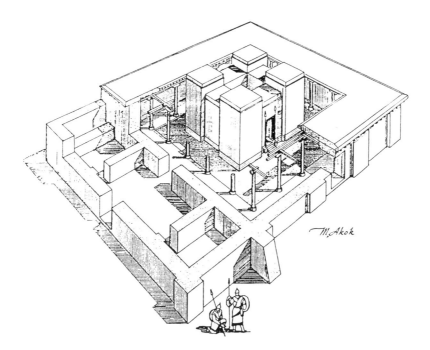

Abb.16.8   Rekonstruktion des Ḫaldi-Tempels in Altıntepe

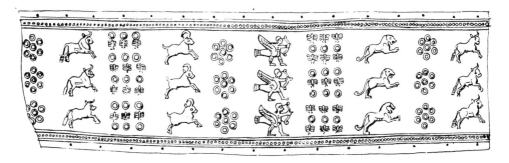

Abb.16.9   Fragment eines bronzenen Gürtelbleches

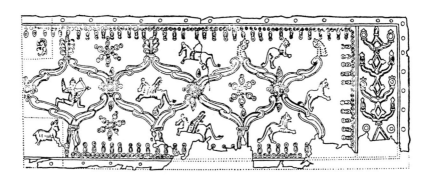

Abb.16.10   Urartäisches Gürtelblech aus Zakim bei Kars

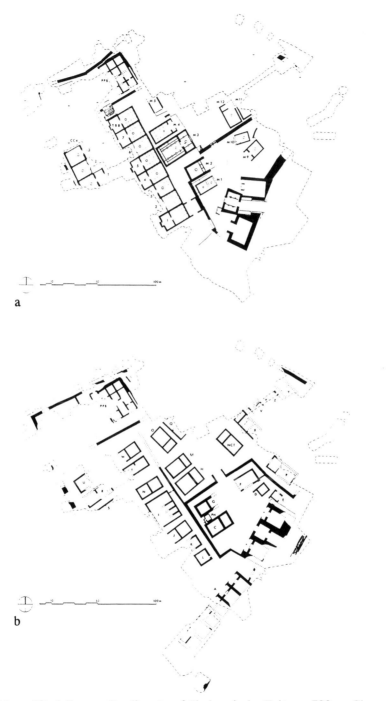

Abb. 16.11   Zitadelle von Gordion (a - frühphrygische Zeit um 700 v. Chr.;
b - mittelphrygische Zeit

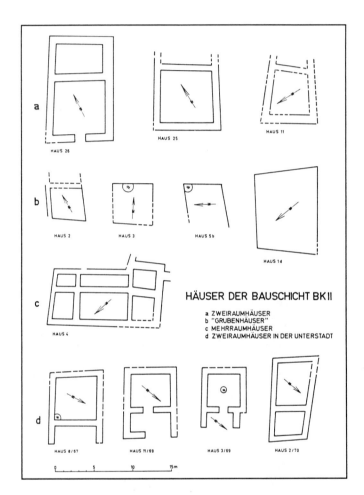

Abb. 16.12   Grundrisse von Wohnbauten der älterphrygischen Zeit
in Boğazköy (BK II)

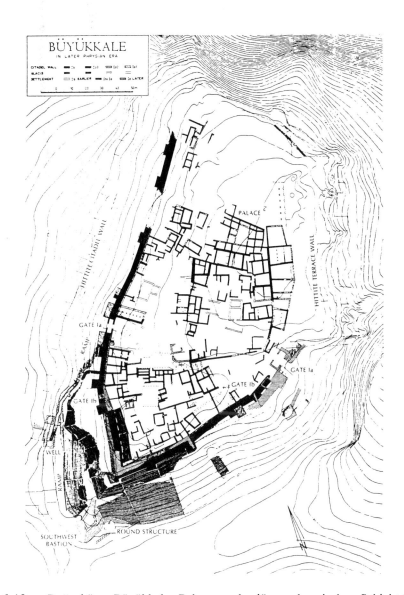

Abb. 16.13   Boğazköy - Büyükkale, Bebauung der jüngerphrygischen Schicht BK I

Abb.16.14   Abb.16.15

Abb.16.14   Elfenbeinobjekte im nordsyrischen Stil aus Nimrud
Abb.16.15   Elfenbeinplatte im nordsyrischen Stil aus Gordion

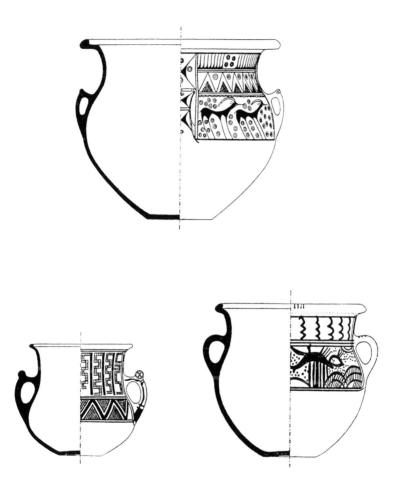

Abb. 16.16   Bemalte Gefäße aus Alişar

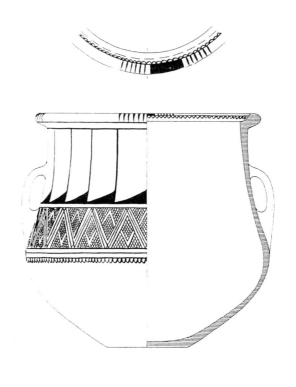

Abb.16.17   Phrygische Keramik aus Boğazköy

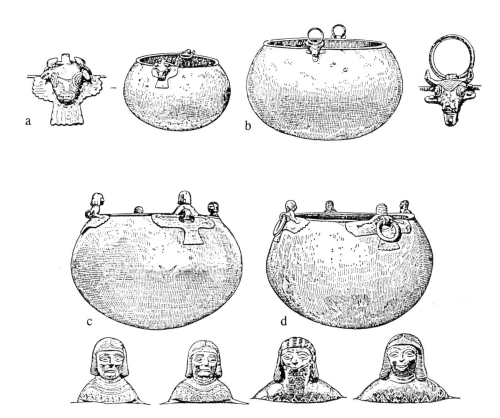

Abb.16.18   Kesselattaschen (a - aus Cumae/Italien; b - d aus Gordion)

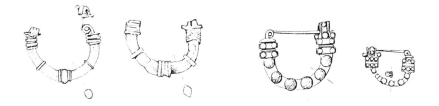

Abb.16.19   Phrygische Fibeln aus Boğazköy

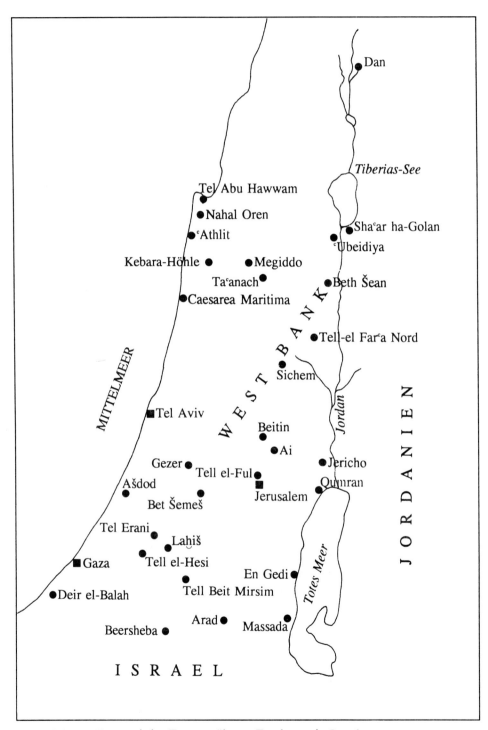

Abb. 17.1   Karte mit im Text erwähnten Fundorten in Israel

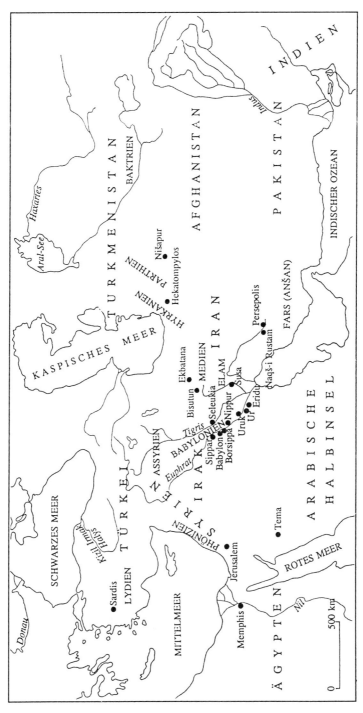

Abb. 18.1   Karte des Vorderen Orients mit im Text erwähnten Orten und Regionen

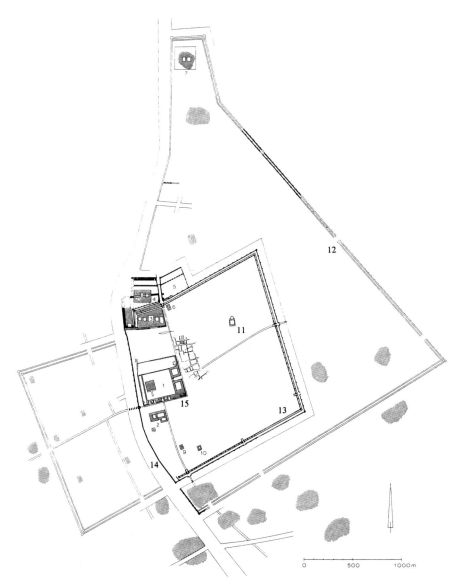

Abb. 18.2   Plan von Babylon—1. Zikkurat des Marduk:É.TEMEN.AN.KI; 2. Marduk-
             Tempel:É.SAG.ILA; 3. Palast des Nebukadnezar, sog.Südburg; 4. Nordburg;
             5. Vorwerk; 6. Tempel der Ninmaḫ; 7. sog. Sommerpalast; 8. Tempel der
             Ištar und Wohnviertel Merkes; 9. Tempel der Išhara; 10. Tempel des Ninurta;
             (11. Griechisches Theater; 12. Äußere Stadtmauer; 13. Innere Stadtmauer;
             14. antiker Euphratverlauf; 15. Stadtviertel Eridu)

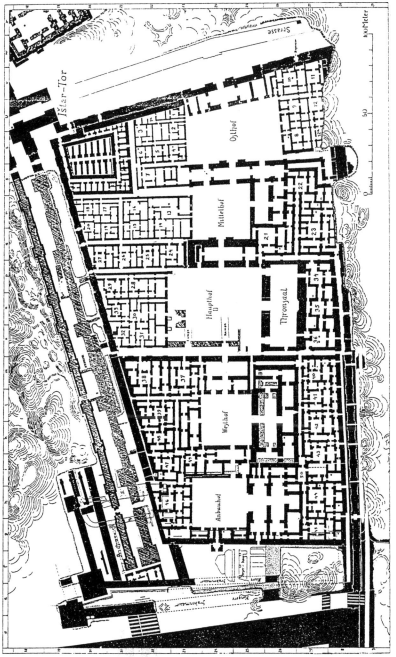

Abb. 18.3   Babylon, Palast des Nebukadnezar, sog. Südburg

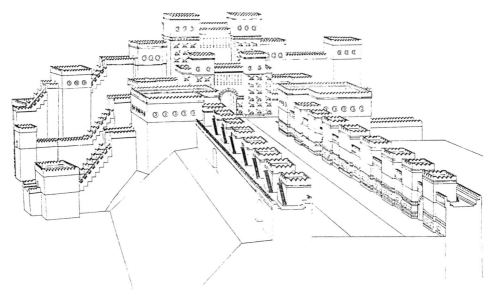

Abb.18.4   Babylon, Ištar-Tor mit Prozessionsstraße

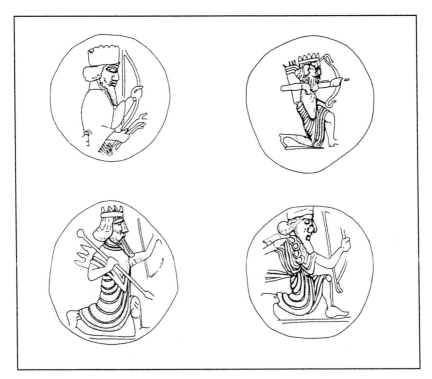

Abb.18.5   Achaimenidische Münzen

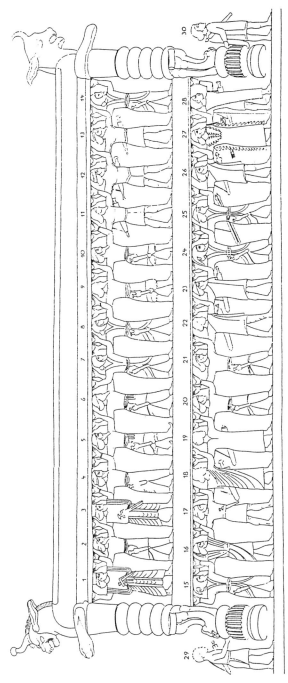

Abb. 18.6　In den typischen Landestrachten gewandete Vertreter der Völker des Achaimenidenreiches tragen den Thron des Herrschers (1 Perser, 2 Meder, 3 Elamiter, 4 Parther, 5 Arier, 6 Baktrier, 7/8 Sogdier und Chorasmier, 9 Dranganier, 10 Arachosier, 11 Sattagyder, 12 Gandarer, 13 Inder, 14 Sake, 15 Sake, 16 Babylonier, 17 Assyrer, 18 Araber, 19 Ägypter, 20 Armenier, 21 Kappadokier, 22 Lyder, 23 Ionier, 24 Sake von jenseits des Schwarzen Meeres, 25 Skudra, 26 Ionier mit Reisehut, 27 Libyer, 28 Nubier, 29 Maka, 30 Karer)

386

ABBILDUNGS- UND TAFELNACHWEISE

ABBILDUNGEN

Abb.1.2 Vivelo 1981,195 • Abb.1.4 Daten aus: Bar-Yosef, Belfer-Cohen 1989 • Abb.1.9 Rollefson et al. 1985, Abb.7,6

Abb.2.2 nach Kirkbride 1975,Pl.I,II • Abb.2.3 Lloyd, Safar 1945,Fig.32 • Abb.2.4 Bernbeck 1994, Taf.IX • Abb.2.5 Akkermans 1993,Fig.3.12 • Abb.2.6 Merpert, Munchaev 1993b,Fig.9.18 • Abb.2.7 Lloyd, Safar 1945,Fig.13 • Abb.2.8 nach Bernbeck 1994,Taf.V • Abb.2.9 Mallowan, Rose 1935,Fig.62 Abb.2.10 Mallowan,Rose 1935,Fig.50

Abb.3.2 Jasim 1989,Fig.2 • Abb.3.3 Jasim 1989,Fig.10 • Abb.3.4 Jasim 1989,Fig.4 • Abb.3.5 Roaf 1989,Fig.13,15 • Abb.3.6Stein 1994, Fig.6 • Abb.3.7 Huot, Vallet 1990,Fig.1 • Abb.3.8 nach Pollock 1989,Fig.5 und Wright 1994,Fig.2 • Abb.3.9 Wright 1994,Fig.3 • Abb.3.10 Hole 1984,Fig.3 Abb.4.2 Englund 1994,Fig.2 • Abb.4.3. nach Strommenger 1980,Abb.56 • Abb.4.4 Chighine et al.1985,Fig.1 Abb.4.5 Boehmer 1975,Fig.39c • Abb.4.6 Boehmer 1975,Fig.39d • Abb.4.7 Amiet 1961,Pl.44,Nr.640 Abb.4.8 Johnson 1973,Fig.18

Abb.5.2,1-4 Kaplan 1958,Fig.5.5-9 • Abb.5.2,5-10 Goren 1990,Fig.2,1-2,4,6,11,14 • Abb.5.2,11-12 Dollfus,Kafafi 1993,Fig.2,8-9 • Abb.5.3,1 Amiran 1970,Pl.7.4 • Abb.5.3,2 Amiran 1970,Pl.2.5 • Abb.5.4 Helms, Betts 1987,Fig.9

Abb.6.2 Börker-Klähn 1982,Taf.17d • Abb.6.3 Gibson 1981,Frontispiz (pinx. Peggy May Bruce); Abb.6.4 Woolley 1934,Pl.29 • Abb.6.5 Forest 1983,Pl.76 • Abb.6.6 Huot 1991,Fig.13 • Abb.6.7 Postgate 1990,Fig.2 • Abb.6.8 Martin 1988,Abb.37 • Abb.6.9 Henrickson 1981,Fig.9 • Abb.6.10 Henrickson 1982,Fig.2 • Abb.6.11 Henrickson 1982,Abb.4

Abb.7.2 Kohlmeyer-Strommenger 1982, Abb.20 • Abb.7.3 Kohlmeyer-Strommenger 1982,Abb.17,18 Abb.7.4 Orthmann 1990,Abb.5 • Abb.7.5 Kühne 1976,Abb.9,14,48,49 • Abb.7.6 Curvers, Schwartz 1990, Fig.8

Abb.8.2 Karte gezeichnet nach Ratnagar 1991 • Abb.8.3 Meadow 1989,Tab.6.2 • Abb.8.4 Meadow 1989, Tab.6.1 • Abb.8.5 Sellier 1987,Abb.63 • Abb.8.6 Rao 1991,Abb.25B • Abb.8.7 Tabelle nach Bhan 1989,Flam 1981, Joshi 1990, Mughal 1982 • Abb.8.8 Mughal 1990,Abb.6

Abb.9.1 Potts 1994, Abb.1 • Abb.9.2 Frifelt 1989,Abb. 1 • Abb.9.3 Potts 1990,Abb.11 • Abb.9.4 Potts 1990,Abb.27 • Abb.9.5 Potts 1990,Abb.16 • Abb.9.7 nach Edzard 1965, Zeittafel I-IV,Mittlere Chronologie • Abb.9.8 nach Heimpel 1987,Tab.1 • Abb.9.9 nach Heimpel 1987,Tab.2 • nach Heimpel 1987 • Abb.9.11.1-2 Zarins 1989,Abb.4 • Abb.9.11.3 Potts 1986,Taf.1 • Abb. 9.11.4 Zarins 1989, Abb.6 • Abb.9.11.5 Bibby 1970,S.141 • Abb.9.11.6 Hjolund 1994,Abb.310 • Abb.9.11.7 Hjolund 1994,Abb.248 • Abb.9.11.8 Bibby 1970,S.141 • Abb.9.11.9 Bibby 1970,S.113 • Abb.9.11.10 Bibby 1971,S.113 • Abb.9.11.11 Hjolund 1994,Abb.354 • Abb.9.12.1 Hjolund 1987, Abb.13 • Abb. 9.12.2 Hjolund 1987,Abb.111 • Abb.9.12.3 Hjolund 1987,Abb.72 • Abb.9.12.4 Hjolund 1987,Abb.439 • Abb.9.12.5 Hjolund 1987,Abb.23 • Abb.9.12.6 Hjolund 1987,Abb.26 • Abb.9.12.7 Hjolund 1987, Abb.299 • Abb.9.12.8 Hjolund 1987,Abb.202 • Abb.9.12.9 Hjolund 1987,Abb.269 • Abb. 9.12.10 Hjolund 1987,Abb.200 • Abb.9.12.11 Hjolund 1987,Abb.350 • Abb.9.12.12 Bibby 1970, S.137 Abb. 9.12.13 Bibby 1970,S.137 • Abb.9.13.1-3 Potts 1990,Abb.18 • Abb.9.13.4-5 Kjaerum 1994, Nr.1728, 1729 • Abb.9.13.6 Franke-Vogt 1991,Nr.152 • Abb.9.13.7 Tosi 1987,Abb.100 • Abb.9.13.8-9 Andersen 1986,Abb.43 • Abb.9.13.10 Potts 1990,Abb.22 • Abb.9.13.11 Potts 1990, Abb.22 • Abb. 9.13.12 Franke-Vogt 1991,Nr.320 • Abb.9.13.13 Jansen 1986,Abb.90 • Abb.9.13.14 Potts 1990, Abb.33a • Abb.9.13.15 Amiet 1986,Abb.85 • Abb.9.13.16 Franke-Vogt 1991,Nr.314 • Abb. 9.13.17 Potts 1991, Abb.68 • Abb.9.14.1 Potts 1990,Abb.8 • Abb.9.14.2 Frifelt 1975a,Abb.7 • Abb. 9.14.3 Vertesalji, Kolbus 1985,Fig.E • Abb.9.14.4 Tosi 1976,Abb.8 • Abb.9.14.5 Frifelt 1975b, Abb.19d • Abb.9.14.6 Frifelt 1975b,Abb.9 • Abb.9.14.7 Vertesalji,Kolbus 1985,Abb.B • Abb.9.14.8 Frifelt 1975b, Abb.3 • Abb.9.14.9 Amiet 1975,Abb.1 • Abb.9.15.1 Frifelt 1975a,Abb.25 • Abb.9.15.2-3 Frifelt 1991,Abb.173 Abb.9.15.4-5 Frifelt 1991,Abb.177,176 • Abb.9.15.6 Frifelt 1991, Abb.63 • Abb. 9.15.7 Frifelt 1991,Abb.76 • Abb.9.15.8 Frifelt 1991,Abb.86 • Abb.9.15. 9-10 Bibby 1970, S.301 • Abb.9.16.1 Vogt 1985,Abb.22 • Abb.9.16.2-3 Vogt 1985,Abb.25.1,5 • Abb.9.16.4-6 Vogt 1985, Abb. 27.18,19,24 • Abb.9.16.7 Vogt 1985,Abb.28.11 • Abb.9.16.8 Vogt 1985,Abb.28.4,5 • Abb.9.16.9 Cleuziou,Tosi

Taf.1 I.a,b   Tierfiguren aus ungebranntem Ton aus 'Ain Ghazal
                b) mit Flintklingen

1989,Abb.11 • Abb.9.16.10 Cleuziou,Tosi 1989,Abb.2 • Abb.9.16.11 Vertesalji,Kolbus 1985,Abb.B
Abb.9.17.1 Potts 1990,Abb.28 • Abb.9.17.2 Vogt,Franke-Vogt 1987,Abb.22 • Abb. 9.17.3-4 Frifelt
1975,Abb.20 • Abb.9.17.5-7,9 de Cardi 1989,Abb.1,2 • Abb.9.17.8 Cleuziou 1989,Taf.31.2 •
Abb.9.17.10 Vogt,Franke-Vogt 1987,Abb.21.5,6 • Abb.9.17.11 Vogt,Franke-Vogt 1987,Abb.20,1-5 •
Abb.9.17.12 Potts 1990,Abb.30j • Abb.9.17.13-14 Potts 1990,Abb.30c,d • Abb.9.18.1 Bibby 1970,S.49
Abb.9.18.2 Rice 1983,S.19 • Abb.9.18.3 Tosi 1987,Abb.97 • Abb. 9.18.4-6 Franke-Vogt 1991,
Nr.317,316, 318 • Abb.9.18.7-8 Woolley 1934,Pl.220,Reade 1979,Abb.1 Abb.9.18.9 Woolley 1934,
Pl.245,Nr.53 • Abb.9.18.10-11 Martin 1993,Taf.70,Nr.1119,1125
Abb.10.2 Özgüç 1986,Plan 2 • Abb.10.3 Ozgüç 1980,Plan 1 • Abb.10.4 Bittel 1970,Fig.5B • Abb.10.5
Bittel 1970,Fig.10 • Abb.10.6 Orthmann 1984,Abb.16,149-154 • Abb.10.7 Orthmann 1984,Abb.24,215
Abb.25,216,218 • Abb.10.8 Boehmer 1975,Fig.141c-f
Abb.12.2 Woolley, Mallowan 1976,Pl.117 • Abb.12.3 Woolley 1965,Pl.47
Abb.13.2 Stein 1988,Abb.28,29 • Abb.13.3 Stein 1988,Abb.24,25 • Abb.13.4 Stein 1988, Abb.42 •
Abb.13.5 Stein 1988,Abb.9
Abb.14.2 Dothan 1982,Fig.4 • Abb.14.3a Dothan 1982,Fig.1 • Abb.14.3b Dothan 1982,Fig.2 • Abb.
14.4a Dothan 1982,S.40,Fig.3.1,9,10 • Abb.14.4b Dothan 1982,S.101,Fig.6 • Abb.14.4c Dothan
1982,S.202,Fig.63,No.7-8 • Abb.14.4d Dothan 1982,S.202,Fig.61-62,No.36 • Abb.14.5 Sürenhagen
1986,S.185
Abb.15.3 Meuszynski 1981,Taf.1 • Abb.15.4 Meuszynski 1981,Taf.1 • Abb.15.5 Paley,Sobolewski
1988, Plan 1 • Abb.15.6 Meuszynski 1981,Taf.5,6 • Abb.15.7 Meuszynski 1981,Taf.1,2 • Abb.15.8
Meuszynski 1981,Taf.1 • Abb.15.9 Meuszynski 1981,Taf.2
Abb.16.2 Hawkins 1976-1980,S.427,Fig.1 • Abb.16.3 Oppenheim 1943,Beilage 1 • Abb.16.4 von
Luschan 1898,Taf.XXVI-XVII • Abb.16.5 Parpola 1987,Fig.3 • Abb.16.6 Piotrovskii 1967,Fig.63 •
Abb.16.7 Kroll 1980,Abb.13 • Abb.16.8 Wartke 1993,Abb.63 • Abb.16.9 Muscarella 1988,Fig.38 •
Abb.16.10 van Loon 1966,Fig.15 • Abb.16.11 de Vries 1990,Fig.4,7,26 • Abb.16.12 Neve 1982,Abb.85
Abb.16.13 Bittel 1970, Fig.33 • Abb.16.14 Barnett 1982,Fig.20,21 • Abb.16.15 Prayon 1987,Abb.30
Abb.16.16 von der Osten 1937,Pl.X • Abb.16.17 Beran 1963,Abb.16,18 • Abb.16.18 Piotrovskii
1967,Abb.26,27 • Abb.16.19 Boehmer 1979,Taf.IV
Abb.18.2 Heinrich 1982,Abb.382 • Abb.18.3 Koldewey 1931,Taf.2 • Abb.18.4 Heinrich 1982, Abb.383
Abb.18.5 Stronach 1989,Fig.I • Abb.18.6 Walser 1966,Falttafel 1, Benennung der Völkerschaften nach
Walser 1966,Roaf 1974,73-160, Calmeyer 1982,153-167

TAFELN

Taf.1.I Rollefson 1986,Fig.Pl.II.4,5 • Taf.1.II Noy 1986,Fig.21 • Taf.1.III Noy 1986,Fig.23 • Taf.
1.IV Tubb 1985,Abb.2
Taf.4.I Orthmann 1975,Abb.10 • Taf.4.II Orthmann 1975,Abb.68 •Nissen et al. 1990,Abb.6c
Taf.5.I Epstein 1977,S.79u.re • Taf.5.II Tadmor 1986,Fig.30 (Foto:W.Braun)
Taf.7.Ia,b Kohlmeyer,Strommenger 1982,Kat.-Nr.61,62 • Taf.7.II Curvers,Schwartz 1990, Fig.7 • Taf.
7.III Reade 1982,Fig.58
Taf.8.I Franke-Vogt 1987,Abb.167 • Taf.8.II Nissen 1987,Abb.26 • Taf.8.III Jansen 1987,Abb.123
Taf.8.IV Parpola 1987,Abb.168 • Taf.8.V Dales 1987,Abb.111
Taf.10.I Barnett 1982,Pl.25g • Taf.10.II Barnett 1982,Pl.26a,b,d,e
Taf.13.I Schroeder 1914,Blatt 6 • Taf.13.II Stein 1988,Abb.41 • Taf.13.III Bittel 1983,Abb.32a,b •
Taf.16.I Bossert 1942,Abb.872 • Taf.16.II Bossert 1942,Abb.895 • Taf.16.III Woolley 1921,Pl.B21
oben • Taf.16.IV Bittel 1959,Abb.63
Taf.18.I Schmid 1991,Foto S.70 • Taf.18.II Photo: B.Grunewald,DAI,Abt. Teheran • Taf.18.III Photo:
B.Grunewald,DAI,Abt. Teheran • Taf.18.IV H.H. von der Osten 1956,Taf.69 unten • Taf.18.V Photo:
B.Grunewald,DAI,Abt.Teheran

Taf. 1 I.a,b   Tierfiguren aus ungebranntem Ton aus 'Ain Ghazal
                 b) mit Flintklingen

Taf.1.II   Mit Gips übermodellierter Schädel aus Beisamun

Taf.1.III   Schädel mit Asphalt-Applikation aus der Nahal Hemar-Höhle

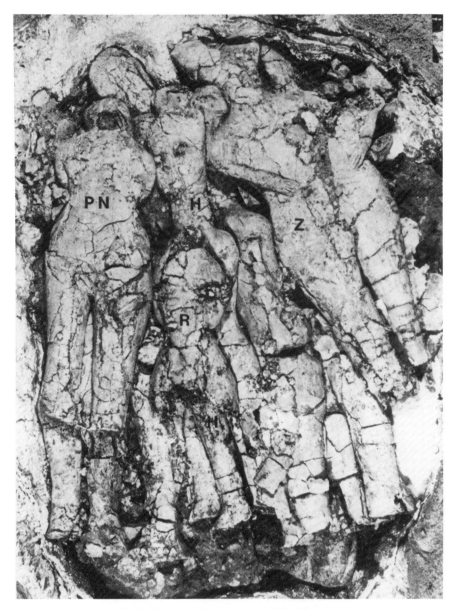

Taf.1.IV   Statuetten aus 'Ain Ghazal

Taf.4.I   Rundbild eines bärtigen "Herrschers" aus Uruk

Taf.4.II   "Löwenjagdstele" mit Herrscher als Bezwinger wilder Tiere

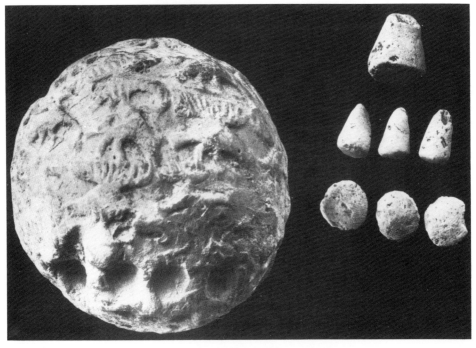

Taf.4.III   Gesiegelte Tonkugel mit Zählsymbolen und deren Markierungen an der Außenseite aus Susa

Taf.5.I   Basaltständer

Taf.5.II   Metallhortfund aus Nahal Mishmar - Fundlage bei der Entdeckung

Taf.7.Ia,b   Beterstatuetten aus Mari

Taf. 7.II   Tontafel mit Zahlzeichen aus Tell Raqaᶜi

Taf. 7.III   "Outer town" in Tell Taya

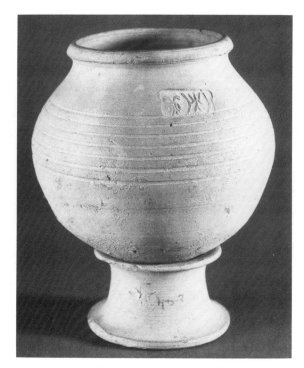

Taf.8.I   Induskeramik

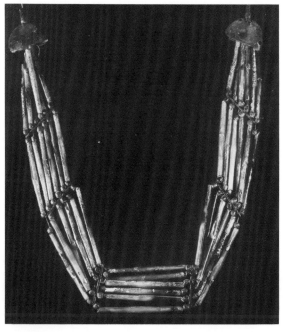

Taf.8.II   Karneolperlenkette aus Mohenjo-Daro

Taf.8.III   Luftbild von Mohenjo-Daro

Taf.8.IV   Indussiegel mit Schriftzeichen

Taf.8.V   Indusgewichte

Taf. 10. I   Elfenbeinfiguren aus Acemhöyük   Taf. 10. II   Elfenbeinfigur
                                                                                   aus Kültepe Ib

Taf.13.I   Tontafel aus Tell el-Armana

Taf.13.II   Wandmalerei aus dem Palast in Nuzi

Taf.13.III   Sphinx vom Tordurchgang von Yerkapi in Boğazköy

Taf.16.I   Säulenbasis aus dem späthethitischen Palast in Tell Tayinat

Taf.16.II   Säulenbasis aus Palast K in Zincirli

Taf. 16.III   Orthostatenrelief mit der Darstellung von Frauen mit verschiedenen
Gaben (Teil eines "Opferzuges") aus Karkamiš

Taf. 16.IV   Rundplastik der phrygischen Zeit aus Boğazköy (Kybele und Musikanten)

Taf.18.I   Babylon - Zikkuratbereich

Taf.18.II   Dareios in ägyptischer Tracht. Auf der Basis knieen in den jeweiligen
                 Landestrachten Gekleidete auf Kartuschen, in denen die Namen der
                 jeweiligen Völker in ägyptischen Hieroglyphen genannt sind.

Taf.18.III   Bisutun, Relief des Königs Dareios, dem die namentlich genannten "Lügenkönige" vorgeführt werden. Ahura Mazda schwebt über den Gefangenen und spendet Dareios seinen Segen.

Taf.18.IV   Abrollung eines achaimenidischen Siegels

Taf. 18. V   Persepolis, Treppe zum Hauptempfangsraum (Apadana)

Taf. 18. V   Persepolis, Treppe zum Hauptempfangsraum (Apadana)